宋代《春秋》学与史学关系研究

A Study on the Relationship between Chunqiu Annals and Historiography of Song Dynasty

邓锐 著

陕西新华出版传媒集团
陕西人民出版社

图书在版编目(CIP)数据

宋代《春秋》学与史学关系研究/邓锐著. — 西安：
陕西人民出版社,2022.4
ISBN 978-7-224-14479-6

Ⅰ.①宋… Ⅱ.①邓… Ⅲ.①《春秋》-研究-宋代
②史学-研究-中国-宋代 Ⅳ.①K225.04②K220.7

中国版本图书馆CIP数据核字(2022)第045337号

责任编辑：彭 莘
整体设计：前 程

宋代《春秋》学与史学关系研究

著　　者	邓　锐
丛 书 名	国家社科基金后期资助项目
出版发行	陕西新华出版传媒集团　陕西人民出版社
	（西安市北大街147号　邮编：710003）
印　　刷	陕西天地印刷有限公司
开　　本	710mm×1000mm　　1/16
印　　张	25.25　　2插页
字　　数	400千字
版　　次	2022年10月第1版
印　　次	2022年10月第1次印刷
书　　号	ISBN 978-7-224-14479-6
定　　价	86.00元

如有印装质量问题，请与本社联系调换。电话：029-87205094

国家社科基金后期资助项目出版说明

　　后期资助项目是国家社科基金设立的一类重要项目,旨在鼓励广大社科研究者潜心治学,支持基础研究多出优秀成果。它是经过严格评审,从接近完成的科研成果中遴选立项的。为扩大后期资助项目的影响,更好地推动学术发展,促进成果转化,全国哲学社会科学工作办公室按照"统一设计、统一标识、统一版式、形成系列"的总体要求,组织出版国家社科基金后期资助项目成果。

全国哲学社会科学工作办公室

目 录

前 言 ………………………………………………………………… 1

第一章 先秦至宋代《春秋》学的历史演变 ……………………… 1
第一节 先秦至宋代《春秋》学的流变 ………………………… 1
第二节 政治、社会与文化变迁中的宋代《春秋》学与史学 …… 24
第三节 先秦至宋代对《春秋》经史性质的解说 ……………… 49
第四节 宋代《春秋》学与史学关系概说 ……………………… 60

第二章 史学与宋代《春秋》学义理化 …………………………… 86
第一节 经史关系视野下的宋代《春秋》学义理化 …………… 87
第二节 史学精神对宋代《春秋》学义理化的影响 …………… 93
第三节 《春秋》学的以史疑经、以史证经和以史解经 ……… 107

第三章 《春秋》笔法与宋代史体 ………………………………… 123
第一节 《春秋》笔法与宋代史书褒贬 ………………………… 123
第二节 《春秋》笔法与宋代史体发展 ………………………… 135

第四章 《春秋》学与宋代史学思想 ……………………………… 158
第一节 《春秋》笔法与宋代史学求真 ………………………… 158
第二节 《春秋》笔法与宋代史学批评 ………………………… 171
第三节 《春秋》学怀疑思潮与史学之考证的发展 …………… 185

第五章 《春秋》大义与宋代历史观念 …………………………… 199
第一节 宋代历史观念的"会归一理" ………………………… 199
第二节 《春秋》灾异说与宋代史学的天人观 ………………… 207
第三节 《春秋》尊王论与宋代史学的圣王史观 ……………… 214
第四节 《春秋》夷夏观与宋代史学的夷夏之辨 ……………… 230
第五节 《春秋》正统论与宋代史学的"大一统即正统"观 … 245
第六节 《春秋》学与宋代历史时间观 ………………………… 271

第六章 《春秋》学与宋代通俗史学 ·· 289
　　第一节 宋代通俗史学的社会化特征与意义 ························ 290
　　第二节 《春秋》学与正统史学对宋代通俗史学的影响 ············ 302
第七章 中西比较视域中宋代史学的新因素与《春秋》学在其中的作用
　　　　 ·· 320
　　第一节 历史观的近世化 ·· 322
　　第二节 史学方法的近世化 ··· 334
　　第三节 史学的社会化发展趋向 ······································· 346

结　语 ··· 359

主要参考文献 ··· 362

前　言

《春秋》学是中国传统经学的重要组成部分,从其产生之初,就因为《春秋》本身亦经亦史的性质而对史学发生重要影响,这种影响在宋代体现得尤其明显。《春秋》学发展至宋代,形成了以己意解经的新风气,宋人对《春秋》的解说颇具特点,在宋代的史学思想和历史观念方面留下了深刻印迹。宋代史家不仅以《春秋》作为修史的指导思想,而且还相率探讨并效仿《春秋》笔法,从而在史学思想和历史观念两方面都体现出《春秋》学的影响。

在古代,《春秋》被认为是一部"微言大义"的经典,但实际上《春秋》"微言"中的"大义"更多是后世《春秋》学的解说。"春秋"本为东周以来大多数诸侯国所修国史的通称。墨子曾说"吾见百国春秋"①,《墨子·明鬼》也曾提及"周之《春秋》""燕之《春秋》""宋之《春秋》""齐之《春秋》"。有些诸侯国的国史有专称,《孟子·离娄下》记有"晋之《乘》、楚之《梼杌》"。司马迁统称这些诸侯国国史为"史记"。孔子正是根据鲁国国史《春秋》并参考其他诸侯国史记修成《春秋经》。《史记·孔子世家》记载孔子编纂《春秋》一事说:"子曰:'弗乎弗乎,君子病没世而名不称焉。吾道不行矣,吾何以自见于后世哉?'乃因史记作春秋,上至隐公,下讫哀公十四年,十二公。"《公羊传疏》引闵因序明确指出孔子作《春秋》除依据鲁国的史记外,还"使子夏等十四人求周史记,得百二十国宝书",参考了大量其他诸侯国的国史。《孟子·离娄下》记载孔子作《春秋》称:"王者之迹熄而诗亡,诗亡然后《春秋》作。晋之《乘》、楚之《梼杌》、鲁之《春秋》一也。其事则齐桓、晋文,其文则史,孔子曰:'其义则丘窃取之矣。'"可见,孔子据各国史记而贯穿儒家大义著成《春秋》。从史学角度而言,孔子作《春秋》之法,使得古史学从记录史学转变为"论述史学",②在一般记事之古史记述之外用笔削取舍增加了

---

① 《墨子》佚文,见〔清〕孙诒让:《墨子间诂·附录》,上海书店出版社1986年版。
② 雷家骥:《中国古代史学观念史》,北京师范大学出版社2018年版,第25～41页。

价值判断。孔子作《春秋》之后,"春秋"成为专名。杜预《春秋左氏传序》解释《春秋》之名的由来,称:"春秋者,鲁史记之名也。记事者,以事系日,以日系月,以月系时,以时系年,所以记远近,别同异也。故史之所记,必表年以首事。年有四时,故错举以为所记之名也。"这就是说,《春秋》采用编年体,其撰述以时间为中心,按年月顺序记事,因为"春为生物之始,而秋为成物之终"①,所以用"春秋"代表四季,以为书名。②《春秋》编年纪事,记载了鲁隐公元年(前772)到鲁哀公十四年(前481)二百四十二年间的天下大事,是现在可见的中国最早的编年纪事史书。古人认为"古者左史记事者,右史记言者。言经则《尚书》,事经则《春秋》也"③,既肯定《春秋》的经书地位,又指出《春秋》记事的史学特性。

　　一般认为,《春秋》出自孔子之手。《孟子·滕文公》和《史记·孔子世家》较早记载了孔子作《春秋》之事。今文经学家坚持这一主张,古文家或认为《春秋》作始于周公,但不否定孔子对《春秋》的整理之功。杜预曾讲:"仲尼因鲁史策书成文,考其真伪,而志其典礼。上以遵周公之遗制,下以明将来之法。其教之所存,文之所害,则刊而正之,以示劝诫。其余则皆即用旧史,史有文质,辞有详略,不必改也。"④唐人刘知幾著《史通》,在《惑经》篇中开始怀疑孔子修《春秋》的说法,但在古代,学术的主流是肯定孔子作《春秋》。至近代,疑古思潮兴起,不少学者否定自古以来的孔子修《春秋》说。钱玄同以"疑古"著称,在《春秋左氏考证书后》中认为孔子与六经无关。平心而论,《春秋》记事一千八百多条,文字不连贯,不像一个人的独立创作。但是,《春秋》文风和书法义例整饬,而且政治态度鲜明而一致,显然经过了统一加工整理。因此,正如周予同所肯定的那样,孔子与《春秋》有密切的关系。⑤《春秋》经由孔子按照自己的"史义""史法"编订整理,所以形成了一定的体例,对传统史学产生了重大影响。后世的经史学者大多推崇《春秋》笔法,甚至认为《春秋》"字字寓褒贬",这显然对《春秋》的"微言大义"有所夸张。也有学者认为春秋笔法并不存在,这样的看法显然忽视

---

　　①　〔汉〕何休注、〔唐〕徐彦疏:《春秋公羊传注疏》,上海古籍出版社1990年版。
　　②　关于《春秋》书名的解释,《公羊传疏》引用了另外两种不同说法:其一,《三统历》曰:"春为阳中,万物以生;秋为阴中,万物以成。"其二,《春秋说》曰:"(孔子于)哀公十四年春,西狩获麟,作《春秋》,九月书成,以其春作秋成,故云《春秋》。"这两种说法,相较于杜预《春秋左氏传序》的解释,缺乏说服力。
　　③　〔南朝梁〕刘勰:《文心雕龙译注》,周振甫译注,江苏教育出版社2006年修订本。
　　④　〔晋〕杜预集解:《春秋经传集解》,上海古籍出版社1988年新1版。
　　⑤　朱维铮编:《周予同经学史论著选集》,上海人民出版社1983年版,第802页。

了《春秋》经文中客观存在的书法义例。应当说,虽然后世的经史之学将"《春秋》大义"有所夸张,但《春秋》笔法却是在《春秋》经文中有所体现是毫无疑义的。并且,不论《春秋》笔法究竟在多大程度上体现了"大义",后世的经史学者都按照自己对"《春秋》笔法"的理解对之进行了继承与实践。

《春秋》原有单行本,后来则分载在所谓"《春秋》三传"也就是《左传》《公羊传》《穀梁传》各传的前面。《春秋》经有今古文本,《汉书·艺文志》记载《春秋古经》十二篇、《春秋经》十一卷。十二篇是将鲁国隐、桓、庄、闵、僖、文、宣、成、襄、昭、定、哀十二公各列一篇,而十一卷则将闵公卷合于庄公卷。在经学史上,《左传》被认为是依据古文经即《春秋古经》而成的,《公羊传》和《穀梁传》则被认为是依据今文经也就是《春秋经》而成的。作为"五经"或"六经"之一的《春秋》,是今文经本,也即《公羊传》和《穀梁传》所依据的本子。

不论古文经本还是今文经本,《春秋》都是一部《春秋》记事而不言理且记事晦涩的著作。正是因为《春秋》经文不能使人直观其大意,而给后人的解说提供了巨大的空间。后世在解说《春秋》的过程中,因时代背景形成了不同的治学风气。汉代经学注重训诂、章句,以传注之学解经,也就是解经依据"三传"和注,形成了"经—传—注—疏"的层次。直到唐代,孔颖达等人代表官方作《五经正义》,仍然遵循"疏不驳注"的原则。而宋学则继承唐代已经出现的自由学风,打破传、注的束缚,自由发挥经义。因为治学风气不同,汉、宋之间对《春秋》大义的解说也有所不同,各具时代特点。

汉、宋《春秋》学虽然学风大相径庭,但其解经的基本思路却没有太大改变,即通过分析《春秋》笔法来解说《春秋》经义。从一定程度上来说,汉、宋《春秋》学的主体即是对于《春秋》笔法的阐发,这与《春秋》本身的特性有关。《春秋》本身是记事之书,但孔子修《春秋》"其事则齐桓、晋文,其文则史,其义则丘窃取之"。这就是说,《春秋》在历史记述中贯穿了作者的等级观念和伦理思想。后世学者要解说《春秋》经义,就离不开分析《春秋》记事规则来阐发其内在思想,因此就不得不通过《春秋》笔法来解《春秋》。《春秋》笔法即是《春秋》按照一定规则记事、通过记事规则体现义理的撰述方法。《春秋》书法的形式是《春秋》义例,也就是记述一类事物和人物的规则。《春秋》书法所蕴含的思想被古人称为《春秋》大义,实际上就是儒家的等级观念和伦理思想,也就是后来所说的纲常、名教、义理。经学家要阐发《春秋》大义,就不得不借助于分析《春秋》义例,即使像公羊家和穀梁家那样从义理到义理的解经方式,也不得不结合《春秋》的叙事来进行。汉人开辟了总结义例来阐发《春秋》经义的治学路径,注重阐发"三传"中已有的义例,又进一步归纳了一些《春秋》义例,著名的如董仲舒在《春秋繁露》中总结的"董氏义例"。汉儒还引入阴阳五行等神学化思想附会于《春秋》,把《春秋》理解成了一部探究天人感应之理,从而论说君权神授以及君主应如何奉天治民的经典。《春秋》及其"三传"作为经学典籍,在汉代受到高度重视,尤其是《公羊传》;又作为"先秦史学中坚",①而对史学发挥着重要示范作用与思想影响。汉代经学甫一确立,已经对史学产生重要影响,②《春秋》学是其中的重要方面,《春秋》义例起到了重要作用。到了宋代,以己意解经的风气取代了汉学学风,但是从《春秋》学的角度来说,其以义例阐发大义的根本方式本身并没有大的变化,而是在总结义例、阐发思想时摆脱了传、注的掣肘,用义理化的经义取代了汉儒神学化的经义。

  历代学者对《春秋》的解说,一方面,为史学提供了思想指导,另一方面,又为史学提供了效仿对象,在宋代体现得非常鲜明。宋代学者具有明确的以经学指导史学的自觉意识,《春秋》学对史学的影响较之前代更显著。胡宏在《皇王大纪·序》中论述作史旨趣,明确说:"史之有经,犹身之肢体有脉络也。《易》《诗》《书》《春秋》所谓经也,经之有史,犹身之脉络附肢体也。肢体具脉络存,孰能得其生乎?"③胡宏把史比作人的肢体,而把经比作身体的脉络,认为史如果不能蕴含经义就像肢体没有脉络一样缺乏生机。胡宏的这种观点在宋代史家中非常具有代表性。尹洙、欧阳修、范祖禹、萧常、朱熹等大批史家纷纷自觉以经学指导修史实践。而在影响宋代史学的经学当中,《春秋》学因为《春秋》本身亦经亦史的性质更加突出。宋代史家普遍受到《春秋》影响,有不少史家更直接效仿《春秋》笔法修史。尹洙"通六经,尤深于《春秋》"④,其作《五代春秋》,完全模仿《春秋》笔法,自然也继承了《春秋》求义理之真的种种笔法。欧阳修也非常推崇《春秋》,阐发其义例、直接作为自己的修史之例,其所主导修纂的《新唐书》有宋祁、范镇、王畴、宋敏求、吕夏卿、刘羲叟和王尧臣等人参与,"反映了当时史学

---

  ① 陈其泰:《春秋经传——先秦史学的中坚》,《史学史研究》1987年第4期。
  ② 庞天佑:《经学与汉代史学的关系》,《中州学刊》2000年第3期;张涛:《经学与汉代史学》,《南都学坛》2008年第1期。
  ③ 〔宋〕胡宏:《皇王大纪·序》,文渊阁《四库全书》本。
  ④ 〔宋〕曾巩:《曾巩集》卷十五《儒学行义》,中华书局1984年版。

著述的最高水平"①,既有资治之用,又有阐发道义的意图,②而欧阳修用修史来达到这两方面目的的基本方法就是让《新唐书》"合于《春秋》之法"③。在尹洙和欧阳修之外,孙甫、范祖禹、萧常等大批史家也纷纷效仿《春秋》笔法。

《春秋》学对宋代史学的影响,首先表现为史家发掘《春秋》的史学特性,把《春秋》笔法作为历史撰述的最高典范,自觉接受其指导。《春秋》笔法对宋代史学的影响,既表现在史书体裁和体例上,也表现在深层史学思想上。

第一,《春秋》笔法对宋代史学最直观的影响表现在史体方面。宋代史体受《春秋》笔法影响,最典型的方面莫过于宋代史家继承《春秋》的褒贬之例。《春秋》学上为探明经义而总结的《春秋》义例往往具有褒贬的含义,宋代史家在不同程度上,将《春秋》的褒贬之例运用到自身的史书褒贬当中。《春秋》中的以王纪年、一字寓褒贬、常事不书、讳书和书义理之实等褒贬之例,都被宋代史学作为一种极高明的史例而加以继承。另外,宋代的纪传体史书和载记类史书在体例方面,也受到了《春秋》笔法的思想影响。在史书体裁方面,宋代史学也受到《春秋》笔法的重要影响。主要表现有二,一是编年体史书的振兴,二是纲目体、学案体史书的产生。

第二,《春秋》笔法对宋代史学的深层思想也有深刻影响,典型的有史学求真理念和史学批评思想两个方面。其一,《春秋》笔法所蕴含的求真理念为宋代史学所继承。从史学功用的角度来说,《春秋》笔法主要包括两个方面:一是据事直书,尽而不汙;二是褒贬用讳,惩恶劝善。《春秋》直书是中国传统史学实录传统的精神源头,《春秋》之讳则开后世史书褒贬之先河。《春秋》笔法既重直书实录,又重褒贬劝惩的史学功用观,使其形成了既求史实之真、又求义理之真的求真观念。宋代很多史家的历史撰述以《春秋》学为指导,其史义和史法效仿《春秋》,其求真理念也继承了《春秋》以义理之真为根本、以义理统史实的特点。其二,《春秋》笔法在宋代史学批评中占有重要地位。宋代史家普遍将《春秋》奉为历史撰述的极则。一方面,用《春秋》大义考量其他史学作品;另一方面,又用《春秋》义例批评其

---

① 吴枫:《"两唐书"说略》,向燕南、李峰主编:《新旧唐书与新旧五代史研究》,中国大百科全书出版社2009年版,第1~12页。
② 张孟伦:《关于宋代重修〈唐书〉的问题》,向燕南、李峰主编:《新旧唐书与新旧五代史研究》,第34~49页。
③ 〔宋〕欧阳修、宋祁:《新唐书》卷四《本纪第四》(则天顺圣皇后),中华书局1975年版。

他史学作品的编纂。

第三,《春秋》在作为"经"书的层面上,也对宋代史学产生了重大影响,宋代史家以《春秋》大义为著史的思想指导,在历史观念上深受其影响,主要体现在天人观、圣王史观、夷夏观和正统观等方面。史家所面对的天人问题,主要是如何认定天与人之间的关系,确定何者为历史发展的支配性因素。《春秋》经中的天人观较为模糊,只有一些关于灾异的记载可为后世提供发论的凭据。汉儒用阴阳五行说附会《春秋》,将《春秋》中关于灾异的只言片语发挥出一整套天人感应的《春秋》灾异说,认为天变与人事遥相呼应,从而把天视为历史变动的根本力量。北宋初期,汉儒的《春秋》灾异说仍然为不少学者接受,而欧阳修力破汉儒《春秋》灾异说,否定天变与人事的严格对应,从而在经学上为以天为支配力量的天人观打开了一个缺口。此后,宋代《春秋》学较为普遍地接受了欧阳修认为天人感应但以人为历史支配力量的天人观。《春秋》学上这种天人观的转变反映在史学上,就表现为神秘化的历史记述的相对减少,以及在历史记述中对人事的关注。

在确定了天人关系之后,史家所面对的另一个重大问题就是"君"与"臣、民"何者为历史发展的决定性因素。在这个问题上,宋代史学继承了前代的圣王史观,而宋代史学的圣王史观与《春秋》学有较密切的联系。圣王史观是君主制度下的一种思想产物,从汉代到宋代的经学都体现出明确的圣王史观,被视作阐发圣王之法、君臣之道的《春秋》学更有明显表现,而宋代《春秋》学又因为突显"尊王"旨趣,而越发表现出强烈的圣王史观。受《春秋》学影响,宋代史家往往在历史撰述中,把君王看成是历史兴亡、政治成败的决定性因素。

《春秋》经传中的夷夏观,既有对夷狄予以贬斥的一面,也有肯定夷狄文化进步的变通一面。不同时代的《春秋》夷夏观侧重点不同。一般来说,在大一统时代,夷夏观较为开明,对待少数民族的态度比较宽容;而在分裂时代,汉族的夷夏观则往往趋于狭隘,强调贬斥夷狄。宋代时,由于少数民族严重威胁汉族政权,因此,《春秋》学上的夷夏观也趋于偏激,强调夷狄的危害性并且贬斥夷狄成为主流。宋代史学的夷夏之辨,受《春秋》学影响,也突显攘夷之旨。

宋儒好言正统,并且把正统论上附于《春秋》。《春秋》正统论,成为宋代经史之学关注的一个焦点。宋代以前,传统的正统观念注重以道德评说正闰,而宋儒为了激励统治者,往往以大一统功业为标准衡量正闰。因此,宋代经史之学的正统论，一致表现出"大一统即正统"的特点。

总而言之，《春秋》作为"经"的维度和作为"史"的维度，都受到经史之学的充分发掘，从而成为宋代史学的思想指导和修史准则。宋代史学在历史观念和史学思想两个方面都受到了《春秋》学的重大影响。

如果跳出中国传统目录学上的四部划分，而从中西比较的视角来看，则《春秋》学对史学的意义与价值还会显现为一种"史学理论"。中西史学比较是一种重要的史学理论与史学史研究视角，由此可以发掘中国传统经史之学所具备的史学普遍性与民族特性。[①] 以此观察中国传统史学的发展进程，可以看出，在宋代，经学比起之前时代发展了其哲学性，[②]更强化了《春秋》学的理性特性。从西方历史发展的角度而言，包括史学在内的学术文化都受到时代哲学的影响，中国也是一样。

中文的"哲学"(philosophy)一词是近代经由日本转译而来，中国传统四部划分无专门哲学。西方的"哲学"一词由毕达哥拉斯(Pythagoras)发明，意为"爱智慧"。毕达哥拉斯认为只有神才有智慧，所以人只能爱智慧。毕达哥拉斯所说的"智慧"，可以看成是本原知识。而这种本原知识在中国则并不缺乏对应物，《老子》即是先秦本原知识的代表。如果从概念上来说，毕达哥拉斯的"爱智慧"正与《老子》的"法自然"相应。二者都具有对人的局限性的深刻反思。毕达哥拉斯认为人不能具有智慧，《老子》则认为人是自然中产生出来的，只能通过一系列推理而"法地""法天""法自然"。这种理性觉醒带来的深邃本原知识立场与认识论意识在中国和希腊都同样生机勃勃。在西方，"爱智慧"之学演化出了亚里士多德的形而上学，经过曲折发展，在文艺复兴时期主要通过"人文主义"的形式，启发并促成了史学近代化的转型。

中国传统学术中对应于哲学的部分，主要存在于经学之中。"五经"之中，《易》学之哲学性质最显著，对史学而言，相当于最高哲学和历史哲学。在经史关系视域中，《春秋》学与《易》学的关系，就像"二程"所言："《诗》《书》《易》如律，《春秋》如断案；《诗》《书》《易》如药方，《春秋》如治法。"《春秋》学本身在历史记述的过程中，也表现出历史哲学的性质，又有一套微言大义的历史记述方法，因此，对史学而言成为一种兼具历史哲学与史学方法的综合性史学理论，并且是真正能够把最高哲学和历史哲学进行史学实

---

① 吴怀祺：《史学理论与史学史研究》，福建人民出版社2006年版，第4～9页。
② [日]本田成之：《中国经学史》，孙俍工译，上海书店出版社2001年版，第219页。

践的现实史学方法论。在中国,"法自然"式的理念是几乎整个百家之学的天人关系论的根基。道家有道家之"法自然",儒家有儒家之"求天道"。及至宋代理学勃兴,"天人一系""天人一理"的哲学观念有了重大发展。理学、《易》学上的最高哲学和历史哲学正是主要通过《春秋》学这一史学理论途径,来对历史编纂的实践发挥影响。宋代的经学,主要就是研究《易》与《春秋》。① 在宋代经史之学的语境中,《春秋》学含有历史哲学与史学方法的一套史学理论,主要被分解成"《春秋》大义"和"《春秋》笔法"两个部分来加以运用,尤其是南宋历史哲学的发展,②更促进了《春秋》学对史学的理论性影响。《春秋》学的史学理论特性的学说,配合宋代理学、经学之哲学变化,而推动宋代史学产生了一些具有近世化特征,即在前近代时期出现的带有接近近代史学特征的新因素。这一过程,既是学术的内在理路使然,又与宋代的政治、经济、社会与文化背景有关。

当然,史学毕竟是相对独立的学术文化现象,其分期不必与历史一致。西方学界对近代历史的开端没有定论,对史学近代化的开端却基本达成一致,普遍注意文艺复兴和宗教改革时期的史学变化。本研究也专论中国史学的带有近世化特征的新因素,不涉及中国历史近代化问题,更不以"唐宋变革论"为依据。只是通过中西横向比较和历史纵向比较,探讨宋代史学在《春秋》学的参与和影响下产生的一些新特征。

---

① 马宗霍:《中国经学史》,上海书店1984年影印版,第119~121页。
② 刘节:《中国史学史稿》,中州古籍出版社1982年版,第205~209页。

第一章　先秦至宋代《春秋》学的历史演变

"经"的名目出现要晚于"史"。① 从一定意义上来说，儒家"六经"实际上是从史学作品中上升而来，《春秋》由史而经的性质在"六经"中最为明显。《春秋》作为儒家的重要经典，随着战国秦汉之际儒家地位的上升而日益受到重视，解《春秋》之作层出不穷，由此形成《春秋》学。《春秋》学因其亦经亦史的性质，对传统史学产生了巨大影响。《春秋》作为经，是包括史学在内的古代一切学术的指导思想；《春秋》作为史，更直接对传统史学具有示范作用。在中国古代，学者对于《春秋》经的解说和关于《春秋》经史性质的认识，对时代史学有着重要意义。

第一节　先秦至宋代《春秋》学的流变

《春秋》本为古史书之通名，杜预认为，以"春秋"名史书是因为"年有四时，故错举以为所记之名"，孔颖达亦持此见。② 但据今人考证，古时先有春秋两季观念，冬夏观念晚出，所以"春秋"二字即表年岁，无错举约言之意。③

儒家认为，《春秋》经系孔子据鲁史编校而成。《春秋》经问世之后，成为儒家的最重要经典之一，《礼记·经解》说：

> 孔子曰：入其国，其教可知也。其为人也温柔敦厚，《诗》教也。疏通知远，《书》教也。广博易良，《乐》教也。洁静精微，《易》教也。恭俭

---

① 朱维铮：《史学史三题》，《朱维铮史学史论集》，复旦大学出版社2015年版，第4页。
② 《春秋左传正义》第一册《春秋左传注疏卷第一》。
③ 刘文英：《中国古代时空观念的产生和发展》，上海人民出版社1980年版，第7～10页。

庄敬,《礼》教也。属辞比事,《春秋》教也。故《诗》之失愚,《书》之失诬,《乐》之失奢,《易》之失贼,《礼》之失烦,《春秋》之失乱。①

《礼记·经解》大致成书于"荀子之后、秦代之初"②,说明最晚在此时《春秋》已经与《诗》《书》《乐》《易》《礼》并列为儒家经典③,儒生对《春秋》的研究逐渐形成专门的《春秋》学。汉景帝时,置《春秋》博士,标志着官方对《春秋》学的高度重视和大力提倡。建元元年(前 140),汉武帝接受董仲舒的建议,"诸不在六艺之科、孔子之术者,皆绝其道,勿使并进"④。儒学取得独尊地位之后,《春秋》学迅速发展。从汉代到宋代,《春秋》学的治经方法有一个历史流变过程,主要包含三个方面:一是治经方法上,汉代《春秋》学主要采用注重章句训诂的传注方法,而宋代《春秋》学则注重以己意解经;二是对于《春秋》义例的解说,不同时代学者有着不同的总结;三是关于《春秋》大义的阐发,不同时代注重阐发不同的思想内涵。

一、从传注解经到以己意解经的治经方法转变

周予同先生认为,中国历史上的经学可分为"西汉今文学""东汉古文学"和"宋学"三大派。⑤《春秋》学在宋代以前,主要是传注之学,或从史事或从义理解释《春秋》经文,也有今文学与古文学之分。周予同先生指出,宋学的"怀疑精神"在唐代啖助、赵匡、陆淳那里已出现,但要到庆历以后才盛行。《春秋》学本身在这个经学转型的过程里面起到了引领作用,同时自身也发生着从今古文学向宋学的转型。这个转型中的基本层面是治经方法的转变。

《春秋》"三传"最早对《春秋》进行了系统研究。汉代经学确立,对《春秋》的解说主要围绕"三传"所发内容展开,治经方法主要是章句训诂。一般说来,古文经学重视训诂,也就是通过字的音、形、义来解释字词之义;今文经学重视章句,也就是分析经书章节句读的大意。汉儒章句训诂的治经

---

① 《礼记》,《十三经注疏》本,中华书局 1980 年影印版。
② 洪湛侯:《诗经学史》(上册),中华书局 2002 年版,第 106 页。
③ 《庄子·天运》记载:"孔子谓老聃曰:'丘治《诗》《书》《礼》《乐》《易》《春秋》六经,自以为久矣,孰知其故矣。'"但《天运》篇很可能是出自后人之手。因此,关于《春秋》作为"六经"最早的可信记载,大致是出现在战国末期。
④ 〔汉〕班固:《汉书》卷五十六《董仲舒传第二十六》,中华书局 1962 年版。
⑤ 周予同原著、朱维铮编校:《经学和经学史》,上海人民出版社 2012 年第 2 版,第 1~3 页。

方法,阐发思想要依据经书原文,受制于经文文字。汉代《春秋》学的章句训诂方法,一方面是当时的汉学风气使然,另一方面也是由于《春秋》虽为记事之作,但其叙述凝练晦涩,很多地方使读者不能明了其内在意蕴。《汉书·艺文志》称:"以鲁周公之国,礼文备物,史官有法,故与左丘明观其史记,据行事,仍人道,因兴以立功,就败以成罚,假日月以定历数,借朝聘以正礼乐。有所褒讳贬损,不可书见,口授弟子,弟子退而异言。丘明恐弟子各安其意,以失其真,故论本事而作传,明夫子不以空言说经也。《春秋》所贬损大人当世君臣,有威权势力,其事实皆形于传,是以隐其书而不宣,所以免时难也。"由于《春秋》"贬损大人当世君臣",所以行文隐晦,客观上需要解读。孔子口授弟子《春秋》,其弟子又口授后学,在流传过程中出现了不同的家学。《汉书·艺文志》著录"《春秋》家"有《左氏传》《公羊传》《穀梁传》《邹氏传》《夹氏传》五家,"邹氏无师,夹氏未有书"①,因此湮没。传世的"《春秋》三传"中,《左传》注重用史事来注解《春秋经》,其学属古文家,而《公羊传》和《穀梁传》侧重从义理上阐发春秋经义,在经学史上是今文家发挥的对象。

《左传》原名《左氏春秋》,可能本是单独流传的著作,因为它所述事实较为详细明晰,可解释《春秋》所简略记述的史事,被儒家认为是解释《春秋》经文的著作,②所以在流传过程中,先被人们编在《春秋》之后,后来又被拆散,用一段经、一段传的形式与《春秋》合编。《史记·十二诸侯年表》称,"鲁君子左丘明"恐后人不明孔子《春秋》之意,所以撰《左氏春秋》详细记事以阐明《春秋》。西汉时,人们一般认为"左氏为不传《春秋》",与孔子无关。刘歆倡导古文经学,开始引《左传》解《春秋》,此后儒家大多认为《左传》是左丘明为《春秋》作的传,但也有人认为《左传》并非解经之作,晋人王接、宋人刘安世即主张《左传》原本独立,非为解经而作。但是今天所见的《左传》在思想和文字上的确有解经的倾向,所以也有学者认为"《左传》原系杂采各国史书而成,最初不过是一种史事汇编的性质,并非编年之史,原

---

① 〔汉〕班固:《汉书》卷三十《艺文志第十》。
② 有学者认为,孔子作《春秋传》,左氏据此撰成《左传》。参见:姚曼波:《孔子作"春秋"即"春秋传"说初证》,《文献》1994 年第 3 期;姚曼波:《"〈春秋〉笔削义法"新说——突破"春秋学"千年误区新探》,《江西社会科学》2000 年第 10 期;姚曼波:《从〈左传〉〈国语〉考孔子"笔削"〈春秋〉义法——突破"春秋学"千年误区新探之二》,《社会科学战线》2001 年第 1 期等。

是一部独立的书,与《春秋》无关",后来被改编为解经的著作。① 我们认为,不管《左传》原本就为解经之作,还是在流传过程中被改编为解经之作,其传世文本都在形成过程中受到《春秋》影响,成为以历史叙事方式解经之作,②并作为《春秋》"三传"之一对传统经史之学发挥了重大影响。关于《左传》的作者,已难详考,一般认为是《史记·十二诸侯年表》所说的左丘明或称左丘,也有人认为,它的作者是子夏或是吴起,还有人认为,它是刘歆的伪作,但是都没有充足的依据。顾炎武认为:"左氏之书,成之者非一人,录之者非一世,可谓富矣。"③这是比较合理的说法。《左传》的纪年与书法跟《春秋》相似,所记上限与《春秋》同,下限至鲁哀公二十七年(前468),比《春秋》下推十三年,也显示出与《春秋》的关系。更重要的是,"《左传》补充、解释《春秋》经文的内容占了全书条目的五分之四以上"④。应该说,《左传》是受了《春秋》的影响,经过较长时期经由多人之手而成的。

《左传》主要从史事的角度解《春秋》。《春秋》据古代史书而作,但其叙事却非常简单晦涩,往往使人们无法了解其所记史事的面貌。《左传》通过按时间顺序汇编各种史书中的材料⑤,比较详细地记述了春秋时代史事,从而使人们可以了解《春秋》所记史事,进而使人明了《春秋》叙事所要表达的大义,所以叶适推崇《左传》对阐发《春秋》之义所起的作用,说:"《公》《穀》末世口说流传之学,空张虚义。自有《左氏》,始有本末,而简书具存,大义有归矣。故读《春秋》者,不可舍《左氏》,二百五十余年,明若画一。舍而他求,多见其好异也。"⑥叶适认为,《公羊传》和《穀梁传》都只是"空张虚义",而《左传》因为讲明了二百五十余年的史事才使"大义有归"。

《公羊传》和《穀梁传》的解经性质历来得到肯定,两者相对于《左传》以事解经的方法而言,更多地是以义解经,其中也包含着对《春秋》笔法的认识和发挥。《公羊传》采用设问体裁,有一个从"口说"到"著于竹帛"的流传过程,至汉景帝时写成定本。《穀梁传》也是设问体裁,大约也在汉代形成定本。《公羊传》和《穀梁传》虽然也有用史事解《春秋》的情形,但更多地是

---

① 赵光贤:《〈左传〉编撰考(上、下)》,《古史考辨》,北京师范大学出版社1987年版,第136~187页。
② 张高评:《春秋书法与左传史笔》,(台北)里仁书局2011年版,第81~85页。
③ 〔清〕顾炎武著、黄汝成集释:《日知录集释(全校本)》,上海古籍出版社2006年版。
④ 赵生群:《〈春秋〉经传研究》,上海古籍出版社2000年版,第41页。
⑤ 关于《左传》处理史料的方式,详参赵伯雄:《春秋学史》,山东教育出版社2004年版,第25~28页。
⑥ 〔宋〕叶适:《习学记言》卷九《春秋》,上海古籍出版社1992年影印本。

直接阐发《春秋》的"微言大义"。《春秋》"隐公三年"记曰:"尹氏卒。"《公羊传》解释称:"尹氏者何?天子之大夫也。其称尹氏何?贬。曷为贬?讥世卿,世卿非礼也。"《公羊传》认为,《春秋》的这条记载是从礼的标准出发讥贬世卿。《穀梁传》则认为,经文的这条记载是隐讳之辞,称:"尹氏者何也?天子之大夫也。外大夫不卒,此何以卒之也?于天子之崩为鲁主,故隐而卒之。"此处《公羊传》和《穀梁传》在阐发经义中的说法有差异,正是因为它们主要采用从义理到义理的传经方式,不注重史事。

汉代《春秋》学主要有《左传》《公羊传》《穀梁传》三家。《左传》属古文家,有张苍、贾谊、贯公等人代代相传。《公羊传》和《穀梁传》属今文家。其中,《公羊传》有胡母生、公孙弘、董仲舒、眭弘等人师徒相传,董仲舒的影响最大。《穀梁传》的地位虽不及《公羊传》,但也有申公、瑕丘江公等人传授。西汉经师恪守家学,按照师法解经,引发了今古文之争。今文家和古文家各立门户,争持不下,但也逐渐出现调和贯通的趋势。到了东汉,章帝于建初四年(79)召开白虎观会议调和今古文冲突,吸收两家观点,形成了《白虎通》(又名《白虎通义》)。东汉末年,又有郑玄贯通今古文经学,出现"郑学小一统"的局面。但汉代经学无论怎样分立融合,其治学方法主要的都是章句训诂。

魏晋南北朝时期,政治上的分裂促进了学术思想的活跃,受玄学重义理风气的影响,也由于学术本身发展的趋势,汉儒恪守经传家学而以章句训诂为主的《春秋》治学方法有所转变,不囿于一家之说兼取《左传》《公羊传》《穀梁传》三家成为较普遍的做法,而在章句训诂的治经方法之外阐发经义也受到相当重视。曹魏时,荀粲称六经为"圣人之糠秕"①,主张抛开经文探寻圣人的言外之意。西晋杜预作《春秋经传集解》,则具有"强经以就传"②的倾向。由于"三传"解《春秋》往往有与经不合之处,杜预怀疑《春秋》文字与叙事有误,而推崇《左传》,因此对于经、传不合之处总是疑经而取《左传》之说。③ 东晋范宁撰《春秋穀梁传集解》,其治学路径已经与汉儒有较大差异,他论述自己的撰述宗旨说:

> 凡《传》以通《经》为主,《经》以必当为理,夫至当无二,而三传殊

---

① 〔晋〕陈寿:《三国志》卷十《魏书·荀彧传》注,中华书局1959年版。
② 〔清〕永瑢等:《四库全书总目》卷二十六《经部二十六·春秋类一》"春秋左传正义"条,中华书局1965年版。
③ 关于杜预疑经取传详参赵伯雄:《春秋学史》,第292~295页。

说，庸得不弃其所滞，择善而从乎？既不俱当，则固容俱失，若至言幽绝，择善靡从，庸得不并舍以求宗据理以通经乎？虽我之所是，理未全当，安可以得当之难而自绝于希通哉？而汉兴以来，环望硕儒各信所习，是非纷错，准裁靡定，故有父子异同之论、石渠分争之说，废兴由于好恶，盛衰继之辩讷，斯盖非通方之至理。①

这段话体现出范宁《春秋》学与汉儒的几个不同：首先，范宁明确提出"三传"各有得失，应当择其善而去其弊，批评汉儒固守一家之说、治学取决于个人好恶。其次，范宁认为解经应当重视所发经义的合理性，摒弃"三传"之失，"据理以通经"。基于这样的治学方法，范宁的《春秋》学，相对淡化汉代以来的文字训诂，而以阐发经义为主。

唐代重建大一统政治之后，统一经学也随之形成。唐太宗令颜师古撰成《五经定本》，作为"五经"的官定版本在全国颁行，又令孔颖达等人编成《五经正义》，作为官定的"五经"经义解读之作。包括《春秋正义》在内的《五经正义》遵循"疏不驳注"的原则，"所宗之注不同，所撰之疏亦异"②，对选定的注本即使有错也不纠正，将汉儒的传统予以张扬。在唐代官方经学过分尊崇汉儒治经方法、走向僵化的同时，也有一些学者开始了对传统经学的怀疑与反思。王玄感著《春秋振滞》《尚书纠谬》《礼记绳愆》等书，大胆怀疑批判五经中的乖谬之处。

"安史之乱"造成对传统经学意识形态的巨大冲击，客观上使得传统的经学解说变得不合时宜，因此唐代中后期日益出现以己意解经的经学风气，这种解经新风即与《春秋》学密切相关。刘知幾著《史通》，突破了儒家经书的神圣观念，③在《疑古》与《惑经》两篇中对《尚书》《论语》《春秋》提出批评，尤其是认为《春秋》有"十二未谕"④，即有十二处让人难以明白。刘知幾之后，在特定条件与社会环境下，啖助、赵匡、陆淳（陆质）以《春秋》学开宋代经学"舍传求经"的以己意解经之风，"以怀疑的态度看待《春秋》三

---

① 〔晋〕范宁：《春秋穀梁传·自序》，文渊阁《四库全书》本。
② 〔清〕皮锡瑞著、周予同注释：《经学统一时代》，《经学历史》，中华书局2004年新1版。
③ 刘凤琴：《经史关系略论》，《呼伦贝尔学院学报》2008年第2期。
④ 〔唐〕刘知幾：《史通》卷十四《惑经》。

传"①,突破家法师法藩篱,基本摆脱了汉学束缚,为宋学奠定了基础。② 啖助以《春秋》学著称,著有《春秋集传》。啖助否定专守一传的解经方式,主张贯通"三传",阐明经义多有前儒未发之论。清人皮锡瑞指出他"舍传求经"的治学方法开辟了宋代经学进路,称:"程子则称其绝出诸家,有攘异端开正途之功。盖舍传求经,实导宋人之先路。生臆断之弊,其过不可掩;破附会之失,其功亦不可没也。"③赵匡参与整理其师啖助的遗作,继承了啖助的治经方法,又撰《春秋阐微纂类义疏》。赵匡不仅自己阐发《春秋》所含大义,也怀疑《春秋》经文有缺误,开宋代经学疑经风气先声。陆淳的《春秋》学承自啖助、赵匡,代表作有《春秋集传纂例》《春秋集传微旨》和《春秋集传辨疑》。陆淳治《春秋》,综合啖助、赵匡的学说,注重自己分析经旨而舍弃"三传"中的不合理之处。此三子作为"李唐异儒",开《春秋》宋学先河,④用义例解经的方式加强了解经的自主性,⑤从思想和文本上对宋代经学产生了启发作用。

北宋建立后,《春秋》学振兴,学者注重发挥《春秋》尊王之义,逐渐抛弃了汉儒章句训诂的治经方法,转而以己意解经、探求义理。欧阳修治《春秋》,明确提出舍传求经、以己意解经的观点:

> ……夫传之于经勤矣,其述经之事,时有赖其详焉,至其失传,则不胜其戾也。其述经之意,亦时有得焉,及其失也,欲大圣人而反小之,欲尊经而反卑之。取其详而得者,废其失者,可也;嘉其尊大之心,可也;信其卑小之说,不可也。"问者曰:"传有所废,则经有所不通,奈何?"曰:"经不待传而通者十七八,因传而惑者十五六。日月万物皆仰,然不为盲者明,而有物蔽之者,亦不得见也。圣人之意皎然乎经,惟明者见之,不为他说蔽者见之也。⑥

欧阳修认为,经文已经明确体现了"圣人之意","明者"和"不为他说蔽

---

① 向世陵主编,高会霞、杨泽著:《宋代经学哲学研究·儒学复兴卷》,上海科学技术文献出版社2015年版,第119页。
② 黄觉弘:《啖赵〈春秋〉学派略论》,《江西教育学院学报》2005年第2期。
③ 〔清〕皮锡瑞:《四·春秋·论赵匡郑樵辨左氏非丘明左氏传文实有后人附益》,《经学通论》,中华书局1954年版。
④ 宋鼎宗:《春秋宋学发微》,台北文史哲出版社1986年增订再版,第21页。
⑤ 葛焕礼:《论啖助、赵匡和陆淳〈春秋〉学的学术转型意义》,《文史哲》2005年第5期。
⑥ 〔宋〕欧阳修:《欧阳修全集》卷十八《春秋或问》。

者"可以洞见;"三传"虽然对《春秋》的阐发多有贡献,但其解经弊大于利,"欲大圣人而反小之,欲尊经而反卑之",往往曲解圣人之意,反而不能揭示出圣人的高深用意和经文的重要思想,成了蔽学者耳目的曲解之说。因此,欧阳修主张用自己的眼光去审视经文,阐发经义。基于这样的解经主张,欧阳修在经学上表现出强烈的怀疑精神,①具体到《春秋》学上,突出表现为否定前人成说,提出赵盾弑君而非赵穿弑君、许世子并非没有尝药等新见解。

作为宋学开端者的胡瑗、孙复也在治《春秋》学时采取了与欧阳修相同的见地。② 胡瑗治学以"明体达用"为宗旨,也就是要发掘经典中的义理并贯彻于政治实践,因此开辟了宋代经学重义理阐发的治经门径。胡瑗在《春秋》学上颇有造诣,曾著《春秋口义》,继承了啖助、赵匡、陆淳以来不主一传并以己意解经的传统。

孙复是北宋前期的另一位重要《春秋》学学者,他曾上书范仲淹,希望召集天下鸿儒硕老重新注解六经。六经传注成于东周以至于魏晋之间,是关于六经最早的注说。孙复的建议实则就是要抛前人论说而自为新意。四库馆臣认为"复之论,上祖陆淳,而下开胡安国"③,指出孙复的学风承自陆淳而对胡安国有重大影响。孙复著有《春秋总论》和《春秋尊王发微》。《春秋总论》亡佚,《春秋尊王发微》传世,其解说《春秋》经义往往弃"三传"观点而自立新说,将《春秋》解说成一部"尊王"经典。《春秋》"桓公十五年"记曰:"天王使家父来求车。""三传"都认为,此处《春秋》的记载意在指责周王"非礼",《左传》指出,"天子不私求财",《公羊传》也说,"王者无求,求车非礼"。但孙复则抛弃"三传"说法,认为这一记载是《春秋》贬斥诸侯不向天子纳贡。他说:"天王使家父来求车者,诸侯贡赋不入,周室材用不足也。"④这样一来,"非礼"的责任就转移到诸侯身上了,尊王的立场更为鲜明。孙复以己意解经的方法对宋代后学影响很大,四库馆臣评价说:"宋自孙复以后,人人以臆见说《春秋》。"⑤正反映了孙复对宋代《春秋》学风气的

---

① 漆侠:《宋学的发展和演变》,河北人民出版社 2002 年版,第 195~217 页。
② 漆侠:《宋学的发展和演变》,第 203~204 页。
③ 〔清〕永瑢等:《四库全书总目》卷二十六《经部二十六·春秋类一》。
④ 〔宋〕孙复:《春秋尊王发微》卷二"十有五年春二月天王使家父来求车"条,文渊阁《四库全书》本。
⑤ 〔清〕永瑢等:《四库全书总目》卷二十七《经部二十六·春秋类二》。

影响。孙复之学重儒家之道,对理学也起到了一些影响。① 随着理学逐渐兴起,宋人形成了一方面参考前人说法,另一方面,又根据所谓义理从自身角度来理解包括《春秋》在内的经书的治经方法,也就是"先儒之说,须傍附义理,不可轻破,要在自以意观之。"②

庆历时期兵变、民变频仍,出现严重的社会危机,③作为统治意识形态的经学的调整更显必要,宋代经学以己意解经的风气更盛,刘敞是"以理说经"④的代表。刘敞著《七经小传》三卷,自由发挥《尚书》《毛诗》《周礼》《仪礼》《礼记》《春秋》《论语》这七部经书的义理。吴曾评价刘敞经学说:"国史云:庆历以前,学者尚文辞,多守章句注疏之学,至刘原父为《七经小传》,始异诸儒之说。王荆公修经义,盖本于原父云。"⑤可见,刘敞摒弃了汉儒章句注疏的治经方法,其所发经义也对宋代经学发挥了切实的影响。刘敞"长于《春秋》,为书四十卷,行于时"⑥,在《春秋》学上成就巨大,撰有《春秋传》十五卷、《春秋权衡》十七卷、《春秋文权》五卷⑦、《春秋说例》十一卷⑧。

孙觉的《春秋》学备受时人称颂,其不主一家,按自己需要广采诸儒观点的治学方法,在宋代具有代表性。孙觉在《春秋经解·自序》中论述自己观点的来源,称:

> "三传"之说既未可质其后先,但《左氏》多说事迹,而《公羊》亦存梗概,陆淳以谓断义即皆不如《穀梁》之精。今以三家之说校其当否而《穀梁》最为精深,且以《穀梁》为本者,其说是非褒贬则杂取"三传"及历代诸儒,唐啖、赵、陆氏之说长者从之,其所未闻即以所闻安定先生之说解之。⑨

孙觉认为"三传"之中,《穀梁传》阐发义理最精深,因此本之于《穀梁

---

① 侯步云:《宋初"三先生"之孙复学术思想考论》,《四川师范大学学报(社会科学版)》2009年第3期。
② 〔宋〕胡宏:《五峰集》卷二《与彪德美》,文渊阁《四库全书》本。
③ 吴天墀:《北宋庆历社会危机述论》,《吴天墀文史存稿》,四川大学出版社1998年版,第117~151页。
④ 张尚英:《试论刘敞〈春秋〉学的时代特色》,《史学集刊》2008年第1期。
⑤ 〔宋〕吴曾:《能改斋漫录》卷二"注疏之学"条,《丛书集成》本。
⑥ 〔元〕脱脱等:《宋史》卷三百一十九《列传第七十八·刘敞》,中华书局1985年新1版。
⑦ 《宋史·艺文志》称五卷,《玉海》则称二卷。
⑧ 《宋史·艺文志》称十一卷,《玉海》称二卷,《中兴书目》称一卷。
⑨ 〔宋〕孙觉:《春秋经解·自序》,文渊阁《四库全书》本。

传》解《春秋》,而他所谓的"杂取'三传'及历代诸儒,唐啖、赵、陆氏之说长者从之",实际上就是根据自己的主观判断自由选择前人的说法。

胡安国是宋代《春秋》学学者的一个典型代表,其《春秋传》在宋代有重要影响。① 胡安国私淑程颐,其《春秋》学具有明显的义理化特征,重视从理学的角度解经。② 理学好谈心性,二程称《礼记》的《中庸》篇为"孔门传授心法"③,胡安国受二程理学影响,也把《春秋》视作孔门心法,说:"《春秋》,鲁史尔,仲尼加笔削,乃史外传心之要典也。"因此,胡安国发明《春秋》大义,在汉儒所讲"尊君父""讨乱贼""用夏变夷"之外,又强调"正人心"④,并且,胡安国往往用自己的思想去解说这些大义,而不受传注的束缚。

崔子方治《春秋》,明确提出要舍传求经,他说:

> 始余读《左氏》,爱其文辞,知有《左氏》而不知有《春秋》也。其后益读《公羊》《穀梁》,爱其论说,又知有二书而不知有《春秋》也。《左氏》之事证于前,二家之例明于后,以为当世之事与圣人之意举在乎是矣。然考其事则情有不合,稽其意则于理有不通,意者传之妄而求之过欤?乃取《春秋》之经治之,伏读三年,然后知所书之事与所以书之之意,是非成败褒贬劝戒之说,具在夫万有八千言之间,虽无传者一言之辩,而《春秋》了可知也。⑤

崔子方彻底否定汉儒依据"三传"解《春秋》的做法,认为"三传"妄传圣人之意;又认为《春秋》大义都明明白白地体现在了经文当中,后人无须借助"三传"就可直观其"是非成败褒贬劝戒"之意。崔子方又进一步提出解《春秋》只须考察经文本身而无须借助"三传"的原因:

> 圣人之辞至约也,然而不惧后之人惑者,何也?恃情与理以自托其言而传之于后世,后之贤者亦恃情与理而能知圣人于千百世之上而不疑六经之传,由此道也。⑥

---

① 卢锺锋:《论胡安国及其〈春秋〉传》,《中国史研究》1982年第2期。
② 王江武:《胡安国〈春秋传〉研究》,复旦大学2008年博士毕业论文。
③ 〔宋〕程颐、程颢:《二程外书》卷十一,见王孝鱼点校:《二程集》,中华书局1981年版。
④ 〔宋〕胡安国:《春秋传·序》,巴蜀书社1989年影印本。
⑤ 〔宋〕崔子方:《春秋经解·自序》,文渊阁《四库全书》本。
⑥ 〔宋〕崔子方:《春秋经解·自序》,文渊阁《四库全书》本。

崔子方认为,圣人作《春秋》依靠"情与理"传达思想。因此,后人只要凭借同样的"情与理"就可以探得圣人本意了。崔子方这种自信得于圣人作《春秋》之道而舍传求经的治经思想,在宋人中颇具代表性。

二、《春秋》义例解说的历史演变

《春秋》叙事简而有法,确实形成了一定的义例。① "《春秋》的'属辞',首先也是一定的体例上的要求",②只是对其的解说在历史上往往被夸大。在古人看来,《春秋》义例蕴含了丰富的义理,具有正乱世之失的重大作用,因此司马迁在《史记·太史公自序》中说:"拨乱世反之正,莫近于《春秋》。《春秋》文成数万,其指数千。"因为《春秋》行文晦涩且寓意丰富,所以古代《春秋》学重视对《春秋》义例的阐发。朱彝尊曾经在论崔子方本例时说:

> 以例说《春秋》,自汉儒始。曰牒例,郑众刘寔也;曰谥例,何休也;曰释例,颖容、杜预也;曰条例,荀爽、刘陶、崔灵恩也;曰经例,方范也;曰传例,范甯也;曰诡例,吴略也;曰略例,刘献之也;曰通例,韩滉、陆希声、胡安国、毕良史也;曰统例,啖助、丁副、朱临也;曰纂例,陆淳、李应龙、戚崇僧也;曰总例,韦表微成元、孙明复、周希孟、叶梦得、吴澄也;曰凡例,李瑾、曾元生也;曰说例,刘敞也;曰忘例,冯正符也;曰演例,刘熙也;曰义例,赵瞻、陈知柔也;曰刊例,张思伯也;曰明例,王皙、王日休、敬铉也;曰新例,陈德宁也;曰门例,王锱、王炫也;曰地例,余嘉也;曰会例,胡箕也;曰断例,范氏也;曰异同例,李氏也;曰显微例,程迥也;曰类例,石公孺、周敬孙也;曰序例,家铉翁也;曰括例,林尧叟也。③

从朱彝尊的总结可以看出,自汉代始,学者治《春秋》就把总结义例作为研究《春秋》的重要内容。实际上,对《春秋》义例的阐发,在先秦时已有之。《公羊传》《榖梁传》《左传》最早对《春秋》义例做了较详细的阐发,只是从汉儒开始,人们更加明确地把义例作为解说《春秋》的一种治学方法和一项治学内容。从先秦至宋代,学者对于《春秋》义例的解说形成了一个历史

---

① 晁岳佩:《〈春秋〉说例》,《古籍整理研究学刊》2000 年第 1 期。
② 瞿林东:《中国古代史学批评纵横(增订本)》,重庆出版社 2016 年版,第 2 页。
③ 〔清〕朱彝尊:《曝书亭集》卷三十四《涪陵崔氏春秋本例序》,《四部丛刊初编》本。

演变的过程。

《左传》《公羊传》《穀梁传》在解经过程中,重视从义例的角度分析叙事中所蕴含的大义,最早总结了《春秋》义例。《左传》义史事解释《春秋》义例最为详细,反映"属辞比事"之教。① 《左传》在用史事解经的过程中,较为系统地归纳出《春秋》褒贬用讳的各种义例。《左传》阐明《春秋》义例,往往以"凡"字引领,晋人杜预统计有"五十凡",称为"凡例"。此外,《左传》还用"书""不书"等来解释《春秋》义例的"变例"。

《左传》概括春秋笔法的特征为"微而显,志而晦,婉而成章,尽而不污,惩恶而劝善"②,又归纳了一些具体的《春秋》义例阐明《春秋》书法。像《春秋》的天子、鲁公、诸侯、夫人的崩薨卒葬之例,《左传》就进行了总结。③《左传》"隐公元年"称:"秋七月,天王使宰咺来归惠公、仲子之賵。缓,且子氏未薨,故名。天子七月而葬,同轨毕至;诸侯五月,同盟至;大夫三月,同位至;士逾月,外姻至。赠死不及尸,吊生不及哀,豫凶事,非礼也。"又称:"冬十月庚申,改葬惠公。公弗临,故不书。惠公之薨也,有宋师,太子少,葬故有阙,是以改葬。卫侯来会葬,不见公,亦不书。""隐公三年"称:"夏,君氏卒。声子也。不赴于诸侯,不反哭于寝,不祔于姑,故不曰'薨'。不称夫人,故不言葬,不书姓。为公故,曰'君氏'。""隐公十一年"称:"壬辰,羽父使贼弑公于寪氏,立桓公,而讨寪氏,有死者。不书葬,不成丧也。""僖公二十三年"称:"十一月,杞成公卒。书曰'子',杞,夷也。不书名,未同盟也。凡诸侯同盟,死则赴以名,礼也。赴以名,则亦书之,不然则否,辟不敏也。""文公十四年"称:"十四年春,顷王崩。周公阅与王孙苏争政,故不赴。凡崩、薨,不赴,则不书。祸、福,不告,亦不书,惩不敬也。"《左传》的归纳总结,阐明了《春秋》记天子、鲁公、诸侯、夫人的崩薨卒葬之书否、名否、葬之速缓、礼之得失都有例可循。与之类似,《左传》还归纳总结了《春秋》的诸侯会盟、征伐、朝聘、祭祀等凡例。

《公羊传》和《穀梁传》在发挥《春秋》大义时也提出了一些《春秋》叙事

---

① 张高评:《〈春秋〉曲笔直书与〈左传〉属辞比事——以〈春秋〉书薨、不手弑而书弑为例》,《高雄师大国文学报》(台湾)第19期,2014年1月。
② 杨伯峻:《春秋左传注·二·文公 宣公 成公》,中华书局1990年第2版。
③ 有不少学者认为《左传》非解《春秋》之作,可参白寿彝《宗周晚年和春秋时期的史书》,《中国史学史论集》,中华书局1999年版,第15~27页;赵光贤:《〈左传〉编撰考(上)》,《古史考辨》,北京师范大学出版社1987年版,第136~164页。但这并不影响《左传》在历史上作为《春秋》笔法的最早与重要阐发者的地位。

的义例。《公羊传》和《穀梁传》直阐义理,虽不主史事,但其阐明《春秋》美刺"微词"带有修辞学特征,"实吾国修词(辞)学最古之发凡起例",①仍然可以通过文辞的比对来说明义例。其发明《春秋》义例有三个特点:

其一,因事随文而发,散见于阐发经义的过程中。《公羊传》发明《春秋》记天子、诸侯、大夫、士之死的书法便是因事而发。《春秋》"隐公三年"曰"天王崩",《公羊传》解经称:"何以不书葬?天子记崩不记葬,必其时也。诸侯记卒记葬,有天子存,不得必其时也。曷为或言崩或言薨?天子曰崩,诸侯曰薨,大夫曰卒,士曰不禄。"《公羊传》为了阐发《春秋》的尊王和等级思想,指出了《春秋》义例对天子、诸侯、大夫、士的死给以不同称谓。《穀梁传》解释这条经文的义例,称:"高曰崩,厚曰崩,尊曰崩。天子之崩,以尊也。其崩之何也?以其在民上,故崩之。其不名何也?大上,故不名也。"可见,《穀梁传》同样是在阐发经义时因事发明《春秋》义例。

其二,往往通过书与不书的对比来发明《春秋》义例。如对于书葬之例,《公》《穀》二传即是在书与不书的对比中阐发的。

《春秋》"庄公三十二年"云:"冬十月己未,子般卒。"

《公羊传》释称:"冬十月乙未,子般卒。子卒云子卒,此其称子般卒何?君存称世子,君薨称子某,既葬称子,逾年称公。子般卒,何以不书葬?未逾年之君也。有子则庙,庙则书葬。无子不庙,不庙则不书葬。"②

《春秋》"隐公十一年"云:"冬十有一月壬辰,公薨。"

《公羊传》释称:"何以不书葬?隐之也。何隐尔?弑也。弑则何以不书葬?《春秋》君弑,贼不讨,不书葬,以为无臣子也。子沈子曰:'君弑,臣不讨贼,非臣也。不复仇,非子也。葬,生者之事也。《春秋》君弑,贼不讨,不书葬,以为不系乎臣子也。公薨何以不地?不忍言也。隐何以无正月?隐将让乎桓,故不有其正月也。"③

从这两条解经之文可以看出,《公羊传》通过"书"与"不书"阐发了"庙则书葬""不庙则不书葬""君弑,贼不讨,不书葬"的《春秋》义例。《穀梁传》

---

① 钱锺书:《管锥编》第三册,中华书局1979年版,第967页。
② 《公羊传》("庄公三十二年")。
③ 《公羊传》("隐公十一年")。

与之相类：

《春秋》"桓公十八年"云："冬,十有二月己丑,葬我君桓公。"

《穀梁传》释称："葬我君,接上下也。君弑贼不讨,不书葬,此其言葬,何也？不责逾国而讨于是也。"①

《春秋》"昭公十三年"云："冬,十月,葬蔡灵公。"

《穀梁传》释称："变之不葬有三：失德不葬,弑君不葬,灭国不葬。然且葬之,不与楚灭,且成诸侯之事也。"②

可见,《穀梁传》也是在书与不书的对比中,说明了《春秋》"君弑贼不讨,不书葬"之例和"失德不葬,弑君不葬,灭国不葬"之例。

其三,注重"日月时例",认为《春秋》记事是否记事件发生的日（日期）、月（月份）、时（季节）都有固定的规则。唐人啖助曾说："《公》《穀》多以日月为例,或以书日为美,或以为恶。"③"日月时例"在《穀梁传》中体现得尤为明显。《春秋》"庄公三十二年"云："冬十月己未,子般卒。"《穀梁传》在解经时提出"书日为正"之例,称："子卒日,正也。不日,故也。有所见则日。"《公》《穀》二传中的"日月时例"虽然过于牵强,但对后世关于《春秋》义例的认识影响深远。

汉代《公羊》学关于《春秋》义例的解说比《公羊传》更为系统。西汉董仲舒提出了自己的《春秋》义例,也就是"董氏义例"。董仲舒著《春秋繁露》,今存从《楚庄王第一》到《俞序第十七》的十七篇,主要都是发明《春秋》大义,其中也包含了对《春秋》义例的阐发。在《公羊传》解经的基础上,董仲舒对《春秋》义例做了进一步阐发,内容主要有：一是"诡其实以有避"④。董仲舒认为,《春秋》常常用史文与史事相出入的"诡书""讳书"来使历史记述符合大义。二是"《春秋》常于其嫌得者见其不得""《春秋》之用辞,已明者去之,未明者著之"⑤。《春秋》中有时对同类事件,贬贤者而不贬不贤者,董仲舒认为,这是因为《春秋》重视贬斥贤者以使人明白不贤者做相似

---

① 《穀梁传》（"桓公十八年"）。
② 《穀梁传》（"昭公十三年"）。
③ 〔唐〕陆淳：《春秋集传纂例》卷九《日月为例义第三十五》,《丛书集成》本,中华书局1985年影印版。
④ 〔汉〕董仲舒：《春秋繁露》卷二《竹林第三》,《丛书集成》本,中华书局1991年影印版。
⑤ 〔汉〕董仲舒：《春秋繁露》卷二《竹林第三》。

事的不义,对已加贬斥而著明大义的事情不再重复加贬。三是"《春秋》之论事莫重于志"①。也就是说,《春秋》的褒贬重视考察历史人物的心志而不是行为。四是"《春秋》无通辞"②"辞不能及,皆在于指"③。《春秋》对同一对象、同类事件,有时褒,有时贬,董仲舒认为,原因在于《春秋》的褒贬并非一成不变,而是根据具体情况加以改变,符合礼义则褒、反之则贬。④ 在《春秋》学影响下,司马迁以《春秋》为"撰写《史记》的文化范本",⑤著《史记》也有明确的义例,并将《春秋》笔法扩大为篇章叙事结构。⑥ 这是《春秋》义例向史学发展的一个重要渊源。

东汉末年的何休也对《春秋》义例做了新的总结。他在《公羊何氏解诂》和《春秋公羊谥例》两部著作中,提出了比董氏义例更系统的《春秋》义例,主要包括五始、三科九旨、七等、六辅、二类等内容。"五始",即从《春秋》的"元年,春,王正月,公即位"之语引申出"元年、春、王、正月、公即位"五种天人开端。"三科九旨"即:"'新周、故宋,以《春秋》当新王',此一科三旨也。又云:'所见异辞,所闻异辞,所传闻异辞',二科六旨也。又'内其国而外诸夏,内诸夏而外夷狄',是三科九旨也。""七等",即"州、国、氏、人、名、字、子",也就是对《春秋》中关于称谓的书法的总结。"六辅",也就是何休认为的"公辅天子,卿辅公,大夫辅卿,士辅大夫,京师辅君,诸夏辅京师"。"二类",是指"人事与灾异",实际上是根据天人感应理论对《春秋》叙事对象所做出的分类。何休的这些义例参考了公羊先师胡母生的观点,又与董仲舒往往相类,⑦实际上,是从汉代《春秋》大一统观出发归纳出的《春秋》书法。汉代的《公羊》学以"大一统"为核心观念,⑧并形成了一套历史哲学,⑨奠定了后世对《春秋》的一种基本理解。

---

① 〔汉〕董仲舒:《春秋繁露》卷一《玉杯第二》。
② 〔汉〕董仲舒:《春秋繁露》卷二《玉林第二》。
③ 〔汉〕董仲舒:《春秋繁露》卷二《竹林第三》。
④ 关于董仲舒对《春秋》义例的阐发,详参赵伯雄:《春秋学史》,山东教育出版社2004年版,第149~153页。
⑤ 张强:《司马迁与〈春秋〉学之关系论》,《南京大学学报(哲学.人文科学.社会科学版)》2005年第4期。
⑥ 李州良:《史迁笔法:寓论断于序事》,《求是学刊》2006年第4期。
⑦ 关于何休《春秋》学思想与胡母生和董仲舒的关系,参见赵伯雄:《春秋学史》,第220~222页。
⑧ 黄开国:《公羊学的大一统》,《人文杂志》2004年第1期。
⑨ 黄开国:《公羊学的历史哲学》,《孔子研究》2005年第6期。

《左传》所发凡例在汉代已是今古文相争的一个焦点。① 随着汉末政治局势的变化而日渐形成《春秋》学上的重要理论。除了政治形势的原因之外,《左传》备言史事,其所发"五十凡"确实比《公》《穀》二家之例更多证据。因此,更容易取信于一部分经史学者。

西晋杜预进一步发挥了《左传》之说,著《春秋经传集解》和《春秋释例》,较为系统地总结了《春秋》义例。杜预在《春秋左传序》中认为《春秋》义例是周公制定、孔子整理而成的。他说:"其发凡以言例,皆经国之常例,周公之垂法,史书之旧章。仲尼从而修之,以成一经之通体,其微显阐幽,裁成义类者,皆据旧例而发义。"杜预推崇《左传》,根据《左传》发明对《春秋》义例做了进一步的阐发。首先,杜预在《春秋左传序》中明确提出《春秋》的"三体"和"五例"。"三体"就是"发凡言例""发凡正例""归趣非例","五例"是"一曰微而显""二曰志而晦""三曰婉而成章""四曰尽而不污""五曰惩恶而劝善"。其次,杜预将《左传》所发《春秋》义例分为"正例"和"变例"。"正例"就是"凡例"。《左传》阐明《春秋》义例,往往以"凡"字引领,杜预统计有"五十凡",称为"凡例"。此外,《左传》还用"书""不书"等来解释《春秋》义例的"变例"。再次,杜预又提出"非例"的观点,否定了前人提出的一些《春秋》义例。他认为,在"正例"和"变例"之外,"其经无义例,因行事而言,则传直言其归趣而已,非例也"。也就是说,在"正例"和"变例"之外,《左传》对《春秋》的解说都只是记述史事、明其旨归,不存在对《春秋》义例的归纳。这样,《春秋》义例就被杜预用比较规范的形式予以界定了。

到了唐代,孔颖达纂《五经正义》,其中的《左传正义》将杜预注定为一尊,使得杜预关于《春秋》义例的观点成为官方说法。后来陆淳总结啖助和赵匡的《春秋》学思想,编成《春秋集传纂例》一书,总结《春秋》义法,"取舍'三传'之义可入于条例者"②,综合了《公羊传》《穀梁传》和《左传》所阐发的《春秋》义例。

宋代《春秋》学或综合"三传"或舍传求经,③虽然一改汉儒的章句训诂之风,但基本继承了汉儒以例说《春秋》之法,并且也把汉儒所开始阐发的《春秋》"属词比事"当成义例来解说。④ 宋代《春秋》学的代表人物胡安国著《春秋传》,重视《春秋》义例的作用,又将《春秋》义例分为"常例"和"变

---

① 葛志毅:《〈春秋〉义例的形成及其影响》,《中华文化论坛》2006年第2期。
② 〔唐〕陆淳:《春秋集传辨疑》卷首"凡例",《丛书集成》本,中华书局1985年新1版。
③ 夏微:《宋代〈春秋〉学述论》,《西华大学学报(哲学社会科学版)》2007年第2期。
④ 赵友林:《〈春秋〉学中的"属辞比事"》,《聊城大学学报(社会科学版)》2008年第1期。

例"。他说:"王朝大夫例称字,列国之命大夫例称字,诸侯之兄弟例称字,中国之附庸例称字,其常也。圣人按是非定褒贬则有例,当称字或黜而书名,例当称人或进而书字,其变也。常者道之正,变者道之中。"①胡安国认为,义例是《春秋》明大义、定褒贬的途径,"圣人按是非定褒贬则有例"。他又认为《春秋》的常例是行道之正,确立书法的一般原则,而《春秋》的变例是行道之中,根据褒贬需要做出变通。胡安国的《春秋传》不仅从理论上对《春秋》义例做出了说明,而且在解经过程中具体总结了《春秋》义例。胡安国总结《春秋》义例,继承和发展了啖助、赵匡和陆淳以来会通"三传"、以己意解经的传统,往往从自身角度综合"三传"来阐发《春秋》义例,在宋代具有代表性。

崔子方认为,义例是《春秋》成书为言的重要方式,著有《春秋本例》和《春秋例要》两部书,专门探讨《春秋》义例。崔子方论述《春秋》的著述方式时说:

> (孔子作《春秋》)其辞必完具于一经之间,其事必完具于一辞之中。虽然,圣人岂敢以一辞之约而使后世之人晓然知吾之所喻哉?故辞之难明者,则著例以见之,例不可尽也,则又有日月之例焉,又有变例以为言者,然后褒贬是非之意见矣。夫事之多变,则辞之不同,例之不一与日月之参差不齐,盖不可胜视,及其慎思而精考,则若网在纲举而振焉,顺乎其有条理也。圣人以辞与例成其书,以情与理而自托其言,则所以虑后世者亦至矣。辞与例,其文也;情与理,其质也。文质不备,君子不为完人,文质不备,《春秋》不为完经。②

崔子方认为,《春秋》经文已经明白地表达了圣人之意,因为圣人作《春秋》采用的是文质兼备的著述方式。所谓"质",是指"情与理",实际上就是《春秋》的思想内涵;所谓"文",是指"辞与例",也就是《春秋》的文辞与义例。崔子方认为,《春秋》通过文辞与义例来表达思想,因此特别注意总结《春秋》义例。崔子方所总结的《春秋》义例包含三个层次:一是"常例",也就是一般叙事规则;二是"日月之例",也就是叙事时在时间记述上的方式;三是"变例",也就是在常例之外的特殊笔法。崔子方把"日月之例"视为

---

① 〔宋〕胡安国:《春秋传》卷一《隐公上》,文渊阁《四库全书》本。
② 〔宋〕崔子方:《春秋经解·自序》,文渊阁《四库全书》本。

《春秋》之本,他说:"尝论圣人之书,编年以为体,举时以为名,著日月以为例。《春秋》固有例也,而日月之例,盖其本也。"因此,崔子方著《春秋本例》一书,主要就是探讨"日月之例"。《穀梁传》首先对日月时例进行了系统发挥,但因为这种解说往往牵强,所以历来受学者诟病。崔子方对《春秋》"日月之例"的特别关注,虽然难免也流于穿凿附会,却代表了宋人极重《春秋》义例的思想。

在崔子方以外,宋代还有一些专门从义例角度研究《春秋》的著作。刘敞的《春秋传说例》,张大亨的《春秋五礼例宗》等书皆是此类。另外,朱熹为《资治通鉴纲目》手书"凡例",也总结了以为修史之法的《春秋》义例。

三、《春秋》大义阐发的历史演变

古代《春秋》学的治学风气虽有章句训诂和己意解经之分歧,对于《春秋》义例的阐发也因人而异,但发明《春秋》经文中的大义则是共同的治学旨趣。历代《春秋》学对《春秋》大义的阐发,因时代政治与学术理念不同而又各具特点。《孟子》较早揭示了《春秋》大义,《离娄下》说:"王者之迹熄而《诗》亡,《诗》亡然后《春秋》作。晋之《乘》,楚之《梼杌》,鲁之《春秋》,一也。其事则齐桓、晋文,其文则史,孔子曰:'其义则丘窃取之。'"这就是认为,孔子作《春秋》通过史事来表达史义,但《孟子》没有对《春秋》大义的具体内涵展开论述。《春秋》"三传"最早对《春秋》大义做了系统阐发,之后汉代《春秋》学主要是由《公羊》学发挥了《春秋》大一统之义。到了宋代,《春秋》学进一步突出"尊王""攘夷"与"正统"之义。可以说,先秦至宋代,对于《春秋》大义的阐发,有一个历史演变的过程。

《春秋》三传首先系统阐发了《春秋》大义。《左传》以史事解经,注重总结《春秋》义例,相对于《公》《穀》二传对经义的阐发不够系统,赵匡曾说"左氏解经,浅于公、谷,诬谬实繁"[①]。但是,《左传》也通过归纳《春秋》义例而对《春秋》大义做了一定的发明,只不过《左传》阐发经义较为零散。杜预在《春秋左传序》中论及《左传》曾说:"左丘明受经于仲尼,以为经者不刊之书也,故传或先经以始事,或后经以终义,或依经以辨理,或错经以合异,随义而发。"杜预认为《左传》解经"随义而发"的论断是有道理的。《春秋》"宣公四年"记:"郑公子归生弑其君夷。"《左传》在详叙相关史事之后,解释《春秋》这条记载的义例称:"凡弑君,称君,君无道也;称臣,臣之罪也。"《春秋》

----
① 〔唐〕陆淳:《春秋集传纂例》卷一《赵氏损益义第五》。

"成公十五年"记:"晋侯执曹伯归于京师。"《左传》解释《春秋》这里的义例称:"凡君不道于其民,诸侯讨而执之,则曰某人执某侯。不然,则否。"《左传》通过大量类似的传文归纳《春秋》义例,从而点明了《春秋》弑君之例中的道义标准。总的说来,《左传》发明经义,在根本上指出《春秋》大旨在于"劝善惩恶";其在阐发经义的具体过程中,则主要体现出重礼和重民两种思想倾向。① 一方面,《左传》重视揭示《春秋》中的礼法等级思想,不仅以凡例的形式揭示《春秋》的礼法标准,也对"丹楹刻桷""天王求车""齐侯献捷"之类统治者的违礼举动予以说明。另一方面,《左传》在人、神关系中重人,在政治思想上重民。在人、神关系上,《左传》认为民先于神,民为神主,"桓公六年"称:"夫民,神之主也。是以圣王先成民而后致力于神。"在政治思想上,《左传》体现出西周时期的保民思想倾向,"文公十三年"传文借邾文公之口说出了"命在养民"之语。

　　《公羊传》和《穀梁传》的解经就义理而言义理,虽然难免空疏牵强,但所发经义对后世影响颇大。尤其是《公羊传》提出《春秋》"大一统"思想,影响尤巨。《春秋》"隐公元年"云:"元年,春,王正月。"《公羊传》解释称:"王者孰谓?谓文王也。曷为先言王后言正月?王正月也。何言乎王正月?大一统也。"《公羊传》认为《春秋》书"王正月"是表示奉周王正朔,崇尚天下一统。《公羊传》的"大一统"思想既有天下一统的含义,也有尊王的意味,这种"大一统"思想贯穿于《公羊传》对《春秋》褒贬书法的解释。宣公十一年(前708),楚庄王率诸侯军队入陈,杀死弑君的夏征舒。《春秋》记曰:"楚人杀夏征舒。"《公羊传》认为,这是《春秋》对楚庄王的贬书:"此楚子也,其称人何?贬。曷为贬?不与外讨也。不与外讨者,因其讨乎外而不与也,虽内讨亦不与也。曷为不与?实与而文不与。文曷为不与?诸侯之义不得专讨也。诸侯之义不得专讨,则其曰实与之何?上无天子,下无方伯,天下诸侯有为无道者,臣弑君,子弑父,力能讨之,则讨之可也。"楚庄王杀弑君之臣虽然是义举,但《公羊传》认为,楚庄王的行为为《春秋》所贬。《公羊传》如此断定的依据便是"大一统"之义。其一,《春秋》"不与外讨","王者无外",②诸侯则不得擅越权限;其二,"诸侯之义不得专讨",楚庄王的行为未经天子许可,"虽内讨亦不与也"。《穀梁传》发明经义,与《公》《左》有同有异,主要特点有二:一方面,《穀梁传》发明经义,体现出与《左传》相类

---

① 沈玉成、刘宁:《春秋左传学史稿》,江苏古籍出版社1992年版,第83~89页。
② 《春秋公羊传》,《十三经注疏》本,中华书局1980年影印版。

的保民思想。《穀梁传》对经文中多处"不雨"的记载,都从保民思想出发予以解释,认为这些记载是出于对雨的期盼和忧虑,称:"不雨者,勤雨也。一时言不雨者,闵雨也。闵雨者,有志乎民者也。"这就把"不雨"的记载视为对民生的关注。① 另一方面,《穀梁传》的尊王思想非常突出。《穀梁传》反复从尊王之义出发解《春秋》,甚至到了牵强附会的地步。《春秋》"庄公十六年"记齐侯、宋公等诸侯"同盟于幽"。《穀梁传》解释说:"同者,有同也,同尊周也。"这里,《穀梁传》从《春秋》经文的一个"同"字就凭空引申出了"尊周"之义。

汉代《春秋》学对《春秋》大义的阐发,最重要的是《公羊》学对"大一统"之义的发挥。董仲舒著《春秋繁露》,进一步发挥《公羊传》中的"大一统"思想,他说:

> 《春秋》曰:"王正月",《传》曰:"王者孰谓?谓文王也。曷为先言王而后言正月?王正月也。"何以谓之王正月?曰:王者必受命而后王。王者必改正朔,易服色,制礼乐,一统于天下,所以明易姓,非继人,通以己受之于天也。王者受命而王,制此月以应变,故作科以奉天地,故谓之王正月也。②

董仲舒解释《春秋》"王正月"之语,将"王"解释为新王,认为"大一统"是新王的大一统,并且认为新王要通过改正朔、易服色、制礼乐来明示受命于天,这就从天人关系的角度阐发了"大一统"之义。③

东汉《公羊》学大师何休著有《公羊何氏解诂》和《春秋公羊谥例》(《文谥例》)等书,总结并发展了西汉以来的《公羊》学思想。首先,何休通过对"元"的解说,为董仲舒的"大一统"说赋予了形而上基础。何休在《春秋公羊传解诂》中解释《公羊传》"隐公元年"所言"元年者何?君之始年也",称:

> 变一为元。元者,气也,无形以起,有形以分,造起天地,天地之始也。故上无所系,而使春系之也。不言公,言君之始年者,王者、诸侯皆称君,所以通其义于王者,惟王者然后改元立号。《春秋》托新王受

---

① 关于《穀梁传》的保民思想,详参赵伯雄:《春秋学史》,第60~61页。
② 〔汉〕董仲舒:《春秋繁露》卷七《三代改制质文第二十三》。
③ 汪高鑫:《论汉代公羊学的大一统思想》,《安徽大学学报(哲学社会科学版)》2009年第5期。

命于鲁,故因以录即位,明王者当继天奉元,养成万物。

何休把"元"视作"天地之始",将王者的改元立号等政治行为说成是"继天奉元,养成万物"之举,从而为"大一统"说所要求的改制主张寻得了形而上的依据。

其次,何休用"三科九旨"来概括《春秋》大义。徐彦在《春秋公羊传注疏》的"卷首语"中引述了何休的这一说法:

> 问曰:"《春秋说》云:《春秋》设三科九旨,其义如何?"答曰:"何氏之意,以为三科九旨,正是一物。若总言之,谓之三科。科者,段也。若析而言之,谓之九旨。旨者,意也。言三个科段之内,有此九种之意。故何氏作《文谥例》云:三科九旨者,新周,故宋,以《春秋》当新王,此一科三旨也。又云所见异辞,所闻异辞,所传闻异辞,二科六旨也。又内其国而外诸夏,内诸夏而外夷狄,是三科九旨也。"

何休的"三科九旨",实际上将汉代《公羊》学的尊王、攘夷思想加以归纳总结,而其"所见异辞,所闻异辞,所传闻异辞"则是发挥《公羊》学的"三世说",把《春秋》所记之世看成是一个由衰乱到太平的历史进程。汉儒把《春秋》学神圣化,[1]适应了当时的政治需要,也使得后世受其神圣化甚至神秘化倾向影响,这种氛围一直到唐宋时代才得以逐渐破除。

魏晋南北朝时期,学者治《春秋》往往兼通"三传",从汉代的《公羊》学、《穀梁》学和《左传》学中探求《春秋》大义,并且《左传》学有异军突起之势。三国时的大儒王肃治《春秋》学,主要是注《左传》。据统计,《晋书》所载时人关于《春秋》大义的说法,属《左传》学的占十之六七,属《公羊》学的则占十之三四。[2] 杜预是魏晋南北朝时期影响巨大的《春秋》学者。杜预偏好《左传》,在当时有一定代表性。《左传》解经偏重史事,因此阐发大义较为零散,杜预的《春秋经传集解》也具有类似的特点,"分经之年与传之年相附,比其义类,各随而解之"[3]。杜预因为笃信《左传》,在解经的过程中"多强经以就传"[4],典型的如对《左传》所发弑君之例的维护,"宣公四年"称:

---

[1] 熊铁基:《论汉代新儒家》,《南都学坛(人文社会科学学报)》2006年第4期。
[2] 赵伯雄:《春秋学史》,第277页。
[3] 〔晋〕杜预集解:《春秋经传集解·序》。
[4] 〔清〕永瑢等:《四库全书总目》卷二十六《经部二十六·春秋类一》。

"凡弑君,称君,君无道也;称臣,臣之罪也。"但《左传》解释《春秋》"宣公二年"书"赵盾弑其君",则指出"晋灵公不君",把责任归于晋灵公。可见,《左传》所发弑君之例并不完全符合经文。杜预为了维护《左传》的弑君之例,注"赵盾弑其君"时称:"灵公不君而称臣以弑君者,以示良史之法,深责执政之臣。"

唐代孔颖达等人作《五经正义》时,因为当时《公》《穀》二传无师传,因此其《春秋》义实际上是《左传》之义。唐人啖助、赵匡开《春秋》治学新风,也对《春秋》大义重做阐发,不主《公羊》学、《穀梁》学和《左传》学的一家之言,自立一说。啖助认为《春秋》之义在于"变从夏政",要"立忠为较,原情为本"。① 换言之,就是用夏代的"忠"政从人的性情根本上救周弊。赵匡进一步突出《春秋》救弊之旨,认为救弊不一定是"变从夏政",他归纳《春秋》救弊之义即是"尊王室,正陵僭,举三纲,提五常,彰善瘅恶,不失纤芥"②。这实际上是从前代《春秋》学中提取了尊王、三纲五常和劝惩思想作为《春秋》大义。

宋代《春秋》学发挥了啖助、赵匡以来以己意解经的治学方法,在阐发《春秋》大义方面,则因为时代政治背景而重"尊王"之义,随着民族斗争的加剧,"攘夷"之义也日益受到重视,③并由重视尊王攘夷引申出重视正统。宋初孙复撰《春秋尊王发微》,重视君臣名分,把尊王之义视作《春秋》首要大义。④ 孙复否定前人的《春秋》"黜周王鲁"之说,认为孔子作《春秋》起于鲁隐公仍然是出于尊王的目的,他说:"孔子之作《春秋》也,以天下无王而作也,非为隐公而作也。"⑤在孙复看来,尊王是孔子作《春秋》的根本动机。《春秋》之所以始于隐公,是由于隐公之世是"平王之所终",天下进入无王状态。因此,孙复严厉批判《春秋》所记载的礼乐崩坏的时代,以彰显尊王旨趣。宋人常秩曾经评价孙复的《春秋》学说:"明复为《春秋》,犹商鞅之法,弃灰于道者有刑,步过六尺者有诛。"⑥孙复用有贬无褒的方式解读《春秋》,突显尊王宗旨,带动了宋代《春秋》学对尊王之义的阐发。到了南宋时

---

① 〔唐〕陆淳:《春秋集传纂例》卷一《春秋宗旨议第一》。
② 〔唐〕陆淳:《春秋集传纂例》卷一《赵氏损益义第五》。
③ 高日晖:《汉、宋〈春秋〉学与政治的关系》,《大连大学学报》2006年第1期。
④ 关于孙复重视名分、通过"正名"体现尊王,详参漆侠:《宋学的发展和演变》,第221~227页。
⑤ 〔宋〕孙复:《春秋尊王发微》卷一"元年春王正月"条。
⑥ 〔清〕永瑢等:《四库全书总目》卷二十六《经部二十六·春秋类一》。

期,因为与少数民族政权的激烈政治、军事冲突,攘夷之义与尊王之义一起被摆在突出位置。胡安国作《春秋传》,在《序》中将《春秋》大义概括为"尊君父,讨乱贼,辟邪说,正人心,用夏变夷"。可以看出,这实际上也是突出《春秋》的尊王攘夷之义。

宋代《春秋》学在探讨尊王攘夷之义时,也将正统论作为《春秋》大义的重要内容。北宋欧阳修首先将正统之论追溯至《春秋》。他说:"正统之说肇于谁乎?始于《春秋》之作也。当东周之迁,王室微弱,吴、徐并僭,天下三王,而天子号令不能加于诸侯,其《诗》下同于列国,天下之人莫知正统。仲尼以为周平虽始衰之王,而正统在周也,乃作《春秋》,自平王以下,常以推尊周室,明正统之所在。故书王以加正月而绳诸侯。王人虽微,必加于上,诸侯虽大,不与专封,以天加王,而别吴、楚。刺讥褒贬,一以周法。凡其用意,无不在于尊周。"①这里所说的"尊周室"即是尊王之义,"别吴、楚"则是攘夷之义,由于《春秋》的尊王攘夷在当时"吴、徐并僭,天下三王"的政治局面下推崇周室,因此又具有别正闰的意味。欧阳修据此将正统论纳入《春秋》大义,受到宋人普遍认同。

欧阳修还提出了具体的正统论标准,也就是"正者,所以正天下之不正也;统者,所以合天下之不一也"②。"正"是道德评判,"统"是功业评价,也就是用道德和功业两个标准评价正统。司马光则强调"夫统者合于一之谓也"的功业评价,以"九州合为一统"作为标准来评定正统,而相对淡化道德评判。③ 南宋朱熹把《春秋》正统之论放在了更突出的地位。他认为,"《春秋》本是明道正谊之书","大率本为王道正其纪纲",④而"为王道正其纪纲"最主要的就是正闰之论。因此朱熹用《春秋》书法作《资治通鉴纲目》,主要就是为了突显正统之义。朱熹为《资治通鉴纲目》所定凡例,基本上都是围绕正闰之别而作,希望以此达到他在序中所期望的"岁周于上而天道明矣,统正于下而人道定"的目的,实际上就是要用正统论来应顺天道。

---

① 〔宋〕欧阳修:《居士集》卷十六《原正统论》,《欧阳修全集》第二册,李逸安点校,中华书局2001年版。
② 〔宋〕欧阳修:《居士集》卷十六《原正统论》,《欧阳修全集》第二册。
③ 〔宋〕司马光:《资治通鉴》卷第六十九《魏纪一》,中华书局1956年版。
④ 〔宋〕朱熹:《朱子语类》卷八十三《春秋·纲领》。

第二节　政治、社会与文化变迁中的宋代《春秋》学与史学

宋代《春秋》学的兴起与史学的发展，以及两者的内在联系，与其所处的政治、社会与文化背景有密切关系。民族政治形势的变迁、社会思想文化领域的争夺以及道统与政统之间的分合，是宋代较为独特的历史形势，对《春秋》学与史学有深刻影响，是理解宋代《春秋》学与史学的特点及两者关系的重要背景。

一、从"华夷一家"到民族对峙的政治变迁

汉儒倡言《春秋》"大一统"，但汉朝的政治大一统实际上维系时间不长，此后魏晋南北朝的漫长分裂状态，使得"大一统"的政治理想陷入夷夏之辨与正闰之争。① 唐代恢复了"大一统"政治形态，呈现出空前的民族大融合景象，并且使得《春秋》夷夏观发生了重大变化。唐太宗云"自古皆贵中华，贱夷、狄，朕独爱之如一"，②发展了历史上的民族融合局面，实现了政治上的"华夷一家"。因此，《春秋》"攘夷"之义就在此种政治与社会形势下显得有些不合时宜。唐朝皇帝取得"天可汗"的空前政治地位，唐朝的这一政治现实已使得传统的《春秋》"尊王"之义不言自明。五代之世，夷夏观仍然在一定程度上继承唐朝的特点，再加之少数民族出身的政治军事统治者要混淆夷夏身份而树立正统形象，使得《春秋》"攘夷"之义缺乏政治土壤。而五代乱局也使得《春秋》"尊王"之义在现实政治中遭遇危机。即使五代有学者欲尊崇《春秋》"尊王攘夷"大义，也难以在短促而动荡的历史情势下形成成熟思想。

实际上，宋初《春秋》学也经历了数十年的等待与积淀，直到政治局面稳定才开始在意识形态建设中发挥重大作用。③ 但《春秋》学在仁宗时兴起的政治需求却是一直存在的。北宋建立伊始，就面临着一种独特的政治情势。一方面，从纵向来说，此时已不复盛唐时的疆域，因而当时的政治与社会上产生了一种关于王朝合法性的深刻的忧患意识。王朝范围缩小的

---

① 李传印：《魏晋南北朝时期史学与政治的关系》，华中科技大学出版社 2004 年版，第 63～74 页。
② 〔宋〕司马光：《资治通鉴》卷第一百九十八《唐纪十四》。
③ 赵伯雄：《春秋学史》，第 423 页。

事实,使得"凸显自身国家的合法性轮廓"成为现实政治需要。① 另一方面,从横向来说,宋朝面临着一种空前的民族政治形势。从一种宏观的地理角度看,中原政权始终因为"内亚"地缘关系受到周边游牧民族挑战。②德裔美国历史学家、汉学家魏特夫(Karl August Wittfogel)提出,中国历史上侵入中原的非汉族王朝有"征服王朝"与"渗透王朝"之分,被学界较广泛引用或讨论。③ 抛开其思想倾向,取其观点中最基本之处,可见四个征服王朝中有三个,即辽、金、元都与宋有历史交集,使宋王朝成为中国历史上面对空前挑战与威胁的中原政权。抛开此论的其他方面,单就宋王朝所面临的民族政治形势而言,无疑可以由此窥见北宋立国之艰难处境。

宋王朝在政治军事方面呈现出节节败退之势,激起了强烈的忧患意识。④ 如果从思想文化角度而言,则宋朝的外部危机反而激起了继承文化传统和发展文化新因素的活力。宋朝在民族政治的危机中,为中国文明的连续性与一体性发展做出了贡献。⑤ 宋朝在思想文化领域对传统的改造和发挥,正是以新的民族对峙形势为一个重要的大背景。《春秋》学与史学在此时的兴起,可以说,有其政治形势方面的一定的必然性。宋真宗"作《春秋要言》",又谕"胡安国兼读《春秋》,随事解释,不必作义"。⑥ 已经显示出统治者开始重视《春秋》学的作用,而"随事解释,不必作义",则反映出宋代"不惑传注"的《春秋》学风气实有其政治需要方面的依据。北宋政治务实,必然不愿纠结于经义的家法、师法之辨,更愿意即事明理,而士大夫有意于通经致用,自然也偏向于此路径。

自汉代《公羊》学发其端,《春秋》"大一统"学说就成为中国历史上最重要的政治合法性理论之一。五代时期的混乱造成没有一个政权来得及确立和发扬统治意识形态的现实政治情形,实际上使得"大一统"理论陷入一

---

① 葛兆光:《中国思想史》第二卷《七世纪至十九世纪中国的知识、思想与信仰》,复旦大学出版社2000年版,第258~260页。
② "内亚"作为一个学术术语,大致指以蒙古高原为中心的亚洲腹地,是游牧民族挑战欧亚各大文明的重要地理区域。可参见钟焓:《重释内亚史——以研究方法论的检视为中心》,社会科学文献出版社2017年版,第1~21页。
③ 魏特夫最早在《中国辽代社会史》(History of Chinese Society, Liao, 907-1125)中提出"征服王朝"和"渗透王朝"的区分。渗透王朝指非汉族渗透到汉族中趋于消失,即被汉化;征服王朝则指非汉族没有汉化者。此后学界较广泛地基于此进行学术检讨,可参见宋德金:《评"征服王朝论"》,《社会科学战线》2010年第11期。
④ 吴怀祺:《忧患意识与史学思想》,《天津社会科学》2008年第2期。
⑤ 江湄:《怎样认识10至13世纪中华世界的分裂与再统一》,《史学月刊》2019年第6期。
⑥ 〔宋〕王应麟:《玉海》卷二十六《帝学·春秋》,文渊阁《四库全书》本。

定的危机。而当宋作为一个新的王朝寻求统治合法性时，首先必须回顾既有传统，《春秋》"大一统"学说无疑是一个颇显著以至于不可回避的理论。

宋朝以继周自居，而其开国立业者太祖、太宗也皆为五代职业军人出身，这更促使宋初统治者要立足五代局面来看待自身王朝的地位。五代至少有一种较为常见的思想意识，即寻求继承唐的政治地位。唐王朝的大一统形态，始终是五代和五代造就的宋朝奠基者的政治理想。

汉末以至唐初，中原大一统政治崩坏，北方游牧民族每每成为东亚政治的主导。突厥佗钵可汗轻蔑中原政权，谓："但使我在南两个儿孝顺，何忧无物邪。"①太宗时，中原政权重新崛起，甚至有超越汉代的气势。贞观四年（630），"李靖击突厥颉利，败之，其部落多来归降者"②，"诸蕃君长诣阙顿颡，请太宗为天可汗"③。武周亦有武功，长寿元年（692），"王孝杰大破吐蕃，复龟兹、于阗、疏勒、碎叶四镇"④，神功元年（697），"契丹李尽灭等平"⑤。……这一系列对外成就对时人的心态有重大影响，"万国朝宗"从政治理想发展为政治现实，⑥使唐人逐渐产生空前自信。"昭陵十四国藩臣像""乾陵六十一藩臣像"便是其遗迹。李靖败突厥的第二年有明堂之议。值得注意的是，魏徵认为："凡圣人有作，义重随时，万物斯睹，事资通变。……随时立法，因事制宜。自我而作，何必师古。廓千载之疑议，为百王之懿范。"⑦这种"自我而作可为百王懿范"的态度显示出了平视先圣而敢为后世立法的历史自信。后来杜佑又有"圣唐之盛，迈于西汉"⑧的正式言论。

与唐代经学变古派关系极密切的吴兢撰《贞观政要》，尤能反映武周前后时人的心态，其谓：

> 太宗时政化，良足可观，振古而来，未之有也。至于垂世立教之

---

① 〔唐〕令狐德棻等：《周书》卷五十《突厥传》，中华书局1971年版。
② 〔唐〕吴兢：《贞观政要》卷九《安边第三十六》，上海古籍出版社1978年版。
③ 〔唐〕杜佑撰、王文锦等点校：《通典》卷二百《边防十六》，中华书局1982年版。
④ 〔唐〕杜佑撰、王文锦等点校：《通典》卷一百九十《边防六》。
⑤ 〔后晋〕刘昫等：《旧唐书》卷六《本纪第六·则天皇后》，中华书局1975年版。
⑥ "万国朝宗"一语首见于唐太祖诏，见许敬宗编：《文馆词林》卷六百七十《武德年中曲降十二军界诏一首》，《日藏弘仁本文馆词林笺证》，中华书局2001年版。此时因突厥强大而只是理想；武则天也有此语，见《旧唐书》卷三十《音乐三》所录武则天之《迎送王公》诗，此时可称政治现实。
⑦ 〔后晋〕刘昫等：《旧唐书》卷二十二《礼仪二》。
⑧ 〔唐〕杜佑撰、王文锦等点校：《通典》卷七《食货七》。

美,典谟谏奏之词,可以弘阐大猷,增崇至道者,爰命不才,备加甄录,体制大略,咸发成规。于是缀集所闻,参详旧史,撮其指要,举其宏纲,词兼质文,义在惩劝,人伦之纪备矣,军国之政存焉。凡一帙一十卷,合四十篇,名曰《贞观政要》。庶乎有国有家者克遵前轨,择善而从,则可久之业益彰矣,可大之功尤著矣,岂必祖述尧、舜,宪章文、武而已哉!①

吴兢认为,"太宗时政化,良足可观,振古而来,未之有也","岂必祖述尧、舜,宪章文、武而已"的思想,与传统经史之学的"崇古""怀古"与"信古"的态度②截然不同,显示出一种"今胜于古"的文化自信。显而易见,唐代的文化自信与盛世形态都是以政治上的空前大一统为基础的。

唐代的政治军事发展,是大一统理论的一种现实印证,即使在其政治式微之后,仍然作为一种思想文化烙印根植于经史思想当中。唐王朝的文治武功存留于史学的历史记述之中,又成为《春秋》大一统之义的一种历史参照。此外,长安三年(703)在大一统政治背景下出现了经学变古派在政治上挑战经学传统的事件,成为唐代经学发展的一个分水岭,唐代的经学一统变为派系分立。此年发生"元感上书"事件,王元感表上其《春秋振滞》等变古经学作品,引发论战,标志着唐代经学由此显现为变古派和泥古派两大基本派系。两派的经学立场与其政治偏向和心态有密切关系。王元感负气上书,引发论战。变古派以魏知古、徐坚、刘知幾与张思敬等人为代表,受益于武周政局,获得革新经学契机而偏向于亲武,由此支持王元感。泥古派以祝钦明、郭山恽、李宪为代表,心态微妙,寄望还政李唐,偏向于亲李而恪守经学传统,因而反对王元感。武则天出于政治利益考量和心理偏好,支持变古派,变古派得以在国家政治生活中崭露头角。武周统治结束后,经学变古便失去了政治权力的支持与士人心态基础。经学变古争取获得政治权力支持,经历了永贞革新的失败,一直等到宋代才出现契机。

经史之学历经唐末五代之危乱而绵延不绝,为宋初重整社会秩序提供了重要的思想资源与历史传统。同时,也将汉、唐的历史影响作为一种压力与激励,留给了宋朝的政治和思想主导阶层,而唐代的变古思潮也在宋

---

① 〔唐〕吴兢:《贞观政要·序》。
② [美]伍安祖、王晴佳:《世鉴:中国传统史学》,孙卫国、秦丽译,中国人民大学出版社2014年版,第13页。

初的政治形势下再次获得权力与心态基础。

北宋初年进行了一系列消灭割据与收复中原传统领地的军事斗争。虽然有阶段性胜利，但总体上未能完成天下一统的既定目标。高梁河之战和岐沟关之战，迫使宋朝意识到完成天下一统在军事方面的巨大阻碍。未能如愿的大一统理想成为北宋时期激发士人思想的重要动因。"四海一统"被石介等北宋士人作为一种现实状态来描述，而实际上这种政治理想要面对的是"夷夏相通"发生巨变的真实状态。① 欧阳修也以"大宋之兴，统一天下，与尧、舜三代无异"②的言论来做儒家式的政治激励。其论宋太祖出师南唐之际，答复徐铉游说之辞，颇见当时庙堂士林之政治主张：

> 铉朝于廷，仰而言曰："李煜无罪，陛下师出无名。"太祖徐召之升，使毕其说。铉曰："煜以小事大，如子事父，未有过失，奈何见伐？"其说累数百言。太祖曰："尔谓父子者为两家可乎？"铉无以对而退。呜呼，大哉，何其言之简也！盖王者之兴，天下必归于一统。其可来者，来之；不可者，伐之；僭伪假窃，期于扫荡一平而后已。③

在北宋政治家与儒生眼中，"天下必归于一统"，任何有碍于此的说辞皆是借口，故此处盛赞太祖之辞，直言对不可来者，"期于扫荡一平而已"。这段史论，无异于北宋时期政治与思想上的一份理想宣言。《春秋》"大一统"之义由此成为宋儒念兹在兹的重大义理。胡瑗解《易》，而引"天下一统"之说；④ 司马光纵观历史，有"上下一千七百余年，天下一统者五百余年而已"之叹。⑤

澶渊之盟为宋朝与其他民族政权划定了疆界，却反而激发士人为应对时局、实现儒家政治理想，而突破了传统经史思想界限。欧阳修是其中开风气之先者，他提出正统论源自《春秋》，谓："正统之说肇于谁乎？始于《春秋》之作也。"⑥又将"大一统"与"正统"结合起来，云："《传》曰：'君子大居

---

① 〔宋〕石介：《徂徕石先生文集》卷九《记永康军老人说》，陈植锷点校，中华书局1984年版，第106页。
② 〔宋〕欧阳修：《居士集》卷十六《正统论序》，《欧阳修全集》。
③ 〔宋〕欧阳修撰、徐无党注：《新五代史》（三）卷六十二《南唐世家》，中华书局1974年版。
④ 〔宋〕胡瑗：《周易口义》卷十二《系辞下》，文渊阁《四库全书》本。
⑤ 〔宋〕司马光：《司马温公集编年笺注》十八《保业》，李之亮笺注，巴蜀书社2009年版，第73页。
⑥ 〔宋〕欧阳修：《居士集》卷十六《原正统论》，《欧阳修全集》。

第一章 先秦至宋代《春秋》学的历史演变

正',又曰:'王者大一统'。正者,所以正天下之不正也;统者,所以合天下之不一也。由不正与不一,然后正统之论作。"①通过简单而具有一定逻辑性的解说,欧阳修继承改造韩愈等人的学说,②又把宋初"三先生"(胡瑗、孙复、石介)已着力发扬的《春秋》大义中的"大一统""正统"与"尊王"有机地整合起来。而关于夷夏之辨,从孙复到欧阳修,一方面表现出对夷狄的轻蔑,但另一方面又主《春秋》夷夏之变通,肯定其文化进步。孙复肯定"其渐同中国"③,欧阳修则不避讳五代"正统"之君出于夷狄。这实际上是唐代以来的文化自信在北宋诸儒观念中的遗存与激励的一种表现。同时,也是五代背景下"宋初民族色彩的淡出"④的一种意识延续。因此,在北宋的经史之论中,儒者往往把少数民族政权看成是一般意义上的"王者之兴"后大一统的阻碍者,而不会刻意强调其民族上的身份特征。

北宋统一天下的政治与军事实践的挫折,促使统治者重视经史之学的作用。在经学方面,宋代崇学右文,以经学重整意识形态,也促进了士人的通经致用,解决时弊。在史学方面,中国古代从殷商时代就开始形成史官制度,到唐初已经臻于完善。⑤ 宋代则进一步发展了史官制度,通过多种形式的官修史书来助益政治。⑥ 宋代的文治又打破了朝廷对史学的垄断,在右文政策的催化作用下,儒生注重用经史思想领域的变革来寻求现实政治上的解决方案。由此出现宋代官方史学与私家史学并盛的局面。"大一统"论是《春秋》汉学的核心,此时因为时代的变化而逐渐突显出"正统"论,⑦由"尊王"大义生发出"王道"论。⑧ 至此,《春秋》学上的"正统""尊王"与"大一统"之义,经由家法、师法藩篱的突破,而更加深刻地融合为一,政治意识形态领域适应政治发展需求的新的义理化经学理论由此产生。《春

---

① 〔宋〕欧阳修:《居士集》卷十六《正统论上》,《欧阳修全集》,第 267 页;《原正统论》,第 275 页。
② 金鑫、曹家齐:《说欧阳修的正统论思想》,《史学史研究》2005 年第 2 期。
③ 〔宋〕孙复:《春秋尊王发微》卷五"夏大旱秋宋公楚子陈侯蔡侯郑伯许男曹伯会于盂执宋公以伐宋"条。
④ 邓小南:《祖宗之法:北宋前期政治述略》,生活·读书·新知三联书店 2006 年版,第 80~102 页。
⑤ 牛润珍:《汉至唐初史官制度的演变》,河北教育出版社 1999 年版,第 225 页。
⑥ 傅振伦:《中国史学概要》,《青年文化》创刊号,中国文化服务社 1947 年版;刘节:《中国史学史稿》,中州古籍出版社 1982 年版,第 177~185 页;王盛恩:《宋代官方史学研究》,人民出版社 2008 年版,第 63~192 页。
⑦ 江湄:《从"大一统"到"正统"论——论唐宋文化转型中的历史观嬗变》,《史学理论研究》2006 年第 4 期。
⑧ 江湄:《北宋诸家〈春秋〉学的"王道"论述及其论辩关系》,《哲学研究》2007 年第 7 期。

秋》学上的这种义理阐发,一则需要例证,二则需要进一步明确,史学于是当仁不让地承担起了证实与阐发经义的重任。《春秋》以"载之空言,不如见之于行事之深切著明"①的历史记述方式阐扬义理,宋代史家也效仿其微言大义的方式而寄托阐明大义于历史记述之中。宋代《春秋》学与史学由此形成一种内在联结,成为士大夫寄托政治理想与提出应对政治局势新方案的重要方式。北宋史学由此深受《春秋》学的影响。②像欧阳修的《新五代史》就通过《春秋》大义指导,用历史编纂来阐发对历史上的民族忧患与道德伦理等问题的看法。③

靖康之变对北宋士人的"大一统"政治理想造成沉重打击,汉唐传统也愈发失去了时代背景理据,南宋经史之学由此在变古之路上渐行渐远。"夷夏之辨"在北宋开端的《春秋》正统论视野中从此变得愈发明显。胡安国在《春秋传序》中把"攘夷"与"尊王"并列为《春秋》大义的重点,吕大圭甚至以阐发《春秋》攘夷之义贬喻时政,谓"齐不能安中国,桓(齐桓公)之罪也"④。由此影响,崇尚义理也越发成为重要的史学观。⑤

南宋时期,宋朝偏安江南,时时面临北方政权的威胁,高宗甚至不得不避兵锋于海上,尤属意《春秋》学。⑥经济重心南迁为文化创造奠定了物质基础,"隆兴和议"后的几十年又相对平静,为学术发展提供了安定环境,由此出现了学术繁荣局面。⑦《春秋》学为时局所变,不仅推动民族政权关系影响下的夷夏观念有所变化,也牵连《春秋》正统观念与相应的历史编纂思想发生变化。《春秋》亦经亦史,史学既是《春秋》学的理路延伸,也是其申明义理的根基。南宋的政治处境,有类东晋南朝,既无力恢复中原,又要以华夏衣冠自居而争夺正统。于是"大一统"愈发成为论证正统的义理工具。当此之时,理学分化出两大基本主张。

第一种以朱熹等人为代表,在一定意义上延续了北宋群儒的政治理想,力主以"大一统"之功业标准论定正统。岳飞等中兴名将身体力行北伐事业,使宋初"大一统"政治理想不坠于地,"共治天下"的士大夫自然有相

---

① 〔汉〕司马迁:《史记》卷一百三十《太史公自序》,中华书局1982年第2版。
② 贾贵荣:《〈春秋〉经与北宋史学》,《中国史研究》1990年第1期。
③ 韩兆琦、吴莺:《欧阳修〈新五代史〉简论》,向燕南、李峰主编:《新旧唐书与新旧五代史研究》,中国大百科全书出版社2009年版,第59~80页。
④ 〔宋〕吕大圭:《春秋或问》卷十一"邢迁夷仪",文渊阁《四库全书》本。
⑤ 燕永成:《南宋史学研究》,甘肃人民出版社2007年版,第179~184页。
⑥ 张尚英:《宋高宗与〈春秋〉学》,《史学月刊》2007年第12期。
⑦ 吴怀祺:《宋代史学思想史》,黄山书社1992年版,第6页。

应的奋激主张。朱熹等大儒尽弃前人义例,据《春秋》史事详细考订分辨出了历史编纂的正统义例,仍主北宋理想,以统一功业为正统的首要标准。此经学义理非史学不得以分明,故其作《通鉴纲目》以矫正北宋司马光的"义理之失"。就历史情形而言,司马光主"务实",更直接指向一统的外王事业,并非于理有失,甚至比汉儒之重义理更加理性,只是在南宋的外部民族政权压力下才显现出在正统观方面的"缺失"。吕祖谦等人更以事功为重,其治《春秋》,多以史事明义理。例如,其论晋悼公"和戎",谓:"悼公所以成霸业,规模皆可见得,如政事用人,……正如诸葛亮出来欲一统天下,兴汉社稷,欲与魏争衡……看诸葛亮之规模,正得晋悼公之遗意。"①以吕祖谦为代表的事功学派,将理想功业具体化为现实事功,不拘泥于义理之名,务求其实,既是北宋政治"祖宗之法"②务实之遗风的发扬,又是危机政治局势的应对举措。

  第二种以张栻等人为代表。张栻之父张浚为南宋初期复辟中兴功勋,以进士出身而屡建勤王攘夷武功。至张栻时,则一变其经世路径而肆力"斯文"。周公孔孟之道一变而为天人之理,义理之重,至于可不复以功业为意。张栻所代表的义理思潮,以义理为首要的正统评判标准,偏取欧阳修的"君子大居正"之义,而对于"王者大一统"则因政治现实上的无力而不再坚持。从逻辑上来说,政治军事上的失利,愈发使得义理上的正统理据显现出必要性。如果说,张浚开辟了民族争夺中的川陕第二战场,那么,张栻则开辟了思想领域以义理争夺正统的第二战场。张栻主张以义理道德为主要的正统评价标准,其作《经世纪年》,以《易》为天理,以《春秋》为人理,用此二者为"根乎天命而存乎人心者,不可没也"③。萧常也进一步发挥此种特重义理的正统观,作《续后汉书》以述三国史事,意在以蜀汉为三国正统直承东汉,由此阐明《春秋》大义。蜀汉北伐无功,丝毫无损于其义理上的正统地位,正是宋朝军事败退之后的一种思想辩护。

  此外,从中国古代的经史致用角度而言,经学与史学总是成为时代政治问题的重要解决途径。陈寅恪先生看到"中国史学莫盛于宋"④,宋代史学之盛与经史之学的政治功能有重要关系。早在中晚唐时期,出现藩镇割

---

① 〔宋〕吕祖谦:《左氏传说》卷七,文渊阁《四库全书》本。
② 邓小南:《祖宗之法:北宋前期政治述略》,第78~421页。
③ 〔宋〕张栻:《张南轩先生文集》卷十四《经世纪年序》,华东师范大学出版社2010年版。
④ 陈寅恪:《陈垣〈明季滇黔佛教考〉序》,《金明馆丛稿二编》,读书·生活·新知三联书店2001年版,第272页。

据、政纪倾颓的政治局面,陆质师法"异儒"[①]啖助、赵匡,习其反传统学说欲有益于时政,"侍东宫,阴伺意解释左右之。质伺间有所言"[②],正是试图利用所治经学左右政局。在永贞革新中拒绝王叔文的杜佑,则以政治温和派的视野著述《通典》,以更注重政治实用性的态度发展刘知幾由重经而走向重史的路径,注意历史上的变化,[③]发展了中国史学上的"历史主义"态度,以史学来直接资政,其作《通典》,也是基于时弊。宋代新的民族与政治危机,使得《春秋》学与史学在面对共同现实政治问题时,更深刻地联结在了一起。史学要以历史记述有益于时政,则以《春秋》为史学理论与思想指导,经学要阐发义理以规谏政治,则以史学为重要方式与组成部分。

总而言之,宋代的民族与政治形势,严重冲击了宋代政治与思想领域的"大一统"理想。宋儒不断地在现实政治军事形势下做出经史方面的联动反应。因之,《春秋》大义与作为其阐发方式和理路延伸的史学自然发展变化。

二、"三教相争"背景与"三教相融"趋向

宋朝整体面临严峻的外部政治局势,而在内部,儒家也面临着主要来自佛、道的社会文化竞争压力。这种竞争压力源自唐代的"三教相争",宋代理学延续了竞争的一些方面,又在新的历史背景中提出了新的主张,并在经史领域有重要表现。

早在魏晋南北朝时期,佛、道二教已经对当时史学思想产生了重要影响,[④]唐代佛、道发展又给儒家带来了更大的竞争压力。尤其是唐代统治者对佛教与道教的尊崇,对儒家的社会文化地位形成了重要挑战。对于统治者而言,凡有益于统治皆可提倡,真正作为儒家忠实信徒的皇帝实则不多。李唐皇室基本持宽松的宗教政策,又自托为老子之后而尊道教。佛教承魏晋以来的发展态势而大行其道,尤其在武周时甚至为新政权的统治合法性提供了主要依据。唐代儒家由此备受压力,而做出反应。其中典型者如韩愈、李翱师徒正式提出道统论,推崇孟子而发展儒家心性学说。韩愈

---

① 〔后晋〕刘昫等:《旧唐书》卷一百八十九下《陆质传》。
② 〔宋〕欧阳修、宋祁:《新唐书》卷一百六十八《陆质传》。
③ Thomas H. C. Lee, *New Directions in Northern Sung Historical Thinking 960 – 1126*, see Q. Edward Wang, Georg G. Iggers, *Turning Points in Historiography: A Cross - Cultural Perspective*, The University of Rochester Press, 2002, pp. 59 – 88.
④ 李小树:《秦汉魏晋南北朝史学史稿》,中国人民大学出版社 2007 年版,第 213～220 页。

师徒复兴儒家,"确乎是北宋庆历时期思想运动的先导。而庆历时期思想运动又恰为道学的产生奠定了基础"①。

佛、道二家之所以能在社会文化层面对儒家形成上自天子、下至百姓的广泛影响,与其自身学说和形态有密切关系。这影响了唐宋之际儒家的发展趋向,尤其是宋代儒家与理学的形态,又经由《春秋》学等途径波及史学。当然,自古三教就是相互影响的,佛教作为外来宗教,在中国化的过程中要广泛吸收道家和儒家的因素,道家也要吸收儒家和佛家理论来发展完善自身,而宋代是其兼收并蓄的一个重要时期。② 就佛、道二家对儒家的影响而言,宋代也是一个重要时期。"其实,宋儒是以孔子为招牌,大量吸收了佛教和道教宗教世界观和宗教修养方法。"③

首先,佛家的一些宗派为了确立自己的正统地位,而对自身统序进行宣扬,叙述法脉,上继历代祖师以至于佛祖,影响了儒家道统论的确立。典型者如禅宗。禅宗在"六祖革命"之后,通过打破传统衣钵传承的方式而确立了六组慧能的法统地位。这一变革起到了促进禅宗发展的作用,而与之相关的佛家道统论也随着南宗顿教的兴起而产生重大社会影响。在这种既有社会思想风气中,儒家又因为千年传承而有历史上之根源,所以在受到佛、道压力的情形下确立了自身的道统论。陈寅恪和钱穆等学者对此早有较详细的讨论。④ 虽然以往学者对韩愈等儒者受佛家影响而建儒家道统论,可能求之过深、求之过细而有不贴切之处,但并不影响关于韩愈和李翱道统论受佛家影响的基本论断。⑤

韩愈著《原道》,提出了一个"尧以是传之舜,舜以是传之禹,禹以是传之汤,汤以是传之文、武、周公,文、武、周公传之孔子,孔子传之孟轲,轲之死,不得其传"⑥的儒家统序,正与禅宗法统相类。李翱等人继承了这一道

---

① 陈来:《宋明理学(第二版)》,华东师范大学出版社2004年版,第17页。
② 顾吉辰:《宋代佛教史稿》,中州古籍出版社1993年版,第223~258页;孙以楷主编、李仁群等著:《道家与中国哲学·宋代卷》,人民出版社2004年版,第86~118页;蒋维乔:《中国佛教史》,上海古籍出版社2004年版,第41~49页。
③ 任继愈主编:《中国佛教史》第一卷,中国社会科学出版社1981年版,第4页。
④ 陈寅恪:《论韩愈》,《金明馆丛稿初编》,读书·生活·新知三联书店2001年版;钱穆:《中国儒学与文化传统》,《中国现代学术经典·钱宾四卷(下)》,河北教育出版社1999年版。
⑤ 李勇刚:《佛教对儒家道统观的影响——以韩愈和朱熹为中心》,《五台山研究》2013年第1期;尹邦志:《佛教对儒家道统思想的影响——以李翱〈复性书〉为例》,《四川师范大学学报(社会科学版)》2017年第4期。
⑥ 〔唐〕韩愈:《韩昌黎文集校注》卷一《原道》,马永昶校注,上海古籍出版社1986年版,第18页。

统论,到宋代被理学进一步发挥。"二程"标榜道学,使理学带有继承儒家道统而以儒学正统自居的性质。朱熹则进一步发展了这种思想,云:

> 夫尧、舜、禹,天下之大圣也。以天下相传,天下之大事也。以天下之大圣,行天下之大事,而其授受之际,丁宁告戒,不过如此。则天下之理,岂有以加于此哉?自是以来,圣圣相承:若成汤、文、武之为君,皋陶、伊、傅、周、召之为臣,既皆以此而接夫道统之传,若吾夫子,则虽不得其位,而所以继往圣、开来学,其功反有贤于尧舜者。然当是时,见而知之者,惟颜氏、曾氏之传得其宗。及曾氏之再传,而复得夫子之孙子思,则去圣远而异端起矣。子思惧夫愈久而愈失其真也,于是推本尧舜以来相传之意,质以平日所闻父师之言,更互演绎,作为此书,以诏后之学者。盖其忧之也深,故其言之也切;其虑之也远,故其说之也详。①

朱熹不仅厘定出从传说中的儒家始祖到理学的传授统序,而且把道统传授看成是头等大事,据孔子"继往圣、开来学"之事迹,而认为其虽"不得其位",却"有贤于尧舜者"。在此基础上,朱熹又将实际上到晚唐宋代才兴起的心性之学一脉据此理推为儒学正宗,而在先秦儒家的源头上排摒其他传统。朱熹谓子思之时疑经"去圣远而异端起",将子思之外的儒家流派均划入"异端",独以子思之学为道统之继,由此使之与理学相接。

理学从道统论出发,将具有心性特征的"四书"推至高于"五经"的地位。这自然对《春秋》等经典的权威性产生了一定冲击,但仅仅是在理学最高经典的体系内有所表现,并未动摇其儒家根本大典的地位。反而因为道统论提倡心性,而使得《春秋》解经彻底摆脱了汉学传统家法师法的束缚,在义理化路径上得以自由发展。朱熹提倡"君心"史观,②要据心性重新考察《春秋》,其尽弃前人成例而自定《春秋》义例,正是以此为思想基础与合法性依据。经学领域的重大价值观与方法论转向,自然延伸到了史学领域。朱熹作《通鉴纲目》,所定《春秋》义例亦有心性考量。朱熹谓:"自古治日少,乱日多,史书不好看,损人神气。但又要知不奈何耳。"③朱熹认为历

---

① 〔宋〕朱熹:《四书章句集注·中庸章句序》,中华书局1983年版。
② 汪高鑫:《试论朱熹史学思想的积极因素》,《安徽教育学院学报》1991年第1期。
③ 〔宋〕朱熹:《资治通鉴纲目》附录一《凡例》,见朱杰人、严佐之、刘永翔主编:《朱子全书》第十一册,上海古籍出版社、安徽教育出版社2002年版。

史是必须要了解的,但历史上"治日少,乱日多",会"损人神气"。所谓"损人神气",即是从心性角度而言对人的损伤。朱熹作《通鉴纲目》,就是要从心性角度来阐明历史上的道德,通过发展《资治通鉴》的道德史观,①以道德本位来评论历史,②以此为阐明天理服务,进而助益心性修养。从道统观念和理学"心传"的角度出发,朱熹又作《伊洛渊源录》,厘定理学统序,并以之接续孔孟之传。可见,《春秋》学与史学在三教相争的背景下,受到经学与理学调整的影响,成为儒家应对竞争的重要手段。

其次,在佛、道心性修养论的竞争压力下,宋代理学也吸收佛、道因素并发掘自身传统与资源,呈现出一些以心性特征为核心的"宗教化"特征。这里所说的"宗教化"特征,并不是典型制度化宗教,如基督教、佛教与道教意义上的"宗教",只是论与其具有相似性。先秦儒家以伦理学说为本,在宇宙论和世界观方面不甚经意,虽然《易》学中有相关理论,但在没有外部竞争压力的情况下没有特别受到重视。而道家与佛家都有宇宙论和世界观方面的哲学理论。唐宋之际,在佛、道压力下,儒家不得不重视着手解决其义理的形而上根源问题。宇宙论与世界观看似是思想的最深层,与一般社会文化关系不大,实际上则是社会心理秩序的最重要根基。

文化人类学发现早期人类唯有借助想象,才能将自己无法理解的现实世界纳入一种可以把握的秩序之中。对人类而言,种种看似不着边际的知识"首先是为了满足理智的需要,而不是为了满足生活的需要"③。借助原始的理性思维,人们得以"把某种最初步的秩序引入世界"④。因此,各大文明早期普遍用神话与宗教确立了最初的普遍性的世界秩序。这种世界秩序的根本,就是要确立世界本原。原始的宗教与后世所见宗教形态截然不同,甚至不以宗教为名。⑤古代中国的巫卜祭祀文化⑥和古希腊的诸神崇拜⑦,都可被看成是早期文明用以建立世界秩序的宗教形式。从中国的

---

① 刘荣:《道德史观的强化——从〈资治通鉴〉到〈资治通鉴纲目〉》,《江南大学学报(人文社会科学版)》2017年第5期。
② 汪高鑫:《朱熹的史论和史学评论》,《安徽史学》1994年第4期。
③ [法]列维-斯特劳斯:《野性的思维》,李幼蒸译,商务印书馆1987年版,第13页。
④ [法]列维-斯特劳斯:《野性的思维》,第14页。
⑤ [英]麦克斯·缪勒:《宗教的起源与发展》,金泽译,陈观胜校,上海人民出版社2010年版,第6~9页。
⑥ 陈来:《古代宗教与伦理:儒家思想的根源》,生活·读书·新知三联书店1996年版,第19~152页。
⑦ [英]狄金森:《希腊的生活观》,彭基相译,华东师范大学出版社2006年版,第1~2页。

原始宗教文化中,诞生出了理性化的儒家礼乐文化。① 究其形而上根源,则礼乐社会秩序的确立以自然哲学完整世界秩序的确立为前提。儒家主要继《易经》而以《易》学为形而上的世界秩序理论,②《老子》则是与儒家《易》学并行的另一大形而上理论。在没有外部竞争压力时,儒家可以相对专注于伦理学层面的义理讨论,但在与佛、道的竞争中,就有做形而上本原讨论的必要性,汉代粗糙的神学化也渐渐失去效力。魏晋玄学已表现出一种发展宇宙论作为义理本原与合法性依据的倾向,到了宋代就更为明显。周敦颐"开始把儒家的现实伦常要求与道教的宇宙图式联结起来,企图为宇宙论过渡到伦理学(人世规范)搭上第一座桥梁"③。周敦颐由此被理学奉为"宋儒之首"。之后,邵雍等人又在宇宙论等方面进一步展开了形而上探讨,从而为儒家积极应对佛、道挑战做了一定的铺垫。

从一般宗教与哲学的发展路径而言,当宇宙论、自然论解决了世界本原问题从而建立起普遍的世界秩序之后,自然要朝向人与人世的部分发展。古希腊哲学从自然哲学起始,在毕达哥拉斯等人奠定哲学时期,从本原说延伸出了一套灵魂净化与心性修养的"爱智慧"学说,之后便有苏格拉底的伦理学转向。理学在奠定形而上根基的同时,也沿着心性路径发展。

从韩愈开始,儒家就已经显现出发掘传统心性资源来构建儒家心性学说的理路。从当时的社会文化背景而言,佛、道在心性修养方面给了儒家很大的竞争压力,使得儒家有意无意地要弥补此一方面的不足。一个典型的例子是,胡安国在《春秋传》中列七家《春秋》论为"纲领",其中也以庄周为一家之言。④ 后世多以此为难解,实则为宋儒心性之学混一佛、道,大量吸取其思辨哲学⑤的自然表现。胡安国治《春秋》,有鲜明的理学特色,⑥重"天理""人欲"之辨,颇见心性特征,宋儒"泛滥释老"也是常态,苏辙就受《老子》启发而解《春秋》,故胡安国援道入《春秋》,以继心性之学,只是在名

---

① Joseph Needham, *Science and Civilization in China*, Vol. III, Cambridge: Cambridge University Press, 1959, p.189; 陈来:《古代宗教与伦理:儒家思想的根源》,第224~286页;方东美:《中国哲学之精神及其发展》,匡钊译,中州古籍出版社2009年版,第29~90页;余英时:《论天人之际:中国古代思想起源试探》,中华书局2014年版,第76~108页。
② 儒家以《易经》和《尚书·洪范》为哲学根源,参见方东美:《原始儒家道家哲学》,中华书局2012年版,第42~45页。
③ 李泽厚:《中国古代思想史论》,人民出版社1985年版,第222页。
④ 〔宋〕胡安国:《春秋传·纲领》。
⑤ 蔡方鹿:《论汉学、宋学经典诠释之不同》,《哲学研究》2008年第1期。
⑥ 徐建勇:《胡安国〈春秋传〉的理学特征》,《史学月刊》2011年第5期。

义上令人震惊,但在学术实质上实不足怪。儒家本有子思等心性学说传统与资源,自然容易在心性方面迅速发展起来,而宋代正是这样一个关键时期。"二程"提倡心性之学,程颢尤其偏向以"理"为"心",故对《春秋》这样与心性关系不大的经典阐发较少。程颐发论多一些,推崇《春秋》,云:"学者不观他书,只观《春秋》,亦可尽道。"①但是程颐也重视心性,其《春秋》尽道"说有心性前提,认为要先明心性,才能学习《春秋》,故云:"《春秋》是是非非,因人之行事,不过当年数人而已,穷理之要也。学《春秋》可以尽道矣。然以通《语》《孟》为先。"②可见,"二程"已经给包括《春秋》在内的"五经"义理赋予了心性前提,这从知识论的本原上颠覆了汉儒传统,为理学直阐经义提供了方法论依据。

朱熹更加发展了心性之学在经学与理学中的根本地位。朱熹以《大学》《中庸》为道统可逾千载而"心传"之关键,就因为其从知识论上认定心性的本原地位,所以主张从心性入手求得天理:

> 心之虚灵知觉,一而已矣,而以为有人心、道心之异者,则以其或生于形气之私,或原于性命之正,而所以为知觉者不同,是以或危殆而不安,或微妙而难见耳。然人莫不有是形,故虽上智不能无人心,亦莫不有是性,故虽下愚不能无道心。二者杂于方寸之间,而不知所以治之,则危者愈危,微者愈微,而天理之公卒无以胜夫人欲之私矣。精则察夫二者之间而不杂也,一则守其本心之正而不离也。从事于斯,无少间断,必使道心常为一身之主,而人心每听命焉,则危者安、微者著,而动静云为自无过不及之差矣。③

朱熹强调"心"的本原地位,认为"生于形气之私"则有"人心","原于性命之正"则有"道心",于是有"危殆而不安"和"微妙而难见"的表现。朱熹认为"上智不能无人心""下愚不能无道心",所有人都是"二者相杂",导致"天理之公卒无以胜夫人欲之私"。朱熹从心性角度解释了子思之后异端出现和世风衰颓的必然性,由此强调子思心性之学传承的重大意义。朱熹据此心性的本原地位,主张"察夫二者之间而不杂","一则守其本心之正而

---

① 〔宋〕程颐、程颢:《河南程氏遗书》卷十五《伊川先生语一》,见《二程集》。
② 〔宋〕程颐、程颢:《河南程氏粹言》卷一《论书篇》,见《二程集》。
③ 〔宋〕朱熹:《四书章句集注·中庸章句序》。

不离",达到"必使道心常为一身之主,而人心每听命"的心性修养境界。这是朱熹理学的知识论根基,也是一个重要的历史观。从知识论的角度出发,必须以"四书"之心性修养来察"五经"。否则,就不能分辨其中"人心"与"道心"的差别。所以,朱熹强调"本心陷溺之久,义理浸灌未透,且宜读书穷理。常不间断,则物欲之心自不能胜,而本心之义理自安且固矣"①。于是,在朱熹的读书法中,《春秋》和史书在读书次第上就要向后推迟了,因为《春秋》和史书都与心性的关系不大。

由此可见,程朱理学颠覆了注疏之学解说《春秋》的方式,将《春秋》等经典纳入心性之学体系。由对《春秋》的态度,自然连带牵扯到了对史学的态度,朱熹等理学家重视《春秋》的史学性质,因此表现出一种思想倾向,把史学作为《春秋》的一种延伸,使得《春秋》经传与史学成为明了心性义理之后要"格致"的一个重要知识系统。因为这种知识论上有意或无意的分类特征,宋代的《春秋》学与史学在理学体系中形成了更深的内在联系。

三、"道统"与"政统"的分合

宋代彻底摧毁了魏晋以来的门阀贵族的政治与社会地位,呈现出平民化的社会特征。② 在宋代的"文治"中,士人的地位较之前大大上升,在当时社会结构中占据靠上的位置,③不仅作为思想文化的主要创造阶层存在,也成为对现实政治发挥重要影响的社会力量。士人的"原始形态",表现出"道统与政统之间"的特征。④ 在宋代之前,作为基于儒家文化理念而为士人所从属的文化传统与形态,道统在体制上基本依附于政统。政统一则是一种基于现实政治权力的"势",二则是借由道统赋予合法性并提供支持的体制与相关文化形态。唐代以后道统论的兴起和宋代的文治,都促使理学化的"道统"愈加兴盛,士人在孔孟之道的感召下,有了与"政统"相对的栖身之所。宋代士人的道统,不仅有"祖宗之法"的政策甚至制度保障,还有商品经济与市民阶层的经济和社会基础。像朱熹这样仕途失意的儒

---

① 《朱子语类》卷十一《读书法下》。
② 郑诗亮、孟繁之:《邓小南谈对宋史的再认识》,《东方早报》2016 年 12 月 16 日《上海书评》;张邦炜:《宋代"平民社会"论刍议——研习钱穆论著的一个读书报告》,《历史教学》2017 年第 16 期。
③ 白寿彝:《中国历史的年代:一百七十万年的三千六百年》,《北京师范大学学报》1978 年第 6 期;王曾瑜:《宋朝阶级结构(增订版)》,中国人民大学出版社 2010 年版,第 196~238 页。
④ 余英时:《道统与政统之间——中国知识分子的原始形态》,《士与中国文化》,上海人民出版社 1987 年版,第 84~112 页。

者,仍然可以凭借道统之号召与书院之实体,成为一代士人的翘楚,即使在庆元党禁时期,仍有广泛影响力。朱熹的地位,一方面,自然是基于类似孔子的教育和文化影响力,但另一方面,也是基于宋代以商品经济和书院实体为基础的新的道统的经济社会基础。

　　道统在经历了魏晋隋唐的漫长压抑之后,在宋代经由政统拥戴与新的经济社会因素促进,成为宋代政治与思想文化领域的重要精神纽带及社会号召,士人由此获得了更加丰厚的物质与精神资源从事思想创造和政治实践,宋代文化因此达到高峰。① 北宋儒学家出现"觉醒",在思想文化领域达到高超水平,②带来儒学地位的恢复与上升。孙复在韩愈的基础上用道统论提升了儒学的地位,③后来被称为理学的一系新儒家,经由"二程"等人,以"道学"的名义开始奠定在道统中的地位,而道统又经由义理化经学家们的思想创造和文化影响而日益深入人心。北宋形成的"祖宗之法",已经包含了对道统的一定程度的认可。而祖宗之法又被宋朝统治者始终奉为巩固政权的法宝,④从而在政统中给予了道统以政治保障。

　　宋代庶族地主完全取代门阀士族,促使科举制趋于完备。⑤ 科举实际上发挥着"将文化、社会、经济诸领域与政治权力的结构"相统合的功能。⑥ 宋代科举取士的规模空前,并且宋代科举进行了重大改革,最重要的进士科取消诗赋、帖经和墨义,引导应举者重视经学元典之义,⑦再加上学校考选制度与之一起成为选拔官员的主要途径,⑧对文人士大夫阶层的扩大和推崇义理提供了诱导因素。取士制度的保证,加上右文政策导向,吸引了广泛的社会注意力。出现了"崇尚文化知识成为一种社会普遍的价值取向"的局面。⑨ 从唯物史观的角度来说,道统在宋代的兴起必然也有其经

---

① 邓广铭:《邓广铭治史丛稿》,北京大学出版社1997年版,第66页。
② 邓广铭:《北宋儒学家们的觉醒(未刊稿)》,《邓广铭全集》第七卷,河北教育出版社2005年版,第424~428页。
③ 吴德义:《论孙复思想的贡献及其时代意义》,《晋阳学刊》1990年第4期。
④ 邓广铭:《宋朝的家法和北宋的政治改革运动》,《中华文史论丛》1986年第3辑,第85~100页。
⑤ 张希清:《中国科举考试制度》,吴宗国审定,新华出版社1993年版,第14页。
⑥ 余英时:《试说科举在中国史上的功能与意义》,《中国文化史通释》,三联书店2011年版,第204~236页。
⑦ 李新达:《中国科举制度史》,(台湾)文津出版社1995年版,第135~152页。
⑧ 朱瑞熙:《中国政治制度通史》第六卷《宋代》,白钢主编,人民出版社1996年版,第632~640页。
⑨ 肖永明:《儒学·书院·社会——社会文化史视野中的书院》,商务印书馆2012年版,第27~28页。

济基础。宋代商品经济发展与市民阶层的兴起,带来了超越贵族阶层的文化需求与经济动因,也为平民加入知识阶层甚至进而参政提供了条件。并且,作为新儒学的重要传播机构的书院,也有赖于经济繁荣而存在发展。

宋代书院在道统的发展历史上具有极为重要的意义,第一次在政统体制之外,形成了道统自身的体制与承载实体,超越了士人以个体或松散集群形态秉持道统的局面。其在与官学的"消长"关系中发展起来。① 书院承载了士人的道统"理想",使文化理想的教育理念制度化,并促进了其教育的普及。② 宋代书院是教育、出版、传播等一系列实际功能的复合实体,非有经济基础不得以生存。宋代一般都有对于学田的制度化经营,"有屋以居,有田以养"③,田租是书院的主要经费收入,成为书院的生存基础。在田租之外,也有政府拨款、私人筹款等经费来源。④ 这些收入也与当时的经济状况有密切关系。引人注目的是,北宋已开始出现富人捐建书院之事,"宋城富人曹诚者,独首捐私钱捐书院城中"⑤,反映出具有经济能力者的文化需求与其文化推动作用。此外,雕版印刷的急速发展,⑥也为知识普及提供了条件,从而使得更多的平民有可能实现对知识文化的获取与阶层跨越。在这个由科举和学校选考组成的空前扩展的社会上升通道中,书院发挥了重要的作用,对道统具有重大意义。

依托经济发展的基础和雕版印刷的普及,书院大大发展,推动了学术文化事业进入一个空前发达时期。⑦ 书院在宋代有一个发展演化的过程,书院教育在北宋前期作为科举应试的官学补充而确立起来,到北宋中晚期经过三次大规模的兴学运动,官学备受重视,而使得书院被排斥在科举体系之外。在此种背景下,周敦颐和"二程"等新儒家把书院作为"倡明道学"⑧的主要阵地,使得书院成为承载道统的重要实体。南宋时期,官学出

---

① [美]刘子健:《略论宋代地方官学和私学的消长》,《两宋史研究汇编》,(台湾)联经出版社1987年版,第211~228页。
② 陈雯怡:《由官学到书院:从制度与理念的互动看宋代教育的演变》,(台湾)联经出版事业股份有限公司1993年版,第389~400页。
③ 〔宋〕廖行之:《石鼓书院田记》,陈谷嘉、邓洪波主编:《中国书院史资料》(上册),浙江教育出版社1998年版,第186页。
④ 陈元晖等编著:《中国古代的书院制度》,上海教育出版社1981年版,第150页。
⑤ 〔宋〕徐度:《却扫篇》卷上,文渊阁《四库全书》本。
⑥ 宿白:《唐宋时期的雕版印刷》,文物出版社1999年版,第12~62页、第84~110页。
⑦ 邓洪波:《中国书院史》,东方出版中心2006年版,第39页。
⑧ 〔宋〕程颐、程颢:《河南程氏文集》卷十一《祭李伯端文》,见《二程集》。

现衰退,书院则发展为兼具科举应试与儒学研究的功能。① 孝宗时期的精舍、书院带有学派性质。② 而到了"嘉定更化",随着朝廷对理学的推崇,书院主要由程朱理学思想所主导,成为理学道统的根据地。理宗采纳"禄比祠官"建议,又使得书院被官学化,③而程朱理学的生徒也容易考中进士。④ 由此出现以书院为中介的道统与政统合一的情况。

在书院承载新儒学尤其是理学发展的过程中,道统不断深化和完善,形成了强大的政治、社会与文化影响力,成为士人相对独立自由思考与社会地位的文化保障。而道统在书院中的发展又与经史教育有密切关系。虽然南宋出现了"四书"取代"五经",但是"五经"无论是为了科举应试,还是为了学术研究,仍然作为重要研究对象存在于书院教育中。而史学也在宋代的书院教育中占据着重要地位。⑤ 比如朱熹,虽然从心性根本出发,以"四书"先于经书,以经书先于史书,但仍然高度重视史学,⑥只是要求以"四书"之心性义理统摄史学,故云:

> 先读语孟,然后观史,则如明鉴在此,而妍丑不可逃。若未读彻《语》《孟》《中庸》《大学》便去看史,胸中无一个权衡,多为所惑。又有一般人都不曾读书,便言我已悟得道理,如此便是恻隐之心,如此便是羞恶之心,如此便是是非之心,浑是一个私意。⑦

朱熹强调要发挥"道心",去除"人心",在心中根植义理,以此为"权衡"。只有建立了这个心性根基与判断标准,才能不为乱人心性的历史所惑,不会把"私意"当成真知。虽然朱熹作为心性之学根基的"人心惟危,道心惟微,惟精惟一,允执厥中"之经典依据,后来被阎若璩考订为伪,但在宋明时代,朱熹的心性论仍然是具有其自身逻辑性的,在当时人看来,颇有理据。

---

① 吴桂翎:《宋代历史教育研究》,人民出版社 2016 年版,第 107~113 页。
② 张惠芬:《论宋代的精舍与书院》,《华东师范大学学报(教育科学版)》1987 年第 1 期。
③ 李才栋:《书院的起源于宋代书院的发展》,《华东师范大学学报(教育科学版)》1985 年第 3 期。
④ 方彦寿:《朱熹书院与门人考》,华东师范大学出版社 2000 年版,第 66~132 页。
⑤ 吴桂翎:《宋代历史教育研究》,第 105~126 页。
⑥ 汪高鑫:《经史尊卑论三题》,《史学史研究》2007 年第 2 期。
⑦ 〔宋〕朱熹:《朱子语类》卷十一《读书法下》。

朱熹认为，"史亦不可不看"。因此，又在"先经后史"的顺序①之后，总结出读史法，谓：

> 先读《史记》及《左氏》，却看《西汉》《东汉》及《三国志》。次看《通鉴》。温公初作编年，起于威烈王；后又添至共和后，又作《稽古录》，始自上古。然共和以上之年，已不能推矣。独邵康节却推至尧元年，《皇极经世书》中可见。编年难得好者。前日周德华所寄来者亦不好。温公于本朝又作《大事记》。若欲看本朝事，当看《长编》。若精力不及，其次则当看《国纪》。

朱熹治学读书，注重"纲目"，读史以"正史"与"古史"上最重要的开端作品——《史记》和《左传》开始，如此便可明了两大基本史体的规模。朱熹也因此指出："看《通鉴》固好，然须看正史一部，却看通鉴。一代帝纪，更逐件大事立个纲目，其间节目疏之于下，恐可记得。"②而《通鉴纲目》也是由此以义理整顿史学的主旨而来。此外，从理学贯通古今的思维出发，朱熹还强调要通览历史。因此认为，在时间范围上，从《皇极经世书》所述最古之"尧元年"，一直到"本朝事"都须过目。在这些史著之外，朱熹还提到了《国语》《晋书》等多部史书。可以想见，以朱熹为代表的理学家在书院讲学时，将史学作为重要的讲授内容。

在书院之外，道统也在官学、市井、乡里各处广泛存在。典型者如北宋时的"隐君子"杜醇，据《宋元学案》记载：

> 杜醇者，越之隐君子也。居慈溪。学以为己，隐约不求人知。孝友称于乡里，耕桑钓牧以养其亲。经明行修，学者以为模楷。庆历中，鄞始建学，县令王文公安石请先生为之师，……先生引孟子、柳宗元之说以辞。再书强起之……先生始就焉。慈溪令林肇立学，又起先生为师，亦固辞，王文公作《师说》以勉之。二邑文风之盛，自先生始。先生谈诗书不倦，为诗质而清，当时谓学行宜为人师者也。③

---

① 汤勤福：《朱熹的史学思想》，齐鲁书社2000年版，第58~69页。
② 〔宋〕朱熹：《朱子语类》卷十一《读书法下》。
③ 〔清〕黄宗羲原著、〔清〕全祖望补修：《宋元学案》卷六《士刘诸儒学案》，陈金生、梁运华点校，中华书局1986年版，第256页。

杜醇虽治儒学，"经明行修"，时人以为"宜为人师"，但其"学以为己，隐约不求人知"，多次拒绝出任学官，颇有道统自立的风骨。杜醇出则开"二邑文风之盛"，可见其才；隐则"耕桑钓牧以养其亲"，可见其志。能够做到如此进退自如，一则有赖于宋代的右文之治为儒者提供机遇，二则也需要经济发展为"隐君子"提供生活保障。可见，宋代在政治体制之外，形成了书院体制，在书院体制之外尚有大量儒者跳脱"学而优则仕"的传统路数，遂汇成宋代道统的一股洪流。宋代经史书籍的大量刊印，说明了《春秋》学与史学作品在处江湖之远的道统中也占有重要地位。

从道统的形式与载体角度来看，随着理学地位在宋代的不断上升，最终出现了道统与政统的合一。朱熹学派在政局变动中被政统承认，①但这在宋代历史上是很晚才出现的情形。从精神与主张的角度而言，宋代道统与政统则是始终保持一种根本性共识和默契。从表面上来看，宋代充满了道统与正统之间的对立与冲突，庆元党禁是其典型。但实际上，道统与政统均以对皇权的充分肯定为基础。这是宋代"祖宗之法"始终推重道统的基本原因，也是"百年不杀士大夫"局面的重要成因。宋人认为："国朝典宪，比汉唐极宽。不杀士大夫，盖祖宗之法，所以享国长久，用此道也。"②这是"二程"等理学家认为宋朝超越古今的一个重要论据，反映的是政统优容道统而道统反过来赞扬政统。其深层情况则是，道统以"天下有道"为根本价值指向，而包括理学在内的宋代新儒学都普遍以君臣夷夏秩序为有道的基本依据和标准，从而与政统的基本价值取向合一，成为政统的合法性依据与基本支撑。反过来，政统也以儒家伦理作为基本的意识形态，从而在根本上肯定道统的政治合法性与必要性。宋代道统与政统的种种矛盾和对立，都是以根本价值观上的默契为前提而发生的博弈。

宋代道统与政统之间又确实有基本观念差异，从而在当时的政治社会形势中不断发生纷争。从政治角度而言，"北宋儒学大兴，而北宋亡国。南宋再另起要求，新建理念。政治权力不采用，只好以教学，以社会方式倡导"。道统与政统之间达成一致，不仅时间短暂，"也无非是受政治权力的利用"③。这其中的因素和涉及面颇多，就其根本而言，则在于君主专制的制度原因。宋初统治者的右文政策，是基于斩断唐末五代武人专权根源的

---

① [美]刘子健：《宋末所谓道统的成立》，《两宋史研究汇编》，（台湾）联经出版社，第249～282页。
② 〔宋〕倪思：《经鉏堂杂志》卷四《君子赢得做》，明万历潘大复刻本。
③ [美]刘子健：《宋末所谓道统的成立》，第282页。

巩固皇权考虑，本来就不是真正出自对道统的推崇，有类汉武帝之尊儒。[①]从"祖宗之法"的形成时期开始，君主自身的权力与地位就被政统作为不言自明的根本价值取向，从而与道统发生了冲突。范仲淹评寇准主导澶渊之事，云："寇莱公当国，真宗有澶渊之幸，而能左右天子，如山不动，却戎狄，保宗社，天下谓之大忠。"[②]寇准一力主战，又在澶州指使高琼逼迫真宗渡河，[③]而"天下谓之大忠"，这是从道统的"却戎狄，保宗社"角度言之。但从政统的角度来说，寇准"左右天子"是忤逆行为。可见，政统之忠以君主为最高对象，而道统之忠则以宗社为最高对象。道统虽然重视君臣等级秩序，尤其是理学更赋予了其形而上的天理依据，但是君主却不能在道统中占据最根本地位。也就是说，君统在政统中的地位要高于在道统中，由此形成道统与政统的根本分歧。

朱熹论道统统序尤其明白，其所谓："圣圣相承：若成汤、文、武之为君，皋陶、伊、傅、周、召之为臣，既皆以此而接夫道统之传，若吾夫子，则虽不得其位，而所以继往圣、开来学，其功反有贤于尧舜者。"在朱熹的道统中，道统之传，不必由君。诚然，成汤、文、武可以作为君主，皋陶、伊、傅、周、召也可以臣的身份赓续道统，而孔子"不得其位"，却更是"有贤于尧舜"。可见，朱熹道统的评价标准专以理学义理为据，凌驾于君统之上。

在程朱理学的道统观念与宋代的实际道统文化中，《春秋》与史学都被划入心性之后的学说范围。《春秋》学、史学与政治联系颇为紧密，宋儒也多以此针砭时弊，思有以拯救之，表面上类似前代情形。但实际上，宋代的道统为《春秋》学与史书树立了更高的依据，即心传义理。皋陶、伊、傅、周、召使得道统与君统不再划一，孔子更使得道统与政统发生一定的分离。所以，《春秋》与史书在此维度上，也要让位于"四书"。心性与义理在道统中的根本地位，使得宋代《春秋》学与史学因为同样远离心性而越发被视为相类。同时，又受到心性之学影响。朱熹论古史作品，首推《皇极经世书》，而此书作为史书，古今从来都为具有实证倾向的史家所不满。以史事与考据言之，则《皇极经世书》难以称为佳作。四库馆臣的看法颇有代表性，其谓："《皇极经世》盖即所谓物理之学也。其书以元经会，以会经运，以运经世。……凡兴亡治乱之迹，皆以卦象推之。……朱子语录尝谓自易以后，

---

① 邓锐：《作为皇权思想的董仲舒历史哲学》，《长安大学学报（社会科学版）》2018年第4期。
② 〔宋〕范仲淹：《范文正公集》卷五《杨文公写真赞》，《四部丛刊》景明翻元刊本。
③ 〔元〕脱脱：《宋史》卷二百八十一《列传第四十·寇准》。

无人做得一物如此整齐,包括得尽。又谓康节易看了,都看别人的不得。其推之甚至。然语录又谓《易》是卜筮之书,《皇极经世》是推步之书。"①从考据的角度而言,《皇极经世》显现出"物理之学"的性质,具有《易》学推衍原理,又因推理对象为"兴亡治乱之迹"而属史学范畴。朱熹既以之为史学,又以之为"推步之书"。在清人的观念中,史学难与"推步之书"相融,故难以理解朱熹的说法,只好将其两说并存,又据当时通行观念,将《皇极经世》列入"数术类"。但在宋学观念中,史学本来就是阐明义理的方式,史书受形而上的义理支配,是理所应当之事。所以,对朱熹而言,《皇极经世书》以推步方式治史,不仅不显得怪异,反而可称杰作。

在宋代道统与政统的分合并立中,《春秋》学与史学表现出义理化发展的倾向,既要发挥传统意义上的资政鉴戒作用,又在此基础上承担起即事明理、以史见义的义理功能。总体而言,宋代《春秋》学在新的历史形势下高度发达,其文献数量众多,②所发义理丰富,与当时的史学形成深刻的内在联系。尤其是在以心性之学为根本的新儒家中,《春秋》学与史学越发成为一个贯通的知识系统,相辅相成。

四、宋代史学道德教化与资治功能的突显

宋王朝建立在唐末五代秩序崩坏的基础上,又面临民族政权对峙的严峻生存危机。与此同时,儒家也不得不经受佛、道的竞争压力,以及自身道统与政统的复杂关系。在这些背景下,宋代经学的义理化突出表现为强调道德教化和资治功能,史学也因此表现出道德教化和资治功能的强化倾向。这既是学术尤其是理学发展使然,更是现实需要所致。宋儒中多有经史兼通的大家,如欧阳修和朱熹等人,均是在经学上阐发义理,又以史学为道德教化和资治的重要手段。《春秋》学在其间发挥着重要作用。

承继五代乱局,又受到外部威胁,宋儒因而特重等级礼法秩序的重建,这使得道德教化成为其关注的重点。史学中也有一派"欲借《春秋》儒家义理思想褒贬世道风俗"③。欧阳修论天下事之本末,称:

> 天下之事有本末,其为治者有先后。尧、舜之书略矣,后世之治天

---

① 〔清〕永瑢等:《四库全书总目》卷一百八《数术类一·皇极经世书》。
② 张尚英:《宋代〈春秋〉学文献与宋代〈春秋〉学》,《求索》2007年第7期。
③ 罗炳良:《从宋代义理化史学到清代实证性史学的转变》,《史学月刊》2003年第2期。

下,未尝不取法于三代者,以其推本末而知所先后也。三王之为治也,以理数均天下,以爵地等邦国,以井田域民,以职事任官。天下有定数,邦国有定制,民有定业,官有定职。使下之共上勤而不困,上之治下简而不劳。财足于用而可以备天灾也,兵足以御患而不至于为患也。凡此具矣,然后饰礼乐、兴仁义以教道之。是以其政易行,其民易使,风俗淳厚,而王道成矣。①

欧阳修以"三王之治"为天下事之本末,治者之先,而"三王之治"始于"以理数均天下",进而"饰礼乐、兴仁义以教道之",通过道德教化达到"其政易行,其民易使,风俗淳厚",由此"王道成矣"。可见,欧阳修强调道德教化的作用。

因之,欧阳修的史学也格外强调道德教化,《春秋》大义便是其重要依据。其与宋祁等编纂《新唐书》,类传设置颇有特色,为褒奖道德楷模设有"忠义""卓行""孝友""隐逸""循吏""列女"等,为惩恶扬善设有"酷吏""奸臣""叛臣""逆臣"等,往往与《春秋》大义的标准有关。《新唐书》的善恶名目繁多,正是为了道德教化的需要。《新五代史》记述政权更替频仍时期,更设有"死节""死事""一行"等类传。欧阳修也在史著中直接强调道德的作用,称"道德仁义,所以为治,而法制纲纪,亦所以维持之也"②。

朱熹特重道德义理,以此经学阐发来指导史学,即是"用理学统率史学"③,"视史学为经学的附庸"④。朱熹在集注《论语·泰伯》时讲:"故学者之终,所以至于义精仁熟,而自和顺于道德者,必于此而得之,是学之成也。"朱熹把"和顺于道德"视作"学之成",强调道德教化的作用。朱熹在解说《周易·说卦传》时也称:"和顺于道德而理于义,穷理尽性以至于命。"朱熹强调"和顺于道德"的教化,以之为探求义理,进而"穷理尽性以至于命"的关键。因此,朱熹的史学工作也服务于这一宗旨,最典型的是《资治通鉴纲目》。

在一定意义上而言,《资治通鉴纲目》是朱熹把《春秋》当作史学作品来模仿,以完成道德教化的产物。朱熹要人把《春秋》"只如看史样看",并且反对前人从义理角度探究《春秋》褒贬,实际上把《春秋》看作一部记载史事

---

① 〔宋〕欧阳修:《居士外集》卷十《论辩九首·本论上》,《欧阳修全集》第三册。
② 〔宋〕欧阳修撰、徐无党注:《新五代史》(二)卷四十六《杂传第三十四》。
③ 叶建华:《朱熹的史学思想》,《孔子研究》1989年第3期。
④ 漆侠:《朱熹与史学》,《历史教学问题》2002年第1期。

的作品。朱熹认为,孔子作《春秋》只是"直载当时之事",反映从"政自诸侯出"到"政自大夫出"的治乱兴衰,后人讲《春秋》微言大义的褒贬之法只是凭空臆测。朱熹视《春秋》为史书,反对从义理角度空言《春秋》褒贬。即便是对于解说《春秋》的"三传",朱熹也认为不足为凭。他说:"孔子作《春秋》,当时亦须与门人讲说,所以公、穀、左氏得一个源流,只是渐渐讹舛。当初若是全无传授,如何凿空撰得?"①这样,"三传"也成了只是"渐渐讹舛"之作,后世对《春秋》褒贬的探究就成了无根之谈。朱熹对前人关于《春秋》褒贬的看法,主张从"史"的角度解说而反对从"义"的角度阐发。因此,朱熹自己作《资治通鉴纲目》时,重新总结了《春秋》义例。王柏评价说:

> 昔夫子之作《春秋》,因鲁史之旧文不见其笔削之迹,正以无凡例之可证。朱子曰:"《春秋》传例多不可信,非夫子之为也。"今《纲目》之凡例,乃朱子之所自定,其大义之炳如者,固一本于夫子。②

王柏认为,前人总结的《春秋》义例多不可信,而朱熹总结的《春秋》义例"一本于夫子"。王柏的这一说法虽有待商榷,但明确地指出了朱熹批评旧说、重新总结《春秋》义例的事实。通过发明纲目体,朱熹在史著中贯穿了"诛乱臣,讨贼子,内中国,外夷狄,贵王贱伯"的"《春秋》大旨"③,从而进行了道德教化。

资治功能也在宋代经史之学中有大的发展。宋朝的政治务实,宋朝的经史之学也务实。宋代史学的务实取向突出表现在资治功能的突显。"三先生"之一的石介所生活的时代,士大夫争言"祖宗之法",以有鉴于现实政治。石介在此种大环境之下著《三朝圣政录》,称:

> 今天下太平八十年。物遂其生,人乐其业。我太祖、太宗、真宗忧勤养理之功欤。……太祖作之,太宗述之,真宗继之,太平之业就矣。……若太祖之英武,太宗之圣神,真宗之文明,授授承承,以与太平,可谓跨唐而逾汉驾商周而登虞夏者也。……三圣之德,三朝之政,国史载之备矣。但臣以谓三圣致太平之要道。或虑国史纪之至繁,书之不

---

① 〔宋〕朱熹:《朱子语类》卷八十三《春秋·纲领》。
② 〔宋〕王柏:《资治通鉴纲目凡例后语》,见《资治通鉴纲目·附录二·序跋》,《朱子全书》第十一册。
③ 〔宋〕朱熹:《朱子语类》卷八十三《春秋·纲领》。

精,圣人一日万几,不能遍览。唐史臣吴兢书为《贞观政要》,臣窃效之。①

石介认为太祖、太宗和真宗三朝的德政"跨唐而逾汉驾商周而登虞夏",虽然国史备载,但国史记录至繁且书之不精。这就是对既有国史的资治功能有所不满,因此效仿吴兢著《贞观政要》而作《三朝圣政录》。

石介以史学资治的做法在北宋时蔚为风气,司马光便是受命整理"历代君臣事迹"而编纂《资治通鉴》。他在《资治通鉴》的《进书表》中明确称:"每患迁、固以来,文字繁多,自布衣之士,读之不遍,况于人主,日有万机,何暇周览!臣常不自揆,欲删削冗长,举撮机要,专取关国家盛衰,系生民休戚,善可为法,恶可为戒者,为编年一书,使先后有伦,精粗不杂,私家力薄,无由可成。"虽然司马光的《资治通鉴》表现出君主本位立场,时有漠视百姓的思想表现,②但在当时代表了士大夫较普遍的资治观,后又有李焘的《续资治通鉴长编》和李心传的《建炎以来系年要录》等接续其作。

南宋时汉族政权情势更加窘迫,重视资治功能的史学风气也留存下来。朱熹曾参与《宋名臣言行录》的编纂,撰写了前集(《五朝名臣言行录》)十卷和后集(《三朝名臣言行录》)十四卷。朱熹在书中自序言:"予读近代文集及记事之书,观其所载国朝名臣言行之迹,多有补于世教者。然以其散出而无统也,既莫究其始终表里之全,而又汨于虚浮怪诞之说,予常病之。于是掇取其要,聚为此录,以便记览。尚恨书籍不备,多所遗阙,嗣有所得,当续书之。"朱熹认为,"国朝名臣言行之迹,多有补于世教者",但史书记载的局限,导致其"散出而无统也,既莫究其始终表里之全,而又汨于虚浮怪诞之说"。为了克服这些弊端,达到资治的目的,朱熹"于是掇取其要,聚为此录,以便记览"。他"尚恨书籍不备,多所遗阙,嗣有所得,当续书之"。可见,朱熹把文献汇聚考证的史学功夫视作编订这类资治作品的重要基础。

之后,李幼武按照朱熹的编纂体例又编辑《皇朝名臣言行续录》《四朝名臣言行录》和《皇朝道学名臣言行录》,以收录南宋至当时的重要人物,以接续朱熹《八朝名臣言行录》。宋理宗景定年间(1260—1264),李幼武以李衡所校正《五朝名臣言行录》《三朝名臣言行录》并自辑三种著作合刻,书成

---

① 〔宋〕石介:《石徂徕集》卷之下《三朝圣政录序》,清康熙张伯行编同治左宗棠增刊本。
② 胡文山、胡元楷:《司马光史观管窥》,《井冈山学院学报(社会科学版)》2007年第1期。

而名为《皇朝名臣言行录》,即后世所称的《宋名臣言行录》。由此可知,南宋时辑录名臣言行事迹以资治的风气之盛。

第三节 先秦至宋代对《春秋》经史性质的解说

《春秋》本为东周以来大多数诸侯国所修国史的通称,司马迁称为"史记"。孔子据鲁国国史《春秋》并参考其他各国史籍修成《春秋经》后,《春秋》成为专名。各国史记皆毁于秦火,《春秋》独存,"于是史记始布民间,编年贻于后世,不与周室俱亡"。① 最晚在战国末年到秦初这段时间,《春秋》作为孔子的教科书,受到《礼记·经解》等著作的青睐。而西汉初年贾谊则在《新书·六术》中明确把《春秋》列为儒家"六艺"也就是"六经"。② 汉代经学产生后,儒者对《春秋》推崇备至,在不断研究《春秋》的过程中,对《春秋》的经史性质持续发论,以《春秋》为经而不同于史册者有之,以《春秋》名经而其实为史者亦有之。总的来看,汉、宋间学者对《春秋》的解说分为两个方面。一个方面,是把《春秋》视为经加以阐发;另一个方面,则是对《春秋》作为史的特性进行诠释。

一、以《春秋》为经

西汉经学确立,《春秋》立于学官,专门研究《春秋》经的《春秋》学也兴盛起来。汉宋之间的学者多以《春秋》为圣人为后世垂法的经典。西汉今文经学家董仲舒据《春秋》"大一统"之义,提出"罢黜百家、独尊儒术",并用神学化理论改造儒学之后,《春秋》成为汉代统治者治国的宝典。董仲舒作《春秋繁露》,认为"《春秋》之道,奉天而法古"③。于是,在天人感应的宇宙论中,《春秋》就成为上承天道、前继先圣的治世之典。董仲舒的《春秋》学学说,实际上,从"奉天"和"法古"两个角度将《春秋》奉为经书。首先,董仲舒认为,《春秋》反映的是无所不包的天道,他称《春秋》"其辞体天之微,效

---

① 朱希祖:《中国史学通论》,江西教育出版社2018年版,第24页。
② 今人王葆玹先生认为汉初有"六艺"和"五经"的两种旨义不同的说法,"六艺"是指"诗""书""礼""乐""易""春秋"六种学科或学术;而"五经"则是指《诗》《书》《礼》《易》《春秋》五部儒家经典,所以陆贾《新语·道基》才说后圣"定五经,明六艺"。参见王葆玹:《今古文经学新论》第一章《六艺五经系统的形成》,中国社会科学出版社1997年版。
③ 〔汉〕董仲舒:《春秋繁露》卷一《楚庄王第一》。

难知也,弗能察,寂若无,能察之,无物不在。是故为《春秋》者,得一端而多连之,见一空而博贯之,则天下尽矣。"①虽然《春秋》据古史而作,多述人事而少有关于天的内容,但董仲舒发挥公羊家理论,把《春秋》的微言大义解说为"体天之微",可以使"天下尽"的明天道之语。董仲舒从天道角度阐发《春秋》主要是从《春秋》的"元年,春,王正月"之语入手。他说:"《春秋》何贵乎元而言之? 元者,始也,言本正也;道,王道也;王者,人之始也。王正,则元气和顺,风雨时,景星见,黄龙下;王不正,则上变天,贼气并见。"②董仲舒认为《春秋》中用以表示纪年的"元",表达了对王道原始正本的意思,而王道则与天道相应,王之正否直接关系着天对人间的态度。其次,董仲舒认为《春秋》反映了古代圣王的治国之道。董仲舒曾经说:"《春秋》记纤芥之失,反之王道,追古贵信。"③把《春秋》视为按古代圣王之法记事的"追古"之作,并且认为《春秋》不仅记事,而且反映了兴衰之理。他说:"《春秋》记天下之得失,而见所以然之故,甚幽而明,无传而著,不可不察也。"④这样,《春秋》的历史记述就具有了按古圣王之道言治世之法的性质。

东汉末年的《公羊》学大师何休又进一步从"奉天"的角度论说《春秋》。何休解说《春秋》的"元年,春,王正月",详细阐发了其中的天人之理。他说:

> 即位者,一国之始。政莫大于正始。故《春秋》以元之气正天之端,以天之端正王之政,以王之政正诸侯之即位,以诸侯之即位正竟内之治。诸侯不上奉王之政则不得即位,故先言正月而后言即位。政不由王出则不得为政,故先言王而后言正月也。王者不承天以制号令则无法,故先言春而后言王。天不深正其元则不能成其化,故先言元而后言春。五者同日并见,相须成体,乃天人之大本、万物之所系,不可不察也。⑤

对于《春秋》在新君即位时所书纪年之语,何休认为其意义重大,说明《春秋》以"元"正天,以天正王,以王正诸侯,以诸侯正竟(境)内之治,也就是端正从上至下的整个政治。而《春秋》的这种端正方法就在于"元年,春,

---

① 〔汉〕董仲舒:《春秋繁露》卷三《精华第五》。
② 〔汉〕董仲舒:《春秋繁露》卷四《王道第六》。
③ 〔汉〕董仲舒:《春秋繁露》卷四《王道第六》。
④ 〔汉〕董仲舒:《春秋繁露》卷二《竹林第三》。
⑤ 〔汉〕何休注、〔唐〕徐彦疏:《春秋公羊传注疏》("隐公元年")。

王正月"六个字的次序。"元"先于"天",表明天必须"深元";王承天以治而"春"代表"天",因而"春"先于王;"正月"代表政事而政由王出,因此"王"先于"正月";诸侯即位须奉王政,因此在"元年,春,王正月"的纪年之后才书"即位"。这样,《春秋》就成了条贯从"元"到"天",至于"王",及之"诸侯",最后到"政"的整个天人秩序的著作。

汉代的古文家虽然注重从史事角度阐发《春秋》,但在与今文家相互论争的过程中也受到今文家影响,多从经学角度对《春秋》予以解说。东汉末年,本于古文学的郑玄贯通今、古文,把《春秋》视为与天相应的著作,明确认为"孔子既西狩获麟,自号素王"①。郑玄不仅以孔子为素王,以《春秋》为王法,还引用《公羊》学的"孔子获麟"说来论证《春秋》的神圣性,称:"麟生于火而游于土,是中央轩辕大角之兽。孔子作《春秋》,《春秋》者,礼也,修火德以致其子,故麟来而为孔子瑞也。"②郑玄认为,孔子的《春秋》与麟都属火德。因此,孔子获麟说明了《春秋》可以"当一王之法"。

晋人杜预认为《春秋》据史而作,但又与史不同,是一部重要经书。杜预肯定《春秋》是孔子整理鲁国史书而成的,但他认为《春秋》不同于一般的史书,说:"其教之所存,文之所害,则刊而正之,以示劝诫,其余则皆即用旧史。史有文质,辞有详略,不必改也。故传曰:'其善志。'又曰:'非圣人,孰能修之。'盖周公之志,仲尼从而明之。"杜预认为孔子在《春秋》中修正了鲁史记中有关教化的内容和文辞的不当之处,从而阐绎了周公的思想。因此,杜预把《春秋》视作一部"非圣人,孰能修之"的经书。杜预又明确指出了《春秋》与史书的不同在于《春秋》涵有承自周公的大义。他说:"然(《春秋》)亦有史所不书,即以为义者。此盖《春秋》新意,故传不言凡,曲而畅之也。"杜预认为《春秋》相较于史书的"新意"即在于"义"。杜预还说明了《春秋》阐发"义"的方法,称《春秋》:"其发凡以言例,皆经国之常制,周公之垂法,史书之旧章。仲尼从而修之,以成一经之通体。其微显阐幽,裁成义类者,皆据旧例而发义,指行事以正褒贬。"③杜预指出,《春秋》通过按古史官之例修"史书之旧章"来发义,达到了"正褒贬"的作用,因而成为一经。

唐初统治者高度重视经学,孔颖达受命负责整理"五经",编成《五经正义》作为官方定论。孔颖达推崇杜预的《左传》学,因而也继承了杜预关于

---

① 《公羊传序》徐彦疏注引郑玄《六艺论》。
② 〔汉〕郑玄:《驳五经异议·获麟》,文渊阁《四库全书》本。
③ 〔晋〕杜预集解:《春秋经传集解·序》。

《春秋》经史性质的观点,认为《春秋》虽来源于鲁史记但高于史书。但他提出《春秋》是孔子"因鲁史之有得失,据周经以正褒贬"的作品,也就是《春秋》是根据周礼修正鲁史记而进行褒贬。孔颖达又论"《春秋》大旨"在于对所记王者之事"其节失,则贬其恶;得,则褒其善"。可见,他以《春秋》为经,因为《春秋》据周礼而为褒贬。

宋代《春秋》学复兴,学者大多推崇《春秋》在国家政治生活中的作用,因此将其视为一部经书。孙复认为《春秋》是孔子为阐发王道而作的经书,他说:"孔子之作《春秋》也,以天下无王而作也,非为隐公而作也。"①孙复也汲取了汉代公羊家的说法,认为《春秋》是正王道之书,他解释《春秋》"元年,春,王正月"之语说:"欲治其末者,必先端其本;严其终者,必先正其始。元年书王,所以端本也;正月所以正始也。其本既端,其始既正,然后以大中之法从而诛赏之,故曰:'元年,春,王正月'也。"②可见,在孙复看来,《春秋》并非一般史书,而是一部因为王道缺失而正王道的经书。

欧阳修认为《春秋》有史书的性质,但本质上是一部为后世立法的经书。欧阳修肯定《春秋》是纪实之书,曾经说:"《春秋》谨一言而信万世者也。"③对于《春秋》所记载的史事,欧阳修也相信都是征实记述,否定"三传"与《春秋》经文不合的记载的真实性,他正是由此提出赵盾弑君而非赵穿弑君,许世子并非没有尝药等新见解。但欧阳修并不因此认为《春秋》是一部史书。他说:"孔子非史官也,不常职乎史,故尽其所得修之而止耳。"④欧阳修认为孔子并非史官,对修史并不擅长,只是据已有资料整理而已。可见,欧阳修并不认为《春秋》具有极高的史学价值。他认为《春秋》的价值在于其为一部褒贬之作,说:"孔子何为而修《春秋》?正名以定分,求情而责实,别是非,明善恶,此《春秋》之所以作也。"⑤欧阳修注重《春秋》正名定分、劝善惩恶的功效,因《春秋》"一字为褒贬",所以《春秋》为经。

王安石的学术有一个演变过程,⑥在经学上的显著形态是倡导新学,虽然未将《春秋》立于学官,但充分表示《春秋》是一部重要经书。他说:"昔

---

① 〔宋〕孙复:《春秋尊王发微》卷一"元年春王正月"条。
② 〔宋〕孙复:《春秋尊王发微》卷一"元年春王正月"条。
③ 〔宋〕欧阳修:《欧阳修全集》卷十八《春秋或问》。
④ 〔宋〕欧阳修:《欧阳修全集》卷十八《春秋或问》。
⑤ 〔宋〕欧阳修:《欧阳修全集》卷十八《春秋论中》。
⑥ 杨天保:《金陵王学研究——王安石早期学术思想的历史考察(1021—1067)》,上海人民出版社 2008 年版,第 63~74 页。

周人藏上古之书,以为大训,而孔子《春秋》,天子之事也。盖夫讨论一代之善恶,而撰次以法度之文章,非夫通儒达才,有识足以知先王,不欺足以信后世,则孰能托《尚书》《春秋》之义,勒成大典,而称吾属任之指乎?"①王安石指出《春秋》的价值在于用一定的法度行文来明辨善恶,因此只能是出自圣人手笔。他据此肯定前人说法,认为孔子修《春秋》是"天子之事",史官皆可为之的史书自然不能与《春秋》同日而语。

胡安国作《春秋传》也认为《春秋》虽据史书修成,却是经而非史,他说:"古者列国各有史官,掌记时事。《春秋》,鲁史尔,仲尼就加笔削,乃史外传心之要典也。而孟氏发明宗旨,目为天子之事者。"②胡安国认为,史官只是记时事而已,但孔子笔削鲁史而成的《春秋》则是"史外传心"的要典,被孟子视为"天子之事"。胡安国还具体说明了《春秋》"史外传心"之处:

> 《春秋》见诸行事,非空言比也。公好恶则发乎《诗》之情,酌古今则贯乎《书》之事,兴常典则体乎《礼》之经,本忠恕则导乎《乐》之和,著权制则尽乎《易》之变。百王之法度,万世之准绳,皆在此书。故君子以谓五经之有《春秋》,犹法律之有断例也。学是经者,信穷理之要矣。不学是经而处大事、决大疑,能不惑者,鲜矣。自先圣门人以文学名科如游、夏,尚不能赞一辞,盖立义之精如此。③

胡安国所言《春秋》在史的内容之外"传心",也就是指《春秋》包含了"百王之法度,万世之准绳"。胡安国把《春秋》看成是阐明"五经大义"的条例,认为"五经"中的"公好恶""酌古今""兴常典""本忠恕""著权制"都蓄聚于《春秋》,而《春秋》又以具体史事阐明这些义理。因此,即使是像子游、子夏这样的孔子高徒也不能有所改动。显然,在胡安国看来,《春秋》借古史所记之事来阐明义理,自然是经书而非史书。

苏辙认为《春秋》是据史而作的经书。苏辙治《春秋》,主张用《左传》所记史事解经。他说:"凡《春秋》之事,当从史。左氏史也,《公羊》《穀梁》皆意之也。"④这是因为苏辙认为《春秋》据左丘明所掌握的鲁史而作,"左丘明,鲁史也,孔子本所据依以作《春秋》,故事必以丘明为本"。但苏辙又说

---

① 〔宋〕王安石:《临川先生文集》卷四十九《范镇加修撰制》。
② 〔宋〕胡安国:《春秋传·序》。
③ 〔宋〕胡安国:《春秋传·序》。
④ 〔宋〕苏辙:《春秋集解·序》,《丛书集成初编》本,中华书局1985年版。

《春秋》本身并非史,"盖孔子之作《春秋》,事亦略矣。非以为史也,有待乎史而后足也"①。并说:"《春秋》者,有待于史而后足,非自以为史也。"②苏辙指出孔子修《春秋》并非要修史书,因此《春秋》记事简略,解《春秋》需要用《左传》所记史事来阐明经文。苏辙虽然推崇《左传》,但又认为作为史官的左丘明"于孔子之所予夺,则丘明容不明尽",因此解《春秋》还需要"参以公、谷、啖、赵诸人"。③ 苏辙之所以认为《左传》不能以史事完全阐发经义,原因在于,他认为《春秋》记事的要义在于"因其得失而正之"。④ 也就是说,《春秋》非为记事而作,而是为正得失、明善恶是非而作。由于苏辙看出《春秋》正得失的根据是礼义,因此认同司马迁"《春秋》者,礼义之大宗也"的说法。⑤ 这样,《春秋》就从记事之书上升为了阐明礼义的典籍。

二、以《春秋》为史

汉代古文家解《春秋》主要依据《左传》,注重用史事解经,因此多有以《春秋》为史的论说。郑玄在《春秋》学上以《左传》为根底,关注《春秋》作为史的性质。他说:"《春秋》者,国史所记人君动作之事。左史所记为《春秋》,右史所记为《尚书》。"⑥郑玄肯定《春秋》为史书,但不同于一般的史书,而是孔子记事以作为天下普遍法则的史书。他说:"孔子时,周道衰亡,已有圣德无所施,因作《春秋》以志之其言少从,以为天下法。"⑦与今文家空言孔子之义不同,郑玄主张探求《春秋》之义必须据《春秋》所载之事。他认为,"《春秋》因事见义"⑧,"《春秋》因事变文见其得正也"⑨。在郑玄看来,《春秋》通过具体史事来表达大义,又根据史事的性质,用不同语言表述来取义理之正,因此对《春秋》中的史事非常关注,通过对比《左传》与《春秋》所记史事来阐发经义。

晋人杜预雅好《左传》,其对《春秋》的解说多继承古文家,也对《春秋》作为史的性质进行了论述,他说:"《春秋》者,鲁史记之名也。记事者,以事

---

① 〔宋〕苏辙:《春秋集解·序》。
② 〔宋〕苏辙:《春秋集解》卷九《襄公》。
③ 〔宋〕苏辙:《春秋集解·序》。
④ 〔宋〕苏辙:《春秋集解》卷六《文公》。
⑤ 〔宋〕苏辙:《春秋集解》卷七《宣公》。
⑥ 《公羊传序》徐彦疏注引郑玄《六艺论》。
⑦ 〔汉〕郑玄:《驳五经异议》,文渊阁《四库全书》本。
⑧ 〔汉〕郑玄:《起废疾》。
⑨ 〔汉〕郑玄:《起废疾》。

系日,以日系月,以月系时,以时系年,所以纪远近、别同异也。……周德既衰,官失其守。上之人不能使《春秋》昭明,赴告策书,诸所记注,多违旧章。仲尼因鲁史策书成文,考其真伪,而志其典礼。上以遵周公之遗制,下以明将来之法。"杜预指出,孔子修《春秋》的背景是,周朝衰弊而当时史书不合旧法。为了承继西周初年的史官之制,使之传于后世,孔子考订旧史真伪以保存当时"典礼"。

隋人王通开启了"舍传求经"的新经学传统,①是中唐之后《春秋》学此一进路的先导。② 王通钻研六经,不仅继承了古文家的一些学说,而且他在学术上的胆量超过古文家,曾经模仿孔子作《续六经》,又以"王孔子"自诩。王通把一些经书视为史书,认为圣人作史可以明王道。他曾在《文中子·中说》卷一《王道篇》中说:"昔圣人述史三焉:其述《书》也,帝王之制备矣,故索焉而皆获;其制《诗》也,兴衰之由显,故究焉而皆得;其述《春秋》也,邪正之迹明,故考焉而皆当。此三者,同出于史而不可杂也,故圣人分焉。"王通指出"六经"中的《尚书》《诗经》《春秋》"同出于史",而此"三经"虽为史书,但出自圣人之手。因此,有了"备帝王之制""显兴衰之由"和"明邪正之迹"的作用。正是因为王通认为圣人修史可以为经,所以他自比孔子,作《元经》记述自晋惠帝至南朝陈亡的史事,以接《春秋》。王通曾说:"《春秋》其以天道终乎,故止于获麟;《元经》其以人事终乎故,止于陈亡。"③这实际上是王通自比孔子之语,把《元经》视为与《春秋》地位相当的作品。王通具体论述《春秋》与《元经》以史为经的旨趣说:"《春秋》,一国之书也,以天下有国而王室不尊乎,故约诸侯以尊王政,以明天命之未改;《元经》,天下之书也,以无定国而帝位不明乎,征天命以正帝位,以明神器之有归。"④王通认为《春秋》记一国之事而明尊王之义,《元经》则记天下之事而明正统之义。可以看出,王通肯定《春秋》的史书性质,并且认为圣人修史可以为经。因此,身体力行修史以续《春秋》。

唐代《公羊》学和《穀梁》学缺乏师传,孔颖达等人编著《五经正义》,其《左传正义》将杜预注定于一尊,也承认《春秋》具有记事的特性,认为:"夫《春秋》者,记人君动作之务,是左史所职之书。"按照古人"左史记事,右史记言"的说法,孔颖达承认《春秋》为记事之书的特性,而在具体的解说中,

---

① 孙昊、李静:《王通与经学更新》,《江淮论坛》2003 年第 3 期。
② 李建军:《王通〈春秋〉学考述》,《西华大学学报(哲学社会科学版)》2006 年第 3 期。
③ 〔隋〕王通:《中说》卷七《述史篇》,文渊阁《四库全书》本。
④ 〔隋〕王通:《元经·序》,文渊阁《四库全书》本。

也往往通过《左传》所载史事来窥探《春秋》经义。专心于史学总结的刘知幾则明确在《史通》中把《春秋》列为史学"六家"之一。他说:"自古帝王编述文籍,外篇言之备矣。古往今来,质文递变,诸史之作,不恒厥体。权而为论,其流有六:一曰《尚书》家,二曰《春秋》家,三曰《左传》家,四曰《国语》家,五曰《史记》家,六曰《汉书》家。"①刘知幾不仅明确地将《春秋》与《史记》《汉书》并列,而且用《春秋》命名记事体史书,还具体论述了《春秋》的史书性质。他指出周代诸侯国各有国史,而"仲尼之修《春秋》也,乃观周礼之旧法,遵鲁史之遗文;据行事,仍人道;就败以明罚,因兴以立功;假日月而定历数,借朝聘而正礼乐;微婉其说,志晦其文;为不刊之言,著将来之法,故能弥历千载,而其书独行。"②刘知幾指出,孔子据鲁国国史而修成《春秋》,但是因为其立意高深可以"为不刊之言,著将来之法"。因此,才超越古代国史而"弥历千载",独行于世,这就把《春秋》的根本性质归结到了史的层面上。

到了宋代,既有孙复、刘敞等人尊崇《春秋》的经学性质,也有苏辙以下群儒注重《春秋》的史学性质。③ 后一种观点更能反映宋学特点。宋代以己意解经蔚然成风,汉学传统中对《春秋》经学地位的迷信有所淡化,注重《春秋》史学性质的思想由此才更加突显,在从杜预到刘知幾的发展基础上,重视从史的角度看待《春秋》与解说《春秋》。北宋蜀学既受理学影响,④又有自身的特点,而为典型。苏辙一方面强调《春秋》不同于史,另一方面也注意到《春秋》的史学性质,由此注重《左传》的地位。崔子方也强调"《春秋》因鲁史而成文,而《春秋》不为鲁作,其文则鲁史",⑤认为《春秋》最大程度保留"鲁史"成分。⑥ 特别是理学兴起后,"四书"的地位逐渐超过"五经",一些学者更加明确论定《春秋》具有史书性质。

洪迈在《容斋随笔》中论述历代史书本末,即将《春秋》视为史书,他说:

> 古者世有史官,其著见于今,则自《尧》《舜》二典。始,周之诸侯各

---

① 〔唐〕刘知幾:《史通》卷一《内篇·六家第一》。
② 〔唐〕刘知幾:《史通》卷一《内篇·六家第一》。
③ 孙旭红:《经、史视域中的宋代〈春秋〉学》,《武汉科技大学学报(社会科学版)》2010年第1期。
④ 金生杨:《理学与宋代巴蜀〈春秋〉学》,《四川师范大学学报(社会科学版)》2006年第5期。
⑤ 〔宋〕崔子方:《春秋经解》,文渊阁《四库全书》本。
⑥ 葛焕礼:《崔子方的〈春秋〉学》,《山东大学学报(哲学社会科学版)》2006年第4期。

有国史,孔子因鲁史记而作《春秋》,左氏为之传,《郑志》、《宋志》、晋齐太史、南史氏之事皆见焉。更纂异同以为《国语》。①

洪迈追溯史书源流,首列《尚书》,次列《春秋》,又列《左传》,明确把《春秋》视作史书。

朱熹在《春秋》学上虽未有专书,但随着晚近经学研究的深入,其《春秋》学思想日益受到重视。② 朱熹虽宗程颐,但在《春秋》学上却一反其经学立场,形成与私淑"二程"的胡安国《春秋》学并立的另一大《春秋》学脉络。③ 朱熹治《春秋》,颇具特点,对《春秋》义例的看法较为客观,④不主一字褒贬的《春秋》解说方法,要求"从具体史实中体会《春秋》义理",⑤要人把《春秋》"只如看史样看",⑥并且反对前人从义理角度探究《春秋》褒贬,实际上,把《春秋》当作一部记载史事的作品。他说:

> 《春秋》只是直载当时之事,要见当时治乱兴衰,非是于一字上定褒贬。初间王政不行,天下都无统属;及五伯出来扶持,方有统属,"礼乐征伐,自诸侯出"。到后来五伯又衰,政自大夫出。到孔子时,皇、帝、五伯之道扫地,故孔子作《春秋》,据他事实写在那里,教人见得当时事是如此,安知用旧史与不用旧史?今硬说那个字是孔子文,那个字是旧史文,如何验得?更圣人所书好恶自易见……圣人之意只是如此,不解怎地细碎。⑦

朱熹认为,孔子作《春秋》只是"直载当时之事",反映从"政自诸侯出"到"政自大夫出"的治乱兴衰,后人讲《春秋》微言大义的褒贬之法只是凭空臆测。朱熹把《春秋》看成是史书,反对从义理角度空言《春秋》褒贬,即便是对于解说《春秋》的"三传",朱熹也认为不足为凭。他说:"孔子作《春秋》,当时亦须与门人讲说,所以公、穀、左氏得一个源流,只是渐渐讹舛。

---

① 〔宋〕洪迈:《容斋四笔》卷八《历代史本末》,《钦定四库全书·子部》。
② 张立恩:《朱熹〈春秋〉观发微》,《中国社会科学辑报》2019 年 4 月 30 日。
③ 曾亦:《经史之别:程颐与朱熹〈春秋〉学之歧异》,《社会科学辑刊》2019 年第 1 期。
④ 赵伯雄:《朱熹〈春秋〉学考述》,《孔子研究》2003 年第 1 期。
⑤ 罗军凤:《朱熹说〈春秋〉》,《史学史研究》2005 年第 3 期;姚文造:《论徽州学者的〈春秋〉学研究》,《淮阴师范学院学报(哲学社会科学版)》2007 年第 1 期。
⑥ 〔宋〕朱熹:《朱子语类》卷八十三《春秋·纲领》。
⑦ 〔宋〕朱熹:《朱子语类》卷八十三《春秋·纲领》。

当初若是全无传授,如何凿空撰得?"这样,"三传"也成了只是"渐渐讹舛"之作,后世对《春秋》褒贬的探究就成了无根之谈。在"三传"之中,《左传》因为以史事解经,而被朱熹相对看重。他说:"看《春秋》且须看得一部《左传》,首尾意思通贯,方能略见圣人笔削与当时事之大意。"在朱熹看来,《左传》详载史事,因此,能够让《春秋》所记之事"首尾意思通贯",使人窥见《春秋》的褒贬。可见,朱熹对前人关于《春秋》褒贬的看法,主张从"史"的角度解说而反对从"义"的角度阐发。因此,朱熹自己作《资治通鉴纲目》时,重新总结了《春秋》义例。王柏据此认为,前人总结的《春秋》义例多不可信,而朱熹总结的《春秋》义例"一本于夫子"。王柏的这一说法虽有待商榷,但明确指出了朱熹批评旧说、重新总结《春秋》义例的事实。

叶适更加直截了当地指出《春秋》的实质是史书。他说:

> 盖笺传之学,惟《春秋》为难工。经理也,史事也,《春秋》名经而实史也。专于经则理虚而无证,专于史则事碍而不通,所以难也。年时闰朔、禘郊庙制、理之纲条,不专于史也,济西、河曲、丘甲、田赋,事之枝叶不专于经也。①

叶适提出《春秋》"名经而实史",认为《春秋》既包含了"年时闰朔、禘郊庙制、理之纲条"等典章制度与道理,也包含了大量"济西、河曲、丘甲、田赋"等具体史事,实际上是一部记事的史书。

叶适曾经高度评价李焘的《续资治通鉴长编》一书,以之与《春秋》相比。在叶适的这一评价中,也显示出叶适以《春秋》为史的观念。叶适说:

> 李氏《续通鉴》,《春秋》之后,才有此书,此言非欤?自史法坏,谱牒绝,百家异传与《诗》《书》《春秋》并行,而汉至五季事多在记后,史官常狼狈收拾,仅能成篇。呜呼!其何以信天下也?!《通鉴》虽幸复古,然骤千有余岁之后,追战国秦汉之前则远矣。疑词误说流于人心久矣,方将钩索质验,贯殊析同,力诚劳而势难一矣。及公据变复之会,乘岁月之存,断自本朝,凡实录、正史、官文书无不是正就一律也,而又家录野记,旁互参审,毫发不使遁逸,邪正心迹随卷较然。夫孔子所以

---

① 〔宋〕叶适:《水心文集卷之十二·徐德操春秋解序》,《叶适集》(第二册),中华书局 1961 年版。

正时月日必取于春秋者,近而其书具也。今惟《续通鉴》为然尔,故余谓《春秋》之后才有此书,信之所聚也。虽然,公终不敢自成书第,使至约出于至详,至简成于至繁,以待后人而已。①

叶适之所以认为,李焘的《续资治通鉴长编》超过其他编年体史书而可接续《春秋》,其原因在于他肯定《续资治通鉴长编》继承了《春秋》的"史法"。而叶适所认为的《春秋》史法即是"信天下"。叶适把《春秋》视为信史,因此认为《春秋》史法,记事必取近世可信者,"近而其书具"。基于这样的《春秋》观,叶适认为,《资治通鉴》因为记事过于久远难以取信,反而不如专记近代之事的《续资治通鉴长编》符合《春秋》史法。《春秋》通过记事而蕴含义理,所以说"《春秋》因事以明义"。

但是,叶适也认为《春秋》是通过史法来彰显义理的。他说:"其所以修《春秋》者,史法未正,义理未一,旧章可续,近事当明,所以遗后世者大矣。若夫诸侯害、大夫壅、言不用、道不行,而以是达王事者,是欲大孔子而反小之也。"②叶适认为,孔子著《春秋》是因为当时的史书"史法未正,义理未一"。所以,修《春秋》以正确的史法来阐明义理,而后世用微言大义来说明《春秋》"达王事"则反而没有真正领悟到孔子的高明之处。

与朱熹和叶适等人以论述言《春秋》为史不同,宋人还有一种将编年体的《春秋》改编为其他史体的做法。这种改编做法往往体现出对《春秋》史学性质的重视。王当的《春秋列国诸臣传》、郑昂的《春秋臣传》、沈括的《春秋左氏纪传》、程公说的《春秋分记》,将《春秋》改编为纪传体;周武仲的《春秋左传编类》、许得之的《春秋左氏国纪》、李琪的《春秋王霸列国世纪编》,将《春秋》改编为国别体;章冲的《春秋左传事类始末》、句龙传的《春秋三传分国纪事本末》,将《春秋》改编为纪事本末体;税安礼的《春秋列国图说》,将《春秋》改编为图;杨湜的《春秋地谱》、沈括的《春秋机括》、邓名世的《春秋四谱》,将《春秋》改编为谱;杨彦龄的《左氏春秋年表》、韩璜的《春秋人表》、环中的《左氏春秋二十国年表》《春秋列国臣子表》、张洽的《春秋历代郡县地理沿革表》,将《春秋》改编为表;叶清臣的《春秋纂类》、黄颖的《春秋左传事类》、吕祖谦的《左传类编》,将《春秋》改编为类书体。③ 宋人用其他

---

① 〔宋〕叶适:《叶适集》卷十二《巽岩集序》。
② 〔宋〕叶适:《习学记言》卷二十《史记·史迁自序》。
③ 关于宋人用其他史体改编《春秋》的情况,详参李建军:《宋代〈春秋〉学与宋型文化》,中国社会科学出版社2008年版,第362～372页。

史体改编《春秋》的做法本身就说明宋人对《春秋》史学性质的重视,而其中不少学者更明确论述了《春秋》的史学性质,李琪是其中代表。

李琪论及自己作《春秋王霸列国世纪编》的旨趣,其中提到了《春秋》的史学性质,他说:

> 《春秋》一书,事变至繁经,文至约。接王政之末流,则可稽世道之升降;备伯事之终始,则具见中夏之盛衰;详列国之离合,则足究人心之聚散。夫以二百四十二年之记一百二十四国之行事,国各有史,晋《乘》、楚《杌》,故典旧章册书浩博,是非纷纠,而《春秋》以万八千言该之。国无不记之事,事无不著之实。自学者舍经求传,事始繁而晦矣。盖始读经者,睹本末之宏阔,而考之于训辞,简严之中,错陈迭见,未究前后,不知据经以核传,固有按传而疑经,是不能比其事而观之也。琪少窃妄意,叙东周十有四王之统,合齐晋十有三伯之目,举诸侯数十大国之系,皆世为之纪,不失全经之文,略备各代之实。每纪之后,序其事变之由,得失之异,参诸传之纪载,以明经之所书,虽若详而不遗于事,岂能精而有合于理,初学问津,或有取焉。若夫《春秋》微旨奥义,则不在是,深于经者固自知之也。①

李琪指出《春秋》的内容是"以二百四十二年之记一百二十四国之行事"。他不仅肯定《春秋》的记事性质,而且认为《春秋》据事直书,"事无不著之实"。

正是因为李琪认为《春秋》据实记事,所以认为自己"不失全经之文"的著作可以"略备各代之实"。

总的说来,在宋代,《春秋》作为史书的性质较为受到重视。因此,宋人对《春秋》为史的阐发也相对较多。

第四节 宋代《春秋》学与史学关系概说

宋代是中国古代政治制度、文化类型的变型时期。在宋代统治者和宋儒探索治国之道、巩固政权的过程中,对包括《春秋》学在内的经学和史学

---

① 〔宋〕李琪:《春秋王霸列国世纪编·序》,文渊阁《四库全书》本。

高度重视，促成了《春秋》学和史学在宋代的鼎盛局面。宋代民族政权对峙、儒释道三教相争的复杂政治及学术思想局面，又使《春秋》学与史学的关系相对更为密切。《春秋》记事，蕴含政治、社会伦理思想，与政治有内在联结。汉代以降，《春秋》学往往与现实政治相联系。宋代《春秋》学以己意解经，更便于服务现实政治。传统史学一贯有强烈的经世情结，而这种经世情结往往通过服务现实政治来实现。论证宋王朝统治的合法性和儒家巩固其统治思想地位的需要，使宋代的《春秋》学与史学因为共同的政治功用而更加紧密地联系在了一起。

宋代《春秋》学与史学关系问题的产生，以近代以来中国学科体系的变迁为背景。在区别于传统学科体系的新学术形态中，传统学术发生转型，从而带来了经史关系研究，又随着经史关系研究的深化，而突显出宋代《春秋》学与史学关系这样的重要问题。既有成果中，已经涉及这一问题的多个方面，但尚且缺乏整体性、系统性研究。

一、《春秋》学与史学关系的现代考察

《春秋》学在中国古代发挥着类似政治哲学、历史哲学与史学理论的作用，与史学关系密切并与之相互影响，在中国古代往往成为经学变革的前沿与史学发展的指引。现代学科体系消解了中国传统的目录学意义上的经、史、子、集四部，令"史学"超出传统史部范围而涉及四部之学，《春秋》学研究也被分化到历史学、哲学与文学等学科中。《春秋》学与史学关系由此在当代既表现为广义史学的内部结构性关系，又表现为史学与哲学等学科的交叉关系。

从现代史学的角度来看，中国古代的史学实际上涉及四部之学，而《春秋》学不仅属于经学，也属于史学，堪称亦经亦史。中国古代文明历史悠久，积累了大量文献。因此，目录学发达很早。汉代已有刘向、刘歆父子撰《别录》和《七略》。到唐代修撰《隋书·经籍志》时，已经形成了经、史、子、集的四部分类法。这种目录学的分类，沿用了千年之久，在清代编纂《四库全书》时，又有了进一步发展，对古代学术文化起到了重要的推动作用。但是，这种目录学意义上的分类法与现代学科体系基于研究对象的"范畴"的学科划分不同。因此，今天所研究的古代史学，不仅包括传统的史部，也广泛地涉及经部、子部和集部等。

史部之学是古代史学的重点和主体。《隋书·经籍志》所称的"古史"

和"正史"是古人最重视的两类史书。"古史"是古已有之的一类史书,指编年体史书。中国古代的编年体史书源于先秦。诸侯国由史官按时间顺序记录政治事件,形成"百国史记"。儒家认为孔子据《鲁史记》而成《春秋》,并以此为古史之正。所以,《春秋》在中国古代不仅是"五经"或说"六经"之一,同时也是史学的一大源头,被看作编年体史书的起源。《春秋》经文晦涩,又有《左传》《公羊传》与《穀梁传》用以对其进行解说。其中的《左传》,学界多认为其一开始并非解经之作,而是一部独立的史书,但因为其记事较详细而可以用来了解《春秋》文义。因此,在汉代以后被视作解经之传。《春秋》的这三部"传",后来都上升成为经书,其中的《左传》与《春秋》被古代史家视作编撰编年体史书的楷模。因此,在中国古代,一般经学中的《春秋》学兴盛,就会带来编年体史著兴盛,像汉代和宋代都是这样,出现了《汉纪》和《资治通鉴》等名著。反过来,当《春秋》学衰落时,史家对编年体史书的兴趣也可能会有所下降。

"正史"指纪传体史书。司马迁希望"成一家之言",创作了第一部纪传体通史。《史记》本称为《太史公书》,汉代还没有"史部"或"史家"的概念。所以,班固作《汉书》,根据司马迁在《史记·太史公自序》中所述"正《易传》,继《春秋》"的旨趣和内容而在其《艺文志》中将《史记》附于"春秋类"下。将《史记》完全视作史书,是随着魏晋目录学对史书的重视才出现的。在汉代,实际上存在着以《史记》为"诸子之书"的思想倾向。因此,司马迁所"成一家之言"当时并未被认定为"史家",而类似于先秦"诸子百家"之一种。[①] 班固作《汉书》,与司马迁有所不同,希望能够"宣汉",也就是颂扬汉朝功业。[②] 因此,班固改《史记》的纪传体通史为纪传体断代史,专门记述汉朝历史,由此正式确立了后世的正史之体。"正史"后来居上,反而超过"古史",成为古代史学最重要的体裁。于是,中国古代形成了不间断的"二十四史"的正史规模。这种连续性传统,一是因为文人士大夫的强烈修史情结,二是因为编修正史被统治者视作论证自身统治合法性的重要手段。在中国传统文化观念中,如果一个王朝未能完成对前朝历史的正史撰述,一般就不被视作一个正统政权。因此,正史从一开始的私修,逐渐转变为由宰相领衔的官修,受到国家高度重视。但也因为受到政治禁锢和集体修

---

① 李纪祥:《〈太史公书〉由"子"入"史"考》,《文史哲》2008年第2期。
② 吴怀祺主编、汪高鑫著:《中国史学思想通史·秦汉卷》,黄山书社2002年版,第393~398页。

史难以协调的负面影响,"二十四史"后来的官修史书水平皆不如早期的私修作品。从史体和思想角度来说,正史一般也受到《春秋》学影响。像正史的"五行志"就与《春秋》灾异说关系密切,而正史的编纂旨趣往往也受"《春秋》大义"的影响。

随着史学观念的强化和史学的多元化发展,史部在古史和正史之外,也产生了大量其他类型作品。这些作品有的保留了较多有价值的原始材料,如起居注等;有的在社会文化方面有所成就,如杂史、杂传等;有的在典制方面进行了较多的保存与整理,如仪注、刑法等。古人已经注意到了古史和正史之外类型史著的价值,像宋代的欧阳修和明代的王世贞等人都予以重视。对于现代人而言,因为历史兴趣已经从古史和正史的政治史主体扩展到了社会、经济与文化等多领域,因此,各种类型史著都有其重要价值。各种类型的史著往往也受到作为意识形态和史学指导思想的《春秋》学影响。

在史部之外,经、子、集也与古代史学密切相关,《春秋》学相关作品尤其如此。如前所述,史部的主体与经部和子部有深切的历史渊源。在内容上,经部与史学有重要关系。经部以"五经"为核心,后来发展出"十三经"。"五经"中的《春秋》本身就是一部编年体史书,被孔子当作口授的教材使用。儒家认为孔子通过对鲁国史书的改造,而使《春秋》具有了"微言大义",这种改造方法即叙事规则,被称为"春秋笔法",或者"春秋书法",又或"春秋义例"。这使得中国古代史学很早就具备了重视叙述方法的意识。但是,"春秋笔法"也带来一个严重问题,即当时人所了解的史事经过叙述的改造,就失去了原貌,以至于后人无法了解。这样《春秋》就类似今天教师使用的不完整的讲义,需要通过解说才能被理解。《公羊传》和《穀梁传》之所以能解经,就是因为它们类似于听课的"笔记",能够帮助后世已经不能再亲自听课的人了解"上课内容"。而《左传》则类似一本较完备的"参考书",能够帮助人们理解"所授知识"。总之,《春秋》本身亦经亦史,在古代即被看成修史的典范,又长期作为历史哲学和史学理论的渊源。《春秋》通过"义例"而体现"大义"的笔法,被后世很多史家所研究和尊奉。

实际上,在《春秋》之外,其他几部儒家元典也与史学有较密切的关系。《周易》是古代历史通变思想的最重要来源,《史记·太史公自序》谓:"《易》著天地阴阳四时五行,故长于变。"此后儒家史学的历史思维多受《周易》的影响。《尚书》被古人视作记言体史书的源头,因此历史上的记言体史书多模仿之,其历史借鉴思想也受到后世史家重视。《诗经》本身带有史诗性质,其天命王权思想又深刻影响了古代史学。《三礼》记载了一些古代礼制,虽然并不全然可信,但多被后世儒家奉为真实记录,而且其"因革损益"史观也影响了后世史学。① 不过,无论在古人的观念中,还是从今天的史学角度来看,《春秋》都是最具有史学性质的,而研究《春秋》的《春秋》学更是兼具经史之学的性质。

《春秋》学与史学的密切关系还表现在其性质与结构的交融方面。中国古代史学有三种基本形式,也可称是三个基本方面,即叙事、考证与义理。这三者并不是分立的,而是融合在一起,共同构成古代史学的基本形态。而这三者同时又是《春秋》学的重要组成部分。并且,中国古代尤其是宋代史学的叙事、考证与义理,往往受到《春秋》学的指导与影响。

如前所述,中国古代史家多以《春秋》经学为史学理论的指导。即使无此明确意识,有时也会受到其影响。《春秋》作为一部记事不明晰的史书,之所以可以上升为儒家元典,主要就在于其"史法",即《孟子·离娄下》所说的"其事则齐桓晋文,其文则史,孔子曰:'其义则丘窃取之矣。'"如果浏览《春秋》经文,就可能会有"断烂朝报"的零碎之感。但如果结合其"三传",尤其是对照《左传》细读,就会发现《春秋》大体上有统一的叙事规则,并且这种规则体现出较明确的思想主张,具有重要的政治哲学与伦理学价值。《春秋》所记载的对象是齐桓公、晋文公事迹一类的具体的"史事",叙述之则成为"史文",而形成史文之法,则有深意。这深意就是孔子"偷偷"地注入史文的思想主张,儒家称为"《春秋》大义"。"《春秋》大义"即是一种"史义",超越具体史事而不可见,进入抽象的形而上范畴。这是古代史家尤其是正史与古史史家的较普遍追求。他们多主张"即器明道",通过对具体史事的有条理的记述而贯穿"史义"。因此,古代史学的"叙事"就与"义理"紧密地结合起来。

所谓"叙事",即是要按照一定的规则把史事记述清楚。《史通·叙事》云:"夫史之称美者,以叙事为先。"也就是要把叙事看作修史的基础,离开叙事,就不成其为史书。在前述历史文学的要求之外,古代史学的叙事还有其他的一些基本要求。首先,叙事要能够直书实录而避免曲笔。中国古代史学起源于先秦史官的政治记录。"《曲礼》曰:'史载笔。'史者,使也。执笔左右,使之记也。古者左史记事者,右史记言者。言经则《尚书》,事经

---

① 汪高鑫:《中国经史关系史》,黄山书社 2017 年版,第 38~45 页。

则《春秋》也。"①古代史家认为,先秦的史官负责"记事"与"记言",《春秋》与《尚书》是其典范。这两部作品之所以能够垂范千秋,最基本的原因是,它们能够直书实录,做到"君举必书",②也就是要求能够征实地反映史事。其次,叙事要有一定目的,不要为叙事而叙事。章学诚把史书分为"记注"和"撰述"两大类。前者的价值主要在于保存史料,后者能够对史料进行加工。章学诚提倡"独断于一心",也就是提倡经过了独立思考与史料加工的撰述。虽然像"起居注"一类的记注能够保存不少珍贵史料,但是停留在叙事本身的层面,没有指向更高的史学追求,因此从来都不是古代史学的重心,更多地作为一种基础性工作而存在。史家往往要使用这类材料,但是要通过一定的叙事规则和方法形成"史文",并在其中贯穿"史义"。

所谓"义理",要辩证看待之。一方面,义理是中国古代史学的核心追求。对中国古代史家而言,修史从来都不仅仅是为了叙事,而是要通过叙事来体现义理,达到"彰善瘅恶,树之风声"的教化目的。古代史学的义理,主要是指儒家义理,即一套"尊尊亲亲"的礼法等级秩序。这种秩序是抽象而不可直观的,属于形而上的范畴,从今天的学科角度来看,主要属于伦理学内容。因为这种伦理诉求,中国古代史学具备了超越形而下叙事的丰富价值。但是另一方面,正是因为这种不安于形而下叙事的形而上冲动,也导致中国古代史学的诸多问题,而表现出历史局限性。古代史学所追求的儒家义理,本身具有时代局限性,根源于当时的政治与社会情况,古代史家一般都无法超越。以义理为根本追求,导致古人的直书实录观念与现代的求真观念有所不同。现代史学要求将史事的真相尽量客观地反映出来,但是古人一般认为要根据儒家义理对史事进行处理,这就为叙事蕴含"义理"开辟了一条道路,甚至导致义理凌驾于事实之上。例如,《新唐书》为了效仿《春秋》,根据儒家义理追究历史人物的责任,而在《玄宗本纪》中记安禄山部将孙孝哲攻陷长安之事称"禄山陷京师"。这往往导致叙事陷入混乱和虚假。

考证,是史学发展到一定程度后出现的重要研究手段。按照近代以来的史学观念,如果仅仅是叙事,那就谈不上真正的史学研究。所谓史学研究,一定要对文字、文献和史事进行考证,分辨和确定其真伪与价值。中国史学因为文献的发达,关于文字和文献的考证出现较早。汉代已出现《别

---

① 周振甫:《文心雕龙今译·史传》,中华书局2013年版。
② 杨伯峻:《春秋左传注·庄公二十三年》,中华书局2017年版。

录》《七略》这样的含有校雠学内容的作品，还出现了《说文解字》这样的文字学研究专著。不过在当时，这一类考证都不是针对史学本身的，关于训诂考据的"小学"，一般被视作经学的组成部分。这也是中国古代史学大家往往都是经学家的一个重要原因。因为如果不懂经学，就缺少了进行历史研究的重要手段。将小学归属经学的传统延续了很久，使得古代史学的文字与文献考证早兴而发达，但关于历史事实本身的考证则相形见绌，一直到乾（隆）嘉（庆）时代才因为考据学的兴盛而真正繁荣起来。像钱大昕和赵翼等人，都有意识地将考据的注意力从经学转向史学，带来考史学的发达。但这种孤立的考史学又与历史叙事失去联系，并不能算作完整形态与典型意义的史学。不过早在宋代，因为当时经学变古而产生义理化发展倾向，为了建立和体现新的儒家义理，宋儒开始将经学上的考证向整个历史领域扩大，出现考史风气。像欧阳修就曾考证过经学上的多种经典说法不可信。因为《春秋》本身就以记述史事为内容，所以相较于其他经典更容易引起考证。不过，宋代的这种考史风气与近代意义上的历史考据尚有一定距离。中国古代史学中的考证，总体而言，仍然是为义理服务的。所以，清代考据学家戴震说："故训明，则古经明；古经明，则贤人圣人之理明。"[1]古代史家借助考证来完成可信的叙事，希望通过考证和叙事来阐发儒家义理，于是必然涉及文学和哲学，兼及四部之学，从而奠定了古代史学的基本形态。《春秋》学是这种史学形态形成的重要原因，也是重要示范与思想指引。这种情况在宋代尤其显著。

中国古代史因为其独特的基本形态，而在世界范围内取得了独有的无与伦比的文化地位。就中国内部而言，古代史学历来受到政治与社会的多方面推崇，具有崇高地位。虽然古希腊罗马人也具有久远的史学传统，但其史学所获得的知识价值与社会地位，远不及中国古代史学。这种情况与中国古代的《春秋》学有一定关系。

二、宋代《春秋》学与史学关系的研究背景

宋代《春秋》学与史学的关系问题，是中国学科体系近代化与现代发展过程中产生的学术问题。近代以来，中国传统经史子集的基于目录学的学科分类，被源自西方的学科划分体系取代。这使得传统的经学研究分化到了文史哲等各个不同的专业学科当中。这是产生《春秋》学与史学关系问

---

[1] 〔清〕戴震：《戴震集》，上海古籍出版社1980年版。

题的学术前提。从学科体系的近代转型角度来看,不同的学科视野,带来了不同的研究角度与分析方法。哲学领域的研究侧重经学思想的思辨性的讨论,为本研究探讨《春秋》大义与宋代史义提供了重要参考;文学领域的研究相对侧重文字和文献本身的意义,为本研究提供了文献与文献所反映的思想研究提供了借鉴;史学领域的研究相对更为综合,既有思想层面的讨论,也有文献角度的考证。当然,这种划分并不存在泾渭分明的界限,文史哲学科的经学研究往往相互交融,《春秋》学研究也不例外。

对本研究而言,最重要的是史学领域的研究,主要又可分为经学史、思想史与史学史三种视角的研究。经学史的研究,在很大程度上来说,是近代与西方接触后学科体系转变与学术视野转换的结果。在中国传统经学中,经学主要作为神圣化的意识形态而存在,以"科学"为目标或本位的新学科体系逐渐在中国传播与建立的过程中,经学则渐渐变为一种历史与文化现象而被加以研究,其意识形态特征趋于消解。这在清末皮锡瑞等人的经学史著述中已有一定表现。随着科学等观念的深入人心,用新的学术视野改造传统经学,成为近现代中国经学研究的潮流。五四运动之后,中国学者用新学科体系改造传统学术,带来了现代意义上的经学史研究的正式确立。周予同先生等老一辈学者用新的历史观与方法论重新审视传统经学,把经学作为一种历史产物来加以讨论和批判,为去意识形态化的经学史研究奠定了重要基础。随着社科人文学科体系与人文学科内部文史哲学科三足鼎立局面的确立,现代经学研究又有了上述的一定学科分野。从各自的研究对象和方法出发,经学史研究重在梳理经学本身的历史源流与时代特征;历史文献学研究重在考证文字与文献,也向思想方面做出延伸;思想史研究重在阐发经学思想;史学史研究重在探讨作为史学的经学和经史的互动互融关系。

本研究的出发点是,对史学史领域的经史关系研究进行深化和具体化,同时也借鉴史学之外其他学科的成果与视野,做一定的"视域融合"①型探索。从学术背景的角度而言,本研究的缘起与民国时代的学科大转型有关。首先,在中国学术的近代化转型过程中,中国史学史学科得以诞生。最早的中国史学史研究学科,与西方兰克史学的东传有密切关系。19世纪的"科学"主义思潮中,以兰克(Leopold von Ranke)为代表的欧洲史家

---

① [德]汉斯-格奥尔格·伽达默尔:《真理与方法——哲学诠释学的基本特征》(下卷),洪汉鼎译,上海译文出版社1999年版,第397页。

力图把史学变成"科学",掀起了近代以来的科学史学浪潮。当然,兰克等德国史家口中的"科学"(wissenschaft),并非中文从英文"science"翻译而来的含义。wissenschaft 与 science 均源自拉丁语中的"scientia",而 scientia 又从古希腊语中的"epistimi"而来。scientia 和 epistimi 都泛指一种知识体系,而不可能具有后来的自然科学的意义。19 世纪德语口语中的 wissenschaft,正是继承了"科学"一词的本源含义,并不具有自然科学意义上的科学含义,只要是有专门研究对象与方法的学科均可称为 wissenschaft。兰克等人在此种意义上使用"科学史学"的概念,因此其科学化的方式主要是建立史料批判规则,也就是形成 wissenschaft 所要求的专门方法。这种学术进路必然带来对史学史上的史学研究方法的总结。兰克对文艺复兴史家与史著的批评作品,一方面成为其建立科学史学的根基,另一方面也奠基了西方史学史的研究。

兰克的一位弟子,也是其手稿誊写者里斯(Lugwig Riess),在 1887 年应邀到日本东京大学建立并主持史学科,将德国的史学方法最早引入亚洲。东京学派普遍对中国历史与文化持轻视态度。十年之后,内藤湖南(即内藤虎次郎)在京都大学讲授东洋史,与东京学派分庭抗礼,力主中国历史于文化的价值。两派虽然学术主张迥异,但交往密切,尤其是方法与成果上相互融合。所以,作为对兰克西方史学史研究的一种回应,内藤湖南较早开设了中国史学史的课程,作为建立东洋史学科的重要基础。中国国内也有梁启超等人提倡中国史学史研究,并由金毓黻追溯刘知幾与章学诚的"精研史学",[①]而撰成中国的第一部中国史学史。

在内藤湖南的《中国史学史》中,传统意义上的经史作品都被作为史学史的组成部分,反映出日本史学西化而从新的文史哲学科视角审视中国传统典籍的特征。这其中已经包含了经史关系的讨论。金毓黻的《中国史学史》则基本上专取传统目录学中"史部"的作品加以叙述。这两种撰述方式,成为后来众多中国史学史作品的基本路径。尤其是后一种撰述方式,使得"经部"与"史部"的关系问题突显出来,从而随着中国史学史学科的发展与研究深化,带来了经史关系问题的突显。新中国成立后,白寿彝先生等前辈学者奠定了当代中国史学史研究的基础。在白先生和老一辈中国史学史学者的研究中,兼具经史性质的作品首先被中国史学史正式确立为基本研究对象,并形成了大量探讨。这一类作品中,像《左传》《国语》等与

---

① 金毓黻:《中国史学史》,商务印书馆 1999 年版,第 1 页。

《春秋》学相关的典籍占有极重要的地位。在这一学术背景之下，经史关系问题就进一步鲜明起来。在对亦经亦史的作品的史学史角度探讨的基础上，经学作为时代哲学与意识形态基础而与史学形成的关系，就成为学术理路上必然面对的一个新的重大理论问题。钱穆先生从思想史角度指出，经学与史学在不同历史阶段的密切关系。[①] 金景芳先生等思想文化史学者继而也立足经学对经史关系做了探讨。[②] 刘家和先生则从史学角度指出经史关系的密切与重要影响。[③] 许道勋先生考察了经史关系的演变历程。[④] 王东先生还述及这一演变的影响。[⑤] 吴怀祺等老一辈史学史学者则致力于经史关系领域的专门研究。作为思想史与史学史研究的共同基础，历史文献学也必然导向经史关系的研究。近几十年来，历史文献学的研究，往往从文字和文献本身的层面向思想层面延伸。这种从文献到思想的延伸，必然会注意到文献思想中经史部类的交织与互动。

在这种历史学科内外互动融合的研究深化趋势中，经史关系的研究也日益走向深化和具体，出现了《中国经史关系史》等一批专门著述。作为一些相关著述与研究课题的参与者，笔者体会到在这个过程中，经史关系的研究一方面在向着理论总结的方向发展，另一方面在向着具体化的方向发展。在经史关系中，最重大的两个问题是《易》学与史学的关系问题、《春秋》学与史学的关系问题。前者代表了经史关系的最高哲学维度，后者代表了经史关系的最显著史学维度。因此，对《春秋》学与史学关系的系统研究，是学术理路的一种必然，对于推进中国史学研究具有重要意义。而在《春秋》学与史学关系领域当中，有三个重要历史时期。第一个时期，汉代经学确立与"史家"奠基时期，以《公羊学》为主的《春秋》学与史学之间的互动关系，对经学与史学的确立起到了重要作用。第二个时期，宋代经学变古与史学发展时期，义理化的《春秋》学与史学之间的互动关系，对经学的汉宋转型与史学的发展及新因素的出现，起到了重要作用。第三个时期，近代《公羊学》的复兴与近代转型中的史学的互动关系，对经学学科的近代转型与史学的近代转型，起到了重要作用。这三个历史时期中，宋代的《春

---

① 钱穆：《经学与史学》，见杜维运、黄进兴编：《中国史学史论文选集（一）》，（台湾）华世出版社1979年版，第120～137页。
② 金景芳：《经学与史学》，《历史研究》1984年第1期。
③ 刘家和：《史学与经学》，《北京师范大学学报（社会科学版）》1985年第3期。
④ 许道勋：《论经史关系的演变》，《复旦学报（社会科学版）》1983年第2期。
⑤ 王东：《论经史关系的演变及其影响》，《学术界》1989年第1期。

秋》学与史学关系不仅类型独特,而且是表现最为明显的时期。因此从史学角度而言,是首要的理论问题。因此,本研究希望通过对宋代《春秋》学与史学关系问题的系统研究,来实现《春秋》学与史学关系研究的突破,下一步再向其他历史时期进行延伸性研究,最终会通中国历史上的《春秋》学与史学关系研究,从而为经史关系与中国史学史研究的纵深发展略尽绵薄。

此外,中西比较史学研究,在刘家和先生等前辈学者的倡导下,也逐渐发展起来。因此,宋代《春秋》学与史学关系的研究,也可以从类型意义上同欧洲近世的哲学与史学互动关系进行比较,从而为推进作为19世纪以来历史学重要根基的史学史学科的发展做出一点贡献。通过中西比较研究,可以找出中西史学的普遍性特点,也可以从差异中发现中国史学的民族特性,从而为探索具有原生普遍性的中国史学话语体系提供一些线索和依据。

三、宋代《春秋》学与史学关系的研究概况

在以往的经史关系研究中,已有一些成果对宋代《春秋》学与史学的关系进行了探讨,着重于探讨《春秋》学对史学的影响,成为本研究的重要基础。《春秋》学是经学的一个重要组成部分,是古代史学的重要指导思想。同时,《春秋》学与史学又有着千丝万缕的联系。从外部形式来说,《春秋》的体裁、体例对后世史学有垂范作用;从内在思想来说,《春秋》及后世对其经意的解说又是史学的指导思想。当代学者对这些方面都有不少研究。

第一,学者较普遍注意到了宋代《春秋》学对史学的重要影响。刘咸炘先生注意到仁宗时期的学风变化,引起了史学变化。欧阳修、吕夏卿等人将《春秋》之法引入史法,"开晚宋以后之习"[1]。蒙文通先生在进行中国史学史的研究与讲授时,也注意到作为理学重要研究对象的《春秋》学对宋代的具体史著和史学流派的形成有重要影响,往往在对史学史的评介中指出《春秋》学的影子。[2] 白寿彝先生在中国史学史研究中,指出《春秋》学在宋代史学中的重要地位,并分析认为理学的发展对宋代史学起到了重大影响。其中《春秋》学举足轻重,特别是到了南宋时期,"史家很讲究书法、义例"[3]。牟润孙先生在探讨宋代《春秋》学时,也注意到孙复的《春秋》学著

---

[1] 刘咸炘:《刘咸炘学术论集·史学编(下)》,黄曙辉编校,广西师范大学出版社2007年版,第507页。
[2] 蒙文通:《中国史学史》,上海人民出版社2006年版,第69~98页。
[3] 白寿彝:《中国史学史》,北京师范大学出版社2000年版,第197页。

第一章　先秦至宋代《春秋》学的历史演变　　71

述的影响并不局限于《春秋》学或经学。① 吴怀祺先生进一步在史学思想的意义上进行分析,指出两宋时期,理学家研究和解释《春秋》形成了理学化的《春秋》学,对宋代史学产生了多方面的影响。② 王东先生也指出,"所谓'春秋精神',不仅是宋代史家主要的思想食粮,而且还是他们借史笔以传'圣人之意'的最高境界。纵观宋代史学,几乎所有有影响的史家、史著都与《春秋》经学有着内在的联系"。并分析认为,《春秋》经学对宋代史学的影响主要包括五个方面:其一,《春秋》经学一反汉儒注疏之学、以己意解经的"不惑传注"③风气,促使史学产生了"疑古"之风;其二,《春秋》笔法促使宋代史学注重书法义例;其三,《春秋》经学所阐发的《春秋》"大义"内化成为宋代史学的史笔主旨;其四,《春秋》经学的正统观促使宋代史学注重正统之辨;其五,宋代史学因为受经学影响,逐渐向理学靠拢,形成理学化特征。④ 王盛恩教授分析指出孙甫史学受《春秋》学影响,开一代史学风气。⑤ 谢贵安教授也分析指出"宋代理学化的史学",以"阐发《春秋》大义,强调史以明道"为重要特征。⑥ 还有学者综论《春秋》对中国传统史学的重大影响。有学者认为其主要体现在三个方面:其一,"立元正始"开创了作为中国古代史家评判王朝政治的主要价值尺度的正统观;其二,开创了中国史学的编年体;其三,"春秋笔法"开创了传统史学的批评范式。⑦《春秋》的直笔精神和褒贬大义被后世史学继承和发展。⑧ 两宋史学批评繁荣,⑨而传统史学批评的示范作用也根源于《春秋》笔法。⑩ 被看成解《春秋》之作的《左传》,也对中国古代史学影响重大,开创了中国古代史学的很多优良传统,主要包括据事直书的传统、详近略远的传统、文史结合的传统和史论结合的传统。⑪ 宋代是反映这些影响与方面的极重要时期,钱茂伟

---

① 牟润孙:《两宋春秋学之主流》,《注史斋丛稿》,中华书局1987年版,第141页。
② 白寿彝主编、吴怀祺著:《中国史学史》(第四卷),上海人民出版社2006年版,第29～32页。
③ 〔宋〕欧阳修:《孙明复先生墓志铭》,《欧阳修全集》。
④ 王东:《宋代史学与〈春秋〉经学——兼论宋代史学的理学化趋势》,《河北学刊》1988年第6期。
⑤ 王盛恩:《孙甫史学发微》,《史学史研究》2003年第3期。
⑥ 谢贵安:《中国史学史》,武汉大学出版社2012年版,第212页。
⑦ 周德钧:《略论〈春秋〉对中国传统史学的影响》,《鄂州大学学报》2000年第1期。
⑧ 闻学:《〈春秋〉对后世史传体的影响》,《益阳职业技术学院学报》2006年第3期。
⑨ 瞿林东:《中国史学史纲》,北京出版社1999年版,第497～517页。
⑩ 吕昕娱:《试论〈春秋〉对中国传统史学的影响》,《赤峰教育学院学报》2003年第1期。
⑪ 耿天勤:《〈左传〉与中国古代史学的优良传统》,《山东师范大学学报(人文社会科学版)》2006年第3期。

教授认为出现了"范型嬗变"。①

第二,学者较多地从史学角度注意到了《春秋》笔法对宋代史体等方面的影响,并且对史书的体裁和体例都有涉及。《春秋》作为中国古代史学之源,发端了中国传统史学的编年史体和褒贬义例。它的体裁、体例成为后世《春秋》学研究的重要内容,有一个历史流变过程,宋儒对其进行了重要发展。② 因为"属辞比事"是阐发《春秋》书法义例的重要有效方法,③所以使得《春秋》学具有关注史事的特性。《春秋》学关于《春秋》体裁、体例的研究,以及《春秋》本身在史体方面的垂范作用,使得后世史学在体裁、体例方面多仰学《春秋》。④

中国史学史研究的重要奠基者内藤湖南已经注意到宋代《新唐书》与《旧唐书》的史体变化,是宋代史学发展的一个重要方面,⑤但并未进一步分析其经学根源。随着中国学界对传统史学研究的深入,宋代史体的变化发展的深层经学影响逐渐被揭示出来。学界注意到,在唐代宗大历年间,新《春秋》学兴起,已经开始对史体产生重要影响。新《春秋》学积极回应现实需求,在学术文化方面,"这一时期的史学,效法《春秋》治史、讲究褒贬义例逐渐成为很多学者的共识,纪传体史书受到了褒贬义例的渗透,《春秋》褒贬大义影响了史家对历史事件及人物的评价"⑥。在中唐兴起的"义法史学",成为一种新史学运动。⑦

两宋《春秋》学对史学的重大影响,主要表现在历史编纂学方面。首先,是《春秋》学兴盛促进了编年体史书振兴;其次,是《春秋》学发达促成了纲目体的出现。⑧ 此外,还有多方面的影响。汪高鑫教授指出宋代的历史

---

① 钱茂伟:《范型嬗变的宋代史学》,张其凡、范立舟主编:《宋代历史文化研究(续编)》,人民出版社 2003 年版,第 225~237 页。
② 王基伦:《〈春秋〉笔法的诠释与接受》,《国文学报》(台湾)第 39 期,2006 年 6 月。
③ 赵有林:《〈春秋〉三传"注疏"中的属辞比事考》,北京大学《儒藏》编纂与研究中心:《儒家典籍与思想研究》第三辑,北京大学出版社 2011 年版,第 87~110 页;张高评:《〈春秋〉曲笔直书与〈左传〉属辞比事——以〈春秋〉书薨、不手弑而书弑为例》,《高雄师大国文学报》(台湾)第 19 期,2014 年 1 月。
④ 汪高鑫:《中国经史关系史》,第 297~306 页;邓锐:《宋代的〈春秋〉学与史学》,《学习与探索》2012 年第 8 期等。
⑤ [日]内藤湖南:《中国史学史》,马彪译,上海古籍出版社 2008 年版,第 150~156 页。
⑥ 吴海兰:《新〈春秋〉学与中晚唐史学褒贬义例的运用》,《史学史研究》2018 年第 3 期。
⑦ 邓志峰:《义法史学与中唐新史学运动》,《复旦学报》2004 年第 6 期。
⑧ 白寿彝主编、吴怀祺著:《中国史学史》(第四卷),上海人民出版社 2006 年版,第 29~32 页。

第一章　先秦至宋代《春秋》学的历史演变

编纂在新史体的产生等方面有重要贡献。① 李建军教授分析认为,《春秋》学对宋代史学的影响主要有两个大的方面:一是宋代学者对《春秋》经传通过将其改编为纪传体、国别体、纪事本末体、类书体以及图、谱、表,来对之进行史学诠释;二是《春秋》义法内化于宋代史学,对其影响深刻。② 此外,宋代史书在褒贬形式上多效仿《春秋》义例,主要包括纪年"冠王于正"、一字寓褒贬、常事不书、讳书、书义理之实等,③欧阳修是典型代表。④

宋代的重要史著往往在史体方面受到《春秋》学影响。庆历之际兴起的新《春秋》学,使得孔子的《春秋》在经学上的书法义例随着新儒学的兴起而受到高度重视。当时,史学领域内的"气象为之一新",《春秋》书法义例受到史家推崇。⑤ 北宋《春秋》学对《新五代史》编修有深刻内在关系,尤其反映了《春秋》学对宋代历史编纂学的影响。⑥ 宋馥香教授等选取了多部宋代史著进行分析,指出其受《春秋》义法影响的特点。⑦ 尹洙《五代春秋》直接效法《春秋》,又成为《新五代史》的重要书法依据。⑧ 欧阳修采用"春秋书法",从行文用语到史事取舍皆用其法,⑨其编纂《新唐书》等史著深受《春秋》的书法义例影响。欧阳修以《春秋》书法为修史的基本精神,认为《春秋》有两个长处:一是孔子作《春秋》述文简而有法;二是《春秋》叙事能"别是非,明善恶"。因此,欧阳修借鉴《春秋》书法,力图"最大限度地凸现史书的教育教化功能,使史学和现实社会的联系更加紧密"。欧阳修的这种修史旨趣也造成了历史记录不客观的弊端。⑩ 司马光编纂《资治通鉴》,虽然称不取《春秋》笔法,但《资治通鉴》与《春秋》存在着承继关系。《资治通鉴》是继《春秋》而作,主要体现在两个方面:其一,《资治通鉴》和《春秋》

---

① 汪高鑫:《宋明时期的经学与史学》,《淮北煤炭师范学院学报(哲学社会科学版)》2007年第4期。
② 李建军:《宋代〈春秋〉学与宋型文化》,中国社会科学出版社2008年版。
③ 邓锐:《〈春秋〉书法对宋代史书褒贬的影响》,《安徽史学》2009年第6期。
④ 邓锐:《〈春秋〉笔法对欧阳修史学求真的影响》,《历史文献研究》(总第30辑),华东师范大学出版社2011年版,第184～191页。
⑤ 李峰:《论庆历之际的新春秋学及历史编纂》,《史学月刊》2013年第1期。
⑥ 吴怀祺:《中国史学思想通史·宋辽金卷》,黄山书社2002年版,第49～62页。
⑦ 宋馥香、石晓明:《〈春秋〉对北宋历史编纂之影响探微》,《东北师大学报》2006年第1期。
⑧ 邓锐:《尹洙〈五代春秋〉对〈春秋〉书法的继承》,《淮北煤炭师范学院学报(哲学社会科学版)》2009年第12期。
⑨ 许凌云:《儒学与中国史学》,山东大学出版社1992年版,第246～254页。
⑩ 丁翌:《论春秋书法义例对欧阳修著史的影响》,《济宁学院学报》2007年第4期。

的著史目的是相承的;其二,《资治通鉴》的体例继承并发展了《春秋》。①其历史记述范围也与《春秋》有承接之意。南宋史学在《春秋》学影响下,愈发重视"笔削褒贬",表现出义理化特征。②

第三,学界较多地从思想角度关注宋代《春秋》学对当时史学思想的重大影响。《春秋》本身蕴含着政治与社会伦理思想,经由后世《春秋》学的阐发,形成了一个独特的思想体系。《春秋》学上的历史评价标准、史学宗旨、历史撰述方法等思想,对史学产生了重大影响,并在不同时代形成了不同的具体特征。学界普遍注意到宋代新《春秋》学风气承接中晚唐《春秋》新风而来,其对史学影响的渊源也可追溯至中晚唐时期。中唐社会剧烈变动,促使学术风气随之大变。武周时期,因为寻求政治合法性理论等原因,已经出现王元感上书提出新经学的事件。其中,《春秋》学是重要内容。朝廷也因此显现出以刘知幾为代表的变古派与以祝钦明为代表的泥古派的经学分立。刘知幾已经开始通过《春秋》等经学元典分析,而提出"疑古惑经"的主张。之后,啖助的《春秋》学首立新风,有"攘异端而开正途之功"。谢保成先生分析认为,新《春秋》对史学的影响主要体现在三个方面:首先,人们对史学功能的认识发生变化。中唐以前,人们对史学功能的认识,主要是惩恶劝善、求鉴取治两个方面。中唐史学在《春秋》学影响下发展出"以史治心",也就是用历史进行伦理道德教育以维护统治的史学功能观念。其次,由于人们对史学功能的认识发生变化,修史制度、修史义例、修史思想也随之发生变化;再者,中唐《春秋》学对史学体裁、史学范围发生了直接影响。主要是促成编年体开始兴起,为历史笔记的大行其道做了铺垫,促使奏议集、诏令集兴起。③

宋代《春秋》学承继中晚唐以来舍传求经的新学风,带动宋学兴起。理学又关注《春秋》,解读其"事"与"义",形成自身的解经特色,④而宋儒解《春秋》,因为摆脱了家法、师法藩篱,而更突显出对"事"本身的关注,⑤从而与史学的关系更为密切。王天顺教授立足政治与经学的角度分析认为,

---

① 龙小军:《略谈〈春秋〉与〈资治通鉴〉的相承关系》,《内蒙古农业大学学报(社会科学版)》2007年第1期。
② 罗炳良:《南宋史学史》,人民出版社2008年版,第348~350页。
③ 谢保成:《中唐〈春秋〉学对史学发展的影响》,《社会科学研究》1991年第3期。
④ 刘德明:《父子君臣——春秋三传与宋代理学家对蒯聩、卫辄评论之比较》,《汉学研究》(台湾)2017年第1期。
⑤ 丁亚杰:《方法论下的春秋观:朱子的春秋学》,(台湾)《鹅湖学志》第38期,2007年6月。

宋代史学的政治功利主义与"春秋宋学"关系密切。其一，史家著史自觉遵循以"尊王"为核心的《春秋》大义，经、史趋于合流。其二，史家注重发扬《春秋》"尊王"之旨，为史学赋予了强烈的政治功利主义色彩。其三，史家以《春秋》大义为标准考量历代群史，司马迁改编年为纪传，刘知幾作《史通》疑古惑经，都受到激烈抨击。其四，《春秋》义例被奉为修史准则。一方面，史家发挥所谓"春王正月"之义，厘定年序，为宋廷争正统；另一方面，史家修史效仿《春秋》书法义例，彰显"尊王"之旨，重视教化，尤其重视臣节。其五，宋代《春秋》学家强调《春秋》的"尊王"之义而相对淡化"攘夷"之义，痛斥一切破坏等级秩序的行为，注重现实的教化作用。史家又受到理学求"天理"的影响，促使宋代史学理学化。①

从史学角度而言，两宋时期，《春秋》学承接中晚唐新《春秋》学的义理化发展趋向，呈现出义理化甚至理学化的特征。理学化的《春秋》学，对宋代史学的义例思想和正统思想产生了重大影响。其一，在《春秋》学的影响下，史学上重视《春秋》褒贬；其二，史学上的正统论表现明显，修史严正闰、别夷夏。② 欧阳修等人的正统论思想，深受《春秋》学的影响，而以《春秋》大义为重要依据。③

以上既有研究成果为本研究奠定了坚实基础，但基本以论文形式讨论，或在专著中提及，探讨有待深化，因此有必要加以系统梳理。此外，一个明显的需要加强讨论的方面在于宋代史学对《春秋》学的影响。宋代《春秋》学与史学关系密切，彼此产生了深刻影响，有着互相促进的作用，在一定程度上代表着中国古代的经学与史学的关系。④ 因此，宋代史学对《春秋》学的作用，也是两者关系中的重要方面。但以往研究中，相对缺乏讨论。张高评教授注意到了《春秋》学中的史学方法，分析认为"苏辙《春秋集解》以训诂为书法，事义兼采而又归本于'以史传经'之特色"，"考其特色大抵有三：一、解读《春秋》；二、专主《左传》；三、事据《左传》，义兼《公》《穀》"。⑤ 汪高鑫教授的《中国经史关系史》一书中，涉及宋代史学对经学

---

① 王天顺：《宋代史学的政治功利主义与春秋宋学——蠡测宋代史学成就的另一面》，《学术月刊》2008年11月号。
② 吴怀祺：《中国史学思想史》，商务印书馆2007年版，第265～273页。
③ 王晓清：《宋元史学的正统之辨》，《中州学刊》1994年第6期；王记录、同明恕：《正统论与欧阳修的史学思想》，《贵州社会科学》1996年第1期；张伟：《两宋正统史观的历史考察》，《宁波大学学报（人文科学版）》2000年第2期。
④ 邓锐：《宋代的〈春秋〉学与史学》，《学习与探索》2012年第8期。
⑤ 张高评：《苏辙〈春秋集解〉以史传经初探》，《南京大学文学院学报》2007年第3期。

的影响,其中包括史学对《春秋》学的影响。总体说来,宋代史学对《春秋》学的研究,仍是亟须加强的领域。

四、宋代史学对《春秋》学的影响

宋代《春秋》学与史学并盛,史学对宋代《春秋》学关于《春秋》性质的观点及解经方法产生了重要影响。宋儒之重《春秋》史学特性主要表现在:

第一,宋代《春秋》学重视发掘《春秋》经的史学特性。宋人舍传注而直求经义,使汉代以来传注之学中对《春秋》经学地位的迷信有所淡化。特别是理学兴起后,以朱熹为代表的理学家力图用"四书"取代"五经"的至高地位,客观上让学者们更加注意到经书的史学特性,一些学者明确论定《春秋》具有史书性质。

洪迈论述历代史书本末时说:

> 古者世有史官,其著见于今,则自《尧》《舜》二典。始,周之诸侯各有国史,孔子因鲁史记而作《春秋》,左氏为之传。

洪迈追溯史书源流,首列《尚书》,次列《春秋》,又列《左传》,明确把《春秋》视作史书。[①] 如前所述,叶适更明确指出《春秋》的实质是史书。

第二,宋儒多有主张从历史记述角度探讨《春秋》经义者。苏辙认为《春秋》记事简约,必须参考历史记述才能理解。他说:"盖孔子之作《春秋》,事亦略矣。非以为史也,有待乎史而后足也。"据此,苏辙主张用《左传》所记史事解经,他说,"凡《春秋》之事,当从史。左氏史也","左丘明,鲁史也,孔子本所据依以作《春秋》,故事必以丘明为本"。[②]

朱熹把《春秋》看成记事之作,要人把《春秋》"只如看史样看"。朱熹认为,"《春秋》只是直载当时之事,要见当时治乱兴衰"[③]。因此,注重根据《春秋》所载史事解说《春秋》大义。对于《春秋》记载不明之处,朱熹主张参考《左传》的历史记述,他说:"看《春秋》且须看得一部《左传》,首尾意思通贯,方能略见圣人笔削与当时事之大意。"

第三,宋儒继承了援引史事以证明经义的解经思路。古代经学多有以

---

① 〔宋〕洪迈:《容斋四笔》。
② 〔宋〕苏辙:《春秋集解》。
③ 〔宋〕朱熹:《朱子语类》卷八十三《春秋·纲领》。

史证经的方法,宋代《春秋》学也有所表现。张大亨注重阐发《春秋》中的礼制,往往引史事证明自己的经学观点,其注《春秋》"元年春,王正月"之语,提出:"正月必系于时王者,俾奉天子之政以治所分之民。嗣君得有其年不得有其政,不可异政也。"也就是认为"元年春,王正月"包含着以正朔明示礼法等级秩序之意,意义重大。他引用史事为证,称:

> 昔尧授人时,舜协时月正日,夏商重黎世叙天地,周太史正岁年颁告朔。帝王承天统物,一海内之尚在此,诸侯守之母敢辄变乱也。周衰,礼乐征伐不出于天子,天子法度之籍,诸侯恶其害,已往往去之,独未闻有变乱王正朔者,岂以不足为之重轻故置而弗争邪?圣人幸正朔之犹存,则以明天命之未改;因诸侯之未敢变乱,则以明天下之有奉故。①

张大亨用尧舜至周代重视正朔的历史传统和春秋战国时诸侯不敢变乱正朔之事,来证明正朔为礼法等级秩序的基础,明示"帝王承天统物"的观点,是典型的以史事证明经学观点的做法。

吕祖谦解说《左传》,批评历史上假信义之名而无法保持之辈。他认为春秋时晋国的荀吴率师伐鲜虞、围困鼓,始时不受降,待城中粮尽时才破城是沽名钓誉之举,"欲以此一事成信义之名",所以后来不能保持信义。为了进一步论证自己的观点,吕祖谦又举唐德宗李适之例,"以唐德宗观之,平昔猜忌无所不至,特间有一两件假诚信而行"。②《昭公》《春秋》《左传》本以事言义,宋儒解经时援引他事是为了使自己的经学观点立论更充分。

第四,宋代《春秋》学多有用其他史体改编《春秋》及《左传》的治学方法,反映出用史学方法解经的思路。王当的《春秋列国诸臣传》、郑昂的《春秋臣传》、沈括的《春秋左氏纪传》和程公说的《春秋分记》,将《春秋》改编为纪传体;周武仲的《春秋左传编类》、许得之的《春秋左氏国纪》和李琪的《春秋王霸列国世纪编》,将《春秋》改编为国别体;章冲的《春秋左传类事始末》、句龙传的《春秋三传分国纪事本末》,将《春秋》改编为纪事本末体;税安礼的《春秋列国图说》,将《春秋》改编为图;杨湜的《春秋地谱》、沈括的《春秋机括》、邓名世的《春秋四谱》,将《春秋》改编为谱;杨彦龄的《左氏春

---

① 〔宋〕张大亨:《春秋通训》,文渊阁《四库全书》本。
② 〔宋〕吕祖谦:《左氏博议》,文渊阁《四库全书》本。

秋年表》、韩璜的《春秋人表》、环中的《左氏二十国年表》《春秋列国臣子表》、张洽的《春秋历代郡县地理沿革表》,将《春秋》改编为表;叶清臣的《春秋纂类》、皇颖的《春秋左传事类》和吕祖谦的《左传类编》,将《春秋》改编为类书体。

《春秋王霸列国世纪编》的作者李琪认为,《春秋》的内容是"以二百四十二年之记一百二十四国之行事",初学《春秋》者容易迷失于《春秋》记事的"繁而晦"。因此,他要改编《春秋》,"不失全经之文,略备各代之实",以便初学者"据经以核传"。① 李琪的撰述动机,代表了宋代用史学方法治《春秋》的一种潮流。

基于对《春秋》史学特性的重视,宋代经学尤其是宋代《春秋》学受到史学精神的重要影响。中唐以降,渐生以史学怀疑精神重整经学的要求,至宋代蔚为大观。史学怀疑精神是经学义理化的一个重要内在动力,从唐代刘知幾疑古惑经到宋代欧阳修和朱熹等人疑经改经,无不表明史学怀疑精神对经学路径的重要影响。宋代经学变古,不独治经方法迥异于汉唐,其经学义理也有一个重整的过程。

史学求真精神对宋代经学重构解经原则和重构经学义理也产生了深刻而微妙的影响。在这一过程中,以史疑经的经学理念日渐兴盛,传统的以史证经和以史解经道路也有所发展。在宋代经学变古的过程中,《春秋》学往往处在显著位置。这一现象与《春秋》学同史学的深刻联系有关。特别是从中唐以后,《春秋》学上首先生发出以史疑经的风气,对宋代经学义理化具有重要影响。宋代的以史解经、以史证经和以史疑经,不仅对经学内在发展理路起到了深刻作用,而且在具体经学实践中表现出种种新特点,《春秋》学则成为最具有代表性的经史互动环节。

史学不仅对宋代《春秋》学产生直接影响,也在宋代经学变古的过程中,对宋代经学的义理化进程发生了一定影响。宋代经学走向义理化,一方面具有一定的学术"内在理路"上的必然性,另一方面也是政治社会形势的需求所致,具有合理性。在这个带有合理性的转型过程中,史学的怀疑和求真精神为"疑古惑经"的经学变古之先导观念提供了重要刺激与支撑,从而影响到了宋代经学的义理化过程,再加上史学方法本身在探讨、阐明义理方面的重要性,就成为经学转变与发展的一种重要推动力量。

宋代经学义理化发展趋向的最重要表现与成果,就是理学的产生。理

---

① 〔宋〕李琪:《春秋王霸列国世纪编》,文渊阁《四库全书》本。

学以阐发义理为极重要特征,又普遍重视《春秋》经传。《春秋》学成为沟通理学与史学的重要桥梁。《春秋》以历史记述来微言大义地阐发义理方式,自然将理学家的视野引向了更广阔的史事范围,使得史学成为理学探讨、阐明义理和通经致用的重要途径。

五、宋代《春秋》义例对史学思想的影响

宋代的史学思想与史家对《春秋》义例的高度重视密切相关。《春秋》学历来注重探讨《春秋》的体裁体例即《春秋》义例,宋代尤甚。宋代有不少史家也自觉探讨《春秋》义例,并进行模仿,使宋代史学思想在史书体裁体例、求真理念,以及史学批评等方面深受《春秋》学影响。

第一,宋代史学受《春秋》体裁、体例的影响。吴怀祺先生指出,宋代史书在体裁和体例两方面都受到《春秋》学影响。[1] 其一,《春秋》义例促进了宋代史书体裁的发展。首先,在《春秋》编年体的示范作用下,宋代编年体史书极大发展。宋人推崇《春秋》的编年体。孙甫认为,编年体能够突出君王地位并且简约,推《春秋》之编年体为史法之正。[2] 刘恕也认为,《春秋》的编年体是"古史记之正法"。[3] 在推崇《春秋》编年体的思潮影响下,宋代产生了司马光的《资治通鉴》、李焘的《续资治通鉴长编》等一批编年体史著。其次,《春秋》义例促成了纲目体和学案体产生。朱熹修史,力图在史义方面贯穿"诛乱臣,讨贼子,内中国,外夷狄,贵王贱伯"的《春秋》大旨;[4]在史法方面"根据《春秋》(义例)",因而作《通鉴纲目》,发明了纲目体。朱熹具有强烈的正统意识,记史事,辨其正闰,谈学术,也考其统序。为了厘定从先秦儒学到宋代理学的儒家正统统序、宣扬理学在道统中的正统地位,朱熹又撰《伊洛渊源录》,开学案体先河。其二,宋代史家效仿《春秋》义例蔚然成风。欧阳修总结《春秋》义例,作为自己的修史之例,所修《新唐书》本纪与《新五代史》皆模仿《春秋》笔法。尹洙撰《五代春秋》"全仿《春秋》"[5],"笔削颇为不苟,多得谨严之遗意"[6]。司马光的《资治通鉴》每卷均以帝王纪年,有时卷首还有"春,正月"之语,模仿《春秋》书"元年,春,

---

[1] 白寿彝主编、吴怀祺著:《中国史学史》(第四卷),第29~32页。
[2] 〔宋〕孙甫:《唐史论断·序》,中华书局1985年版。
[3] 〔宋〕刘恕:《资治通鉴外纪·序》,上海书店1989年版。
[4] 〔宋〕朱熹:《朱子语类》卷八十三《春秋·纲领》。
[5] 〔清〕王鸣盛:《十七史商榷》卷九十八,黄曙辉点校,上海书店出版社2005年版。
[6] 〔清〕永瑢等:《四库全书总目》卷四十八《史部四·编年类存目》。

王正月"的"冠王于正"之例。王称著《东都事略》，记"靖康之变"称："(靖康二年三月)丁巳,道君皇帝北狩。夏四月庚申朔,皇帝北狩。"①这种记载明显是为了隐讳徽、钦二帝被掳之耻,而模仿《春秋》僖公二十八年"天王狩于河阳"之例。

第二,宋代史学继承了《春秋》义例,既求史实之真,又求道义之真的求真理念。求史实之真是史学价值的基础,但首先要与价值判断保持距离,但是求义理之真,则本身已经进入价值判断领域,这导致了史学求真方面的一些混乱和重大缺陷,但也是中国传统史学的一个重要方面。传统史学的这种求真理念与《春秋》关系密切,宋代史学是典型代表。

首先,宋代史学继承了《春秋》的求史实之真。《春秋》不仅记载道义所褒扬的历史事迹,也对"丹楹刻桷、天王求车、齐侯献捷"之类的天子、诸侯违反道义之事据事直书。宋儒重视《春秋》的纪实。欧阳修认为,"《春秋》谨一言而信万世"②,朱熹也认为,"《春秋》只是直载当时之事"③。宋代史学对《春秋》的求史实之真有很好的继承。欧阳修据《春秋》"责备贤者"之义,重视记述正面人物的负面事迹,在《新唐书·太宗本纪》中征实记述唐太宗好佛、穷兵黩武的过失。欧阳修还据《春秋》"大恶而不隐"之例,对违背道义之事也予以著录,在《新唐书·艺文志》和《崇文总目》中设"伪史类"一目,存录记述割据或篡立政权的史书。王益之推崇《春秋》的编年体"立万世君臣之大法",希望发挥"编年著一代之升降,观治乱者有稽"之长,作《西汉年纪》。为了详尽反映西汉史事,使"先汉之事大略具",④王益之"旁取《楚汉春秋》《说苑》《新书》",广征博引,排比成书,视《通鉴》较为详密"⑤,反映出求史实之真的理念。

其次,宋代史学偏重《春秋》求道义之真的理念。欧阳修认为孔子作《春秋》意在"以礼法绳诸侯"⑥,将以《周礼》为标准的道德评价融入历史记述,在修史实践中加以效仿。欧阳修的做法在宋代具有代表性。《春秋》定公八年书："盗窃宝玉、大弓。"将阳虎书为"盗",将其取鲁定公宫中宝玉、大

---

① 〔宋〕王称：《东都事略》卷十二《本纪十二》,文海出版社1966年版。
② 〔宋〕欧阳修：《居士集》卷十八《春秋或问》,《欧阳修全集》第三册。
③ 〔宋〕朱熹：《朱子语类》卷八十三《春秋·纲领》。
④ 〔宋〕王益之：《西汉年纪》序,《丛书集成初编》本,第3023~3030册,中华书局1985年版。
⑤ 〔清〕永瑢等：《四库全书总目》卷四十七《史部三·编年类》。
⑥ 〔宋〕欧阳修：《崇文总目叙释·春秋类》,《欧阳修全集》。

弓之行书为"窃"。范祖禹肯定《春秋》这种求义理之真的书法,据此主张将"劫太子而幽帝"的刘季述等人书为"盗"。① 朱熹根据《春秋》记鲁昭公出逃齐国之后史事岁首书"公在乾侯"之例,在《通鉴纲目》中记武周史事纪年书"帝在均州""帝在房州""帝在东宫"。类似书法在宋代史著中比比皆是。

第三,宋代史学批评深受《春秋》学影响。宋代以前,史家针对史学本身的批评意识较弱。宋代的史学批评则大为发展,论者辈出,篇幅超过前代,这与史家要求用经学重新审视史学的风气有关。相较于前代,宋代的史学批评更突出经学尤其是《春秋》学在史学批评中的地位。宋代在以经评史的风潮下,涌现出了官修的《册府元龟·国史部》、吴缜的《新唐书纠谬》《五代史纂误》、吕夏卿的《唐书直笔》、曾巩的《新序目录序》《梁书目录序》《战国策目录序》《陈书目录序》《南齐书目录序》和《梁书目录序》等文、洪迈的《容斋随笔》、胡寅的《读史管见》、叶适的《习学记言》、晁公武的《郡斋读书志》、高似孙的《史略》以及陈振孙的《直斋书录解题》等大批史学批评专著或包含史学批评内容的作品。

宋代史学批评深受《春秋》学影响,往往以《春秋》为史家极则,用《春秋》衡量群史。吴缜在《新唐书纠谬·序》中认为,历史上的史书,除了《春秋》无人可以诟病,其余的作品从司马迁的《史记》到刘知幾的《史通》,都是史家尽其所能却不能免于有所"谬戾",极力推崇《春秋》。《册府元龟·国史部》主张修史应"举《春秋》之旨,虽微婉之斯在,亦纤芥之必书",从能否使历史撰述"善恶无隐,曲直遂分"②的角度考察历代史家与史著。究其根源,主要原因在于宋人以《春秋》发尊王之义和正统之论,推崇《春秋》编年体的以王纪年可以充分表达尊王与正统思想,又兼宋代史学具有义理化倾向,重视在史书中阐明义理。因此,格外推崇《春秋》编年纪事所用的褒贬笔法。

宋代《春秋》学推动了宋代史学在史书体裁、体例和史学批评等方面取得长足发展,但由于史家对《春秋》经史元典地位的迷信,也造成了宋代史学思想的一些局限。像欧阳修等人修史直接模仿《春秋》义例。一方面,使得史书结构严谨、叙事规则完备,但另一方面,也由于在历史记述中用史家的主观评价取代对史事的征实记述,而造成历史记述的不客观和行文晦涩,甚至充满史家的个人感情色彩。又如宋代的史学批评虽然在以经评史

---

① 〔宋〕范祖禹:《唐鉴》卷二十三《昭宗》,上海古籍出版社1984年影印版。
② 〔宋〕王钦若等:《册府元龟》卷五百五十四《国史部·公正》,中华书局1989年影印版。

风气的推动下获得发展,但又往往过分推崇《春秋》的史学示范作用,在对编年体与纪传体之优劣和对历代史书的评论中,产生了不少偏向性的评价,不能客观认识《春秋》及《左传》以外的其他史著的价值。

六、宋代《春秋》大义对历史观念的影响

宋代理学兴起,理学是经学义理化发展到一定程度的产物。在经学义理化直至理学化的过程中,宋代的历史观念也呈现出"会归一理"的整体性趋向。宋儒在经学上构建了一个会通天人的宇宙图景,而以"理""天理"为之法则。欧阳修明确以"天理"概括天人法则,司马光等人也以"理"或"天理"来阐发自然与社会法则。之后"二程"和朱熹等理学中人又围绕"理"或"天理"重构经学体系。宋儒所谓"理"可指"天理",也可指兼容天人之理。天人之际,人间社会的理也服从于"天理"。因此,"理"的根本是"天理"。宋儒以"天理"统摄经学,使经学成为"天理"的表达形式,进而影响到史学也成为阐发"天理"的另一种重要形式。史学受此影响,往往接受理学认为天人同质的观点,据此认为天人同理,也像理学那样主动探求"天理"。理学更重要的史学影响表现在历史阶段论方面。一方面,宋代的历史盛衰论接受了理学以道德本位的"天理"标准;另一方面,宋代流行以"天理"为标准进行历史划分。

在经学义理化直至理学化的背景下,宋代史学的历史观念与《春秋》大义关系密切。《春秋》大义是一种政治、社会伦理思想,涉及历史观念的众多方面。宋代有不少史家研习《春秋》学并以《春秋》为修史的指导思想,因此宋代史学的历史观念深受《春秋》大义影响,在正名观、尊王观、夷夏观及正统观等方面体现得尤为明显。

第一,宋代史学深受《春秋》正名观影响。《春秋》注意为史事"正名","孔子的礼治思想是借由'正名'的操作而落实",[①]突出表现为按照礼法标准给予历史人物称谓。像楚国国君称王,《春秋》则以之为僭越,贬称其为"楚子"。宋代承继五代篡弑不断、礼法败坏的乱局,特别重视依据礼法"正名"。欧阳修把"正名"视为《春秋》的撰述旨趣,称:"孔子何为而修《春秋》?

---

① 李绣玲:《论〈春秋〉笔法与大义——以〈左传〉经解为据》,(台湾)《玄奘人文学报》2004年第3期。

正名以定分，求情而责实，别是非，明善恶，此《春秋》之所以作也。"①《新五代史》的体例设计即体现了正名思想。对后梁、后唐、后晋、后汉、后周的宗室与后妃以及其他割据政权，按照《史记》的体例，都应当列于"本纪"，按照《汉书》的体例，则应当按同样的体例作传。《新五代史》则别出心裁，为后梁、后唐、后晋、后汉、后周的宗室与后妃立"家人传"，为其他割据政权作"世家"，实际上就是将后梁、后唐、后晋、后汉、后周列入正统王朝统序，把同时代其他的割据政权也就是"十国"排除于正统，通过"家人传"和"世家"来给予不同政权的人物以不同名分，以示正名。

萧常作《续后汉书》，其体例安排也体现了正名思想。《续后汉书》帝蜀汉而伪魏、吴，为蜀汉君主立《昭烈皇帝》《少帝》两帝纪，为蜀汉之臣立列传，以示正蜀汉正统之名。而记魏、吴人物的体例，则示正魏、吴"僭越"之名，将魏、吴君臣一概归入"载纪"，以明其僭伪，并且魏、吴"载纪"，不分君臣，一概以姓名标目，以示不承认魏、吴君主的地位。《续后汉书》的这种体例安排，正是萧常对三国人物按正统观念进行"正名"的结果。

第二，宋代史学深受《春秋》尊王观影响。宋代《春秋》学特重"尊王"之义。宋初，孙复作《春秋尊王发微》，阐发《春秋》的尊王旨趣，在宋代受到普遍认同。欧阳修在《春秋论》和《春秋或问》中也把"尊王"视作《春秋》大旨。南宋《春秋》学的代表人物胡安国对尊王之旨的阐发也不遗余力，不仅从礼法角度提倡尊王，更从政治角度鼓吹君王专制。

宋代史学盛行《春秋》尊王论。一方面，宋代史家讲求"王人虽微必尊于上"。欧阳修认为："《春秋》之法，书王以加正月，言王人虽微必尊于上，周室虽弱不绝其王。"②以欧阳修为代表的宋代史家认为，君王不论强弱都应受尊崇，与君王关系密切的人也应当受尊崇。因此，欧阳修在《新五代史》中设"家人传"，专门记录五代宗室与后妃。"家人传"居于列传之首，以示"王人"的地位高于其他人。王称的《东都事略》也有类似安排，全书首列"本纪"，次列专记皇后与皇帝诸子的"世家"。

另一方面，宋代史家记述君王事迹的体例，也刻意与记述其他人区分开来。尹洙记事用字注意区别帝王与其他人，其著《五代春秋》只有帝王出兵作战使用"征"字：

---

① 〔宋〕欧阳修：《居士集》卷十八《春秋论》(上)，《欧阳修全集》第二册。
② 〔宋〕欧阳修：《居士外集》卷十一《诗解统序·王国风解》，《欧阳修全集》第三册。

(开平二年)三月壬申帝幸东都征潞州。

(开平二年)九月丁丑帝西征。

其他人出兵作战则用"伐""讨"等字:

(开平三年)幽州刘守光伐沧州。

(开平四年)景仁帅师北讨次于柏乡。①

王称著《东都事略》也有类似体例,而欧阳修在《新五代史》和《新唐书》中更是严格区分记君王与记他人事迹的体例。

第三,宋代史学的夷夏观深受《春秋》攘夷说影响。宋以前的《春秋》攘夷说有两个层面:一则根据少数民族与诸夏的文化差距,在历史记述中贬斥少数民族;二则攘夷有变通,主张"华夷"可互变,"诸侯用夷礼则夷之,夷而进于中国则中国之",②认为华夏行为落后则沦为夷狄,同时肯定少数民族学习礼仪文化的进步。随着民族矛盾的激化,宋代《春秋》学的攘夷说有绝对化趋势。北宋时,程颐、程颢从理的角度把夷狄视作混乱无序的代称,说:"后世人理全废,小失则入于夷狄,大失则入于禽兽。"③但"二程"同时也肯定夷狄可以进步。宋室南渡后,《春秋》学的攘夷说更加激烈,胡安国在其《春秋传》的"序"中把"用夏变夷"列为《春秋》要旨之一,使尊王与攘夷并列成为《春秋》学阐发的重点,还在卷三十《哀公下》中,将攘夷上升为孔子的"治中国御四夷之道",把攘夷绝对化。

宋代史学多据《春秋》攘夷之义严夷夏之防,南宋尤甚。苏辙著《古史》,既斥责少数民族侵扰中原,也肯定少数民族的进步,在《楚世家》中褒扬楚人学习中原文化、与诸夏会盟往来的历史进步,称赞楚庄王"既伯诸侯,而楚遂以兴,天命之不僭如此而可诬"④。南宋时,史家"远人不服,修文德以来之"的自信难再,对抗击夷狄主张的变通,更多地是基于实力对比的考虑。叶适既坚决主张抗击夷狄,又感叹驭夷之难。他评价《汉书》时认

---

① 〔宋〕孙甫:《唐史论断》附录《五代春秋》卷上《梁太祖》。
② 〔唐〕韩愈:《韩昌黎文集校注》卷一《原道》。
③ 〔宋〕程颐、程颢:《河南程氏遗书》卷第十七《伊川先生语三》。
④ 〔宋〕苏辙:《古史》卷十七《楚世家第十》,文渊阁《四库全书》本。

为,班固所谓"来则惩而御之,去则备而守之,其慕义贡献则接以礼让"的尧舜攘夷之法是"持虚文空义",①回顾宋朝对少数民族的军事斗争历史"特患吾威不立而战不胜",②主张对少数民族不能贸然出击,而应壮大实力,培养锐气,待时机成熟再图光复。

第四,宋代史学深受《春秋》正统观影响。汪高鑫教授指出,宋代正统论的最突出特点即是"否定了传统意义上立定正统标准重视纯道德因素的做法,而突出了大一统功业的重要地位"。③ 欧阳修首先提出正统论"始于《春秋》之作",④又开创了宋代言正统重视大一统功业之风。他提出"王者大一统"和"君子大居正"两个正统标准,⑤并把一统的功业标准至于居正的道德标准之上。苏轼也主张以功业论正统。他认为,道德是主观评价可以自诩,而功业是客观事实不可以自诩,天下之争"自贤不肖始",即起于道德评价。因此以客观功业为标准,肯定得正统之名者,可使"天下不争而趋于实"。⑥ 宋代史学的正统论与经学正统论一脉相通,也突显功业标准。《资治通鉴》认为,正统之实即是功业,把"九州合为一统"⑦作为评判正统的唯一标准,对历史上的其他正统标准一一加以驳斥。《通鉴纲目》也以功业论正统,认为"只天下为一,诸侯朝觐狱讼皆归,便是得正统"。如果有政权并立,"不能相君臣,皆不得正统"。⑧

宋代史学不仅在正名观、尊王观、夷夏观及正统观以及历史时间观等方面与《春秋》学息息相通,也在史学思想方面受到《春秋》学影响。

中国古代,经学与史学关系密切,经学借助史学治经,史学更以经学为思想指导甚至作为修史的效仿对象。因之,宋代《春秋》学与史学彼此产生了深刻影响,有着互相促进的作用,在一定程度上代表着中国古代的经学与史学的关系。

---

① 〔宋〕叶适:《习学记言》卷二十三《汉书》。
② 〔宋〕叶适:《水心文集卷之十五·终论五》,《叶适集》第三册。
③ 吴怀琪主编、汪高鑫著:《中国史学思想通论·经史关系论卷》,福建人民出版社 2011 年版,第 131 页。
④ 〔宋〕欧阳修:《居士集》卷十六《原正统论》,《欧阳修全集》第二册。
⑤ 〔宋〕欧阳修:《居士集》卷十六《原正统论》,《欧阳修全集》第二册。
⑥ 〔宋〕苏轼:《苏轼文集》(第一册)卷四《正统论三首·总论一》,孔凡礼点校,中华书局 1986 年版。
⑦ 〔宋〕司马光:《资治通鉴》卷第六十九《魏纪一》。
⑧ 〔宋〕朱熹:《朱子语类》卷一百五十《通鉴纲目》。

第二章　史学与宋代《春秋》学义理化

经宋学在经史关系方面的一个突出历史特征就是,在汉代以来的以史解经和以史证经之外,以史疑经的做法兴起并对经学发展起到了重要作用。古代经史关系交缠,所以论经史关系,不宜囿于"经部"与"史部"的目录划分。经学本身就起源于历史记述,自然含有史学方法与史学精神的因素。同时,在不同的学术划分体系中,也呈现出不同的历史文献特征。不同时代的经学中,史学成分与其所呈现出的史学特征大相径庭。经汉学表现为一种以名物训诂为主的学术发展路向,其与史学的关系主要有以史解经和以史证经两个方面。经汉学的以史解经,从狭义上来讲,是引证史事阐发经义;从宽泛的意义上来说,其名物训诂均援引历史文献,也可被视作一种历史考证。因此,经汉学对经义的阐发往往是透过历史考证来完成的。从汉晋笺注之学到南北朝义疏之学,经学主流向着详解经文、穷尽经义的方向发展。至五代、北宋,随着印刷术的发展而臻于完备。这种经学发展是历史考证进路的必然趋向。此外,经汉学的笺注义疏又以史事论证所发经义,表现出以史证经的形式。在经学史上,宋代被视为变古时期。经学变古是一个经学义理化的过程。这一过程与史学精神和经学历史考证的变化有密切关系。而在经学变古的过程中,《春秋》学往往处在显著位置。这一现象与《春秋》学同史学的深刻联系有关。特别是从中唐以后,《春秋》学上首先生发出以史疑经的风气,对宋代经学义理化有重要影响。宋代的以史解经、以史证经和以史疑经,不仅对经学内在发展理路起到了深刻影响,而且在具体经学实践中,表现出种种新特点,《春秋》学则成为最具有代表性的经史互动环节。

第一节 经史关系视野下的宋代《春秋》学义理化

经学发展至宋代，一改汉唐义疏之学而舍传求经、直阐义理，在理学兴起后又进一步理学化。理学在产生、发展过程中，离不开以经学为根基，以史学为论证。同时又对宋代经史之学影响深远。理学化的经学是经学义理化达到一定程度的产物，引起了史学的义理化倾向。而经学的义理化过程又与史学有密切关系。中唐以降，渐生以史学精神重整经学的要求，至宋代蔚为大观。史学精神对宋代经学重构解经原则和重构经学义理产生了深刻而微妙的影响。在这一过程中，以史疑经的经学理念日渐兴盛，传统的以史证经和以史解经道路也有所发展。《春秋》学因为亦经亦史的性质和以史见义的特征，而成为史学精神发端与扩展的首要阵地。

一、宋代《春秋》学走向义理化的合理性

宋代《春秋》学走向义理化是宋代经学变古的重要方面。而宋代的经学变古从一定意义上来说，反映了经学自身发展的一种大致理路，因而具有学术上的合理性。如余英时先生所言，学术发展有其"内在理路"（inner logic）。纵观中国古代经史之学，有一个"汉学（重考据）—宋学（重义理）—朴学（重考据）"的内在发展轨迹。就此而言，汉唐考据经学转向义理经学为学术发展的内部趋势。而且汉代以来的传统经学遵守"注不驳经，疏不驳注"的原则，导致前人错误难以被纠正，经年累月，以至于经说自相矛盾、漏洞百出，客观上存在整顿经学的必要。汉晋解经文辞简约，从要处着眼。其特点导致后人不能通晓汉晋笺注，仍需进一步注解。嗣后南北朝隋唐时期兴起义疏之学。一方面，反映了经学地位上升、政治与文化产生了进一步阐发经义的需要；另一方面，也是经学自身发展趋向的体现，治经力求以义疏详尽、贯通解经。从笺注到义疏，是汉唐经学力求主要以考证方式解经的学术发展脉络。从经史关系角度而言，汉唐经学以史解经明辨经义、以史证经论证所申义理。以今日学科划分而言，古代经学解说历史上的经典文献，基本上可属于史学。从宽泛的意义上来说，经学的以史解经，除了直接用历史考证的方式注解经文，笺注义疏援引经史文献解说经义，也是在既有的历史文献中援引例据。经学之家法、师法不同，在历史演变过程中留下的文献日益驳杂，多有相抵牾者，造成经学历史考证难以根除的弊

端。甚至东汉以后,历来多受指摘的谶纬也成为笺注义疏解经的一个文献来源。唐代颁行官定的《五经定本》与《五经正义》,是经学发展的一个高峰,实现了经典文本和经义解说两个方面的大一统。但经学的大一统同时意味着多家注疏渐次被废,经学思想趋于僵化,导致其不能适应社会和思想的变化。

武周时期特殊的政治局面,一方面,让既有经学观念无法为历史上第一位女皇帝提供意识形态支撑,另一方面,也因为统治者迫切的思想变革和创新偏好而带来经学变革的需要。有感于经学的僵化,王元感于长安三年(703),"表上其所撰《尚书纠谬》十卷、《春秋振滞》二十卷、《礼记绳愆》三十卷,并所注《孝经》《史记》稿草,请官给纸笔,写上秘书阁。诏令弘文、崇贤两馆学士及成均博士详其可否"。当时的"学士祝钦明、郭山恽、李宪等皆专守先儒章句,深讥元感掎摭旧义",而在此经学主流之外仍有"凤阁舍人魏知古、司封郎中徐坚、左史刘知幾、右史张思敬,雅好异闻,每为元感申理其义,连表荐之"。①

整体而言,经学变古思想在唐代经学中处于受压制状态。武周政治使其暂时获得了一定的政治与学术权力,给了经学变古派一个与泥古派分庭抗礼的政治机遇。这是经学变古派第一次获得政治与学术权力,也是其第一次在国家政治生活中战胜经学泥古派,从此开辟了经学变古道路。刘知幾为其集大成者。安史之乱后,宦官专权和藩镇割据的政治危机再次引发经学变古需要。作为"二王八司马"集团成员的陆质总结啖助、赵匡《春秋》学,建立抛弃注疏的新解经路径,呼应政治激进派的改革主张,但永贞革新的失败,则使其未能获得足够的政治权力与社会心态的支撑。在永贞革新中拒绝王叔文的杜佑,则以政治温和派的视野著述《通典》,以更注重政治实用性的态度发展刘知幾由重经而走向重史的路径,注意历史上的变化,②发展了中国史学上的"历史主义"态度。唐代"由经而史"的经世致用的"历史主义"配合经学变古主张,铺垫了宋代的经学变古与由此促进的史学昌盛。③但中晚唐《春秋》学所播下的经学变古的种子并未立刻生根发

---

① 〔后晋〕刘昫等:《旧唐书》卷一百八十九下《王元感传》。
② Thomas H. C. Lee, *New Directions in Northern Sung Historical Thinking* (960 – 1126), see Q. Edward Wang, Georg G. Iggers, *Turning Points in Historiography: A Cross-Cultural Perspective*, The University of Rochester Press, 2002, pp. 59 – 88.
③ 邓锐:《权力与心态:"元感上书"与长安三年经学派系分立考论》,《求是学刊》2019 年第 5 期。

芽,汉唐经学传统反而在五代和宋初继续发展。

五代开始雕版印刷经书,北宋进一步大规模印行,普及了经学文本,从经到传疏的整个经学体系乃至背后的治经路径也都被固定化。从历史角度而言,传统经学发展至北宋时,已出现了不得不变改的弊端。

首先,笺注义疏之学的以史解经产生了无法克服的重要矛盾。一方面,经学希望以带有历史考证性质的文字、文献解说探求圣人的本义。另一方面,由于经文本身的晦涩和经学所引文献的驳杂,反而带来对经义解说的不可信与矛盾。主要表现有二:其一,义疏之学的历史考证遵循"疏不驳注"的原则,各家解经力图圆融笺注之义,又求穷尽前人未尽之经义。因此,博引旁征,甚至采用谶纬之论,以至于义疏中包含了大量"怪异惑乱"之说,令人生疑。其二,不同师法、家法对经书的解说不同,以史学求真的理念观照,则意味着经书历史本义的真相唯一,各种相互矛盾的经解中必然存在着似是而非的内容。因此,北宋初期的传统经学存在着重大缺陷。

其次,名物训诂之学以历史考证为重要原则,限定了经义阐发的灵活性。特别是唐代《五经正义》拘囿了经义解说,其自身思想不能随时应变,日益不能适应唐宋之际的重大政治、社会与文化变化。

第一,唐末五代,纲常废黜,建立在政治大一统基础上的儒学社会影响近于消亡。唐末五代的社会"失范",导致北宋初期面临重建社会"信仰"体系的艰巨任务。泥于名物训诂的传统经学在此时代需求面前,显得力不从心。宋儒如果要从既有文献中寻找切中时弊的经义主旨,往往难以直抒胸臆,又加之家法、师法藩篱,更显掣肘。典型者如"尊王"与"攘夷"二义。汉唐大一统时代奠基的传统经学,对"尊王"的解说已不能适应历唐末五代之后重建王道纲纪的需要;宋代民族对峙的政治局面迫切需要申述"攘夷"大义,而唐代"华夷一家"背景下的夷夏之辨则不能合乎这种变化。

第二,唐宋之际的社会变革,业已产生新的文化需求。同时,也为社会统治思想的更新注入了新的资源。当代学者有一种观点,认为10世纪到11世纪后半叶的中国出现了"亚近代"化,其表征是"近代型高速经济"与"合理精神"增长。① 抛开"亚近代"的说法姑且不谈,此论确实指出了唐末宋初之际物质与精神层面的重大社会变迁,亦即向近现代社会形态靠近。一方面,商品经济高速发展,平民社会兴起。这意味着贵族对社会的控制

---

① [日]堺屋太一:《知识价值革命》,黄晓勇等译,生活·读书·新知三联书店1987年版,第148～151页。

力与示范力较之前历史时期下降,平民的文化需求和对文化的创造日益重要。士族与贵族不再能垄断文化学术,借助科举制的社会上升渠道和民间书院的兴起,汉唐时代服务于政治大一统的经学传统必然与来自社会下层的文化需求发生抵牾,产生变革的需要。另一方面,追求入世的合理精神兴起。堺屋太一认为,从北魏开始的"三武一宗"灭佛运动与欧洲宗教革命相类,标示着近代合理精神的兴盛。于这种历史情形而言,建立在商品经济发展基础上的世俗化精神需要新的文化形态相适应。传统儒学在这种时代背景下有应时而变的需求。

第三,唐代以后"三教争鸣"的社会文化背景促使儒学吸收佛家与道家的思想成分,但官定经学却大大束缚了这种儒学的更新。而儒学的更新是适应上述社会变革的必行之举。尤其在唐末五代的乱世中,传统儒学的终极关怀主要在政治制度层面,相较于佛家的心性关怀,在给人以精神寄托方面尤显力不从心。将佛家和道家等思想资源纳入儒学体系的时代思潮,满足社会上层与下层的精神需要,必然要求打破官定义疏之学的束缚。

可见,宋代经学的义理化走向具有相当的合理性。其不仅是面对汉学走向僵化而需要调整的学术理路要求,也反映了社会文化环境发生变化之后的客观需要。这种义理化的需要在中晚唐时期已初见端倪,至宋代已成为不可抑制的发展趋势。

二、宋代《春秋》学义理化的缘起

纵观唐宋经学历史,可见义理化《春秋》学起于传统经学的僵化。唐代重建大一统政治之后,统一经学也随之形成。唐太宗令颜师古撰成《五经定本》,作为"五经"的官定版本在全国颁行,又令孔颖达等人编成《五经正义》,作为官定的"五经"经义解读之作。包括《春秋正义》在内的《五经正义》"所宗之注不同,所撰之疏亦异",[1]对选定的注本即使有错也不纠正。武周时王元感上书攻击传统经学,说明当时儒生中已有一定的不惑传注之倾向。从史学角度来说,就是希望打破传统经学历史考证所征引文献的牢笼。

中唐以后,挣脱传统历史考证的经学路径愈益明显。中唐经学新风与学者从史学角度思考经传有一定关系。刘知幾著《史通》,明确疑古惑经,提出了回归元典历史本义的解经理念。他对《尚书》和《春秋》等儒经的怀疑和批判与他以史解经有较大关系。刘知幾认为,"儒者之学"不应"止于

---

[1] 〔清〕皮锡瑞著、周予同注释:《经学历史》,第137~139页。

第二章 史学与宋代《春秋》学义理化

治章句、通训释"，而要"论大体，举宏纲"，言兼统，理得要害。① 他从史学角度指出儒经的重大缺陷在于"记事之史不行，而记言之书见重"②。因此，重视记事，提倡用历史事实解说经书，典型莫如其《春秋》学见解。刘知幾把《春秋》视作孔子所作史书，"申左"即因《左传》解说了《春秋》经文未言明的历史事实。这种从历史事实角度出发解经的思路，要求还原经义本来的历史面目，实则是一种史学求真理念的体现。这自然带来对后世义疏之见的怀疑。刘知幾的怀疑精神暴露了经学的重大缺陷，但在当时的政治、社会与文化条件下，改变经学进路的时机并不成熟。因此，他虽然"疑古惑经"，提出诸多经学疑问，却未能较系统地提出解经答案。

其后，啖助的新《春秋》学学派也是立足于还原《春秋》历史本义而"摭讪三家"，畅言"孔子意"。虽然啖助、赵匡与陆淳所言孔子寓于《春秋》之意很难说是历史真实，难逃"自用名学，凭私臆决"之嫌，③但其期望摆脱"三传"历史考证束缚而直循《春秋》本义的解经思路则有重大意义。一方面，啖助学派破除了师法、家法的界限，也就是动摇了传统经学历史考证的原则；另一方面，啖助学派实践了以追求元典"历史本义"为最高和直接目标而摆脱历史考证约束的经学理念。

之后，出现了系统改变儒学面貌的努力。韩愈倡言道统，借以提高儒学地位，排摒佛老。这是经学为适应变化中的现实社会条件而要求变革的一个信号。韩愈提出"非向所谓老与佛之道"的儒家之道。通常认为，韩愈的道统思想是受佛教谱系和士族族谱影响。道统说的提出，是变化中的现实社会条件作用于经学思想的一种表现。韩愈的经学思想，从一定意义上来说，是回答刘知幾未能给出答案的经学疑问，实践舍传求经的主张。这种经学思想以道统说为合法性张本，指斥孟子以下之学为妄，希望在经学上另辟蹊径。值得注意的是，韩愈的传道谱系是从以尧为开端的古代圣王传至孔子，孔子再传孟子，其后道统中绝。这一传道谱系与官定的儒家历史谱系不同。唐初确立周公与孔子在儒学谱系中的地位。武德二年（619），"始诏国子学立周公、孔子庙；七年，高祖释奠焉，以周公为先圣，孔子配"。唐太宗时做了调整，贞观二年（628）"罢周公，升孔子为先圣，以颜回配"。④ 朱维铮先生认为，唐太宗"贬周公褒颜回，实为防止臣民学周公

---

① 〔唐〕刘知幾:《史通》卷十四《申左》。
② 〔唐〕刘知幾:《史通》卷十四《疑古》。
③ 〔唐〕欧阳修、宋祁:《新唐书》卷二百一十三《啖助传》。
④ 〔唐〕欧阳修、宋祁:《新唐书》卷十五《礼乐五》。

而生野心"①。据此,我们可以把这一点看成是《五经正义》之外政治规范经学的又一举措。韩愈在道统序列中剔除官定"先师"颜回,而抬升排摈儒学异端的孟子,昭示着其经学排摈官定经学而卓然自立的特点。韩愈的经学思想不仅尊孟,也推崇《大学》。陈来先生认为,这是一种排佛之举。②排佛是韩愈重整经学的一个逻辑起点,这种经学思想展开之后,实际上改变了经学传统历史考证的引征资源范围。一方面,孟子之后的笺注义疏受到排斥。另一方面,孟子与《大学》在经学历史文献中的权威性大大上升。其弟子李翱继承此种思想,进一步言"性情",提升《中庸》等著作的经学地位。与此种经学思潮相配合,古文运动要求"文以载道",都成为宋代言"性与天道"的前导。

北宋建立之后,现实政治社会条件大有改变,为中唐以来积蓄在经学内部的变革因素发展提供了契机。在北宋初期,经学上最引人瞩目的现象是官方对传统经学的进一步整理与发展,这是新王朝整顿思想秩序的需要,其间已显露经学变古因素。北宋初期扩大五代雕版印刷经疏规模,孔颖达的《五经正义》得以普及,继而又校订各经义疏印刷,被称为镂板之学。③ 由此,义疏文本被确定并大规模流传,减少了因笔抄产生的讹误,同时也严格限定了经学。宋太宗和宋真宗时期,数次校订,剔除经疏舛误,看似经学臻于完备。但实则这种经学大一统更突显了经学的缺陷,官方经学内部已出现变化。宋真宗时,邢昺受命校订义疏,唐代未定《论语》义疏,邢昺修《论语注疏》"因皇侃所采诸儒之说刊定而成",但已经"稍传以义理",后世视之为汉学与宋学"转关"。④

庆历时期,经学的义理化更加显著,王应麟描述称:

> 自汉儒至于庆历间,谈经者守训故而不凿。《七经小传》出而稍尚新奇矣,至三经义行,视汉儒之学若土梗。古之讲经者,执卷而口说,未尝有讲义也。元丰间,陆农师在经筵始进讲义。自时厥后,上而经筵,下而学校,皆为支离曼衍之词,说者徒以资口耳,听者不复相问难,道愈散而习愈薄矣!陆务观曰:"唐及国初,学者不敢议孔安国、郑康成,况圣人乎!"自庆历后,诸儒发明经旨,非前人所及,然排《系辞》,毁

---

① 朱维铮:《中国经学史十讲》,复旦大学出版社2002年版,第19页。
② 陈来:《宋明理学(第二版)》,第19~21页。
③ 马宗霍:《中国经学史》,第107页。
④ 《景印文渊阁四库全书·经部》卷三十五《四书类一》,台湾商务印书馆1986年版。

第二章　史学与宋代《春秋》学义理化　　93

《周礼》，疑《孟子》，讥《书》之《胤征》《顾命》，黜《诗》之《序》。不难于议经，传注乎！①

王应麟的观察确有见地，看到了当时经学研究方式的根本性转变。这种转变实际上是中晚唐以来经学变古趋势的一种发展。一方面，汉唐经学传统失去了对包括《春秋》学在内的整个经学研究的权威性；另一方面，中晚唐以来直接以"义理"切入而治学的路径也已发展起来。

第二节　史学精神对宋代《春秋》学义理化的影响

在宋代《春秋》学所代表的经学义理化的发展趋向中，史学精神起到了一定的作用。宋代的新儒学表现为一种相对于汉学的家法、师法与神学化而言，更为理性的思想倾向。这种理性化思想倾向的一个重要方面，即在于用理性推理和重视证据的眼光考察事物，由此带来史学精神在一定程度上的彰显。而史学精神对破除传统的注疏之学束缚与重构理性化的天人关系说无疑有所裨益。

一、史学怀疑精神与传统《春秋》学历史考证原则的破除

史学怀疑精神对破除传统经学历史考证原则起到了重大作用，从而促进了理学化经学的形成与发展。尤其是在理学当中，像程颐和朱熹等人的解经作品，"都具有解释体系整体改观的特征"②，这正是以历史考证原则的大变革为基础。史学求真理念要求探求唯一的历史真相。对于儒家元典的历史本义来说，也只能是唯一的。以此观照笺注义疏之学，则其明显乖谬和矛盾之处亟须更改。所以，史学意识是宋代经学变古的一个动因，对经学的影响突出表现为对经传的怀疑。这种怀疑一直存在于宋代经学的义理化过程中。宋初"三先生"侧重发挥经典微言大义，不重训诂，③对

---

① 〔宋〕王应麟著、〔清〕翁元圻等注：《困学纪闻（全校本）》（上），栾保群等校点，上海古籍出版社 2008 年版，第 95 页。
② 姜广辉：《"宋学"、"理学"与"理学化经学"》，《哲学研究》2007 年第 9 期；姜广辉主编：《中国经学思想史》（第三卷上），第 22 页。
③ 杨朝亮：《宋初"三先生"学术思想考论》，《齐鲁学刊》2002 年第 1 期。

后世理学影响深远，黄宗羲述称："宋兴八十年，安定胡先生、泰山孙先生、徂徕石先生始以师道明正学，继而濂洛兴矣。故本朝理学虽至伊洛而精，实自三先生而始。"①从经史关系角度来看，孙复的《春秋》学在经学义理化过程中颇有贡献，且具代表性。

孙复在《春秋》学方面有重大成就，"上祖陆淳，而下开胡安国"②，其学为唐宋经学义理化进程中承前启后的一个环节。首先，孙复解《春秋》，不惑传注，应时而发，重"尊王"之旨，严儒家道义，著《春秋总论》和《春秋尊王发微》。《春秋总论》亡佚，《春秋尊王发微》传世，其解说《春秋》经义往往弃"三传"观点而自立新说，将《春秋》解说成一部"尊王"经典。《春秋》"桓公十五年"记曰："天王使家父来求车。""三传"都认为此处《春秋》的记载意在指责周王"非礼"，《左传》指出，"天子不私求财"，《公羊传》也说，"王者无求，求车非礼"。但孙复则抛弃"三传"说法，认为这一记载是《春秋》贬斥诸侯不向天子纳贡。他说："天王使家父来求车者，诸侯贡赋不入，周室材用不足也。"③这样一来，"非礼"的责任就转移到了诸侯身上，尊王的立场更为鲜明。孙复以己意解经的方法对宋代后学影响很大，四库馆臣评价说："宋自孙复以后，人人以臆见说《春秋》。"④正反映了孙复对宋代《春秋》学风气的影响。随着理学逐渐兴起，宋人形成了一方面参考前人说法，另一方面又根据所谓义理从自身角度来理解包括《春秋》在内的经书的治经方法，也就是"先儒之说，须傍附义理，不可轻破，要在自以意观之"⑤。孙复不惑传注的解经路径仍然是发扬中唐以来回归元典历史本义的精神，所以欧阳修认为他"不为曲说以乱经。其言简易，明于诸侯大夫功罪，以考时之盛衰，而推见王道之治乱，得于经之本义为多"⑥。孙复所发《春秋》之义，未必真正还原了历史真实，实际上，是对宋初政治局势的一种秩序整顿理念。北宋面对唐末五代遗留的失范社会局面，建立王道秩序成为迫切需要，孙复严"尊王"之旨，宋儒常秩讥之"明复为《春秋》，犹商鞅之法，弃灰于道者有刑，步过六尺者有诛"⑦。这是孙复经学适应现实政治需要的一种

---

① 〔清〕黄宗羲原著、〔清〕全祖望补修：《宋元学案》卷二《泰山学案》。
② 〔清〕永瑢等：《四库全书总目》卷二十六《经部二十六·春秋类一》。
③ 〔宋〕孙复：《春秋尊王发微》卷二"十有五年春二月天王使家父来求车"条，文渊阁《四库全书》本。
④ 〔清〕永瑢等：《四库全书总目》卷二十七《经部二十六·春秋类二》。
⑤ 〔宋〕胡宏：《五峰集》卷二《与彪德美》，文渊阁《四库全书》本。
⑥ 〔宋〕欧阳修：《居士集》卷三十《孙明复先生墓志铭》，《欧阳修全集》第二册。
⑦ 〔宋〕晁公武撰、孙猛校证：《郡斋读书志校证》卷三《春秋类》，上海古籍出版社1990年版。

反映,对之后的《春秋》学和史学有很大影响,"以后来说《春秋》者深文锻炼之学,大抵用此书(《春秋尊王发微》)为根柢"①。像欧阳修、朱熹等人的经史作品往往以严苛的《春秋》大义发论,这一风气即始于孙复。而孙复依现实要求解经,也反映了宋代经学义理化的基本路径。

刘敞是庆历(1041—1048)时期重要的经学变古人物。吴曾论曰:"庆历以前,多尊章句注疏之学。至刘原甫,为《七经小传》,始异诸儒之说。王荆公修经义,盖本于原甫。"②刘敞学识广博,"自六经百氏古今传记,下至天文、地理、卜医、数术、浮图、老庄之说,无所不通"③,其治经杂采众家,断以己意,在宋初独树一帜。从经史关系角度来看,刘敞在经学变古中的作用主要有二:

第一,以史学精神考校元典。四库馆臣评刘敞《七经小传》,称:"盖好以己意改经,变先儒淳实之风者,实自敞始。"④汉学之历史考证崇尚元典神圣性,往往不敢以一般历史考证原则校对元典,而刘敞则在一定程度上打破传世元典文本的权威,进行考校,甚至以己意改经,嗣后宋儒改经蔚为风气。但这种更改是因回归元典历史本义的解经思路而起,也在回归元典的旗号下进行,实则在一定程度上,由于经学家的"己说"而疏离于历史元典。这种相反相成的解经,也是宋代义理化经学的一个显著特征。

第二,以经学元典为历史考证的最高依据。以史学精神疑古惑经,不满于《春秋》记事弊端,以《左传》所记史事向经文发难。孙复解《春秋》,涉及经传不合之处,以《左传》为依据,多言经文"脱简""阙文"。其先《左传》学上也因《左传》记事较《春秋》完备而出现杜预迁经就传的做法。杜预和孙复等人的《春秋》学实际上在经学历史考证中降低了《春秋》元典地位,而往往以《左传》为最高依据。虽然同出于孙复回归元典的解经思路,但刘敞以元典为历史考证最高依据,另辟一解经路径,于经传不合处多以经驳传,又多引《春秋》以外经书加以注解,反映了其以经学元典为历史考证最高依据的思想。

欧阳修是宋初儒学复兴运动中的"精神领袖"⑤,在宋代经史之学上名

---

① 〔清〕永瑢等:《四库全书总目》卷二十七《经部二十六·春秋类二》。
② 〔宋〕吴曾:《能改斋漫录》卷十《注疏之学》,上海古籍出版社1979年版。
③ 〔宋〕欧阳修:《居士集》卷三十五《集贤院学士刘公墓志铭》,《欧阳修全集》第二册。
④ 〔清〕永瑢等:《四库全书总目》卷三十三《经部三三·五经总义类》。
⑤ 曾建林:《宋初经学的转型与欧阳修经学的特点》,《浙江大学学报(人文社会科学版)》2002年第2期。

望突出,宋代士人大多尊崇其在儒家统序中的地位。苏轼称:"自汉以来,道术不出一于孔氏,而乱天下者多矣。晋以老庄亡,梁以佛亡,莫或正之,五百余年,而后得韩愈,学者以愈配孟氏,盖庶几焉愈之后二百有余年,而后得欧阳子,其学推韩愈、孟子,以达于孔氏,著礼乐之实,以合于大道……士无贤不肖不谋而同曰:'欧阳子,今之韩愈也。'"①从经史关系角度而言,欧阳修以史学精神怀疑经典,主要表现在两个方面:

第一,欧阳修以经学元典为纪实之书,治经逐其历史本义。欧阳修认为:"为道必求知古,知古明道,而后履之以身,施之于事,而又见于文章而发之,以信后世。其道,周公、孔子、孟轲之徒常履而行之者是也;其文章,则六经所载至今而取信者是也。"②欧阳修认为"六经"之言可"取信后世",是载道的文章。在此基础上,他倡导"知古明道",阐明元典的历史本义。欧阳修的这种经学观点突出表现在《春秋》学方面。他以《春秋》为纪实之书,称:"《春秋》谨一言而信万世者也。"③据此,欧阳修走上了与刘敞相类的以经学元典为最高原则的经学历史考证之路。他否定了"三传"所发明的一些《春秋》笔法,认为"三传"与经文不符的记述都是"妄意圣人而惑学者"④。《春秋》书"赵盾弑其君","三传"释称赵穿弑君,赵盾因为"亡不越竟,反不讨贼"而受恶,这是历来公认的看法。但是,欧阳修认为《春秋》纪实取信,因而提出"春秋赵盾弑君非赵穿"⑤。欧阳修的这种观点虽失之偏颇,却体现出他以《春秋》为信的理念。

另外,欧阳修的《春秋》观与孙复不同,而与刘敞相类,一方面强调《春秋》作为纪实之书的史学特性,另一方面又强调《春秋》是高于一般史书的经书。他说:"孔子非史官也,不常职乎史,故尽其所得修之而止耳。"⑥欧阳修认为,孔子并非史官、对修史并不擅长,只是据已有资料进行整理而已。可见,欧阳修并不认为《春秋》具有极高的史学价值。他认为,《春秋》的主要价值在于其为一部褒贬之作,称:"孔子何为而修《春秋》?正名以定分,求情而责实,别是非,明善恶,此《春秋》之所以作也。"⑦欧阳修注重《春

---

① 〔宋〕苏轼:《苏轼文集》卷十《六一居士集叙》。
② 〔宋〕欧阳修:《居士外集》卷十七《与张秀才第二书》,《欧阳修全集》第三册。
③ 〔宋〕欧阳修:《居士集》卷十八《春秋或问》,《欧阳修全集》第二册。
④ 〔宋〕欧阳修:《居士集》卷十八《春秋论上》,《欧阳修全集》第二册。
⑤ 〔宋〕欧阳修:《欧阳修全集》第六册《附录》卷二《先公事迹》。
⑥ 〔宋〕欧阳修:《居士集》卷十八《春秋或问》,《欧阳修全集》第二册。
⑦ 〔宋〕欧阳修:《居士集》卷十八《春秋论中》,《欧阳修全集》第二册。

秋》正名定分、劝善惩恶的功效，认为《春秋》"一字为褒贬"，在以之为可信之书的基础上，强调其义理的特性。

第二，大胆怀疑传统官定经学甚至经典文本。欧阳修认为经学元典具有纪实取信的史学特性，因此对元典加以一般性历史考证，打破了传统经学历史考证中经典的神圣性。欧阳修的经学历史考证大异于传统，主要在史学原则下进行，从文献、逻辑等角度入手，而摒弃经学历史文献观点的束缚，对《易传》《诗序》和周礼进行考辨，典型者如《易》学考证。欧阳修坚称《文言》《说卦》以下《易传》部分皆是后人伪作，在《易童子问》中称："童子问曰：'系辞非圣人之作乎？'曰：'何独系辞焉，《文言》《说卦》而下皆非圣人之作。'"欧阳修对《系辞》等部分进行考证，予以否定。从思想角度，欧阳修认为，《文言》《说卦》以下"众说淆乱，亦非一人之言也。昔之学《易》者，杂取以资其讲说；而说非一家，是以或同或异，或是或非；其择而不精，至使害经而惑世也"。从语言角度，欧阳修指出，《易》《春秋》"其言愈简，其义愈深"，而《系辞》"繁衍丛脞"，不是圣人之言。从逻辑角度，欧阳修指出《系辞》的"河出图，洛出书，圣人则之"的说法以八卦为"天之所降"，与包羲氏"始作八卦"之说矛盾。欧阳修突破传统历史考证界限，以一般史学原则考证经文，改变了经学历史考证的基本原则。其"毁《周礼》"也属于此类。这种打破经典神圣性的经学历史考证是后来理学的一个显著特征。

朱熹是理学的集大成者，与其弟子完成了对元典的注释，最终实现了经学的重构。朱熹经学既参照笺注义疏之学，又直阐义理，侧重点仍基于打破传统经学历史考证，主要表现为重视经书的史学性质。朱熹要人把《春秋》"只如看史样看"，并且反对前人从义理角度探究《春秋》褒贬，实际上把《春秋》当作一部记载史事的作品，所以说："《春秋》只是直载当时之事，要见当时治乱兴衰，非是于一字上定褒贬。……今硬说那个字是孔子文，那个字是旧史文，如何验得？更圣人所书好恶自易见……"朱熹认为孔子作《春秋》只是"直载当时之事"，反映出从"政自诸侯出"到"政自大夫出"的治乱兴衰，后人讲《春秋》微言大义的褒贬之法只是凭空臆测。

朱熹把《春秋》看成是史书，反对从义理角度空言《春秋》褒贬，即便是对《春秋》"三传"，朱熹也认为不足为凭，所以把"三传"看成是"渐渐讹舛"之作。由此，后世对《春秋》褒贬的探究就成了无根之谈。在"三传"之中，《左传》因为以史事解经，而被朱熹相对看重。他说："看《春秋》且须看得一部《左传》，首尾意思通贯，方能略见圣人笔削与当时事之大意。"在朱熹看来,《左传》详载史事,因此,能够让《春秋》所记之事"首尾意思通贯",使人窥见《春秋》的褒贬。可见,朱熹对前人关于《春秋》褒贬的看法,主张从"史"的角度解说而反对从"义"的角度阐发。因此,朱熹自己作《资治通鉴纲目》时,重新总结了《春秋》义例,被王柏认为是"固一本于夫子"。所谓"固一本于夫子"未必然,但可见朱熹探究历史本义的理路和尽弃后人成说的思想取向。

朱熹注重从"史"的角度解说《春秋》褒贬,否定前人从"义"的角度对《春秋》褒贬所作的阐发,并且自己重新总结《春秋》义例,其原因有二:一方面是朱熹用"四书"取代"五经"在儒学中的至高地位,前人从"义"的角度对《春秋》进行的解说在言"性命义理"的朱熹看来都失之乖谬;另一方面更是由于朱熹把《春秋》视作记事之书,因此更注重以史事解说《春秋》。实际上,正是由于在理学兴起的时代,学者提倡"四书"学并赋予"五经"以"性命义理"的新经义,因此在一定程度上揭开了汉儒空凿大义而为《春秋》披上的神圣经书面纱,使得《春秋》作为史书的本来面目愈益显露出来。

在重视《春秋》史学性质的基础上,朱熹打破了经学上历史考证的传统界限,实际上将一般的历史考证原则施诸《春秋》这样的经学元典。朱熹主张直求元典历史本义,而把传统经学历史文献视作一般的考证资源。这种历史考证,在一定程度上符合历史求真理念,指出了一些传统经学历史考证中不敢打破的成见。但需要注意的是,朱熹的做法因以其自身的理学思想为原则,所以更体现出一种疏离于历史元典的倾向。一个典型的表现是,朱熹以"四书"之学取代了"五经"的至高经学地位。这实际上是儒家历史上的创举而非传统。

中唐以至宋代,史学精神对经学变古起到了重要推动作用,突出表现在树立以直阐义理为主的经学历史考证原则,直至变更了经学历史考证的引证资源范围,既颠覆了"五经"地位,又引入"子学资源"[①]。传统的经学历史文献地位大大降低,而义理思想则成为根本依据。经学历史考证原则的变化,必然带来经学整体的重构。

二、史学求真与天人关系的重构

天人关系说是汉学理论的合法性基础,其对社会准则、伦理思想的阐

---

① 向世陵:《宋代经学哲学研究·基本理论卷》,上海科学技术文献出版社2015年版,第7~9页。

发,均是在"天人合一"的本体论论说中获得论证的。其说多怪异之论,以史学言之,不符合史学求真理念。宋儒继承了汉学的基本理路而重视天人关系,也发展了汉学以来的天人之论,但趋向于改变前理学时代中与"天理"相关的传统"天命""天道"等观念,①通过冲决传统经学历史考证、削弱汉学神秘色彩的方式,重构天人合一论,为重树经学根本理论奠定了基础。这种趋势始自中唐。随着儒学复兴意识的发展,韩愈等人对天人关系的解说也开始走出神学氛围,②向先秦理性化天人观回归。这一历史运动,一直发展到宋代才得以完成。中国古代的天人关系说以《春秋》灾异说为根基,因此《春秋》学在天人关系重构方面也充当着先锋角色。一方面,宋儒解《春秋》本身有理性化趋势;另一方面,《左传》受到重视也从精神角度有利于天人关系论的理性化。"从《左传》的叙事开始,就形成了用'人事'解释'天命'即历史发展规律的意识。"③苏辙所代表的重视《左传》的《春秋》学传统,又因此进一步发展了《左传》在天人关系论方面的理性化精神。当然,并不是说宋代的天人关系论就完全求真与理性化了。宋代的天人关系论仍有不求真而求义理的一面,表现出一定的非理性特征。比如,将社会伦理附会为天理。与前代相较而言,宋儒较多由求真视角看到了传统观点的谬误而要求整顿,在建立新学说的过程中,相对更为理性化。

孙复倡言道统,又言天人相通,已显现出理学意蕴。韩愈从排摈异端的角度发道统之论,孙复继之。孙复志于"尊道扶圣立言垂范之事",提倡古文运动宗旨,认为,"文者,道之用也;道者,教之本也",从"立言传道"的角度阐发道统,曰:

> 自西汉至李唐其间,鸿生硕儒摩肩而起,以文章垂世者众矣。然多杨墨佛老虚无报应之事,沈谢徐庾妖艳邪哆之言杂乎其中。至有盈编满集,发而视之,无一言及于教化者。此非无用謦言,徒污简册者乎?至于始终仁义不叛不杂者,惟董仲舒、扬雄、王通、韩愈而已。④

与韩愈相类,孙复也重视孟子排摈异端的地位,"孔子既没,千古之下,驾邪怪之说,肆奇险之行,侵轶我圣人之道者众矣,而杨墨为之魁,故其罪

---

① 程永凯:《前理学时代天理观研究》,《海南大学学报(人文社会科学版)》2019年第3期。
② 赵俊:《中唐的天人关系论》,《中国社会科学院研究生院学报》1998年第2期。
③ 高小康:《中国古代叙事观念与意识形态》,北京大学出版社2005年版,第17页。
④ 〔宋〕孙复:《孙明复小集·答张洞书》,文渊阁《四库全书》本。

剧。孔子既没,千古之下,攘邪怪之说,夷奇险之行,夹辅我圣人之道者多矣,而孟子为之首。"①道统论是"二程"理学学理合法的基础,孙复之论沿着对儒学传承进行历史考察的道路,在由道统至道学的发展过程中也起到了作用。此外,孙复在痛斥春秋时代种种"不道""失道"之状时,将儒家纲常伦理之道视为天理,其论"晋伐鲜虞",即称:"晋伐鲜虞者,楚灵不道,殄灭陈蔡。晋为盟主,既不能救,其恶已甚,今又与楚交伐同姓,无复天理之存矣。"②孙复以"鲜虞姬姓国",而将伐同姓国的违反政治伦理之举视为违背天理,已显现理学意蕴。

刘敞注意区分经史之学求真的不同。他对《春秋》用力尤多,曾辨别《春秋》超出史学求真之笔法,称:

> 史之讳国恶,非礼也。晋人杀灵公,董狐书之曰:"赵盾弑君。"赵盾曰:"呜呼!天乎!盾岂弑君者乎?!"狐曰:"赵穿弑君而子不讨贼,弑君者非子而谁?"仲尼曰:"董狐良史也,书法不隐。"故史之讳国恶,非礼也。曰:然则《春秋》何以讳国恶?《春秋》不足法乎?曰:《春秋》至矣!史不足以当之!孔子曰:"其事齐桓晋文,其文则史,其义则丘有罪焉。"故《春秋》至矣!史不足以当之。

刘敞认为,《春秋》"赵盾弑君"这类记义理之实而不记史实的笔法超出了史学范畴,因此强调"《春秋》至矣!史不足以当之"。这实际上,是将史学求真与经学求真做了区分。

这种经史相分的思想使得刘敞一方面从经学上继承了汉儒好言灾异的风气,另一方面又因为求真的需求而变改了汉儒天人关系论。刘敞染汉儒风气,好言精祲灾异,曾以"日食、地震、风霾之异"劝谏仁宗。③ 刘敞论学议政,多言天人,以精祲灾异为验应,谓"天人之相与,或精祲之交荡,得不慎尔"④,又诗云"吁嗟动云汉,精祲验天人"⑤。这是汉学诸儒以灾异论天人的论调。但刘敞则在天人关系论中提高了"人"的地位,论称:

---

① 〔宋〕孙复:《孙明复小集·兖州邹县建孟庙记》,文渊阁《四库全书》本。
② 〔宋〕孙复:《春秋尊王发微》卷十。
③ 〔元〕脱脱等:《宋史》卷三百一十九《列传第七十八·刘敞》。
④ 〔宋〕刘敞:《公是集》卷一《季春出火赋》,文渊阁《四库全书》本。
⑤ 〔宋〕刘敞:《公是集》卷二十六《和喜雨》。

> 君以人为天,人以君为天,天以人为天。人之所归号之曰天与之,人之所去号之曰天夺之,非君以人为天欤？君安之则安,富之则富,生之则生,死之则死,非人以君为天欤？世治人曰天也,世乱人曰天也,天非实治之也,天非实乱之也,有曰治有曰乱者,非天以人为天欤？①

汉儒"以人随君,以君随天"②,刘敞则认为"君以人为天,人以君为天,天以人为天"。这一论断实际上在"天""君""人"三者的传统关系论中,变"人"为根本,故其言"上通于天下信于民……天人之佑"③,实则是重视民心向背。正因如此,刘敞的天人灾异之论较汉学旧说已颇具人文色彩。比起汉儒将灾异与人事一一对应的旧说,刘敞提出,如果施政得当、合于天人,则"无妄之灾不足畏"④。他指责汉儒天人灾异论的虚妄,认为"圣人之说灾异,欲人惧耳,非若眭孟、京房指象求类,如与鬼神通言者也"⑤,"欲推天假命以就灾异,非圣人之意矣！至使汉世儒者争言阴阳,诋毁善人,其患岂小哉？"⑥。刘敞以"圣人之说灾异,欲人惧耳"的判断驳斥汉学汉儒灾异论,是一种求历史之真的史学意识的体现,在一定程度上去除了天人关系论的神秘色彩。只是刘敞还不愿放弃"天命"这一儒学合法性根基。嗣后,欧阳修在当时怀疑汉学天人论的风气中,给予了汉学灾异说最后一击。

欧阳修在《春秋》学上"力破汉儒灾异五行之说"⑦,是经学天人关系论的分水岭。欧阳修通过重新阐释灾异说,使汉儒神学化的天人关系论转向人事,为理学重构形而上基础做了铺垫。汉儒用天人感应理论和阴阳五行学说解说《春秋》所记灾异,使灾异论成为其阐发天人关系的重要领域。董仲舒援引《春秋》灾异证明天人相通,又认为灾异是上天用以警示君王的手段。西汉末年,刘向撰《五行传论》,其子刘歆撰《五行传说》,也对《春秋》灾异做类似解释,而且将人祸与灾异一一对应。自此,学者多借《春秋》言与灾异相对应的人祸,称为"咎征""事应"。欧阳修在经学和史学上明确批判汉儒灾异五行说之后,宋代经史之学的灾异说日益改变神学论调,淡化甚

---

① 〔宋〕刘敞：《公是弟子集》卷二，文渊阁《四库全书》本。
② 〔清〕苏舆：《春秋繁露义证》，钟哲点校，中华书局1992年版。
③ 〔宋〕刘敞：《公是集》卷三十二《上仁宗乞固辞徽号》。
④ 〔宋〕刘敞：《公是集》卷三十二《上仁宗论水旱之本》。
⑤ 〔宋〕刘敞：《春秋权衡》卷十，文渊阁《四库全书》本。
⑥ 〔宋〕刘敞：《春秋权衡》卷十一，文渊阁《四库全书》本。
⑦ 〔宋〕欧阳修：《欧阳修全集》附录卷二《先公事迹》。

至否定"咎征""事应"。实际上,早在唐代,啖助会通"三传"解《春秋》时,已经"不取《公羊》灾异"①,孙复和刘敞等人也淡化灾异论的神秘色彩,欧阳修则进一步"力破汉儒灾异五行之说"。一方面,他肯定汉儒的天人感应论,说:"未有人心悦于下而天意怒于上者,未有人理逆于下而天道顺于上者。然则王者君天下,子生民,布德行政,以顺人心,是之谓奉天。"②在欧阳修看来,天意与人心相通,君王"布德行政"顺应人心就是"奉天"。另一方面,他又反对汉儒神学化的灾异说,认为"六经之所载,皆人事之切于世者"③,反对用神秘学说解经,论及《春秋》所载灾异,他说:"夫无焉而书之,圣人不为也。虽实有焉,书之无益而有害,不书可也。然书之亦有意乎,抑非圣人之所书乎?予皆不能谕也。"④欧阳修不仅怀疑《春秋》灾异是否有深意及是否出自孔子之手,还明确指斥"三传"以来的《春秋》灾异学说是妄加附会。他说:

> 夫据天道,仍人事,笔则笔而削则削,此《春秋》之所作也。援他说,攻异端,是所是而非所非,此三《传》之所殊也。若乃上揆之天意,下质诸人情,推至隐以探万事之元,垂将来以立一王之法者,莫近于《春秋》矣。……殊不知圣人纪灾异,着劝戒而已矣!又何区区于谨数乎?⑤

欧阳修指出,《春秋》究天人之际以立王法,其记录灾异只是为了劝诫君主修政,认为详究灾异则不得孔子要领,失之荒诞。欧阳修还明确地将批判的矛头指向董仲舒等《春秋》灾异说的鼓吹者。他说:

> 君子之畏天也,见物有反常而为变者,失其本性,则思其有以致而为之戒惧,虽微不敢忽而已。至为灾异之学者不然,莫不指事以为应。及其难合,则旁引曲取而迁就其说。盖自汉儒董仲舒、刘向与其子歆之徒,皆以《春秋》《洪范》为学,而失圣人之本意。至其不通也。父子

---

① 〔唐〕陆淳:《春秋集传纂例》卷一《啖子取舍三传义例第六》。
② 〔宋〕欧阳修撰、徐无党注:《新五代史》卷五十九《司天考第二》。
③ 〔宋〕欧阳修:《居士集》卷四十七《答李诩第二书》,《欧阳修全集》第二册。
④ 〔宋〕欧阳修:《居士集》卷四十八《问进士策四首》,《欧阳修全集》第二册。
⑤ 〔宋〕欧阳修:《居士外集》卷十一《石鹢论》,《欧阳修全集》第三册。

之言自相戾,可胜叹哉!①

欧阳修用天变只是为了引起君子戒惧的说法,批判汉儒谈灾异必言事应的理论,认为汉儒灾异学说附会人事,实为牵强,大失圣人本意。可见,欧阳修在《春秋》学上"力破汉儒灾异五行之说",并不是完全否定汉儒的《春秋》灾异说,而是继承了汉儒天人感应的宇宙论,用上天劝诫之意取代了汉儒神学化的"咎征""事应"之论。欧阳修还从《易》学的角度,概括了天人关系:"会而通之,天地神人,无以异也。使其不与于人,修吾人事而已。使其有与于人乎,与人情无以异也,亦修吾人事而已。夫专人事,则天地鬼神之道废;参焉,则人事惑。使人事修,则不废天地鬼神之道者,《谦》之象详矣;治乱在人而天不与者,《否》《泰》之象详矣。推是而之焉,《易》之道尽矣。"②欧阳修以人为根本,强调"修人事"也"不废天地鬼神之道"。欧阳修这种侧重人事的经学天人关系说,被宋儒普遍接受,其对天人关系说的改造,为理学重构形而上基础做了铺垫。

"二程"作为理学先驱,从理学的角度阐发欧阳修以来的《春秋》灾异说,用天人之理来解释灾异。一方面,肯定天人感应的宇宙论;另一方面,认为灾异是因为天人之理产生的现象,不可详究事应。"二程"肯定天道人事相应,认为符瑞和灾异都是存在的。

问:"'凤鸟不至,河不出图',不知符瑞之事果有之否?"曰:"有之。国家将兴,必有祯祥。人有喜事,气见面目。圣人不贵祥瑞者,盖因灾异而修德则无损,因祥瑞而自恃则有害也。"问:"五代多祥瑞,何也?"曰:"亦有此理。譬如盛冬时发出一朵花,相似和气致祥,乖气致异,此常理也,然出不以时,则是异也。如麟是太平和气所生,然后世有以麟驾车者,却是怪也。譬如水中物生于陆、陆中物生于水,岂非异乎?"又问:"汉文多灾异,汉宣多祥瑞,何也?"曰:"且譬如小人多行不义,人却不说,至君子未有一事,便生议论,此是一理也。至白者易污,此是一理也。《诗》中,幽王大恶为小恶,宣王小恶为大恶,此是一理也。"又问:"日食有常数,何治世少而乱世多,岂人事乎?"曰:"理会此到极处,煞烛理明也。天人之际甚微,宜更思索。"曰:"莫是天数人事看那边胜

---

① 〔宋〕欧阳修、宋祁:《新唐书》卷三十四《五行志一》。
② 〔宋〕欧阳修:《居士外集》卷十《易或问》,《欧阳修全集》第三册。

否?"曰:"似之,然未易言也。"又问:"鱼跃于王舟,火覆于王屋,流为乌,有之否?"曰:"鱼与火则不可知,若兆朕之先,应亦有之。"①

"二程"从理的角度解释符瑞和灾异,认为符瑞生于和气,因此"国家将兴,必有祯祥",又认为,灾异就是不合常理的怪异现象,说明社会有不足之处,因而可以促使人"修德"。"二程"用理来解释符瑞灾异的发生和历史记载,认为汉文帝治世多灾异而汉宣帝乱世多祥瑞,是史家记事侧重点不同造成的,从而维护了他们所讲的符瑞灾异产生之理。对于《尚书》所记"鱼跃于王舟,火覆于王屋,流为乌"和日食是否因人事而起,他们认为超出常理范围,是"天人之际甚微"的表现,不置可否。可见,"二程"将符瑞灾异完全纳入了他们的天理范畴,从天人之理的角度加以考察,而不像汉儒那样为过于怪诞的现象强作解说,与欧阳修对灾异的态度相类,但又更具有哲理化。"二程"曾经说:

《春秋》书灾异,盖非偶然。不云霜陨,而云陨霜;不云夷伯之庙震,而云震夷伯之庙。分明是有意于人也。天人之理,自有相合。人事胜,则天不为灾;人事不胜,则天为灾。人事常随天理,天变非应人事。如祈寒暑雨,天之常理,然人气壮则不为疾;气羸弱,则必有疾。非天固欲为害,人事德不胜也。如汉儒之学,皆牵合附会,不可信。②

"二程"认为,灾异因为天人感应而生。如果人事处理得好,天就不会产生灾异;如果人事处理得不好,天就会产生灾异。汉儒所说的"天"具有人格神的特征,"二程"所说的"天"则更接近于一种自然法则。"二程"否定汉儒认为天降灾异以谴告人间的说法,认为天并不是有意产生灾异,只是根据"人事常随天理"的规律,人事不协会导致天变。"二程"据此认为,汉儒的灾异之说"皆牵合附会,不可信",其依据与欧阳修相同,都是认为灾异未必有事应。有人问:"汉儒谈《春秋》灾异如何?""二程"明确否定汉儒的事应之论,说:"自汉以来无人如此。董仲舒说天人相与之际,亦略见些模样,只被汉儒推得大过,亦何必说某事有某应。"③

---

① 〔宋〕程颐、程颢:《河南程氏遗书》卷十八。
② 〔宋〕程颐、程颢:《河南程氏外书》卷五《冯氏本拾遗》。
③ 〔宋〕程颐、程颢:《河南程氏遗书》卷二十二下《伊川先生语八下》。

到了宋代理学官方地位上升的南宋中后期，欧阳修以来的《春秋》灾异观，因为被"二程"纳入理学学说体系，而被理学化的《春秋》学进一步吸收和整理。程公说的《春秋分记》刊行于宋理宗淳祐三年（1243），其论《春秋》灾异称：

> 五行得其性，而天下被其福。反是，为沴气，阴阳寒暑失节，以为水旱、虫螟、风雹、霪雨、火灾、山崩、雪霜、不时。凡此灾异之着见者，皆生于乱政，而考其所发，验以人事，往往近其所失，而以类至。然时有推之不能合者，岂非天地之大有不可俄而测哉？是故天反时为灾，地反物为妖，民反德为乱，而君子之畏灾也，见夫失其本性则思所以致，而为之戒惧，虽微不敢忽而已。禹修六府，必曰："正德。"《洪范》九章，皇极居中，此其大略，而《春秋》二百四十二年，虽曰："凡物不为灾则不书。"抑未尝道其所以然者。圣人之意，以为若推其事应，则有合、不合，有同、不同，见其合而同则惑者，泥于怪而不经，见其不合不同则怠者，以为偶然而不惧，是以推明五行，详纪灾异，而不指言事应，谨之至也。①

程公说继承了欧阳修和"二程"以来的《春秋》灾异说。他总结"二程"的观点，主要有二：一是从理的角度来解释灾异，认为"五行得其性"则"天下被其福"，反之则有灾异；二是继承了"二程"认为"圣人不贵祥瑞"而重视灾异的说法，认为灾异可以促使人修德。程公说又采用了欧阳修否定汉儒事应说，认为灾异主要是上天明劝诫之意的说法，直接引述欧阳修"君子之畏灾也，见夫失其本性则思所以致，而为之戒惧，虽微不敢忽而已"的原话。程公说的《春秋》灾异观点完成了宋代《春秋》学对于灾异的学说总结，代表了宋代《春秋》学对灾异的主流看法。

宋代经学天人关系说的变改，与用史学精神怀疑传统经学荒诞内容有关，使天人关系说更具有人文色彩。天人关系说作为经学论说的合法性基础，一旦被突破，则经学的整体性重构也顺理成章。

三、从神学笼罩到义理突显的天人观转向

宋代经学的义理化，尤其是理学的产生和发展，以天人关系论为重要

---

① 〔宋〕程公说：《春秋分纪》卷二十四《书六·五行书》，文渊阁《四库全书》本。

基础。理学要使人"合于理,使人意诚心正身修,能齐家治国平天下,能赞天地之化育,以与天地参",①所以必然涉及天理与人理的关系、天地与人的关系等天人关系论问题。汉宋之际的天人观有重大变化,《春秋》学是关键领域。因为先秦儒家具有理性化特征,②"六经"中可提供神学化依据的条目实际上凤毛麟角,几乎只有《春秋》和《尚书》中的几条零星言语可供凭借,因此汉儒将儒学作神学化发展,只能主要依托《春秋》灾异论。董仲舒以"天人感应"说对天人关系作神秘化解释,主要就是通过鼓吹"《春秋》灾异"。其他诸儒也以灾异论阐发《尚书·洪范》,用《洪范》中的"五行"解说自然与社会现象。大夏侯氏后学许商撰《五行论》,也称《洪范五行传记》,小夏侯氏后学李寻推演《洪范》灾异,至西汉末年,刘向撰《五行传论》,其子刘歆撰《五行传说》。东汉谶纬之学促使天人关系说进一步神学化。

汉代史学深受此种风气影响,集中体现在正史设立《五行志》。班固作《汉书》,设《五行志》,专记天人感应的"咎征"。《汉书·五行志》先引《洪范》一段,次引《洪范五行传》一段,再引欧阳氏、大小夏侯氏等说,以下采董仲舒、刘向、刘歆之说,历录春秋以至汉代的灾异,并记人事以对应。历代正史基本都继承了《汉书》立《五行志》的传统,③也基本继承了《汉书·五行志》记"咎征""事应"的做法。

宋儒指斥《五经正义》中的"怪异之言",以义理重构天人关系说。至欧阳修"力破汉儒灾异五行之说",史学天人观出现新气象。汉儒神学化的天人观在宋初史学上有较明显的表现。北宋初年,薛居正等人编纂《旧五代史》时,仍然吸取了汉儒的《春秋》灾异说,继承了《汉书·五行志》记"咎征""事应"的传统,其撰《五行志》,记载五代时的灾异,往往以人事与灾异相应,具有较强的神学色彩。《旧五代史·五行志》记王处直之死,用王处直误将蜥蜴当成龙和鸟雀在平地筑巢作为征兆,称:"(唐天祐)十九年,定州王处直卒。先是,处直自为德政碑,建楼于衙城内,言有龙见。或睹之,其

---

① 黄彰健:《理学的定义、范围及其理论结构》,《大陆杂志》第50卷,1975年第1期。
② 刘家和:《论历史理性在古代中国的发生》,《史学理论研究》2003年第2期。
③ 《汉书》以后,除《魏书》《辽史》外,正史立志者均设《五行志》,只有赵尔巽等人撰《清史稿》改称《灾异志》。因为《五行志》大抵是记灾异,所以沈约作《宋书》在《五行志》外增加了《符瑞志》。《符瑞志》是为补《五行志》、记述符瑞祯祥而设,仍然是受到《洪范》五行内容及汉儒对其发挥之说的影响。萧子显作《南齐书》在《五行志》外增设《祥瑞志》,相当于《宋书》的《符瑞志》。《魏书》较为独特,用《灵征志》取代了《五行志》和《符瑞志》。《灵征志上》专记灾异,相当于《五行志》;《灵征志下》专记符瑞,相当于《符瑞志》。所以《灵征志》可以被看作是《五行志》和《符瑞志》的合并之体。可见,《符瑞志》《祥瑞志》《灵征志》实际上是《五行志》的变体。

状乃黄么蜥蜴也。处直以为神异,造龙床以安之。又,城东麦田中,有群鹊数百,平地为巢,处直以为己德所感。识者窃论曰:'虫蛇阴物,比藏山泽,今据屋室,人不得而有也。南方为火,火主礼,礼之坏则羽虫失性,以文推之,上失其道,不安于位之兆也。'果为其子都所废。"这条记载中的"识者"之论,实际上是史家用汉儒灾异之说来与政治事件对应。与之类似,《旧五代史·五行志》记张文礼叛乱,以野水变作血色为叛乱失败的预兆,称:"唐天祐十八年二月,张文礼叛于镇州,时野水变,其色如血,游鱼多死,浮于水上,识者知其必败。"又记,后唐天成四年(929)汝州羽林军营失火,以星象为预兆,称:"汝州火,烧羽林军营五百余间。先是,司天奏,荧惑入羽林,饬京师为火备,至是果应。"可以看出,《旧五代史》的神学化论调完全是继承汉儒而来。其天人灾异之说实际上重在阐发义理。

宋代天人观在很大程度上去除了汉儒的神秘化色彩,而转向以客观之"天理"看待天人之际,从而由传统的神学化天人观转向了义理化天人观,《春秋》灾异论是古代经学究天人之际的重要领域。因此,《春秋》学上的变化是天人观转向的重要阵地,又在史学上有显著表现。

第三节 《春秋》学的以史疑经、以史证经和以史解经

宋代《春秋》学在疑古惑经的经学风气和通经致用的政治需求的双重作用下,与史学形成了深刻的内在联结。宋儒在疑经过程中,高度重视《春秋》,把宋代的时代命运与《春秋》本身所具有的政治、社会功能结合起来。[①] 经学家往往注意到《春秋》的史学性质,突破汉儒的神秘化观念,以理性的眼光来审视《春秋》,进而从史学角度来考察《春秋》,由此形成了《春秋》学上的诸多新变化。

一、以史疑经与《春秋》新路径

唐宋时代的疑经风气以《春秋》学为重要发源地。疑古惑经的兴起与武周和中晚唐时期政治社会局势的重大变化密切相关。作为意识形态的经学不能适应现实需求,必然导致怀疑与调整。宋代政治社会环境也有重大变化,又有前代铺垫,经学怀疑风潮更甚。在"五经"当中,《春秋》记述史

[①] 郭文佳:《宋代的疑经思潮与〈春秋〉学的地位》,《中州学刊》2004年第1期。

事，又有《左传》作为史学方式的示范和史学内容的依据，最易于以史学方式加以解读。其中，又可见"微言大义"，也易于以义理解读。所以，《春秋》成为经学怀疑思潮中史事与义理两大路径的交汇点。史学角度的怀疑往往成为《春秋》学上重要的疑经理路与提出新义理的基础。

宋初经过数十年的积淀，《春秋》学上出现了孙复的重大创见。其作《春秋尊王发微》，标明《春秋》尊王宗旨，往往发前人所未发之义。孙复的《春秋》新义，与其对既往《春秋》学的怀疑与超越有密切关系，故欧阳修总结道："先生治《春秋》，不惑传注，不为曲说以乱经。其言简易，明于诸侯大夫功罪，以考时之盛衰，而推见王道之治乱，得于经之本义为多。"[①]孙复的"不惑传注，不为曲说以乱经"，与他对春秋时代的历史看法不无关系。

孙复对春秋时代有基本的历史看法，以之为孔子作《春秋》的背景和原因，谓："孔子之作《春秋》也，以天下无王而作也，非为隐公而作也。然则《春秋》之始于隐公者，非他，以平王之所终也。"[②]孙复认为，孔子出于春秋时代"无王"的现实而作《春秋》，这是从史学角度先断定《春秋》时代的历史背景，然后据此讨论《春秋》大义，进而得出《春秋》的尊王宗旨。孙复谓《春秋》"非为隐公而作"，也是基于历史考虑，指出《春秋》之所以始于隐公，仅仅是因为"平王之所终"，从而对汉儒独创的《春秋》"王鲁"之说[③]提出了怀疑与否定。孙复对春秋时代的历史判断成为其整个学说的根基，由此"不惑传注"，"考时之盛衰"，得出《春秋》有贬而无褒"的基本《春秋》观。[④] 虽然孙复并不是绝对认为《春秋》无褒，[⑤]但"《春秋》有贬而无褒"仍然成为孙复解说《春秋》的基本路径。

刘敞在"不惑传注"的道路上走得更远，稍变宋代经学风气，《春秋》学是其阐发的重中之重。刘敞因为有《春秋权衡》《春秋传》《春秋意林》《春秋文权》与《春秋说例》等多部《春秋》学作品，所以《七经小传》中关于《春秋》的解说反而为少，很可能是将其中的《春秋》学见解抽出来发挥，别成著述。[⑥] 可见，其对《春秋》学之重视。

---

① 〔宋〕欧阳修：《孙明复先生墓志铭》，《欧阳修全集》。
② 〔宋〕孙复：《春秋尊王发微》卷一。
③ 吕绍刚：《何休公羊"三科九旨"浅忆》，《人文杂志》1986年第2期。
④ 〔清〕朱彝尊：《经义考》卷一百七十九《春秋尊王发微》引黄泽语，许维萍等点校，林庆彰等编审，台北"中央研究院"文哲研究所筹备处1997年版，第767页。
⑤ 赵伯雄：《春秋学史》，第432页。
⑥ 赵伯雄：《春秋学史》，第436~437页。

第二章　史学与宋代《春秋》学义理化

刘敞对"三传"都进行了批判,而成一家之言。《左传》以重史事为特征,刘敞的批判也更见立足史事的特点。其对《左传》提出了重大怀疑,而这种怀疑的一个基本前提,也是基于历史判断:

> 前汉诸儒不肯为《左氏》学者,为其是非缪于圣人也。故曰:《左氏》不传《春秋》,此无疑矣!然为《左氏》者,皆耻之。因共护曰:丘明受经于仲尼,此欲以自解免耳,其实非也。何以言之邪?仲尼之时,鲁国贤者无不从之游,独丘明不在弟子之籍。若丘明真受经作传者,岂得不在弟子之籍哉?岂有受经传道而非弟子者哉?以是观之,仲尼未尝授经于丘明,丘明未尝受经于仲尼也。然丘明所以作传者,乃若自用其意说经,泛以旧章常例,通之于史策,可以见成败耳,其褒贬之意,非丘明所尽也,以其不受经也,学者可勿思之哉!

刘敞肯定《左传》不传《春秋》的说法,并从逻辑上进行了历史考证。刘敞认为,孔子的时代,"鲁国贤者无不从之游,独丘明不在弟子之籍"。根据这一基本事实,可以推断出左丘明"未尝受经于仲尼"。因为如果左丘明"受经传道"却不是孔子弟子,不合逻辑。但刘敞并不否定《左传》的价值,[①]甚至也没有否定《左传》解经,只是认为左丘明并非据孔子意而解《春秋》,而是"自用其意说经",其所用义例不过是"旧章常例",所以"其褒贬之意,非丘明所尽也"。正是由此出发,刘敞批评了《左传》"五十凡",因为指出了前人《春秋》义例之不可信,他才着力重新发明《春秋》经旨。

胡安国是宋代《春秋》学大家,其说为宋高宗所重,也对后世影响深远。胡安国师事孙复弟子朱长文,又私淑"二程",其《春秋》学颇见二家学风。如前所述,孙复的《春秋》学以对春秋时代的历史判断与评价为基础,胡安国也是如此。胡安国"把史学引入理学"[②],其著《春秋传》颇见史学特色,解经之前先考"诸国兴废",将《春秋》经文置于历史背景之中,以见其义理。不仅如此,胡安国解《春秋》,也像孙复一样先对孔子作《春秋》的历史背景做出判断,而其判断则显现出"二程"的理学化倾向。

胡安国从孟子对《春秋》时代特征的经典论断出发,提出疑问:"孟子曰:'王者之迹熄,而《诗》亡,《诗》亡然后《春秋》作。'今按《邶》《鄘》而下多

[①]　沈玉成、刘宁:《春秋左传学史稿》,第213页。
[②]　何俊:《胡安国理学与史学相融及其影响》,《哲学研究》2002年第4期。

春秋时诗也。而谓《诗》亡然后《春秋》作,何也?"这是一个典型的从史事角度疑古惑经之问。胡安国对此进行历史考证,给出了答案:

> 自《黍离》降为国风,天下无复有雅而王者之,《诗》亡矣!《春秋》作于隐公,适当雅亡之后。又按小雅正月刺幽王诗也,而曰"赫赫宗周,褒姒灭之",逮鲁孝公之末,幽王已为犬戎所毙。惠公初年,周既东矣,《春秋》不作于孝公、惠公者,东迁之始,流风遗俗犹有存者。

胡安国维护孟子"《诗》亡然后《春秋》作"之说,解释称《黍离》以下降为国风,则标志着《诗》亡。也就是说,"王者之迹"存否,才是判断《诗》亡否的标志。可见,胡安国注重"王者之迹",认为《黍离》之下,"天下无复有雅而王者"。这就引出了另一个问题:按照"王者之迹熄"的标准判断,则《春秋》应作于孝公、惠公之时。胡安国从历史角度指出,《春秋》不始于孝、惠的原因在于,"东迁之始,流风遗俗犹有存者"。胡安国又对此展开了一番历史考证:

> 郑武公入为司徒,善于其职,则犹用贤也;晋侯捍王于艰锡之秬鬯,则犹有诰命也;王曰其归视尔师,则诸侯犹来朝也;义和之觐,谥为文侯,则列国犹有请也。及平王在位日久,不能自强于政治,弃其九族,《葛藟》有终远兄弟之刺;不抚其民,周人有"束薪蒲楚"之讥;至其晚年,失道滋甚,乃以天王之尊,下赗诸侯之妾,于是三纲沦、九法斁,人望绝矣。夫妇人伦之本,朝廷风化之原,平王子母,适冡正后,亲遭褒姒之难,废黜播迁而宗国颠覆,亦可省矣!又不是惩而赗人宠妾,是拔本塞源自灭之也。《春秋》于此,盖有不得已焉耳!托始乎隐,不亦深切著明也!①

胡安国将平王时代的一些历史事件看成是王者之迹的残存,又以"下赗诸侯之妾"为王者之迹熄的标志,认为《春秋》因为周王"拔本塞源自灭"而不得已"托始乎隐"。胡安国所论,以义理为标准,主观成分颇大,但在当时,却代表了理学影响下的一种重要历史考证观念。其以史事来考察"王者之迹"的"流风遗俗",的确代表了一种基于对传统说法怀疑而来的历史

---

① 〔宋〕胡安国:《春秋传》卷一《隐公上》,文渊阁《四库全书》本。

考证路径。

胡安国经由此历史考证而认定:"《春秋》,鲁史尔,仲尼就加笔削,乃史外传心之要典也。……当世人欲肆而天理灭矣!仲尼天理之所在,不以为己任而谁可?"①这是理学家的一种典型结论。胡安国发展了"二程"以来以"理"观《春秋》的方式,将孔子视作"天理之所在",而将"下赠诸侯之妾"以下视作"人欲肆而天理灭"的时代,由此判定《春秋》的"传心要典"性质。这是胡安国的基本《春秋》观,其《春秋》见解皆据此而来,由此基础将《春秋》大义理学化,从而对明清理学产生重大影响。

朱熹注重《春秋》的史学性质,更从史学角度对《春秋》成说加以怀疑,这是其别出《春秋》新说的基础。宋儒大多重《春秋》微言大义,而朱熹却说:

> 《春秋》大旨,其可见者:诛乱臣,讨贼子,内中国,外夷狄,贵王贱伯而已。未必如先儒所言,字字有义也。想孔子当时只是要备二三百年之事,故取史文写在这里,何尝云某事用某法?某事用某例邪?②

朱熹认为,《春秋》"只是要备二三百年之事,故取史文写在这里",据此怀疑并否定前人《春秋》微言大义之说,认为《春秋》据史事,而尽弃前人《春秋》义例。③ 朱熹更明确地指出《春秋》的史学性质,认为《春秋》"只是直载当时之事","据他事实写在那里,教人见得当时事是如此"。因此,《春秋》学史上"硬说那个字是孔子文,那个字是旧史文"皆于史无征,从而否定了前人的一字褒贬之说。朱熹正是从历史角度彻底否定了《春秋》微言大义之说,进而否定了前人所发《春秋》义例,才要自己根据《春秋》所载史事来重新厘定《春秋》义例。

以史疑经是宋代经学怀疑思潮的重要路径,跳出汉学家法、师法的窠臼,从史事的角度来看待《春秋》的历史背景等问题,对传统经学观点形成了怀疑与否定,为阐发《春秋》新义开辟了道路。

二、以史解经与《春秋》新见解

以史疑经是宋儒突破汉学传统,抛弃注疏乃至"三传"而直解经义的重

---

① 〔宋〕胡安国:《春秋传·序》。
② 〔宋〕朱熹:《朱子语类》卷八十三《春秋·纲领》。
③ 丁亚杰:《方法论下的春秋观:朱子的春秋学》,(台湾)《鹅湖学志》第38期,2007年6月。

要路径。因为《春秋》亦经亦史的性质,故《春秋》学体现得尤为明显。在此基础上,宋儒也以史解经,从而提出了一些《春秋》学的新见解。北宋《春秋》学已经表现出以心术、义利论史的一些特性,①南宋则进一步发展了理学化的以史解经方式。

孙复以史疑经,走上了"《春秋》有贬而无褒"的解经新路径,以此为基础提出了若干《春秋》新见解,带有以史解经的性质。因认为春秋时代"无王",《春秋》以此而作,故孙复"以为凡经所书,皆变古乱常则书之,故曰《春秋》无褒。盖与穀梁子所谓常事不书之义例同"。②正是因为以《春秋》"以天下无王而作"的历史判断为基础,孙复注重在《春秋》"三传"中"独得王道"的《穀梁传》,③发挥《穀梁》学的"常事不书"之说,发扬其尊王倾向,④将《春秋》通篇解为"变古乱常则书之"。因此,晁公武引常秩之讥,曰:"明复为《春秋》,犹商鞅之法,弃灰于道者有刑,步过六尺者有诛。"⑤典型者像《春秋》中的会盟记载,皆被孙复解释为"无王"历史状态下的不义之举,云:"盟者,乱世之事。故圣王在上,阒无闻焉。斯盖周道陵迟,众心离贰,忠信殆绝,谲诈交作,于是列国相与始有歃血要言之事。尔凡书盟者皆恶之也。"⑥孙复认为,只要是诸侯会盟,就是天下无王而导致的"乱世之事",据此认定《春秋》"书盟者皆恶之"。《春秋》隐公"二年春公会戎于潜",孙复之解超出"三传",痛斥其非,云:"公会戎于潜。圣王不作,明堂失位,要荒之人,与诸侯亢。故公会戎于潜,诸侯非有天子之事不得出会,诸侯况会戎哉!凡书会者皆恶之也。"在孙复看来,这次会盟,不仅是周道陵迟之后的乱世之事,又因为会盟对象为戎,更以夷夏之辨而谴责"要荒之人,与诸侯亢"。孙复之解《春秋》,直接从历史背景中提出"《春秋》有贬而无褒""变古乱常则书之"的基本解经路径,对经文大义的解说据史事而发,不囿于"三传",虽然在历史考证方面有强烈的义理倾向,从而表现出历史判断的主观色彩,但仍然带有以史解经的性质。宋代经学变古,尤其在前期,虽颇有主观成分,但与阳明后学绝不相同,并非凭空臆说,据史事而发明"五经"义理,是其得以取信天下的重要方式与基本保障,孙复《春秋尊王发微》已见

---

① 孙旭红:《北宋〈春秋〉学中的史学思想》,《天府新论》2010年第1期。
② 〔清〕朱彝尊:《经义考》卷一百七十九《春秋尊王发微》引王得臣语。
③ 蒙文通:《经史抉原》,巴蜀书社1995年版,第35、45页。
④ 刘越峰:《孙复〈春秋〉学思想探源》,《南京师大学报(社会科学版)》2008年第6期。
⑤ 〔宋〕晁公武:《郡斋读书志校证》。
⑥ 〔宋〕孙复:《春秋尊王发微》卷一"三月公及邾仪父盟于蔑"。

第二章　史学与宋代《春秋》学义理化　　113

其端绪。

刘敞于《春秋》用力尤深，据史事疑经，又据史事解经，基于大胆怀疑精神提出了一些在当时惊世骇俗的观点，典型者如对隐公元年不书"公即位"的历史分析。"三传"对《春秋》开篇的这段记述都有明确解释，历来解经者都只是从其中择取发挥而已，刘敞则对其重新进行了史事的梳理，进而提出否定"三传"的说法。《春秋》隐公元年不书即位，"三传"各有解释：

  《左传》云："不书即位，摄也。"①

  《公羊传》云："公何以不言即位？成公意也。何成乎公之意？公将平国而反之桓。曷为反之桓？桓幼而贵，隐长而卑，其为尊卑也微，国人莫知。隐长又贤，诸大夫扳隐而立之。隐于是焉而辞立，则未知桓之将必得立也。且如桓立，则恐诸大夫之不能相幼君也，故凡隐之立为桓立也。隐长又贤，何以不宜立？立适以长不以贤，立子以贵不以长。桓何以贵？母贵也。母贵则子何以贵？子以母贵，母以子贵。"②

  《穀梁传》云："公何以不言即位？成公志也。焉成之？言君之不取为公也。君之不取为公何也？将以让桓也。让桓正乎？曰不正。《春秋》成人之美，不成人之恶。隐不正而成之，何也？将以恶桓也。其恶桓何也？隐将让而桓弑之，则桓恶矣。桓弑而隐让，则隐善矣。善则其不正焉何也？《春秋》贵义而不贵惠，信道而不信邪。孝子扬父之美，不扬父之恶。"③

《左传》认为，隐公并未得其位，只是"摄位"；《公羊传》称隐公"长又贤"，但因为其母不是正室，根据"立子以贵不以长"的原则，应当传位给子以母贵的桓公，但桓公年幼，所以"隐之立为桓立"；《穀梁传》与《左传》和《公羊传》的观点不同，认为隐公实得其位，但是其父属意桓公，因此隐公"将以让桓"，此虽不正，但"不扬父之恶"。因此，《穀梁传》肯定隐公"轻千乘之国"之义。④

"三传"或以隐公为摄，或以隐公为让，皆肯定其当立。但刘敞则通过

---

① 《左传》（"隐公元年"）。
② 《公羊传》（"隐公元年"）。
③ 《穀梁传》（"隐公元年"）。
④ 《穀梁传》（"隐公元年"）。

历史分析,提出了截然不同的观点:

> 《传》惠公元妃孟子,孟子卒,继室以声子生隐公,而仲子为夫人,生桓公,是以隐公立而奉之。如《传》所言者明,隐长而卑,桓幼而贵也。隐公立而奉之者明,隐为桓立也。即元年《传》所云摄也。十一年羽父请杀桓公,以求太宰。公曰:"为其少也,吾将授之矣。"明隐本不当立,故摄位以待桓壮也。又元年《传》曰:"惠公之薨也,太子少。"太子则桓矣。今杜氏注云:"继室子当嗣,世以祯祥之故,追成父志,立桓为太子。"非也。若隐本当立,则《传》应云"不书即位,让也",不应乃云"摄也"。未有当其位而云摄者也,未有摄其位而云让者也。知摄让之名所为施则知隐公之当立与不当立矣。且若隐公本当立,则羽父无缘请杀桓公也。推羽父所以请杀桓者,盖见隐公本不当立,今久摄不迁,疑隐公欲遂有之也。使隐公本当立者,则羽父必能知桓公之已绝望,何故求杀之哉?且桓公之母为夫人,隐公之母为妾,妾主不同贵贱,可知矣。然此《传》言桓隐贵贱自未足信,而杜氏于其中又错贵贱之分,何为未足信乎?曰让则不摄,摄则不让,而《传》谓隐公摄,是非其位而据之者也,于王法所不得。为于王法所不得,为则桓之弑隐恶少减矣。《春秋》不宜深绝之。今以其深绝之,知隐公乃让也,非摄也。今以摄言隐公,是不尽《春秋》之情也,何谓错贵贱之分乎?吾既言之于前矣,盖注与传违,传与经违,非深知《春秋》之情者不能考也。①

刘敞分析"三传"所载相关事实,肯定桓公为夫人所生,隐公为继室所生,"妾主不同贵贱",进而肯定"隐长而卑,桓幼而贵"。刘敞据"惠公之薨也,太子少"的记载,分析认为太子即桓公,立隐公之前桓公已为太子,驳斥了杜预传注称隐公"追成父志,立桓为太子"的说法。这样的分析显然比杜预注要合理,但千载之下,少有人敢于质疑杜预,自然也少有人会注意到其不合理之处。刘敞否定杜说,认为既然桓公为太子,则"隐本不当立,故摄位以待桓壮"。刘敞还找到了另一史事作为证据。《左传》记载隐公十一年,"羽父请杀桓公,将以求大宰"。② 刘敞分析认为,如果隐公本当立,则羽父没有理由请求杀桓公;羽父请求杀桓公,正是因为隐公本不当立,羽父

---

① 〔宋〕刘敞:《春秋权衡》卷一。
② 《左传》("隐公十一年")。

见其"久摄不迁,疑隐公欲遂有之",才会如此。刘敞由此得出结论,"三传"与杜注皆"于王法所不得","不尽《春秋》之情"。这已经不是孙复的"不惑传注",而是否定传注了,在当时可谓惊世骇俗。刘敞知道自己的石破天惊之论在当时要受认可颇有困难,故其云:"吾既言之于前矣,盖注与传违,传与经违,非深知《春秋》之情者不能考也。"其《春秋传》弃用此说,或出于不得已,可见其说在当时的另类程度。刘敞以"深知《春秋》之情"自居,敢于否定传注,已经显示出宋代经学以义理为据解经而不囿于成说的显著特色。

胡安国以《春秋》为"传心要典",由此在心性之学的路径上解说《春秋》。"二程"尤其是程颢,重心性之学,而《春秋》距心性较远,因此虽然推崇《春秋》,却无法将两者融合,可见《春秋》理学化的难度。胡安国私淑"二程",真正完成了将《春秋》理学化,尤其是使之与心性之学融合的工作。胡安国的心性之学自然不会像苏辙等人强调《左传》学的史学解经方式,但为了能够在缺乏基础的情况下,建立起一套使人信服的学说,胡安国也很重视采用义理角度的以史解经方法,来建立其《春秋》学的天理人欲之辨,有学者认为胡安国由此"一举扭转了北宋中后期文人不重史学的学术风气,也同时改变了宋朝史学的发展方向"。[1]《春秋》隐公四年云:"宋公、陈侯、蔡人、卫人伐郑。"胡安国发"三传"所未发,道:

  《春秋》之法,诛首恶兴。是役者,首谋在卫,而以宋主兵,何也?前书州吁弑君,其罪已极,至是阻兵修怨勿论可也。而邻境诸侯闻卫之有大变也可,但已乎陈恒弑简公,孔子沐浴而朝告于哀公,请讨之。公曰:"告夫三子者。"子曰:"以吾从大夫之后,不敢不告也。"之三子告,不可。子曰:"以吾从大夫之后,不敢不告也。"然则邻有弑逆,声罪赴讨虽先发而后闻可矣。宋殇不恤卫有弑君之难,欲定州吁而从其邪说,是肆人欲、灭天理,非人之所为也。故以宋公为首,诸国为从,示诛乱臣讨贼子,必先治其党与之法也。此义行为恶者孤矣。故曰:"《春秋》成而乱臣贼子惧。"[2]

胡安国援引《论语·宪问》所记孔子闻弑而不敢不告之史事,作为义理

---

[1] 曹宇峰:《胡安国史学思想刍议:以〈春秋传〉为中心》,《社会科学战线》2008年第4期。
[2] 〔宋〕胡安国:《春秋传》卷二。

判断的标准,从而谴责"宋殇不恤卫有弑君之难,欲定州吁而从其邪说",于是按《春秋》诛首恶之法,解释《春秋》首书宋公。胡安国断定宋公之举为"肆人欲、灭天理,非人之所为",是其阐发的重点,而征引孔子史事,是为此做铺垫。可见胡安国在使《春秋》书法理学化、心性化的过程中,要通过以史解经的方式来完成义理标准的确立与阐发,从而发明新的《春秋》大义。

朱熹注重《春秋》史学的性质,比之前代和北宋注重《左传》以史事解经的路径又有不同,要人将《春秋》"只如看史样看",尽弃前人《春秋》微言大义、一字褒贬之说,在《春秋》学历史上也是石破天惊之论,故其诗云:"平生罪我只《春秋》,更作嚣嚣万里游。赖有吾人肯相伴,群讥众诋不能忧。"①朱熹不仅以史事解经,也以史学立场解经,故其《春秋》见解颇与前人不同。朱熹出于《春秋》记事的史学定位,将传统所论《春秋》义例一一否定。

朱熹主张从史学角度解经,称:"《春秋》之书,且据《左氏》。当时天下大乱,圣人且据实而书之,其是非得失,付诸后世公论,盖有言外之意。若必于一字一辞之间求褒贬所在,窃恐不然。"②"且据《左氏》",就是要以《左传》的史事为据解经,考察孔子"据实而书"之义,故云:"看《春秋》,且须看得一部《左传》首尾意思通贯,方能略见圣人笔削,与当时事之大意。"③据此,朱熹指出历史上所论《春秋》义例皆是后来所为,称:

> 或论及《春秋》之凡例。先生曰:"《春秋》之有例固矣,奈何非夫子之为也。昔尝有人言及命格,予曰:'命格,谁之所为乎?'曰:'善谈五行者为之也。'予曰:'然则何贵?设若自天而降,具言其为美为恶,则诚可信矣。今特出于人为,乌可信也?'知此,则知《春秋》之例矣。"④

朱熹认为前人的《春秋》义例"非夫子之为",或许直言否定"三传"以下历代群儒有所不便,朱熹便以"命格"之说相比,指出《春秋》义例"特出于人为",不足为信。朱熹虽从史学角度以《左传》为解《春秋》的基础,但是也认为"《左传》是后来人做",⑤又批评胡安国等人的《春秋》著作,实际上就是

---

① 〔宋〕朱熹:《晦庵先生文朱文公文集》卷五《次韵别范伯崇二首》之一,《朱子全书》第二十册。
② 〔宋〕朱熹:《朱子语类》卷八十三《春秋·纲领》。
③ 〔宋〕朱熹:《朱子语类》卷八十三《春秋·纲领》。
④ 〔宋〕朱熹:《朱子语类》卷八十三《春秋·纲领》。
⑤ 〔宋〕朱熹:《朱子语类》卷八十三《春秋·纲领》。

要尽弃"后来人做",而直接从《春秋》当时的历史入手解经。

朱熹也从明理的角度否定《春秋》变例之微言大义,云:

> 或人论《春秋》,以为多有变例,所以前后所书之法多有不同。曰:"此乌可信!圣人作《春秋》,正欲褒善贬恶,示万世不易之法。今乃忽用此说以诛人,未几又用此说以赏人,使天下后世皆求之而莫识其意,是乃后世弄法舞文之吏之所为也,曾谓大中至正之道而如此乎!"

《春秋》学上从来认为《春秋》微言大义,以体例之微细区别来蕴含深旨,这是历代《春秋》学解经的一个基础性观点。朱熹对此毅然否定,认为《春秋》要"褒善贬恶,示万世不易之法",就应当直示义理,如果用变例褒贬,则"使天下后世皆求之而莫识其意",并据此断定《春秋》变例实为"后世弄法舞文之吏之所为"。朱熹的说法虽然有失之绝对之嫌,但确实从逻辑上指出了前人对《春秋》义理求之过深的弊端。朱熹的这种《春秋》见解,是其从史学角度解经的表现与成果。虽然朱熹的《春秋》新见也同样陷入新的心性义理的主观窠臼,但毕竟在当时是新的重大见解。

朱熹也从史事角度来看待《春秋》义例。其论《春秋》闵公元年"季子来归",就以史解经,而推翻前人的看法:

> 又曰:"'季子来归',以为季子之在鲁,不过有立僖之私恩耳,初何有大功于鲁!又况通于成风,与庆父之徒何异?然则其归也,何足喜?盖以启季氏之事而书之乎!"①

《左传》对"季子来归""嘉之"。②《公羊传》云:"其称季子何?贤也。其言来归何?喜之也。"③《穀梁传》亦云:"其曰季子,贵之也。其曰来归,喜之也。"④朱熹据史事而推翻"三传"以来的成说,评判季子无大功于鲁,甚至与庆父之徒无异,因此其归不足喜,所谓"季子来归",仅仅是从历史叙述的角度"启季氏之事而书之",去除了"三传"的义理发挥。

宋儒思想较汉代经学尤其是谶纬神学,有理性化的发展趋势,其解经

---

① 〔宋〕朱熹:《朱子语类》卷八十三《春秋·纲领》。
② 《左传》("闵公元年")。
③ 《公羊传》("闵公元年")。
④ 《穀梁传》("闵公元年")。

往往出自理性推理而非感性的引经据典和做神秘化解释，又较后世理学末流言谈无根更重证据。宋代《春秋》学上的新见解，往往与以史解经风气相关，反映了宋学在义理化发展趋势中，以史事为义理依据的重要特征。

三、以史证经与《春秋》新义理

宋代经学出现义理化发展趋向，重视义理，其经学以义理统摄，又多有以史证经的做法。以史证经，与以史解经相类，但其重点在于通过史事来证明所发经学义理。宋儒多在义理上有所创新，故需以史事为重要证明，以确立己说。这在经学义理化的早期阶段，缘于变古的经学家要为自己的新观点提供论据而尤为明显。

"二程"作为理学先驱，以《中庸》为"孔门传授心法"，从而跳脱注疏传统，越过家法、师法，不再以注经为义理阐发主要门径。"二程"虽然没有完整的《春秋》学作品，但在建构义理体系的过程中，也势必要将《春秋》大义纳入进来，又多用以史证经的方式，来证明自己所发《春秋》经义。

"二程"以"心法"为传道根本，强调义理本身，反对汉儒在《春秋》学上的微言大义的解说路径，像程颐解说《春秋》书王之例便是典型：

> 棣问："《春秋》书王如何？"曰："圣人以王道作经，故书王。"范文甫问："杜预以谓周王，如何？"曰："圣人假周王以见意。"棣又问："汉儒以谓王加正月上，是正朔出于天子，如何？"曰："此乃自然之理。不书春王正月，将如何书？此汉儒之惑也。"①

程颐认为孔子"以王道作经"，所以《春秋》书王；孔子"假周王以见意"，所以谓"周王"；而"王加正月"是"自然之理"，即是历史叙述的自然纪年方式。在程颐看来，汉儒对"元年春，王正月"的解说太过，"此汉儒之惑"。可见，与汉学的解经方式相比，程颐的《春秋》学的义理路径更为理性。

程颐《春秋》学的这种理性化特征，还表现在程颐重义理，但也不排斥史事与文献的考证。这一点突出反映在其对《左传》的态度上。

> 问："《左传》可信否？"曰："不可全信，信其可信者耳。某年二十时，看《春秋》，黄赘隅问某如何看？答之曰：'有两句法云：以传考经之

---

① 〔宋〕程颐、程颢：《河南程氏遗书》卷二十二上《伊川先生语八》。

事迹,以经别传之真伪。'"又问:"公、穀如何?"曰:"又次于《左氏》。"
"左氏即是丘明否?"曰:"传中无丘明字,不可考。"①

《左传》详以史事,程颐认为,应对其"不可全信,信其可信者"。实际上就是用义理来考量,只信其合于义理者,亦即"以经别传之真伪"。程颐同时也主张"以传考经之事迹",也就为其《春秋》学的史学路径留下了入口,并且程颐认为《公羊》《穀梁》二家次于《左传》。可见,程颐的《春秋》学还是相对重视《左传》史事,从而产生了其以史解经、以史证经的《春秋》学方法。程颐以"传中无丘明字"为据,认为《左传》是否出自左丘明不可考,也反映出其重视史事的特点。

"二程"以"心法"为传道根本,在《春秋》学上不仅发此义理,也以史事为证,云:

> 《春秋》之书,百王不易之法。三王以后,相因既备,周道衰,而圣人虑后世圣人不作,大道遂坠,故作此一书。此义,门人皆不得闻,惟颜子得闻,尝语之曰:"行夏之时,乘殷之辂,服周之冕,乐则韶舞'是也。此书乃文质之中,宽猛之宜,是非之公也。"②

程颐把《春秋》看成孔子"虑后世圣人不作,大道遂坠"之书,为了证明此《春秋》之义,他引用孔子对颜回之语来证明。可见,程颐对心性之学的建构,并非一味直阐义理,而是借重史事证明。这是理学初期能够逐渐受到认可的一个重要原因。

"二程"发挥《语》《孟》《中庸》等儒家心性之学,以之统摄群经,其中也以史证经,从而证明义理,在《春秋》学上的一个例子,是论孔子对管仲的评判。

> 又问:"孔子称管仲'如其仁',何也?"曰:"但称其有仁之功也。管仲其初事子纠,所事非正。《春秋》书'公伐齐纳纠',称纠而不称子纠,不当立者也。不当立而事之,失于初也。及其败也,可以死,亦可以无死。与人同事而死之,理也。知始事之为非而改之,义也。召忽之死,

---

① 〔宋〕程颐、程颢:《河南程氏遗书》卷二十《伊川先生语六》。
② 〔宋〕程颐、程颢:《河南程氏遗书》卷二十二上《伊川先生语八》。

正也。管仲之不死,权其宜可以无死也。故仲尼称之曰'如其仁',谓其有仁之功也。使管仲所事子纠正而不死,后虽有大功,圣人岂复称之耶?若以为圣人不观其死不死之是非,而止称其后来之是非,则甚害义理也。"①

程颐发挥《论语》中的心性之说,以"仁"为重要义理,贯穿经学,又反过来以经学作为义理的证明。其解《论语》中"孔子称管仲'如其仁'",据《春秋》义例,认为"《春秋》书'公伐齐纳纠',称纠而不称子纠",是因为子纠不当立,所以管仲初事子纠是"失于初",但"管仲之不死,权其宜可以无死"。这样,就把"如其仁"解释为圣人无害义理而通观管仲行事的两全判断。程颐还有进一步的以史证经之论:

> 桓公杀公子纠,管仲不死而从之。杀兄之人,固可从乎?曰:"桓公、子纠,襄公之二弟也,桓公兄而子纠弟也。襄公死,则桓公当立,此以《春秋》知之也。《春秋》书桓公,则曰齐小白,言当有齐国也;于子纠,则止曰纠,不言齐,以不当有齐也,不言子,非君嗣子也。《公》、《穀》并注四处皆书纳纠,《左传》独言子纠,误也。然书齐人取子纠杀之者,齐大夫尝与鲁盟于蔇,既欲纳纠以为君,又杀之,故书子,是二罪也。管仲始事纠,不正也,终从于正,义也。召忽不负所事,亦义也。如魏徵、王珪不死建成之难,而从太宗,可谓害于义矣。②

程颐据《春秋》义例申明《春秋》以子纠"非君嗣子",又以当时史事证之,由此来证明其通过《论语》等作品从心性角度所阐发的"义"。程颐据此驳斥了《左传》书"子纠"的体例,这是程颐从义理角度对《左传》的一种评判,虽颇具主观性,但反映出其以史证经的理路。程颐根据义理断定:"管仲始事纠,不正也,终从于正,义也。"他又引召忽为子纠死难之事证其所发之"义",引唐代史事"魏徵、王珪不死建成之难,而从太宗",来从反面证明自己所发义理。

苏辙有《春秋》家学渊源,诗云:"大道如衣食,六经所耕桑。家传《易》

---

① 〔宋〕程颐、程颢:《河南程氏遗书》卷二十三《伊川先生语九》。
② 〔宋〕程颐、程颢:《河南程氏外书》卷第六。

《春秋》，未易相粃糠。"①在北宋有倡议《春秋》之功，其治《春秋》又重《左传》以史解经路径。②但苏辙以史解经，与传统《左传》学有所不同。一方面，苏辙认为，"孔子之所予夺，则丘明容不明尽，故当参以《公》、《穀》、啖、赵诸人。然昔之儒者，各信其学，是己而非人，是以多窒而不通"③。苏辙要改变"昔之儒者""窒而不通"的弊病，因此要会通诸家之说解《春秋》，而带有义理性的特征。另一方面，在北宋的时代环境中，苏辙注重整体历史考察，而着意于经世致用，④所以实际上也"要通过史事来阐发义理"。在以史解经之外，苏辙也因为"经史结合、以史求证的阐释方式"，⑤而表现出以史证经从而阐明义理的特点。一个典型的例子是，苏辙批驳何休"王者不治夷狄论"，而申明《春秋》记事之体：

> 经书："公及戎盟于潜。"《公羊》犹未有说也，而休以为王者不治夷狄，录戎来者不拒，去者不追也。夫公之及戎盟于潜也，时有是事也。时有是事，而孔子不书可乎？故《春秋》之书，其体有二：有书以见褒贬者，有书以记当时之事，备史记之体，而其中非必有所褒贬予夺者。公之及戎盟于潜，是无褒贬予夺者也，而休欲必为之说，是以其说不得不妄也。

苏辙认为，《春秋》有两种体例，一是褒贬之体，二是史记之体。前者是经学之体，关乎义理；后者则是史学体例，无关褒贬。何休从《春秋》会盟之辞中总结出了"王者不治夷狄论"。这是何休"三世"说的一个相关学说，在苏辙的史学立场看来，已经偏离于事实，其说"不得不妄"。

苏辙的这一见解，并非专就史学而言，在北宋的时代环境中，苏辙要言《春秋》夷夏之辨，故不满于何休之说。何休之说历来又受经学重视，所以苏辙要在通论诸家的情况下，据阐发《春秋》史记之体来驳斥之，故云：

---

① 〔宋〕苏辙：《苏辙集》附录《次韵子瞻和陶杂诗十一首其八》，陈宏天、高秀芳校点，中华书局1990年版。
② 葛焕礼：《论苏辙〈春秋〉学的特点》，《孔子研究》2005年第6期；张高评：《苏辙〈春秋集解〉以史传经初探》，《南京大学文学院学报》2007年第3期。
③ 〔宋〕苏辙：《春秋集解·自序》，文渊阁《四库全书》本。
④ 刘茜：《苏洵文论中的权变思想及苏辙〈春秋集解〉的历史变易观》，《湖南社会科学》2018年第3期。
⑤ 刘茜：《论苏洵的经史观及苏辙〈春秋集解〉的阐释特征》，《哲学研究》2017年第3期。

且王者岂有不治夷狄者乎？王者不治夷狄，是欲苟安于无事者之说也。古之所以治夷狄之道，世之君子尝论之矣。有用武而征伐之者，高宗、文王之事是也；有修文而和亲之者，汉之文、景之事是也；有闭拒而不纳之者，光武之谢西域、绝匈奴之事是也。此三者皆所以与夷狄为治之大要也。今日来者必不可拒，则是光武之谢西域，以息中国之民者非乎？去者必不可追，则是高宗、文王凡所以征其不服而讨其不庭者皆非也。

苏辙从义理上提出了"古之所以治夷狄之道"，又以高宗、文王之事证"用武而征伐"之道，以汉文帝、汉景帝之事证"修文而和亲"之道，以汉光武帝之事证"闭拒而不纳"之道。苏辙以史证经，比单纯的直阐义理更具说服力和逻辑性，最终达到了证明"王者治夷狄"和"《春秋》之书公及戎盟于潜，是记事之体"的目的。①

宋代《春秋》学在义理化发展过程中，并非一味以己意解经，追求史事方面的证据也是其一大特色，虽然不能免于强烈的主观色彩，但以史证经的方式仍然表现出一种较汉学神秘化倾向和家法、师法局限更为理性化的特征。

---

① 〔宋〕苏辙：《苏辙集》卷十一《王者不治夷狄论》。

第三章 《春秋》笔法与宋代史体

《春秋》已经有明确的历史编纂学意识,①在史学史上第一次有意识地将"史义"注入"史事"和"史文"。② 作为一部史学著作,《春秋》由此形成了其自身独特的史体。《春秋》的编年之体和叙事中寓褒贬的义例,都成为后世史家所推崇和效仿的对象,历代史家都非常重视阐发《春秋》笔法。《春秋》笔法,又经常被称为"《春秋》书法""《春秋》义法"等,均指向《春秋》微言大义的撰述方式。在历史变迁过程中,"《春秋》笔法的主轴意义大致不变"。③ 宋代史家希望以史体为"作教""立法"的义理表现方式,④在《春秋》学兴盛的背景下,更是注意探讨《春秋》的书法并加以效仿。主要表现在两个方面:第一,宋代有不少史家用《春秋》笔法来指导史书褒贬,使宋代的史书褒贬颇具特色。第二,宋代史家因为推崇《春秋》义例和《春秋》大义,从而促进了史书体裁、体例的发展。这主要包括三个方面:其一,《春秋》笔法促进了宋代编年体史书的振兴;其二,《春秋》笔法是宋代纲目体和学案体史书产生的一个重要动因;其三,《春秋》笔法在史体方面对纪传体和载记类史书有一定的影响。

第一节 《春秋》笔法与宋代史书褒贬

宋代是《春秋》学发达的时代。《春秋》学的兴盛,促使宋代史家重视运用《春秋》学所发《春秋》义例进行褒贬。欧阳修的《新五代史》和《新唐书》、尹洙的《五代春秋》、胡旦的《汉春秋》、王沿的《唐志》、孙甫的《唐史记》、范

---

① 周文玖:《史学史导论》,学苑出版社2006年版,第45页。
② 陈其泰:《史学与民族精神》,学苑出版社1999年版,第13页。
③ 王基伦:《〈春秋〉笔法的诠释与接受》,(台湾)《国文学报》第39期,2006年6月。
④ 宋馥香:《论北宋的唐史编纂和政治诉求》,《史学理论研究》2006年第3期。

祖禹的《唐鉴》、萧常的《续后汉书》、王益之的《西汉年纪》、朱熹的《资治通鉴纲目》等众多史著更直接效仿《春秋》义例进行褒贬。

一、《春秋》的褒贬笔法及宋人的认识

《春秋》褒贬笔法有两个突出特征。一是叙事规则形成《春秋》义例,二是褒贬书法贯穿《春秋》大义。从形式上来看,《春秋》书法按照一定的规则在叙事中寓褒贬,从而形成了一定的义例。《春秋》中的褒贬书法,主要包括以王纪年也就是纪年"冠王于正"①、一字寓褒贬、常事不书、讳书、书义理之实五种形式。

第一,《春秋》以王纪年,也就是纪年"冠王于正"。纪年为编年体史书所必需,《春秋》纪年的显著特点是以王纪年,在新君即位时必书"元年,春,王正月",这种"冠王于正"的纪年方式有尊王之意。《公羊传》首先发挥这一纪年方法的尊王寓意,认为这是通过纪年来表示君王禀元奉天而开初。这种观念经由《公羊》学宣扬,深入人心,对后世史学影响深远。

第二,《春秋》往往通过对同类事件的不同文字表述来达到一字寓褒贬。《春秋》有"称弑不一"之例。《春秋》称臣子杀国君为"弑",有时则称"杀"。其中包含褒贬寓意。"隐公四年"曰"卫州吁弑其君完",后又曰"卫人杀州吁于濮"。《公羊传》解释"卫人杀州吁于濮"说:"其称人何?讨贼之辞也。"《穀梁传》也说:"称人以杀,杀有罪也。"可见,孔子记"卫州吁弑其君"是贬斥州吁弑君。而孔子记"卫人杀州吁",是为了明州吁有"不君"之罪;说卫人杀之,不说具体弑君之人,则意在说明举国共弃此君。在灭国之例上,《春秋》也通过用字寓褒贬。《春秋》称亡国为"灭",往往有责罚被灭之国有失职之处的意味。僖公五年弦国为楚所灭,《春秋》曰:"楚人灭弦,弦子奔黄。"《左传》补充记叙:"于是江、黄、道、柏方睦于齐,皆弦姻也。弦子恃之而不事楚,又不设备,故亡。"这说明,《春秋》有责备弦子自恃姻亲之国睦于齐而不侍楚、不防备的意思。

第三,《春秋》有"常事不书"之例,对例行礼仪及一般性事件不予记载,如果记载则有深意,后人也称之为"异辞","异辞"往往有褒贬意蕴。《春秋》"桓公十四年"云:"秋八月壬申,御廪灾。乙亥,尝。""尝"就是秋祭,本来属于《春秋》不予记载的常规祭祀活动。《公羊传》释称:"常事不书,此何以书?讥。何讥尔?讥尝也。曰:'犹尝乎?'御廪灾,不如勿尝而已矣。"

---

① 〔宋〕王益之:《西汉年纪·序》。

《穀梁传》也称："御廪之灾不志,此其志何也？以为唯未易灾之余而尝可也。志不敬也。天子亲耕以共粢盛,王后亲蚕以共祭服,国非无良农工女也,以为人之所尽事其祖祢,不若以己所自亲者也。何用见其未易灾之余而尝也？曰甸粟,而内之三宫,三宫米而藏之御廪,夫尝必有兼甸之事焉。壬申,御廪灾。乙亥尝。以为未易灾之余而尝也。"《公羊传》和《穀梁传》指出《春秋》的这条记载,意在批评鲁国在发生灾害后仍然进行秋祭的举动。《春秋》"庄公二十二年"云："冬,公如齐纳币。"纳币本来属于《春秋》不予记载的"常事",这条记载意在说明其中的异常。《公羊传》解释说："纳币不书,此何以书？讥。何讥尔？亲纳币,非礼也。"也就是对鲁庄公违反礼制、亲赴他国纳币的举动予以指责。

  第四,《春秋》为尊、亲、贤者讳。《春秋》多为政治地位高的尊者讳书。如鲁僖公二十八年(前632)的"天王狩于河阳",实际的情形是,这一年晋文公在诸侯盟会上传见周天子。《穀梁传》解释《春秋》的这条记载说："全天子之行也。为若将守(狩)而遇诸侯之朝也。为天王讳也。"《春秋繁露·玉英》认为这条记载是："诡书晋文得志之实以代讳,避致王也。"董仲舒所说的"诡书"在今天看来同样是一种讳书。《史记·晋世家》也肯定这条记载是讳书："孔子读史记至文公,曰：'诸侯无召王。''王狩河阳'者,《春秋》讳之也。"按照礼法,天子被诸侯召见,有损天子尊严,因此《春秋》记为天子因狩于河阳而赴诸侯之会。相类似的还有僖公二十四年(前636)所记"天王出居于郑"。《公羊传》解释这条记载说："王者无外,此其言出何？不能乎母也。"这件事在《左传》《春秋繁露·王道》等处都有记载。实际上,周襄王是因为与同母胞弟王子带争权,兵败而逃到郑国。这样的记载实际上是在隐讳天子的丑事。闵公二年(前660)卫国为狄人所灭,《春秋》则记曰"十有二月,狄入卫",后又记"城楚丘"。《公羊传》解释"城楚丘"称："孰城？城卫也。曷为不言城卫？灭也。孰灭之？盖狄灭之。曷为不言狄灭之？为桓公讳也。曷为为桓公讳？上无天子,下无方伯,天下诸侯有相灭亡者,桓公不能救,则桓公耻之也。"《公羊传》指出《春秋》的记载是为齐桓公隐讳。齐桓公作为春秋五霸之一,有尊王攘夷之功,孔子称赞他说"齐桓公正而不谲",又说"管仲相桓公,霸诸侯,一匡天下,民到如今受其赐"。[①] 孔子此处的讳书是要为作为霸主的齐桓公隐讳不能及时保护中原国家免受侵凌之事。再如庄公四年(前690),纪国(纪哀侯)为齐襄公所灭,《春秋》记

[①] 《论语·宪问》,诸子集成本,中华书局1954年版。

曰:"纪侯大去其国。"《公羊传》解释说:"大去者何?灭也。孰灭之?齐灭之。曷为不言齐灭之?为襄公讳也。《春秋》为贤者。讳何贤乎襄公?复仇也。何仇尔?远祖也。哀公亨乎周,纪侯谮之。以襄公之为于此焉者,事祖祢之心尽矣。"《公羊传》认为"大去其国"之辞是《春秋》在为贤者讳,也就是为齐襄公隐讳。《穀梁传》对《春秋》的这则解释与《公羊传》有所不同,认为"大去者,不遗一人之辞也。言民之从者,四年而后毕也。纪侯贤而齐侯灭之,不言灭而曰大去其国者,不使小人加乎君子"。《穀梁传》认为这条记载是在为纪侯隐讳,但同样也肯定了《春秋》此处的为贤者讳。

第五,《春秋》书法取义理之实而舍史实。《春秋》"宣公二年"书:"晋赵盾弑其君夷皋。"《左传》详述了这段史事,称:"晋灵公不君……赵穿攻灵公于桃园。宣子未出山而复。大史书曰:'赵盾弑其君。'以示于朝。宣子曰:'不然。'对曰:'子为正卿,亡不越竟,反不讨贼,非子而谁?'宣子曰:'乌呼,"我之怀矣,自诒伊戚",其我之谓矣!'孔子曰:'董狐,古之良史也,书法不隐。赵宣子,古之良大夫也,为法受恶。惜也,越竟乃免。'"可见,弑君者实际上是赵穿而非赵盾,但赵盾身为正卿对国君之死负有道义上的责任,因此《春秋》的记述虽背史实,却点出了义理之实。书义理之实而舍史实,正是《春秋》经常采用的一种书法。

"三传"对《春秋》中的褒贬笔法最早做了较为系统的阐发。《公羊传》和《穀梁传》侧重对《春秋》义例的发明;《左传》更注重记载史事,使人更容易看出《春秋》的笔法。汉代经学确立后,学者多关注《春秋》中的褒贬笔法以探究《春秋》大义。董仲舒作《春秋繁露》,提出了"董氏义例",晋人杜预则通过《春秋经传集解》《春秋释例》两部著作,较为系统地总结了《春秋》义例。到了宋代,对于《春秋》褒贬笔法的认识,大致有两种主张。一种主张是继承和发展汉代以来的传统,以《春秋》为经,认为《春秋》以笔法"一字寓褒贬";另一种主张则以《春秋》为史,并且认为《春秋》只是据事直书,反对前人以义理言褒贬的做法,甚至认为《春秋》并无褒贬。这两种针锋相对的观点,前者以欧阳修、崔子方为代表,后者以朱熹、叶适为代表。

欧阳修和崔子方等人认为《春秋》是微言大义、为后世制王法的重要经书,有一套系统的笔法寓褒贬,并且力图归纳出《春秋》进行褒贬的笔法规则。欧阳修有"拟《春秋》情结"[1],认为《春秋》"一字为褒贬"[2],所以其作史

---

[1] 周远斌:《儒家伦理与〈春秋〉叙事》,齐鲁书社 2008 年版,第 171~179 页。
[2] 〔宋〕欧阳修:《欧阳修全集》卷十八《春秋论中》。

"褒贬义例,仰师《春秋》"①。欧阳修没有专门的经学著作归纳《春秋》褒贬笔法,但是在《新唐书》和《新五代史》中有六处指明《春秋》书法:一是"春秋之法常责备于贤者"②;二是"昔者孔子作《春秋》而乱臣贼子惧。其于弑君篡国之主,皆不黜绝之,岂以其盗而有之者莫大之罪也? 不没其实,所以著其大恶而不隐欤"③;三是"《春秋》之法,君弑而贼不讨,则深责其国,以为无臣子也"④;四是"《春秋》于大恶之君不诛绝之者,不害其褒善贬恶之旨也,惟不没其实以著其罪,而信乎后世"⑤;五是"与弑即位,逾年改元,《春秋》之法,皆以君书"⑥;六是"《春秋》之法,君弑而贼不讨者,国之臣子任其责"⑦。第一条承自董仲舒"《春秋》常于其嫌得者见其不得"之例,第二条和第四条是欧阳修在史书修撰中重视的"不没其实",第三条和第六条是申述《春秋》"三传"已发之例,第五条是关于纪年的书法问题。欧阳修总结并运用的这些《春秋》义例,虽然前人多有论及,却是欧阳修自己从《春秋》中得来的,并未照搬前人说法,体现出欧阳修对《春秋》褒贬书法的高度重视。

崔子方虽没有史学名著传世,但却在经学上系统归纳了《春秋》褒贬书法,著有《春秋经解》和《春秋本例》两部著作。崔子方在《春秋经解》中解释了自己治《春秋》的方法,说:

> 圣人之有作,欲以绳当时之是非,著来世之惩劝,使人皆知善之可就而罪之可避也,故明著之经。今曰:"考之经而无见,必待传者之说而后明,是圣人之经徒为虚文而已。"且圣人岂必后世有三家者为之传乎? 其无为传则《春秋》遂无用于世矣! 假如圣人知后世必有为之传者,岂不曰:"吾经之不明,则传者得为异说以纷纶吾辞,吾辞将不信于后世。"安得不为此虑也耶! 是故,其辞必完具于一经之间,其事必完具于一辞之中,虽然圣人岂敢以一辞之约而使后世之人晓然知吾之所喻哉! 故辞之难明者,则著例以见之。例不可尽也,则又有日月之例焉,又有变例以为言者,然后褒贬是非之意见矣!⑧

---

① 〔宋〕欧阳修撰、徐无党注:《新五代史·序》。
② 〔宋〕欧阳修、宋祁:《新唐书》卷二《本纪第二》。
③ 〔宋〕欧阳修、宋祁:《新唐书》卷四《本纪第四》。
④ 〔宋〕欧阳修、宋祁:《新唐书》卷八《本纪第八》。
⑤ 〔宋〕欧阳修撰、徐无党注:《新五代史》卷二《梁本纪第二》。
⑥ 〔宋〕欧阳修撰、徐无党注:《新五代史》卷十三《梁家人传第一》。
⑦ 〔宋〕欧阳修撰、徐无党注:《新五代史》卷十三《梁家人传第一》。
⑧ 〔宋〕崔子方:《春秋经解·自序》。

崔子方认为,《春秋》是孔子"绳当时之是非,著来世之惩劝"的经书,因此充满了"褒贬是非之意见"。崔子方认为,《春秋》中的褒贬之义已经通过经文本身明确表达出来了,并不需要"三传"的解释,"辞必完具于一经之间,其事必完具于一辞之中"。崔子方又进一步指出,《春秋》为褒贬是依靠一定的"例"来表达的,"例"不能尽意的时候,就用"日月之例",还有"变例"作为补充。在崔子方看来,《春秋》为经,所以有褒贬,而《春秋》的褒贬是由一定的"例"来表达的。因此,崔子方注重总结归纳《春秋》的褒贬笔法来阐发《春秋》大义,又著《春秋本例》一书,专门总结《春秋》褒贬笔法来阐发《春秋》大义。他说:

  《春秋》之法,以为天下有中外、侯国有大小、位有尊卑、情有疏戚,不可得而齐也。是故详中夏而略外域,详大国而略小国,详内而略外,详君而略臣,此《春秋》之义。而日月之例所从生也,著日以为详,著时以为略,又以详略之中而著月焉,此例之常也。①

崔子方指出《春秋》的褒贬大义在于别内外尊卑,为了体现这种大义,《春秋》用日月之例作为"常例",也就是通过记事所书日月不同来寓褒贬,因此专门作《春秋本例》来总结春秋中的"常例"。

与欧阳修、崔子方的意见不同,朱熹把《春秋》作为征实记载史事的史书,因此反对从"义"的角度理解《春秋》褒贬,他说:

  问:"春秋当如何看?"曰:"只如看史样看。"曰:"程子所谓'以传考经之事迹,以经别传之真伪',如何?"曰:"便是,亦有不可考处。"曰:"其间不知是圣人果有褒贬否?"曰:"也见不得。""如许世子止尝药之类如何?"曰:"圣人亦只因国史所载而书之耳。圣人光明正大,不应以一二字加褒贬于人。若如此屑屑求之,恐非圣人之本意。"②

朱熹把《春秋》看作史书,认为其笔法只是"因国史所载而书之",不应当从一字寓褒贬的角度解《春秋》。朱熹还明确指出,《春秋》是记事之书,从"义"的角度解说其褒贬是妄论。他说:"《春秋》所书,如某人为某事,本

---

① 〔宋〕崔子方:《春秋本例·序》,文渊阁《四库全书》本。
② 〔宋〕朱熹:《朱子语类》卷八十三《春秋·纲领》。

据鲁史旧文笔削而成。今人看《春秋》,必要谓某字讥某人。如此,则是孔子专任私意,妄为褒贬。孔子但据事直书而善恶自著。"①朱熹认为,《春秋》据事直书,如果从义理角度探讨《春秋》褒贬,就是把《春秋》歪曲成了"专任私意,妄为褒贬"之书。朱熹本人主张从"史"的角度总结《春秋》笔法,而否定从"义"的角度对《春秋》笔法进行解说的做法,称:

> 圣人据鲁史以书其事,使人自观之以为鉴戒尔。其事则齐威、晋文有足称,其义则诛乱臣贼子。若欲推求一字之间,以为圣人褒善贬恶专在于是,窃恐不是圣人之意。②

可见,朱熹并不是认为《春秋》没有褒贬,而是认为《春秋》作为史书,只是通过记事见褒贬。因此,朱熹主张从"史"的角度探讨《春秋》褒贬,把对《春秋》褒贬的讨论限定在"齐威、晋文"之事的范围内,而反对把讨论《春秋》褒贬从"义"的角度扩大到"推求一字之间"。朱熹在《资治通鉴纲目凡例》中总结的《春秋》褒贬义例,据史事推导出"诛乱臣,讨贼子,内中国,外夷狄,贵王贱伯"③的《春秋》大旨,拟定出各项凡例;又根据《春秋》经文提出各项凡例具体的叙事规则,典型的正统记事之例,"凡正统,全用天子之制以临四方,书法多因旧文,略如《春秋》书周、鲁事,事有相因者,连书之";还有无统记事之例,"凡无统即为敌国,彼此均敌,无所抑扬,书法多变旧文,略如《春秋》书他国事,事各冠以国号,不连书"④。

叶适更加彻底地否定解说《春秋》褒贬的做法。他认为:

> 《春秋》诸侯史也的,载事不能自通者,左氏必以传纬之,亦所以具本末也。孤行无本末而以类例为义,始于《公羊》董仲舒。师之于是,经生空言主断而古史法没不见矣。⑤

在叶适看来,《春秋》不仅是记事的史书,而且是一部"载事不能自通"的记事不明之作。对于这样一部作品,叶适指责董仲舒以来以褒贬笔法言

---

① 〔宋〕朱熹:《朱子语类》卷八十三《春秋·纲领》。
② 〔宋〕朱熹:《朱子语类》卷八十三《春秋·纲领》。
③ 〔宋〕朱熹:《朱子语类》卷八十三《春秋·纲领》。
④ 〔宋〕朱熹:《御批资治通鉴纲目·凡例》。
⑤ 〔宋〕叶适:《习学记言》卷三十八《唐书·帝纪》。

《春秋》者,是不明史法而空谈臆测。叶适对公羊家的指责颇为严厉,他说:"《春秋》因事以明义,虽其大指归于拨乱反正,然天子、诸侯、大夫之间,节目甚多,未易言也。《公羊》区区,执藩篱之见,开苛扰之门,己则不正,而何以反乱世于正乎?"①叶适认为,《春秋》是"因事以明义"的史书,但要从记事的细节来探求《春秋》"拨乱反正"的大义则非常困难,而公羊家以一己之见论《春秋》褒贬已失解经之正,因此反而不能阐明《春秋》大义。叶适对公羊家的严厉批评,正是基于公羊家以褒贬之例解《春秋》之义。在以《春秋》为信史的叶适看来,探究《春秋》褒贬的学问无异于屠龙之术。

叶适不仅反对公羊家以褒贬言《春秋》,还反对史家以褒贬之法作史。他曾经批评欧阳修作《新五代史》和《新唐书》本纪,称:

> 欧阳氏用《春秋》法书唐、五代帝纪。按尧舜三代史今存者,惟书其载事,必具本末。《春秋》,诸侯史也,载事不能自通者,左氏必以传纬之,亦所以具本末也。孤行无本末,而以类例为义,始于《公羊》董仲舒。师之于是,经生空言主断,而古史法没不见矣。若夫司马迁变史,则又不然。纪、世家,君也;传,臣也。各因其人以著其事,非如上世史因事以著其人也。欧阳氏,三者不备考而杂用之,于纪则有掩郁不详之患,于传则有掠美偏恶之失,长空言之骄肆,而实事不足以劝惩,学者不当遵也。②

叶适认为,上古史法载事"必具本末",《春秋》作为史书也遵循这一史法,虽然其"载事不能自通",是因为有《左传》为其具本末。基于这一观念,叶适认为,公羊家论《春秋》褒贬是"孤行无本末",而欧阳修法《春秋》是失于作史之法,造成史书空言骄肆而实事不足。

总的说来,宋人或以《春秋》为经,或以《春秋》为史,都往往从不同角度、在不同程度上阐发《春秋》褒贬笔法。宋人中虽然也有像叶适那样反对探究《春秋》褒贬的观点,但主张探讨并模仿《春秋》褒贬笔法的观点,占据主流地位。

---

① 〔宋〕叶适:《习学记言》卷二十《史记·史迁自序》。
② 〔宋〕叶适:《习学记言》卷三十八《唐书·帝纪》。

二、《春秋》褒贬笔法对宋代史书书法的影响

宋代是《春秋》学发达的时代。《春秋》学兴盛，促使宋代史学盛行运用《春秋》义例进行褒贬。欧阳修的《新五代史》和《新唐书》、尹洙的《五代春秋》、胡旦的《汉春秋》、王沿的《唐志》、孙甫的《唐史记》、范祖禹的《唐鉴》、萧常的《续后汉书》、王益之的《西汉年纪》、朱熹的《资治通鉴纲目》等众多史著，更直接效仿《春秋》义例。可以看出，宋代史家的史书褒贬之例明显地受到《春秋》书法影响，主要有五点：

第一，宋代不少史家受《春秋》纪年"冠王于正"之法影响，修史采用编年体以纪年寓尊王和正统之意。司马光的《资治通鉴》是宋代编年体史书的代表，每卷均以帝王纪年，有时卷首还有"春，正月"类似《春秋》"元年，春，王正月"之语，体现出《春秋》影响下的尊王之旨。而洪迈也根据司马光给参与《资治通鉴》编纂的范梦得的手帖，指出司马光的纪年之法模仿《春秋》。洪迈说："公意正以《春秋》定公为例，于未即位，即书正月为其元年。"①这进一步说明了司马光纪年之法受到《春秋》的影响。王益之的《西汉年纪》不仅以帝王纪年，而且每卷以帝王标目，突显"冠王于正"之意。范祖禹的《唐鉴》、李焘的《续资治通鉴长编》、陈均的《九朝编年备要》、刘时举的《续宋编年资治通鉴》等编年体史书也用此法。李心传的《建炎以来系年要录》因为记述宋高宗一朝史事，因此每卷以年号、年、月标目。《中兴小纪》等当代编年体史书多采用李心传的做法。朱熹发展了《春秋》尊王纪年之法，其纂《资治通鉴纲目》，有以纪年明正统之法，也就是"表岁以首年，而因年以著统"。"表岁以首年"即是"逐年之上行外书某甲子，遇甲字、子字则朱书以别之。虽无事，依举要亦备岁年"。这突显了纪年的重要性。朱熹又用"因年以著统"这种纪年方式，以不同书法区别正统和非正统王朝，"凡正统之年岁下大书，非正统者两行分注"②。

第二，宋代史书模仿《春秋》的一字寓褒贬。《春秋》一字寓褒贬，往往对同类事件的文字表述不同，以此进行褒贬。宋代史书纷纷模仿《春秋》的这一做法。欧阳修推崇《春秋》，阐发其别善恶、寓褒贬的书法，直接作为自己的修史之例，认为《新唐书》"合于《春秋》之法"③，其著《新五代史》《新唐

---

① 〔宋〕洪迈：《容斋续笔》卷四《资治通鉴》。
② 〔宋〕朱熹：《御批资治通鉴纲目》卷首上《朱子序例》。
③ 〔宋〕欧阳修、宋祁：《新唐书》卷四《本纪第四·则天顺圣皇后》。

书》，仿《春秋》一字寓褒贬之例。赵翼曾总结称：

> 其用兵之名有四：两相攻曰攻，如《梁纪》孙儒攻杨行密于扬州是也。以大加小曰伐，如《梁纪》遣刘知俊伐岐是也。有罪曰讨，如《唐纪》命李嗣源讨赵在礼是也。天子自往曰征，如《周纪》东征慕容彦超是也。攻战得地之名有二：易得曰取，如张全义取河阳是也。难得曰克，如庞师古克徐州是也。以身归曰降，如冯霸杀潞将李克恭来降是也。以地归曰附，如刘知俊叛附于岐是也。……凡此皆先立一例，而各以事从之，褒贬自见。①

对照《春秋》经文可以看出，欧阳修的这些用字很多是沿用《春秋》。相较而言，欧阳修的一字寓褒贬又比《春秋》更为详核细密。这一方面带来史书体例统一的好处，但另一方面也造成记事矛盾、体例难以照应全局等多种问题。②

尹洙撰《五代春秋》"全仿《春秋》"③，《四库全书总目》称其"笔削颇为不苟，多得谨严之遗意"④，一字寓褒贬是《五代春秋》笔削"多得谨严之遗意"的突出表现。《五代春秋·梁太祖》站在梁太祖立场上记事，对于梁与敌国的征战，尹洙用不同的字来表达，体现出其褒贬立场。秦、晋攻梁，尹洙一般记为"寇""侵""攻""袭"：

> （开平二年）秦人来寇雍州，同州刘知俊败秦师于幕谷。八月，晋人来侵晋州。
> （开平三年）七月晋人来攻晋州乙。
> （开平三年）秦人来侵。

梁攻敌国，尹洙一般则记为"伐""征""讨"：

> （开平三年）四月，同州刘知俊伐秦。

---

① 〔清〕赵翼：《廿二史劄记校证》卷二十一《欧史书法谨严》，王树民校证，中华书局1984年版。
② 刘丽、张剑光：《关于〈新唐书〉的书法问题》，《史学史研究》2007年第2期。
③ 〔清〕王鸣盛：《十七史商榷》卷九十八。
④ 《四库全书总目》卷四十八《史部四·编年类存目》。

(开平四年)辛亥,帝西征次陕州。

(开平四年)景仁帅师北讨次于柏乡。①

可以看出,《五代春秋》通过对同类事件的不同表述,体现出作者的褒贬立场,明显是效仿《春秋》一字寓褒贬之例。

第三,宋代史书有采《春秋》"常事不书"之例而为褒贬的书法。欧阳修著《新唐书》《新五代史》有常事不书之例,徐无党在《新五代史》注中总结道:"自即位以后,大事则书,变古则书,非常则书,意有所示则书,后有所因则书非此五者则否。"②按徐无党的解释,欧阳修修史,记皇帝即位之后事,非重大事件、变革事件、有深意之事、后文记述所需之事,均不予记载。欧阳修的这种常事不书之例,往往也像《春秋》的不书之例一样带来"异辞"。这些"异辞"有不少蕴含褒贬意味。《新五代史》卷五《唐本纪第五》记曰:"八月,大雨霖,河溢。九月壬子,置水于城门,以禳荧惑。"徐无党注称:"本纪书灾不书异。荧惑为置水非礼书尔。见其有惧祸之意,而不知畏天以修德。水、旱、风、蝗之类害物者,灾也,故书。其变逆常理不知所以然者,异也,以其不可知故不书尔。"通过徐无党的解释可知,自然力造成损害为"灾",有违常理之变为"异",欧阳修本纪书法记"灾"不记"异"。《新五代史》此处记"异",是贬斥天子李存勖惧祸而不知畏天修德。《新五代史》的这条记载与《春秋》"桓公十四年"云:"秋八月壬申,御廪灾。乙亥,尝"的记载书法暗合。

尹洙的《五代春秋》仅两卷,简洁至极,其叙事理应如欧阳修非有缘故不书。尹洙虽然没有说明自己的不书之例,但从其历史记述中,我们仍可看出其"异辞"寓褒贬的端倪。《五代春秋》以皇帝立条目记事,其法有类本纪,按徐无党之说不应记"异"。《五代春秋》也确实并非有"异"必书,其记"异"之后往往验之以天灾人祸,有天人谴告之意。《五代春秋·后唐庄宗神闵皇帝》记曰:"四月辛亥朔日有食之……大旱。"关于这次日食,《旧五代史》卷一百三十九《天文志》称,后唐庄宗同光三年(925),"四月癸亥朔,时有司奏:'日食在卯,主岁大旱。'"。参照《旧五代史》的记载可以看出,尹洙以日食与大旱相应,应该有指责天子李存勖的意味。

---

① 〔宋〕尹洙:《五代春秋》卷上《梁太祖》,见孙甫:《〈唐史论断〉(及其他二种)》,中华书局1985年版。

② 〔宋〕欧阳修撰、徐无党注:《新五代史》卷二《梁本纪第二》。

第四，宋代史书褒贬多用讳书。讳书是古代史学普遍存在的现象，宋代因为《春秋》义例的盛行，更是不乏其例。薛居正的《旧五代史》多有讳书，其叙朱温因子朱友伦击鞠坠马致死而滥杀无辜一事，只称："十月辛巳，护驾都指挥使朱友伦因击鞠坠马，卒于长安。讣至，帝大怒，以为唐室大臣欲谋叛己，致友伦暴死。"①朱温冤杀崔胤及与朱友伦击鞠者之事被讳而不书。尹洙效仿《春秋》为五代帝王隐讳丑事。《五代春秋》记契丹攻破后晋都城开封，晋出帝出城投降时只书："（开运）四年正月，帝逊于北郊。"又记晋出帝被迁往契丹境内书称："癸卯，帝逊于辽阳。"②这两条记载都是为晋出帝隐讳耻辱的书法。欧阳修著史有时也用讳书，钱大昕曾指出《新五代史》为周世宗讳书，"周世宗之才略，可以混一海内而享国短促，坟土未干，遂易他姓，洪容斋认为失于好杀，历举薛史所载甚备"，而欧阳修则因尊崇周世宗对其好杀之事"多芟之"。③宋人叙前代史事本无回护必要，而屡用讳书，与《春秋》讳书的影响不无关系。

宋人著当代史，讳书更多。王称著《东都事略》，记"靖康之变"，讳言徽、钦宗遭金人掳掠，以二帝"北狩"称之："靖康二年二月丁卯，道君皇帝出郊。三月丁巳，道君皇帝北狩。""丁巳，道君皇帝北狩。夏四月庚申朔，皇帝北狩。"这种记载完全是为二帝隐讳耻辱。陈均著《九朝编年备要》，干脆对此遭掳之事避而不谈。

第五，宋代史书对《春秋》书义理之实的书法有所继承。宋代编年体史书记述武则天在位的史事，普遍以武则天为伪（非正统）而以唐中宗纪年。孙甫著有《唐史记》和《唐史论断》，其《唐史论断》认为武则天"僭窃位号"，因此根据《春秋》记季氏专权鲁昭公出逃齐国之后史事岁首书"公在乾侯"之例，记武周史事应当"书武后事于中宗纪年"。④《唐史记》虽已亡佚，由《唐史论断》之论可知，《唐史记》记武周史事是以唐中宗纪年。范祖禹撰《唐鉴》，也效仿《春秋》"公在乾侯"例，其论曰："昔季氏出其君，鲁无君者八年。《春秋》每岁必书公之所在。及其居乾侯也，正月必书曰：'公在乾侯。'"⑤据此，《唐鉴》记武周史事也以"帝在房州""帝在东宫"纪年。朱熹编《通鉴纲目》，记武周史事纪年书"帝在均州""帝在房州""帝在东宫"。尹

---

① 〔宋〕薛居正等：《旧五代史》卷二《太祖纪二》。
② 〔宋〕尹洙：《五代春秋》卷下《晋高祖》。
③ 〔清〕钱大昕：《十驾斋养新录》卷第六《五代史》，江苏古籍出版社2000年版。
④ 〔宋〕孙甫：《唐史论断》卷上"中宗·不称武后名"。
⑤ 〔宋〕范祖禹：《唐鉴》卷七《高宗》。

起莘为《通鉴纲目》作《发明》,指出《纲目》这种书法是效仿《春秋》,称:"昔季氏逐其君,《春秋》每岁必书公所在。今武氏既废中宗,然《纲目》犹书帝者,不予武氏之废也。每岁必书帝之所在者,本《春秋》之法也。"①"帝在某地"的书法虽不符合武周代唐的史实,却符合义理标准,是孙甫等人效仿《春秋》书义理之实书法的一种表现。

欧阳修作纪传体史书,也多用《春秋》书义理之实的书法。《新唐书·玄宗本纪》记唐将哥舒翰在灵宝西原被安禄山的部将崔乾佑打败一事,为了点出安禄山作乱之恶,书曰:"哥舒翰及安禄山战于灵宝西原,败绩。"出于同样的书法,记安禄山部将孙孝哲攻陷长安之事时称:"禄山陷京师。"

第二节 《春秋》笔法与宋代史体发展

"史书体裁是史书的主要表现形式"②。《春秋》笔法在史书体裁方面的最突出特点就是编年纪事。孔子作《春秋》,寄托了自己的政治理想,用特定的"史法"贯通"史义",从而在历史记述中贯穿义理。《春秋》之后,又有《公羊传》《穀梁传》《左传》解《春秋》,也采用编年体。"三传"尤其是《左传》,不仅继承和发展了《春秋》的编年体裁,也阐发了《春秋》笔法,成为《春秋》笔法影响后世史书体裁的一座桥梁。北宋时《春秋》笔法已经表现出对史书体裁的重要影响,③南宋又有进一步发展。《春秋》笔法对宋代史书体裁的影响,主要表现在两个方面:一方面,《春秋》自身的编年体裁对宋代史学起到了示范作用;另一方面,《春秋》笔法中蕴含的大义被宋代史家奉为修史的指导思想,促使后世史家对史书体裁和体例进行了一定创新。从史体创新"可见宋人在史学上之贡献,远过前代"。④

一、编年体史书振兴与纪事本末体产生

编年纪事是《春秋》笔法在史体方面的突出特征。《春秋》编年体前承

---

① 〔宋〕尹起莘:《资治通鉴纲目发明·序》,见《御批资治通鉴纲目》卷首下,文渊阁《四库全书》本。
② 瞿林东:《古代史家怎样对待史书体裁》,《安徽史学》1984年第4期。
③ 孙旭红:《北宋〈春秋〉学与史学》,《南通大学学报(社会科学版)》2012年第3期。
④ 陈功甫、卫聚贤、陆懋德、董允辉:《中国史学史未刊讲义四种》,王传编校,上海古籍出版社2016年版,第249页。

诸侯国国史，后启《左传》以下编年体撰述之风。杜预《春秋左氏传序》解释《春秋》之名的由来，称："春秋者，鲁史记之名也。记事者，以事系日，以日系月，以月系时，以时系年，所以记远近，别同异也。故史之所记，必表年以首事。年有四时，故错举以为所记之名也。"这就是说，《春秋》编纂以时间为中心，按年月顺序记事，所以用"春秋"为书名。① 《春秋》的编年纪事之体承接古代诸国国史的体例而来。东周以来大多数诸侯国所修国史通称为"春秋"，《墨子·明鬼》就提到有"百国春秋"。也有些诸侯国的国史有专称，《孟子·离娄下》记有"晋之《乘》、楚之《梼杌》"。孔子正是对这些诸侯国的国史进行加工整理而纂成《春秋》一书。《史记·孔子世家》记载孔子编纂《春秋》一事说："子曰：'弗乎弗乎，君子病没世而名不称焉。吾道不行矣，吾何以自见于后世哉？'乃因史记作《春秋》，上至隐公，下讫哀公十四年，十二公。"《公羊传疏》引闵因《序》明确指出孔子作《春秋》，除依据鲁国的史记外，还"使子夏等十四人求周史记，得百二十国宝书"，参考了大量其他诸侯国的国史。《孟子·离娄下》记载孔子作《春秋》称："王者之迹熄而诗亡，诗亡然后《春秋》作。晋之《乘》、楚之《梼杌》、鲁之《春秋》一也。其事则齐桓、晋文，其文则史，孔子曰：'其义则丘窃取之矣。'"可见，孔子作《春秋》所采用的编年体是诸侯国国史普遍采用的。但是，这些史书早已亡佚，没有对后世史学产生多少影响。孔子通过加工整理使其所作《春秋》的体裁与体例较诸侯国国史更加完备，影响深远。

在古代，不少学者"以为《春秋》则古史记之正法，有所著述，多依《春秋》之体"②，采用编年体修史。汉代以后，虽有荀悦《汉纪》、袁宏《后汉纪》等一些编年体名著的继起，但是司马迁创纪传体之后，编年体却长期处于低谷，史家修史竞相采用纪传体。从两汉到五代，是纪传体兴起而编年体中衰的时期。③ 一方面，在《两汉纪》之后，编年体史书在数量和质量上都不及纪传体史书；另一方面，一些史家明确指出编年体不如纪传体。唐人皇甫湜作《编年纪传论》，指责《春秋》的编年体造成记事不连贯需要参考他书的弊病，称："《春秋》之作，则有《尚书》《左传》，之外又为《国语》，可复省

---

① 杜预认为"春秋"是约言"春夏秋冬"四季，不准。按甲骨文所见，先有"春秋"后有"冬夏"，再有"春秋冬夏"之言，最后才有"春夏秋冬"之序，可见"春秋"即上古时季节划分。
② 〔唐〕魏徵等：《隋书》卷三十三《经籍志》，中华书局1973年版。
③ 林校生：《〈资治通鉴〉与编年体》，见刘乃和、宋衍申主编：《〈资治通鉴〉丛论》，河南人民出版社1985年版，第79～94页。

左史于右、合外传于内哉。故合之则繁,离之则异,削之则阙。"①对比编年体,皇甫湜认为,纪传体史书具有"首尾具叙述,表里相发明,庶为得中"②的优点。

北宋建立后,宣扬"大一统"之义的《春秋》学兴盛起来,史家热衷于探讨和运用《春秋》笔法修史,促成了"古史"的增多,③即编年体史书的振兴,由此"打破了纪传体'正史'独尊的局面"。④ 再加上理学等时代思潮的影响,宋代史家注重总结历史和探讨历史盛衰,⑤也促进了《春秋》编年体的流行。在《春秋》笔法影响下,宋代编年体史书的振兴主要表现在三个方面:

第一,在数量方面,宋代编年体史书迭出,出现以司马光的《资治通鉴》为代表的一大批编年体史著。《资治通鉴》不仅继承、发展了《春秋》的编年体,也影响了一批编年体史书的产生。司马光编成《资治通鉴》后,又撰《资治通鉴考异》三十卷,讲明自己在编纂《资治通鉴》过程中对史料的判断、甄选,仍然采用编年体。另外,司马光还编成篇幅较小的《稽古录》,记述上起伏羲、下至有宋之史事。协同司马光编纂《资治通鉴》的刘恕,著有《资治通鉴外纪》十卷,希望与《资治通鉴》相配,贯穿历代史事。李焘著《续资治通鉴长编》五百二十卷,接《资治通鉴》记述建隆至靖康之事,是中国史学史上卷帙空前浩繁的编年体皇朝史著作。后来李心传又撰《建炎以来系年要录》,仿《资治通鉴》体例,接《续资治通鉴长编》记载宋高宗朝三十六年的史事。金履祥又著有《通鉴前编》十八卷记《资治通鉴》前史事,刘时举也受《资治通鉴》影响作《续宋编年资治通鉴》十五卷。除了《资治通鉴》及与其相关的史著,宋代的编年体史著也是不胜枚举。胡宏著有《皇王大纪》八十卷,其记述上起盘古、下迄周末。熊克著有《中兴小纪》,记载建炎丁未年(1127)至绍兴壬午年(1162)之事。吕祖谦著《大事记》十二卷,取《史记》年表所书,编年系月记载春秋后之事,上起周敬王三十九年(前481)、下迄汉武帝征和三年(前90)。陈均撰《宋九朝编年备要》三十卷,记载宋高祖至宋钦宗九朝史事。李埴作《皇宋十朝纲要》二十五卷,记载从宋太祖至宋高宗时的史事。留正的《皇宋中兴两朝圣政》四十八卷,记宋高宗和宋孝宗两

---

① 〔唐〕皇甫湜:《皇甫持正文集》卷二《编年纪传论》,文渊阁《四库全书》本。
② 〔唐〕皇甫湜:《皇甫持正文集》卷二《编年纪传论》。
③ 白寿彝:《中国史学史》,第191页。
④ 宋衍申主编:《中国史学史纲要》,东北师范大学出版社1996年版,第147页。
⑤ 吴怀祺:《历史观、历史思维与安邦兴邦》,《史学史研究》2007年第2期。

朝之事。此外还有《靖康要录》十二卷、《宋季三朝政要》六卷等一批作品。

第二,在质量方面,宋代编年体史著出现了不少上乘之作。司马光的《资治通鉴》不仅造诣极高,而且带动了宋代乃至后世的编年体史书撰述,甚至形成了对其进行研究的"通鉴学"。① 李焘的《续资治通鉴长编》继《资治通鉴》而作,不仅以980卷的浩大篇幅翔实记述了建隆至靖康史事,而且广泛参考史料以求实录治乱兴衰。叶适盛赞《续资治通鉴长编》称:"《春秋》之后,才有此书,信之聚也。"② 认为该书能够详备反映历史,堪比《春秋》。徐梦莘编纂《三朝北盟会编》,记述宋徽宗、宋钦宗及宋高宗三朝与金和战之事,广撷文献材料超过200种,并且对所采史料不加删改予以著录,因此保存了大量珍贵史料。李心传作《建炎以来系年要录》,记述宋高宗一朝建炎元年(1127)至绍兴三十二年(1162)的史事。李心传著该书,不仅参考了大量史料,而且加以严格考辨,四库馆臣称赞这部著作"文虽繁而不病其冗,论虽歧而不病其杂。在宋人诸野史中,最足以资考证"③。

宋代编年体史书的最高成就,当属司马光的《资治通鉴》。清代史学理论家章学诚在讲到"史部之通"的"极盛"时,指出《资治通鉴》在编年体史书发展过程中所达到的高度,称:"合纪传之互文,而编次总括乎荀、袁,司马光《资治通鉴》作焉。"④ 清人浦起龙也盛称《资治通鉴》的史学成就,说:"上起三国,下终五季,弃编年而行纪传,史体偏缺者五百余年。至宋司马氏光始有《通鉴》之作,而后史家二体到今两行。坠绪复续,厥功伟哉。"⑤

司马光幼习《左传》,"七岁,凛然如成人,闻讲《左氏春秋》,爱之,退为家人讲,即了其大指"⑥。他作史理应受到了《左传》影响,但在体裁、体例方面,他却是"推本荀悦《汉纪》,以为《通鉴》"⑦。《通鉴》作为编年体史书,它对于传统编年体的发展主要表现在:其一,《资治通鉴》贯通古今,打破了编年体史书自诞生以来断代纪年的局限,记述从战国时期韩、赵、魏三家分晋(前403)至后周世宗显德六年(959)计1362年之间的史事,成为一部包

---

① 朱杰勤:《中国古代史学史》,河南人民出版社1980年版,第168~200页。
② 〔宋〕叶适:《水心文集卷之十二·巽岩集序》。
③ 〔清〕永瑢:《四库全书总目》卷四十七《史部三·编年类》。
④ 〔清〕章学诚:《文史通义校注》卷四《内篇四·释通》,叶瑛校注,中华书局1985年版。
⑤ 〔唐〕刘知幾撰、〔清〕浦起龙释:《史通通释》卷十二《古今正史》按语,上海古籍出版社1978年版。
⑥ 〔元〕脱脱等:《宋史》卷三百三十六《列传第九十五·司马光》。
⑦ 〔宋〕王应麟:《玉海》卷四十九,江苏广陵古籍刻印社1985年版。

罗万象的通史撰述,"扩大了编年体史书容量"①。其二,在历史记述方面,按正史"本纪"的时间顺序将"传""志"的内容按年编入,并且注意叙事的完整性。《资治通鉴》记事不仅记当年发生之事,还要叙述所记事件的前因后果以及相关之事;记重要人物也注意交代其籍贯、世系、重要事迹,以完整记录其生平。② 其三,《资治通鉴》发展了《左传》"君子曰"的论体,一方面在历史记述中用"臣光曰"的形式发表自己的历史评论,另一方面又用某某"论曰"的形式撷取荀悦、班固等前代史家的议论。

第三,在编纂思想方面,宋代史家空前推崇编年体。其一,宋代史家从历史编纂的角度推崇《春秋》经传的编年体裁。孙甫在《唐史论断序》中指出,《春秋》和《尚书》是"古之史",后世修史必须以《春秋》和《尚书》为法,称:"为史者欲明治乱之本,谨劝诫之道,不师《尚书》《春秋》之意,何以为法?"因为《尚书》之体不如《春秋》完备,所以孙甫推崇编年体为史法之正,认为史家虽然也可以采用纪传体进行撰述,但是,"必论其至,则(纪传)不若编年体正而文简也"。孙甫认为编年体有两个纪传体不可比拟的优点:首先,孙甫认为编年体"体正",也就是有利于记述历史兴衰之本。他说:"夫史之记事,莫大乎治乱。君令于上,臣行于下;臣谋于前,君纳于后。事臧则成,否则败,成则治之本,败则乱之由,此当谨记之'某年君臣有谋议'。"孙甫认为编年体有利于体现君王施政的成败,并且可以突显出君王在治乱兴衰中的主导作用,而纪传体则记载了过多与治乱之本无关的人臣事迹。其次,孙甫认为编年体"文简"。在孙甫看来,编年体只记与治乱兴衰相关之事,因此文字简洁;而纪传体则"所记一事分为数处,前后屡出,比于编年则文繁",并且会记载大量与治乱无关的琐碎之事,"记事便,则所取博,故奇异细碎之事皆载焉"。③

司马光也推崇编年体撰述。张煦侯先生曾经在《通鉴学》中指出,《资治通鉴》的撰述旨趣取法"《春秋》之意"。④ 也就是说,司马光希望用一部编年体史著囊括历代治乱兴衰之事,并以之为善恶鉴戒。因此,《资治通鉴》记事起于《左传》记事所止。司马光撰《资治通鉴》,不仅有继《春秋》之

---

① 瞿林东:《中国史学史纲》,第447页。
② 关于《资治通鉴》在历史记述方面的特点与成就,参见〔日〕内藤湖南:《中国史学史》,第159~162页;吴怀祺:《中国史学史》(第四卷),第83~86页;何根海、汪高鑫:《中国古代史学思想史》,第164~165页;等等。
③ 〔宋〕孙甫:《唐史论断·序》。
④ 张煦侯:《通鉴学(修订本)》,安徽教育出版社1981年版,第75~79页。

意,而且明显受到《春秋》以来的编年体史书的影响,他论及自己编纂《资治通鉴》的旨趣,说:"每患迁、固以来文字繁多,自布衣之士,读之不遍,况于人主,日有万机,何暇周览!臣常不自揆,欲删削冗长,举撮机要,专取关国家盛衰,系生民休戚,善可为法,恶可为戒者,为编年一书,使先后有伦精粗不杂。"①可见,司马光与孙甫看法相近,认为纪传体不如编年体简洁,患其"文字繁多",看重编年体有利于"举撮机要,专取关国家盛衰,系生民休戚,善可为法,恶可为戒者"。因此,司马光采用《春秋》以来的编年体进行历史撰述。

刘恕认为,《春秋》开创的编年体是"古史记之正法",但他又认为,后世史家不可学《春秋》,而应学《左传》。他说:"孔子作《春秋》,笔削美刺,子游、子夏门人之高弟,不能措一辞。鲁太史左丘明以仲尼之言高远难继,而为之作传。后之君子,不敢绍续焉。惟陆长源《唐春秋》、尹洙《五代春秋》非圣人而作经,犹春秋吴、楚之君僭号称王诛绝之罪也。"②刘恕认为,《春秋》微言大义,高远难继,学《春秋》是"非圣人而作经",如同"春秋吴、楚之君僭号称王诛绝之罪"。刘恕认为,史家应该仰学《左传》,说:"《左氏》传据鲁史,因诸侯国书,系年叙事。《春秋》所贬损大人、当世君臣有威权势力,其事实皆形于《传》。"可见,刘恕所主张的编年体是采用《春秋》的编年体裁,《左传》"事实皆形于"史文的撰述方式。正是由于对《春秋》编年的推崇,刘恕不仅在《资治通鉴》的编纂工作中做出了重要贡献,还另撰《资治通鉴外纪》一书。刘恕在《资治通鉴外纪·后序》中,说:"陶潜予为祭文,杜牧自撰墓志,夜台甫迩,归心若飞,聊叙不能作《前、后纪》,而为《外纪》焉。"由此可见,刘恕把该书当作自身史学乃至思想的一个总结。《资治通鉴外纪》一书充分体现出刘恕对《春秋》《左传》编年体裁的推崇。此书包括《庖牺以来纪》一卷、《夏纪》《商纪》一卷、《周纪》八卷,又有目录五卷,各卷都继承了《春秋》的以王纪年之法,以帝王标目,用帝王之年记事。《资治通鉴外纪》又效仿《左传》的撰述方式,不仅较为详细地记述史事,而且模仿《左传》的"君子曰"发论形式,用"刘恕曰"来发表对所记史事的考证观点,同时进行历史评论。

王益之明确表示编年体要优于纪传体,他说:

---

① 〔宋〕司马光:《资治通鉴·进书表》。
② 〔宋〕刘恕:《资治通鉴外纪·序》。

史之失,自迁、固始。或问:"荀悦曰:'史乎史乎'",余三复斯言,未尝不废卷而叹也。……纪传存一人之始末,论人物者有考焉。编年著一代之升降,观治乱者有稽焉。以一人之始末,视一代之升降重轻何如也?①

王益之一方面对司马迁、班固开创纪传体史书持否定态度,认为这是史学弊端的源头;另一方面则推崇荀悦恢复编年体著述,"爱其有功于古史"②。王益之指出纪传体的长处在于"存一人之始末,论人物者有考",编年体的长处在于"著一代之升降,观治乱者有稽"。在王益之看来,编年体反映朝代兴衰,显然比纪传体专注于个人事迹要高明得多。

南宋程公说的《春秋分记》前有一篇《序》,比较纪传与编年二体,说:

司马子长始为纪、传、表、书,革左氏编年之旧疆,为史者咸祖述焉。近岁程君伯刚又取左书厘而记之,一用司马氏法。然则编年果纪、传、表、书之不若乎?按《诗》王政废兴,大小分载,是为二《雅》十五《国》,事各以条列,则曰《国风》,此固纪及世家之权舆也。怀襄既定,邦赋以成厥有,《禹贡》前代时,若分职以训,专为《周官》,此则"八书"之端绪也。左氏身为国史,读夫子之《春秋》,将传焉以翼之,遂为席卷载籍、包举典故、囊括万务、并吞异闻之规,摹然事杂而志繁义丛,而词博非胸臆之大或得此而遗彼,非精力之强或举始而忘终,析异合同,汇分区别,君盖善学左氏者,匪编年不纪传若也。

这说明宋人中有一种观点,认为编年体并非不如纪传体方便记事,《左传》这样的编年体史书也是可以"席卷载籍、包举典故、囊括万务、并吞异闻"的。由此可见,在很多宋代学者心目中,编年体在对于史事的容纳和表现方面,比之纪传体并不逊色。

其二,宋代史家推崇《春秋》编年所蕴含的"尊王"与正统之义,纷纷效仿《春秋》的纪年之法。《春秋》以王纪年,有尊王之意。《春秋》纪年的显著特点是新君即位必书"元年,春,王正月",每记一年史事,首书君王年月,以君王统摄历史记述。《公羊传》认为《春秋》以王纪年大有深意,是通过纪年

---

① 〔宋〕王益之:《西汉年纪·序》。
② 〔宋〕王益之:《西汉年纪·序》。

来表示君王禀元奉天而开初，由此突显了这种纪年表述的尊王寓意。这种观念经由《公羊》学宣扬，深入人心。实际上，编年体史书每记一年都要有纪年，以君王纪年的表述本身就成为尊王与正统的一种象征。因此，编年体史书从纪年方式上讲，有利于表达尊王与正统之义。宋代《春秋》学重视发明"尊王"之义、探讨历史正闰，史家也普遍推崇《春秋》编年的"尊王"与正统之义。

司马光指出《春秋》重视"尊王"，并自觉继承了《春秋》尊王的思想。他认为君主的地位至高无上，除非像商汤代桀、武王代纣那样以至仁者代替大恶之君的情况，否则不能动摇君主的地位。他说："《春秋》抑诸侯，尊王室，王人虽微，序于诸侯之上，以是见圣人于君臣之际未尝不惓惓也。非有桀、纣之暴，汤、武之仁，人归之，天命之，君臣之分，当守节伏死而已矣。"①因此，司马光采取了《春秋》的以王纪年，其撰《资治通鉴》每卷均以帝王纪年，每叙一年史事，首书帝王年月，有时卷首还有"春，正月"之语，类似《春秋》的"元年，春，王正月"。司马光的另一部编年体史著《稽古录》也采用了《春秋》的以王纪年，以帝王统摄历史撰述，记述上自伏羲、下讫有宋的史事，体现出《春秋》影响下的尊王之旨。司马光记述多个政权并立时期的史事，以哪个政权的年号纪年，又成为其正统观的一种表达。

王益之撰《西汉年纪》，明确指出纪传体不如编年体能从纪年上突显尊王之义。他说：

> 盖自《黍离》降而为《国风》，国异政、家殊俗，天下不复有周矣。《诗》亡，然后《春秋》作。夫子（作《春秋》）冠王于正，以示一统，所以立万世君臣之大法也。迁、固易编年以为纪传，事之大较虽系于纪，而人臣之议论功勋自见于传。殊不知孔子当列国纷纭之际，首王纲以明大义，迁、固于大汉一统之时，顾使人自为传、臣自为功，毋乃非《春秋》之旨。②

如前所述，王益之贬斥纪传体而推崇荀悦的编年体撰述。王益之产生这种思想的原因就在于，他把《春秋》纪年的"冠王于正"视作"万世君臣之大法"，推崇其"首王纲"的尊王之法，认为纪传体史书丧失了《春秋》之

---

① 〔宋〕司马光：《资治通鉴》卷第一《周纪一》。
② 〔宋〕王益之：《西汉年纪·序》。

旨"。

编年体的振兴也联动带来了纪事本末体的创立。编年体本身无法克服记事分年而导致长时间事件分散于各年的弊端,从《左传》到《资治通鉴》,实际上使用和发展了补叙等方法来弥补,但效果仍不理想。这种从编年体向着纪事本末发展的趋向,是由编年史体本身决定的,古罗马史学中也出现了从李维(Titus Livius)到塔西佗(Tacitus),再到阿庇安(Appianus)的类似发展倾向。因此,在编年体振兴的历史背景下,可以说,纪事本末体的出现,是编年体发展理路上的一种必然,堪称"应运而生"。①

在南宋之前,纪事本末体史书处于不自觉发展阶段,②主要基于史家对编年体缺陷的弥补努力。袁枢作《通鉴纪事本末》而创立纪事本末体,在一定程度上与当时的理学风气有关,其中也与《春秋》学有所联系。袁枢不仅是史学家,也曾"作易传解义及辨异"③等经学著作,说明其熟悉经学。而且袁枢与朱熹、吕祖谦等理学宗师有往来,理应受到理学风气的影响。

宋代理学主张"格物致知",即是通过详细考察、研究事物,获得对事理的认识。程颐注《大学》,称:"所谓致知在格物者,言欲致吾之知,在即物而穷其理也。"朱熹更将"格物""致知"列入《大学》"八条目"之中,并补《大学》:"闲尝窃取程子之意以补之曰:'所谓致知在格物者,言欲致吾之知,在即物而穷其理也。'"④这种即物穷理的理学风气影响到史学上,就表现为不仅要研究史事,还要贯通历史,以此来探究天理、治道。从理学的这一角度来看,司马光所著《资治通鉴》为编年体史书。因此,在究事穷理方面有所不足。

袁枢改编《资治通鉴》而为《通鉴纪事本末》,体现出以理学宗旨改造史学的思想背景。首先,《通鉴纪事本末》的体裁、体例有利于以事明理。具体而言,其改造方法是按照《资治通鉴》的年次,以事件为中心,吸收以时间为中心的编年体及以人物为中心的纪传体之长,自成一体,由此创立了纪事本末体新的史书体裁。对于《通鉴纪事本末》便于叙历史之事以明致治之理的特点,宋孝宗称赞其"治道尽在是矣"⑤。其次,在选择以之为核心的事件方面,袁枢有按照理学义理择事立目的倾向。一方面,袁枢要按照

---

① 陶懋炳:《中国古代史学史略》,湖南人民出版社1987年版,第320页。
② 尹达主编:《中国史学发展史》,中州古籍出版社1985年版,第241页。
③ 〔元〕脱脱等:《宋史》卷三百八十九《列传第一百四十八·袁枢》。
④ 〔宋〕朱熹:《大学章句》,《朱子全书》第六册。
⑤ 〔元〕脱脱等:《宋史》卷三百八十九《列传第一百四十八·袁枢》。

时间顺序来选择各时代有关治道的重大事件;另一方面,也要按照义理来择事立目。举例言之,《通鉴纪事本末》卷五立有"丁傅用事""董贤嬖幸""王莽篡汉""光武中兴",既反映了当时的政局走向,也明确按儒家义理见出对历史事件的史家评价。又如其卷三十立目"武韦之祸"和"太平公主谋逆",比起《资治通鉴》立目《唐纪·则天顺圣皇后》更加突出了义理化评价。因此,从理学角度而言,纪事本末体择事立目,也比编年体更有利于体现义理评价。

袁枢受"即物而穷其理"的理学风气的影响而创立的纪事本末体,时人和后人颇为赞赏。《宋史·袁枢传》在记载袁枢撰《通鉴纪事本末》的动机与方法时说:"枢常喜诵司马光《资治通鉴》,苦其浩博,乃区别其事而贯通之,号《通鉴纪事本末》。""苦其浩博",说明袁枢希望用简明的叙事方式来总结历史盛衰,而其具体方法便是"区别其事而贯通之"。袁枢的友人杨万里在《通鉴纪事本末·序》中说:"予每读《通鉴》之书,见事之肇于斯,则惜其事之不竟于斯。盖事以年隔,年以事析;遭其初莫绎其终,揽其终莫志其初,如山之峨,如海之茫,盖编年系日,其体然也。今读子袁子之书,如生乎其时,亲见乎其事,使人喜,使人悲,使人鼓舞。未既,而继之以叹且泣也。"在此,杨万里指出了《资治通鉴》由于编年纪事的局限,无法尽事之本末;而袁枢的《通鉴纪事本末》则给予了改进。杨万里的评述,说明纪事本末体具有能够详明事情原委始终的优点。《四库全书总目》从史书编纂史的角度对《通鉴纪事本末》作了评论:"自汉以来,不过纪传、编年两法,乘除互用。然纪传之法,或一事而复见数篇,宾主莫辨;编年之法,或一事而隔越数卷,首尾难稽。枢乃自出新意,因司马光《资治通鉴》,区别门目,以类排纂,每事各详起讫,自为标题,每篇各编年月,自为首尾。……经纬明晰,节目详具,前后始末,一览了然。遂使纪传编年贯通为一,实前古之所未见也。"[1]一方面,指出了纪传体与编年体在叙事上的不足;另一方面,认为《通鉴纪事本末》使"纪传编年贯通为一",从而详明事之首尾始末,这是史书在叙事上所取得的空前突破。清代史评家章学诚也说,袁枢创立的纪事本末体,"文省于纪传,事豁于编年"[2],既兼有二体之长,又克服了二体之短。概括而言,纪事本末体的主要优点有三:一是选事设目自由,灵活度大;二是叙事明晰,故事化;三是叙事首尾详备,突出了事件的完整性。因此,梁启超

---

[1] 〔清〕永瑢等:《四库全书总目》卷四十九,《史部五·纪事本末类》。
[2] 〔清〕章学诚:《文史通义》卷一《书教下》,上海古籍出版社1993年版。

将纪事本末体称作"旧史界进化之极轨"①。

袁枢创立纪事本末体,受到当时即物穷理的理学风气影响,而其所要穷尽之理,包含着《春秋》大义。《通鉴纪事本末》虽不自作,但其选编文字则要突出义理,推崇《春秋》义理是其承继司马光而来的一个重要方面。司马光以"三家分晋"为记事起点,既有袭《春秋》记事范围之义,又通过"臣光曰"引用《春秋》尊王之义突显以义理"资治"的宗旨。而《通鉴纪事本末》的开篇不仅继承了以"三家分晋"为始,更把"臣光曰"提前放在更显著的位置,使得"《春秋》抑诸侯,尊王室"之义更为醒目。②

当其探索出这种尽事之本末的历史编纂方法后,又成为有助于使人读史明理的重要理学辅助手段,当然也成为阐发《春秋》义理的一种方式。虽然《春秋》学对纪事本末体的直接影响并不明显,但是,考虑到《资治通鉴》的间接影响和《春秋》义理蕴含其中的理学因素,本书还是附述纪事本末体于此。纪事本末体客观上在史书体裁方面有不可或缺的功用。因此,这种体裁在成形之后颇受推崇,后世效仿其体例而成的仿作、续作不断涌现,形成了一个庞大的纪事本末体书系。

二、纲目体、学案体史书产生

朱熹是宋代经学的代表人物,同时,也是一位卓有成就的史学家。朱熹编纂《资治通鉴纲目》,创立纲目体;又撰写《伊洛渊源录》,开学案体先河。朱熹在史书体裁方面的这两大创举,都与《春秋》笔法的思想影响有关。

《资治通鉴纲目》是朱熹历史编纂思想的结晶。该书由朱熹与他的学生赵师渊共同完成,其中的《凡例》则是朱熹手订。《资治通鉴纲目》的撰写与朱熹对《春秋》笔法的认识密切相关。

第一,朱熹编纂《资治通鉴纲目》的动机是希望用"《春秋》义法"改造《资治通鉴》。作为理学家的朱熹,将史学视作理学的一个部分,认为史学是求理的一种途径,又用理学思想来衡量和指导史学。朱熹从理学观点出发,认为经重于史,主张"读书须是以经为本,而后读史"③。朱熹之所以主张读书要先经后史,是因为他认为经书全是天理,而史书则不尽然。他说:

---

① 梁启超:《中国历史研究法》,东方出版社1996年版,第24页。
② 〔宋〕袁枢:《通鉴纪事本末》(一),中华书局1964年版。
③ 〔宋〕朱熹:《朱子语类》卷一百二十二《吕伯恭》。

"'六经'是三代以上之书,曾经圣人手,全是天理,三代以下文字有得失,然而天理却在这边自若也。"①因此,朱熹强调要站在天理的高度来认识历史、研究历史。朱熹的这种观念反映在历史撰述上,就表现为注重用天理来指导史书修撰,也就是用经学来统领史学。朱熹的学生李方子在《资治通鉴纲目·后序》中指出,朱熹的史学追求是"义正而法严,辞核而旨深,陶铸历代之偏驳,会归一理之纯粹。"这就是说,史学要探求天理,达到"会归一理"的目的,"义正而法严,辞核而旨深"的撰述是达到这一目的的方法。既然经书"全是天理",那么历史撰述的"义"与"法"都应当取自经书。这就是《资治通鉴纲目》"其义法根据《春秋》"②的原因。朱熹对《春秋》笔法的总结有自己独特的方法论特征。前人论《春秋》笔法,多据历史注疏而总结,中晚唐之后,经学家开始以己意解经,摆脱注疏的束缚,通论诸家《春秋》义法条例。此路径上,无论传统与变古经学,解《春秋》都重视属辞比事的《春秋》之教,要通过大量史事来阐明《春秋》义法条例。③ 朱熹则彻底挣脱了前人的桎梏,"尽去这些条例,认为从事件入手即已足够解释经义。……于是寻求事外之理,此时已渐渐从叙事解经,转向义理通经,这是方向的改变;从见事明义,转向以义断事,这才是方向的逆转,也是朱子解《春秋》的方法所在"④。朱熹从理学的思维方式出发,认为理先于事而存在,从义理上直接阐发"诛乱臣,讨贼子,内中国,外夷狄,贵王贱伯"⑤的《春秋》大旨,以之为历史编纂的指导思想;由"义"与"事"的结合,就产生了书法条例,于是产生"法"。在"法"的方面,朱熹用一种理学式的独断方式,总结《春秋》义例,作为历史编纂所遵循的书法标准。虽然朱熹在《通鉴纲目》中所订义例也参考了前人关于《春秋》笔法的解说,但其整体框架却是出自其自身的独立义理判断。

第二,朱熹从义理化的经学角度出发,推崇《春秋》正统之论。朱熹主张从义理的角度认识《春秋》笔法,认为孔子作《春秋》的笔法是据古代史官所记之事阐明义理,称:"当时史书掌于史官,想人不得见,及孔子取而笔削

---

① 〔宋〕朱熹:《朱子语类》卷十一《学五·读书法下》。
② 〔宋〕李方子:《资治通鉴纲目·后序》,见《资治通鉴纲目》附录二,《朱子全书》第十一册。
③ 赵有林:《〈春秋〉三传"注疏"中的属辞比事考》,北京大学《儒藏》编纂与研究中心:《儒家典籍与思想研究》第三辑,北京大学出版社2011年版,第87~110页;张高评:《〈春秋〉曲笔直书与〈左传〉属辞比事——以《春秋》书薨、不手弑而书弑为例》,(台湾)《高雄师大国文学报》第19期,2014年1月。
④ 丁亚杰:《方法论下的春秋观:朱子的春秋学》,(台北)《鹅湖学志》第38期,2007年6月。
⑤ 〔宋〕朱熹:《朱子语类》卷八十三《春秋·纲领》。

之,而其义大明。"① 朱熹认为《春秋》所体现的大义不外乎明尊王、辨夷夏的正统思想,他撰《资治通鉴》正是要贯穿《春秋》正统之论。一方面,朱熹编纂《资治通鉴纲目》,很重要的一个原因是他从《春秋》正统之论的角度来评判《资治通鉴》,不满于《资治通鉴》的正统观,认为《资治通鉴》没有在正闰、改元等方面突显"《春秋》之义",需要"修正处极多"。他曾批评《资治通鉴》记事有悖于正统论,说:"臣读《资治通鉴》,窃见其间周末诸侯僭称王号而不正其名,汉丞相出师讨贼而反书入寇。"② 朱熹对《资治通鉴》与正统相关的史例也加以严格指正,曾在《资治通鉴纲目·凡例·注》中纠正《资治通鉴》:"谥非生者之称,而《通鉴》以谥加于薨卒之上,亦非是,今亦正之。"

正是由于朱熹用严格的《春秋》笔法考量《资治通鉴》,认为其多有不合正统之义的地方,因此才着意编纂《资治通鉴纲目》来加以矫正。他曾经明确说:"《通鉴》之书,顷尝考观,病其于正闰之际,名分之实有不安者,因尝窃取《通鉴》条例,稍加隐括,别为一书。"③ 朱熹在《资治通鉴纲目》的《序例》中表明自己的撰述旨趣在于:"表岁以首年,而因年以著统。大书以提要,而分注以备言。使夫岁年之久近、国统之离合事、辞之详略、议论之同异,通贯晓析,如指诸掌。……岁周于上而天道明矣,统正于下而人道定矣。大纲概举而监戒昭矣,众目毕张而几微著矣。"朱熹把"正统"视作天理的要求和社会安定的需要,明确表示自己编纂《资治通鉴纲目》就是为了彰显正统之义,因此极重关于正统的史例与史文表述。朱熹用自己关于正统的严格的理学标准,来指导修史实践,他手书的《凡例》即非常重视突显正统。朱熹所定的凡例,大多数内容都与正统相关——"统系""岁年""名号""即位""改元""尊立""崩葬""篡弑""废徙""祭祀""行幸""恩泽""朝会""封拜""征伐""废黜""灾祥"等例,都是如此。只有"罢免"和"人事"之例是关于人臣的。各种关于正统的史例,朱熹也是详细拟定,以求突显正统之义,像"统系"之例,详细区分了正统与列国、篡贼、建国、僭国、无统、不成君小国的情形,详细规定各种情形的书法。朱熹史学上的严正统之例,正是其经学上尊《春秋》正统之义的鲜明表现。

朱熹也发展了《春秋》的以王纪年之法,在《资治通鉴纲目》中运用以纪年明正统之法,也就是"表岁以首年,而因年以著统"。"表岁以首年"即是

---

① 〔宋〕朱熹:《朱子语类》卷五十五《孟子五·滕文公上》。
② 〔宋〕朱熹:《晦庵先生朱文公文集》卷二十二《辞免江东提刑奏章三·贴黄》,《朱子全书》第二十一册。
③ 〔宋〕朱熹:《晦庵先生朱文公文集》卷四十六《答李宾老》,《朱子全书》第二十二册。

"逐年之上行外书某甲子,遇甲字、子字则朱书以别之。虽无事,依举要亦备岁年"。这种做法突显了纪年的重要性。朱熹又用"因年以著统"这种纪年方式,以不同书法和书写格式区别正统和非正统王朝。在书写格式上,纪年时,"凡正统之年岁下大书,非正统者两行分注"①。在书法上,朱熹从正统论的角度具体规定了不同类型政权的纪年方式。正统政权的纪年之法为:"凡正统,周自篇首,秦、汉、晋、隋、唐自初并天下,皆大书于横行之下,朱书国号、谥号、君名、年号,墨书某年。"建国与僭国政权的纪年之法为:"建国、僭国之大者,则于年下朱书国名、谥号、姓名,年号,墨注元年,次年以后,则朱注国名,墨注年号某年。其小者,则依周列国例。但年号用墨注,首尾增损新旧之间,亦如前法。"篡贼政权的纪年之法为:"其篡贼干统,而正统已绝,无年可系,则朱注其国名,墨注年号于行下。正统虽绝,而故君尚存,则追系正统之年而注其下。""不成君"政权的纪年之法为:"其不成君,亦依正统已绝之例。"无统时期的纪年之法为:"凡无统自更端处,即于行下分注诸国之年,大者纪年,小者纪元,朱书,新旧首尾增损,皆如前法。但其兴废促数,则岁结之。不纪年者,亦列数其国号。"②朱熹这种"因年以著统"的纪年之法,受《春秋》影响而来,又比《春秋》要细致得多。在《资治通鉴纲目》之前,宋代的《春秋》正统论只是通过"冠王于正"等体例来体现;而《资治通鉴纲目》则直接用全书体裁、体例来贯彻《春秋》正统论,"有眉目清醒之便",③这一"眉目清醒"的形式正是《春秋》正统论的表现形式,这一"便"正是理解义理之便。

第三,朱熹撰述《资治通鉴纲目》体现出《春秋》笔法言简义丰的特点。《春秋》记鲁国二百四十余年历史,仅用一万八千余字。司马迁称"《春秋》文成数万,其指数千"④,指出了《春秋》用简明叙述贯穿大义的笔法。朱熹撰《资治通鉴纲目》也希望用言简义丰的笔法来通过历史叙述贯穿义理。他认为《资治通鉴》虽已裁汰大量与"资治"关系不密切的史事,但仍然太冗长,既不利于帝王案头阅读,也不符合史书明理的要求。为了矫正《资治通鉴》的弊端,达到以史明理的目的,朱熹不仅在历史叙述时力求简介,更力图创新编年体来达到言简义丰的效果,他的具体做法即是"表岁以首年,而因年以著统。大书以提要,而分注以备言"。叙事内容分别以"纲"和"目"

---

① 〔宋〕朱熹:《御批资治通鉴纲目》卷首上《朱子序例》,《朱子全书》第八册。
② 〔宋〕朱熹:《御批资治通鉴纲目·凡例》,《朱子全书》第十一册。
③ 王树民:《中国史学史纲要》,中华书局1997年版,第125页。
④ 〔汉〕司马迁:《史记》卷一百三十《太史公自序》。

加以条理,"纲"为史事提纲,"目"为"纲"的具体叙述。这样一来,"纲举而不繁,目张而不紊,国家之理乱,君臣之得失,如指诸掌"[①]。近代史家梁启超对纲目体给予了很高的评价,称:"此法很容易,很自由,提纲处写断案,低一格作注解。在文章上不必多下功夫,实为简单省事的方法。做得好,可以把自己研究的成果,畅所欲言,比前法(《资治通鉴》的编年叙事)方便多了。虽文章之美,不如前法,而伸缩自如,改动较易,又为前法所不及。"[②]梁启超点明了纲目体作文容易、叙事自由、又可以畅所欲言的特点,也指出了纲目体文学性较差的缺点。纲目体的这种特点与朱熹的史学价值取向有关。朱熹创立纲目体的目的就在于以史明理,贯穿《春秋》大义,因此采取了简要灵活的撰写方式,来为自己的理学主张服务,而相对忽略了传统史学所重视的历史撰述的文学性。

朱熹在史学上的成就还有《伊洛渊源录》一书,该书的撰写与朱熹的《春秋》正统思想不无关系。朱熹撰写此书,旨在宣扬理学,理清理学传承发展脉络,表现出道统思想。宋儒的道统思想有其历史渊源,又与其《春秋》正统思想有一定联系。

唐代儒、释、道三家争鸣。禅宗重统序,影响到儒学,韩愈在为儒家争夺思想地位时,提出道统论。韩愈作《原道》一文,提出儒家之道有一个历经尧、舜、禹、汤、文、武、周公、孔子、孟轲,再到自己的传授、流传统序。韩愈的道统论,确立了儒家历史上的传道系统,排摒道统之外的学者,与政治上的正统论有类似之处。从一定角度来说,是关于学术史的一种正闰之说。宋儒重视政治上的正统之论,其影响波及学术史观念。另外,宋代学派林立,为自身学派争夺"正统"地位也成为一种现实学术需要。这两个方面促使宋儒道统论思想大为发展:一方面辨别儒学传承的正伪,另一方面考察正道之学的传承统序。北宋初年,孙复、石介等大儒吸收了韩愈的道统之说,提出"圣人之道无有穷"[③],增益韩愈的道统序列。理学兴起后,道统思想继续发展。张载发挥《易传》提出的伏羲等"五帝"系统,编排从伏羲至孔子的圣人之统。"二程"承认韩愈所言儒家之道传至孟子失其统,以继孟子之后,为儒学正统自居。程颢死后,程颐作《明道先生墓表》称:"孟轲死,圣人之学不传。……先生生千四百年之后,得不传之学于遗经,志将以

---

① 〔清〕黄宗羲原著、〔清〕全祖望补修:《宋元学案卷四十九·晦翁学案(下)》。
② 梁启超:《中国历史研究法补编》,商务印书馆1933年版,第36页。
③ 〔宋〕石介:《徂徕石先生文集》卷十九《宋城县夫子庙记》。

斯道觉斯民。……道之不明也久矣。先生出,倡圣学以示人,辨异端,辟邪说,开历古之沉迷,圣人之道得先生而后明,为功大矣。"①程颐指摘其他学术为"异端""邪说",确立学术正统,与宋人讨论政治时的正闰之论颇为相似。

朱熹具有强烈的正统意识。言政治,辨其正闰;谈学术,也考其统序。朱熹是宋代道统论的集大成者,在历史上第一次提出"道统"一词,其所立道统受到后世学者普遍认同。朱熹编排了完整的道统,尊崇"二程"在道统中的地位,又将"二程"之学绪端至周敦颐。在《大学章句序》中,朱熹将道统上溯至伏羲、神农、黄帝等"上古圣神";在《中庸章句序》中,朱熹又编排出从尧、舜、禹,经孔子、子思、孟子等,直到"二程"的道统。朱熹还肯定胡宏以来的说法,推崇周敦颐在道统中的地位,称:"惟先生(周敦颐)道学渊懿,得传于天,上继孔颜,下启程氏,使当世学者得见圣贤千载之上,如闻其声,如睹其容。授受服行,措诸事业,传诸永久,而不失其正。其功烈之盛,盖自孟氏以来未始有也。"②可以看出,朱熹的道统统序以周敦颐、"二程"以来的理学直接孟子之前的上古圣神之道。这实际上为儒家学术厘定出了一个由先秦儒学到宋代理学的正统统序。宣扬理学在道统中正统地位的动机,促使朱熹撰述了《伊洛渊源录》。如果说,《资治通鉴纲目》中的王朝正统统序是朱熹正统思想在政治史观念上的体现,那么,《伊洛渊源录》中的理学统序,则是朱熹正统思想在学术史观念上的表现。

朱熹认为,理学是道统之正,大力宣扬理学,《伊洛渊源录》即是对理学传授统序的梳理,以及对理学家们的表彰。该书书名中的"伊洛"指伊川和洛水,北宋程颐曾居于嵩县西北,地临伊川,"二程"、邵雍等也都长期在洛水之北的洛阳居住、讲学。书名中的"渊源"表示追溯学术传承流变。这部书的主要内容就是梳理"二程"洛学传承脉络与学派学术发展情况,同时也兼及其他一些理学派别。朱熹曾在动笔撰述该书之前写信给吕祖谦,说明了自己的撰述意图:"欲作《渊源录》一书,尽载周、程以来诸君子行实、文字。正苦未有此及永嘉诸人事迹首末,因书士龙,告为托其搜访见寄也。"③朱熹从宋人笔记、野史、金石碑帖、诗话、语录、目录、行状、年谱、文集等文献中辑录出相关资料,编为十四卷,记载了周敦颐、程颐、程颢及其

---

① 〔宋〕程颐、程颢:《程氏文集》卷十一《明道先生墓表》。
② 〔宋〕朱熹:《晦庵先生朱文公文集》卷八十六,《朱子全书》第二十四册。
③ 〔宋〕朱熹:《晦庵先生朱文公文集》卷三十三,《朱子全书》第二十一册。

门下弟子四十六人的言行事迹。《伊洛渊源录》每一卷的结构,大体可分成三个部分:一是人物的生平事迹。这一部分一般放在卷首,或称《事状》,或称《行状》《形状略》《家传略》,有时又以《年谱》《墓志铭》等代替,保留了大量人物资料。二是人物学术著作的内容摘录,如《文集》《语录》等。三是人物的言论、交游、逸闻、逸事以及他人的评述。以卷四记程颐为例,先以《年谱》叙其生平,次有《祭文》,后用《奏状》《逸事》记其逸闻逸事及他人评论之词。

朱熹编纂《伊洛渊源录》,除了要宣扬理学、为理学中人记言载行,还要理清理学传承脉络、确立"道统"。《伊洛渊源录》的"渊源"二字体现了其编纂上的特点,也就是梳理学派的学术渊源与传承。《伊洛渊源录》对理学学术史的编纂,集中反映了朱熹的"道统"思想。该书的卷一至卷六是全书的主体,分别记载周敦颐、程颢、程颐、邵雍、张载所谓"北宋五子"的事迹,兼收言论及门人朋友的叙述。卷七至卷十三,记载后学的有关内容。卷十四记录"身列程门而言行无所表见,甚或邢怨之反相挤害者",这些人也都著录姓名。全书的编排,以"二程"为核心,因为"二程"在朱熹的道统中居于宋儒中的最高位置。"二程"未曾表示过自己受教于周敦颐,也没有将周敦颐纳入自己所排列的道统。朱熹却在《伊洛渊源录》中将周敦颐列于篇首,视为理学鼻祖。张载的关学自成一家,但朱熹接受程门弟子的说法,认为张载之学源于程氏,又多将关学门人归入程学。这些编排都是朱熹的道统思想使然。

可以说,朱熹的《春秋》正统意识促使其发展了唐宋以来的道统论。在道统思想的作用下,朱熹以宣扬理学、著明理学统序为旨趣,编纂了《伊洛渊源录》。该书在史书体裁、体例上是一个创新,对后世史体发生了重大影响,开孙奇逢《理学宗传》一类理学史著作的先声。《宋史》创立《道学传》,内容多取自《伊洛渊源录》,明显也是受其影响。更为重要的是,《伊洛渊源录》开启了学术体撰述的先河。有学者认为,《伊洛渊源录》内容不够全面、体例不够严整,并不是学术体史书的开山之作。[①] 但《伊洛渊源录》确实在传统史书编纂之外另辟一体,内容与结构都别具一格,其在学术体史书产生和发展过程中的发凡起例之功与深远影响应当肯定。

---

① 周春建:《〈伊洛渊源录〉与学案体》,《湖北大学学报(哲学社会科学版)》2006年第6期。

三、纪传体史书所受影响

宋代的经学义理化倾向发展过程，也是理学产生与发展的过程。在这个义理化的过程中，《春秋》学因为宋儒对其"微言大义"的推崇而兴盛。这是理学时代经学的一个显著现象。理学家和史学家都热衷探讨、运用《春秋》笔法，使得纪传体史书和可以视之为纪传体史学一个组成部分的载记类史书，在体裁和体例两个方面都出现出一些新的变化。

第一，《春秋》笔法深刻影响了宋代纪传体史书的体例。体例是史书的内部结构，宋代大量史著的体例安排都反映出《春秋》大义的影响。首先，《春秋》的"正名"思想影响了一些纪传体史书的体例安排。最典型的例子，即是欧阳修作《新五代史》创立"家人传"。司马迁著《史记》，用"世家"记述诸侯和贵族。班固著《汉书》，将诸侯、宗室和后妃放入"列传"。欧阳修之前的正史，沿用班固的做法。欧阳修著《新五代史》设"本纪"记载割据政权，又在"列传"中专门立"家人传"记录后梁、后唐、后晋、后汉、后周的宗室与后妃。《新五代史》的做法较之前代正史，分类更为细致。《新五代史》的这种体例与欧阳修的《春秋》"正名"思想有关。

欧阳修高度重视《春秋》的"正名"思想，在撰述《新五代史》的过程中，根据五代政权更迭频繁、分裂割据激化的时代特点，将"正名"思想贯穿于该书体例的设计。对于后梁、后唐、后晋、后汉、后周的宗室与后妃和其他割据政权，按照《史记》的体例，都应当列于"本纪"，按照《汉书》的体例，则应当按同样的体例作传。欧阳修作《新五代史》则别出心裁，为后梁、后唐、后晋、后汉、后周的宗室与后妃立"家人传"，为其他割据政权作"世家"，创造性地将《史记》《汉书》记述诸侯、宗室和后妃的体例融为一体。欧阳修将后梁、后唐、后晋、后汉、后周列入正统王朝统序，把同时代其他的割据政权也就是"十国"排除于正统。因此，通过"家人传"和"世家"来给予不同政权的人物以不同名分，从而达到正名的效果。

可以说，《新五代史》设立"家人传"和"世家"，是因为欧阳修对五代和十国政权的历史定位不同。欧阳修将后梁、后唐、后晋、后汉、后周政权列入正统统序，为其君主立本纪，而为其宗室、后妃立家人传，紧接本纪之后，显示出五代宗室与后妃在礼法上的地位高于他人。

欧阳修认为，十国不是正统政权，但是五代之君也没有足够的地位将十国视为夷狄，因此秉承"《春秋》因乱世而立治法，本纪以治法而正乱君，世乱则疑难之事多,正疑处难,敢不慎也"①的态度,将十国置于高于夷狄而低于五代政权的地位。欧阳修效仿"《春秋》因乱世而立治法",通过本纪"以治法而正乱君",也就是通过世家的撰述,来对乱世非正统之君拨乱反正。其具体的做法是,在世家中,除对东汉(北汉)有"异辞"外,不书十国封爵、朝贡。也正是因为欧阳修给予了十国以特殊的地位,因此为其立世家,使得其在历史编纂中的位置高于夷狄的附录,而低于五代的本纪。

其次,宋代纪传体史书继承了《春秋》为尊王而讳书的做法。讳书是古代史学普遍存在的现象,宋代因为《春秋》尊王之义的盛行,更是不乏其例。欧阳修作史多有讳书。钱大昕曾指出《新五代史》对周世宗的讳书:"周世宗之才略,可以混一海内而享国短促,坟土未干,遂易他姓,洪容斋认为失于好杀,历举薛史所载甚备。"而欧阳修则因尊崇周世宗对其好杀之事"多芟之"。② 宋人叙前代史事本无回护必要,而屡用讳书,与《春秋》讳书的影响不无关系。

宋人著当代史,讳书更多。王称著《东都事略》,记"靖康之变",讳言徽、钦宗遭金人掳掠,以二帝"北狩"称之:"靖康二年二月丁卯,道君皇帝出郊。三月丁巳,道君皇帝北狩。""丁巳,道君皇帝北狩。夏四月庚申朔,皇帝北狩。""皇帝北狩"之语,明显是模仿《春秋》鲁僖公二十八年"天王狩于河阳"的书法。

再者,宋代纪传体史书以附录之体记载少数民族,是受《春秋》"攘夷"观念的影响。欧阳修在《新五代史》中创立"四夷附录"之体,专门记载契丹等少数民族。司马迁著《史记》,将对少数民族的记述归入"列传",《新五代史》之前的正史一般沿用这一做法,只有《晋书》设立"载记"记录非正统政权,少数民族政权也被归入其中。欧阳修改变以往正史将少数民族置于列传的做法,另创"四夷附录"。欧阳修认为,春秋时期夷狄与诸夏并立而孔子贬斥夷狄。他说:"昔者戎狄蛮夷杂居九州岛之间,所谓徐戎、白狄、荆蛮淮夷之类是也。三代既衰,若此之类并侵于中国,故秦以西戎据宗周,吴、楚之国皆僭称王。《春秋》书用鄫子,《传》记被发于伊川,而仲尼亦以不左衽为幸。"③在宋代民族矛盾激化的背景下,欧阳修将《春秋》的攘夷思想发挥得更为激烈,甚至视夷狄为掠夺成性的禽兽,称:"夷狄资悍贪,人外而兽

---

① 〔宋〕欧阳修撰、徐无党注:《新五代史》卷七十一《十国世家年谱》。
② 〔清〕钱大昕:《十驾斋养新录》卷六《五代史》。
③ 〔宋〕欧阳修:《欧阳修全集》卷十七《论七首·本论下》。

内,惟剽夺是视。"①因此,欧阳修坚决反对少数民族威胁中原汉族政权,在《新五代史》的体例上贬斥少数民族,将对契丹、回鹘等少数民族的记载放入卷末的三卷"四夷附录"。王称著《东都事略》,沿用了《新五代史》的这一体例,在全书卷末设附录八卷,记载辽、金、西夏、西蕃、交趾。

另外,宋代的《春秋》正统观对一些纪传体史书有重要影响。萧常作《续后汉书》,其体例安排渗透着正统思想。《续后汉书》帝蜀汉而伪魏、吴,因此,该书为蜀汉君主立《昭烈皇帝》《少帝》两帝纪,为蜀汉之臣立列传,以申蜀汉的正统地位。《续后汉书》记载魏、吴人物的体例,则以之为僭伪。一方面,《续后汉书》将魏、吴君臣一概归入"载记",以明其僭伪。另一方面,《续后汉书》的魏、吴"载记",不分君臣,一概以姓名标目,以示不承认魏、吴君主的地位。

马令作《南唐书》三十卷,采用纪传体,"其书首《先主书》一卷,《嗣主书》三卷,《后主书》一卷,盖用《蜀志》称主之例"②。又立有《诛死传》一卷、《归明传》一卷及《叛臣传》一卷。

可以看出,马令模仿《三国志》称吴、蜀君王为"吴主""蜀主"的做法,将南唐君王称为"先主昪""嗣主璟"和"后主煜",以辨明其僭伪性质。马令设《诛死传》,记录南唐被君主冤杀的贤臣,意在指斥南唐君主滥杀。他说:"南唐享国日浅,可名之士无几,而诛死太半。……南唐之亡非人亡之,亦自亡也。为国而自去其股肱,譬诸排空之鸟而自折其羽翮,孰有不困者哉?"③马令通过立《诛死传》记录南唐君主的无道之举,从而体现出对非正统政权的贬斥。马令的正统观也影响到《南唐书》中其他一些类传的设立。马令据《春秋》君臣之义,贬斥背主投敌之臣,立《叛臣传》。但是,又立《归明传》,专门记录南唐投靠北宋的大臣。对于同样叛国投敌的历史人物,马令将其归入不同类传,是其正统观念使然。《归明传序》称:"呜呼!生草昧之世,事偏据之国。君臣上下,宜行而已矣。及其一睹圣人之化而得其所归,则何异于离蔀屋之幽,即天日之鉴哉!故南唐之士事皇朝者皆谓之归明。"由于马令以北宋为正统,因此对叛臣区别对待,叛归北宋者入《归明传》,其余则入《叛臣传》。

第二,《春秋》笔法也影响了宋代纪传体史书的体裁。体裁是史书的外

---

① 〔宋〕欧阳修、宋祁:《新唐书》卷二百一十七下《回鹘传下》。
② 〔清〕永瑢等:《四库全书总目》卷六十六《史部·载记类》。
③ 〔宋〕马令:《南唐书》卷十九《诛死传》,文渊阁《四库全书》本。

部形式。《春秋》对宋代纪传体体裁的影响突出表现在正统论促进载记类史书的发展上。载记类史书中有很多采用纪传体,但往往又要作一定的体裁变化,以使政权之正闰相别,因此形成了纪传体的变体。宋代的《春秋》正统论,不仅使载记类史书数量剧增,而且形成了一些纪传体的变体形式。

首先,从一定程度上来说,宋代载记类史书的发展是正统论流行的产物。《四库全书总目》论说载记类史书称:

> 五马南浮,中原云扰。偏方割据,各设史官。其事迹亦不容泯灭,故阮孝绪作《七录》,"伪史"立焉。《隋志》改称"霸史",《文献通考》则兼用二名。然年祀绵邈,文籍散佚,当时僭撰,久已无存。存于今者,大抵后人追记而已。曰"霸"曰"伪",皆非其实也。案《后汉书·班固传》,称撰平林、新市、公孙述事为"载记"。《史通》亦称平林、下江诸人,《东观》列为"载记"。又《晋书》附叙十六国,亦云"载记"。①

《四库全书总目》指出载记类史书曾有"伪史"和"霸史"的名称,班固和《东观汉记》使用"载记"之名,《晋书》首先在正史中设载记。所谓"载记",就是记载非正统政权的史体。

宋代《春秋》正统论大盛,载记类史书也得以发展。欧阳修具有强烈的正统观念,将载记之名又改为伪史,在《崇文总目》中设"伪史类",又与宋祁在《新唐书·艺文志》中著录伪史类史书"一十七家二十七部五百四十二卷"②。欧阳修论及立伪史类的旨趣说:

> 周室之季,吴楚可谓强矣,而仲尼修《春秋》,书荆以狄之,虽其屡进,不过子爵,所以抑黜僭乱而使后世知惧。三代之弊也,乱极于七雄并主;汉之弊也,乱极于三国;魏晋之弊也,乱极于永嘉以来;隋唐之弊也,乱极于五代。五代之际,天下分为十三四,而私窃名号者七国。及大宋受命,王师四征,其系累负质,请死不暇,九服遂归于有德。历考前世僭窃之邦,虽因时苟偷,自强一方,然卒归于祸败。故录于篇,以为贼乱之戒云。③

---

① 〔清〕永瑢等:《四库全书总目》卷六六《史部·载记类》。
② 〔宋〕欧阳修、宋祁:《新唐书》卷五十八《艺文志》。
③ 〔宋〕欧阳修:《欧阳修全集》卷一百二十四《崇文总目叙释·伪史类》。

欧阳修指出,设立伪史类的依据是《春秋》正统论。他认为,《春秋》以周为正统而贬斥吴、楚,是为了"抑黜僭乱而使后世知惧",从而达到劝惩的效果。从三代以至北宋建立之前,出现了战国、三国、东晋南朝、五代几个"乱极"时代,僭伪政权层出不穷。因此,有必要著录"伪史类"史书发挥"贼乱之戒"的作用。晁公武应当受到了欧阳修的影响,在《郡斋读书志》中也设有伪史类,从宋人的政治立场出发,著录自晋至金记载"伪政权"的史书。而宋代载记类史书的数量也较前代大为丰富,仅《四库全书》收录宋人专门记载南唐史事的载记类史书就有六部。

其次,宋代载记类史书在纪传体的基础上出现了一些形式变化。宋代的载记类史书没有统一的体裁、体例,有的采用纪传体,有的根据所述内容采取较为特殊的体例,有的没有条目只是叙事,但都体现出正统思想。

龙衮著《江南野史》,实际上采用纪传体的体制著述,但为了区别于正史,而不称纪传体,做了一些调整。主要是只设传而不立纪,采取这种体裁形式,是为了将南唐君王和大臣采取相同体例予以著录,不用纪传予以区分,以表示不承认南唐君王的合法性,并且仿《三国志》称吴、蜀君王为"吴主""蜀主"的做法,将南唐君王称为"先主昪""嗣主璟""后主煜"。

陆游所著《南唐书》也是纪传体,与龙衮、马令的南唐史著述不同,为南唐诸帝立本纪。但是,陆游的这一做法并不违背宋人的正统观。陆游解释自己为南唐诸帝立本纪的原因说:

> 昔马元康、胡恢皆尝作《南唐书》,自烈祖以下,元康谓之"书",恢谓之"载记",苏丞相颂得恢书而非之曰:"夫所谓'纪'者,盖摘其事之纲要系于岁月,属于时君。秦庄襄王而上与项羽,皆未尝有天下,而史迁著于'本纪',范晔《汉书》又有《皇后纪》。"以是质之,言"纪"者不足以别正闰。陈寿《三国志》吴、蜀不称纪,是又非可法者也。苏丞相之言,天下之公言也,今取之自烈祖而下皆为纪,而用史迁法总谓之"南唐纪"云。①

可见,陆游赞同苏颂的观点,认为本纪之体只是因时君编年纪事,"不足以别正闰",马令、胡恢的《南唐书》不为南唐诸帝立本纪违背了本纪的立

---

① 〔宋〕陆游:《南唐书》卷一《烈祖本纪》,文渊阁《四库全书》本。

意,因此,陆游才仿效《史记》立《秦本纪》和《项羽本纪》、《后汉书》立《皇后纪》的做法,为南唐诸帝立本纪。

郑文宝作《江表志》,体例较为特殊。《江表志》共三卷,每卷著录一位南唐君主,仅记录君主之事,列"皇后""皇子""宰相""使相""枢密使""伪王""将帅""文臣"姓名。实际上是仅立本纪,略去列传,又将传主姓名附录于本纪的一种纪传体变体。而这种体裁的目的,则与将南唐视为伪政权的正闰之辨有密切关系。

另外,陈彭年撰《江南别录》,不设条目,体例同于一般记事文章,索性将纪传混为一体,彻底从史体角度否定了南唐的正统地位。《江南馀载》作者不可考,也同于《江南别录》之体。

总而言之,宋儒热衷于探讨的"正名""尊王""攘夷"及"正统"等《春秋》大义,对宋代纪传史体在体例和体裁两方面都形成了重要影响,成为中国传统文化当中的一个重要史学现象。

第四章 《春秋》学与宋代史学思想

《春秋》亦经亦史，其"三传"中，既有主义理之《公》《穀》二家，又有主史事之《左传》家。从近代以来的学科眼光观之，则《春秋》学的义理性质显现出一种"理论"性质，而这种理论又与史事相关，在中晚唐到宋代的经学新风中，《春秋》学破除家法、师法，从而在整体上显现为一种"史学理论"。宋代是中国传统史学的一个重要理论总结时期。[①] 宋代史家普遍以《春秋》学为修史指导，使得《春秋》学更带有"史学理论与方法论"的色彩。宋代史学思想受《春秋》学的"理论性"影响，突出表现在求真理念和史学批评等方面。宋代史家言"直书""信史"，使之成为重要的史学思想，在近代以来的史学中，大体与"求真"相对应。这两组概念虽不可画等号，但可看作理论上的对等物。宋代历史编纂中的"求真"以及相关史学批评，往往从《春秋》笔法中总结指导原则。此外，《春秋》学是中晚唐到宋代的经学怀疑思潮的主要阵地，怀疑思潮也作为"史学理论"的重要学术风气影响到了史学实践，突出地表现为宋代的考史发展。

第一节 《春秋》笔法与宋代史学求真

《春秋》笔法作为一种大义与义例也就是思想与叙事规则的结合，对宋代史学思想产生了重要影响，最典型的有两个方面：一方面，《春秋》笔法蕴含的求真理念包括求义理之真和求史实之真两个维度，这两个维度都被宋代史学继承；另一方面，《春秋》笔法本身在宋代史学批评中占有重要地位，《春秋》及《左传》在宋代被奉为史家极则，《春秋》义例被宋代史学作为一种

[①] 罗炳良：《从宋代考据史学到清代实证史学的发展》，见张其凡、范立舟主编：《宋代历史文化研究（续编）》，人民出版社2003年版，第279～303页。

史法用以考察史著的编纂得失,而《春秋》大义则成为宋人对史书思想进行评判的重要依据。

《春秋》笔法的求真理念不同于近代以来科学观念下的史学求真理念。近代以来的史学求真是求史实之真,探求客观历史的本来面貌。《春秋》笔法的求真理念则是:一方面,求史实之真,对客观历史事实进行征实的记述,尽可能全面、准确地揭示历史面貌;更重要的一方面,则是求义理之真,使历史记述最大限度地阐明义理,从而与致用相关。求义理之真与求史事之真并重,实际上反映了传统史学"兼重求真与致用的传统"。① 求义理之真,已经是"价值意义的好不好层次之'真'",②与科学观念中的"真"不同。《春秋》的求真理念对传统史学影响深远,"传统历史编纂学的'求真'呈现出明显的二重性特点,它既是指一种史实之'真',也包含着一种道义之'真'"。③ 传统史学的这种求真理念,很大程度上是继承《春秋》而来,而宋代史学因为对《春秋》的高度重视而充分体现出了《春秋》笔法所蕴含的求真理念,使得宋代史学的求真内涵主要表现为追求儒家的义理之真。④

在《春秋》的史学求真理念中,求义理之真是根本目的,求史实之真则服务于求义理之真。一方面,《春秋》注重通过各种笔法来彰显义理,甚至不惜使历史记述偏离史实之真;另一方面,《春秋》又注重直书史事,通过探明史实之真来达到阐明义理的目的。《春秋》笔法的这种求真理念,对后世史学影响深远,宋代史学体现得尤其明显。

一、《春秋》笔法的史学求真特点

《春秋》笔法所蕴含的史学求真观念较为特殊,既求史实之真,又求义理之真,以义理之真统摄史实之真。《春秋》笔法的这种特殊求真观念与它亦经亦史的性质有关:《春秋》既有申明义理的经学特性,又有记载史事的史学特性。《春秋》的这两个特性,通过"微言大义"的笔法结合在一起,在历史记述过程中体现出一定的义理,也就是以"亲亲""尊尊"为核心的儒家礼法等级思想。因此,《春秋》笔法一方面据事直书,求史实之真;另一方面,又褒贬用讳,求义理之真。

---

① 刘家和:《史学 经学与思想:在世界史背景下对于中国古代历史文化的思考》,北京师范大学出版社2005年版,第11～37页。
② 向燕南:《历史编纂之体的思考与传统史家的求真追求》,《学习与探索》2009年第2期。
③ 汪高鑫:《传统历史编纂学的"求真"理念》,《学习与探索》2009年第2期。
④ 罗炳良:《史学"求真"内涵的演变与历史编纂学的发展》,《学习与探索》2009年第2期。

首先,《春秋》重视求义理之真,义理之真与史实之真相冲突,则往往取义理之真而舍史实之真。在孔子的社会理想中,每个人都按照礼法要求行事。孔子认为这是致治的根本途径,也就是"王道"。但是,孔子生活的时代,礼乐崩坏,"礼乐征伐自天子出"的"天下有道"理想被"礼乐征伐自诸侯出"的"天下无道"局面所取代。① 孔子修《春秋》,力图呈现"天下有道"的理想状态。因此据义理而为礼乐崩坏时代的史事"正名",揭示违反礼法等级秩序的事件中的应有名分。这意味着当史实不合于义理时,《春秋》取义理之真而舍史实之真,主要有四种笔法:一是以"盗窃宝玉、大弓"为代表,依据义理进行评价的笔法。《春秋》"定公八年"书:"盗窃宝玉、大弓。"《左传》释称:"阳虎说甲如公宫,取宝玉、大弓以出,舍于五父之衢,寝而为食。"② 可见,《春秋》从义理角度认为,阳虎取鲁定公宫中宝玉、大弓是强盗之举,因此书其人之为"盗",书其行之为"窃"。这种笔法并没有改变所书对象,所谓"盗"仍指阳虎,但是违背了阳虎不是强盗的史实,书写了对阳虎的义理评价。二是以"赵盾弑其君"为代表,书道义责任所在的笔法。《春秋》"宣公二年"书:"晋赵盾弑其君夷皋。"《左传》解经云:"晋灵公不君……赵穿攻灵公于桃园。宣子未出山而复。大史书曰:'赵盾弑其君。'以示于朝。宣子曰:'不然。'对曰:'子为正卿,亡不越竟,反不讨贼,非子而谁?'……孔子曰:'董狐,古之良史也,笔法不隐。赵宣子,古之良大夫也,为法受恶。惜也,越竟乃免。'"可以看出,《春秋》继承了以董狐为代表的古代史官求义理之真的传统,记事重视追究道义责任所在。因此将赵穿弑君一事书为"赵盾弑其君"。三是以"天王狩于河阳"为代表,按义理上的应然状态记事的笔法。《春秋》"鲁僖公二十八年"记"天王狩于河阳",而实际的情形是,这一年晋文公在践土之盟上传见周天子。按照礼法,天子不应当被诸侯召见,天子因为狩猎而顺道参加诸侯盟会才是义理上的应然状态。所以《春秋》记为天子因狩猎于河阳而赴诸侯之会。四是按义理需要隐讳部分史事的笔法。《春秋》所书鲁国二百四十二年历史上有四位国君(隐公、闵公、子般、子恶)被弑,但《春秋》俱不书弑,只说"公薨"或"子卒"。按照求史实之真的要求,书此四君被弑,才是准确反映史事。但是,从义理上来说,国君不应当被弑,所以《春秋》仅书其死。这种讳书与"天王狩于河阳"的讳书不同:前者在历史记述中改变了史事的本来面貌,而后者则是在历史记

---

① 《论语·季氏》。
② 《左传》("宣公八年"),《十三经注疏》本。

述中故意隐讳部分史事。

再者,《春秋》也重视求史实之真。但是,把求史实之真作为阐发义理的手段。

《春秋》求史实之真的精神,是发扬先秦史官固有的传统。《国语·鲁语》记载曹刿提到史官的职责称:"君举必书。书而不法,后嗣何观?"意谓史官必须用征实的态度秉笔直书。实际上,这是先秦史官在修史活动中的一个优良传统。齐国崔杼弑君,齐太史兄弟据事直书而被杀。宋国的华督弑宋殇公,其后人华耦说:"君之先臣督得罪于宋殇公,名在诸侯之策。"①卫国的宁殖临死前悔自己驱逐卫国国君一事,说:"吾得罪于君,悔而无及也。名藏在诸侯之策,曰:'孙林父、宁殖出其君。'"②"名藏在诸侯之策",说明据事直书是列国史官普遍坚持的做法。孔子非常推崇先秦史官秉笔的纪实精神。晋国董狐书"赵盾弑其君",孔子称赞他说:"董狐,古之良史也,书法不隐。"③

孔子作《春秋》,遵循了古代良史的纪实书法,《春秋》不仅记载了大量义理所褒奖的历史事迹,也记述了很多有悖于义理的史事,"据实呈露,笔不旋绕"④。杜预在《春秋左传序》中论及《春秋》"尽而不汙"的纪实直书时称:"'尽而不汙',直书其事,具文见意。丹楹刻桷、天王求车、齐侯献捷之类是也。"《春秋》"庄公二十三年"云:"秋,丹桓公楹。"就是说,用朱漆漆桓公宫内的柱子。《穀梁传》释称:"礼,天子、诸侯黝垩,大夫仓,士黈,丹楹,非礼也。"按照礼制,天子、诸侯的屋柱用微青黑色,大夫用青色,士用黄色,用赤色者非礼。这说明《春秋》据实记录了鲁国的非礼之举。《春秋》"桓公十五年"云:"天王使家父来求车。"《左传》释称:"天王使家父来求车,非礼也。诸侯不贡车、服,天子不私求财。"这就是说,诸侯不应当进贡车与戎服,天王不应当私自求财,《春秋》记"天王使家父来求车",是直书天王的非礼举动。《春秋》"庄公三十一年"云:"六月,齐侯来献戎捷。"《左传》释称:"凡诸侯有四夷之功,则献于王,王以警于夷。中国则否。诸侯不相遗俘。"这说明,齐侯把戎虏献给鲁国违背了礼制,《春秋》据事直书其事。诸如此类的记载在《春秋》中还有不少,说明《春秋》重视征实记述违反礼法之事来阐明义理标准。

---

① 《左传》("文公十五年")。
② 《左传》("襄公二十年")。
③ 《左传》("宣公二年")。
④ 张高评:《春秋书法与左传学史》,上海古籍出版社2005年版,第16页。

《春秋》中还有一种较为特殊的纪实笔法,即"三传"所发"常事不书"之例,"常事不书"所带来的"异辞",有时也体现出求史实之真的理念。"常事不书",就是对例行的礼仪及一般性事件不予记载,《春秋》如果记载一些本来不该记载的事件,那就表明有异常情况存在,后人称之为"异辞"。《春秋》中不少"异辞",也是实录一些应当批评的事情。《春秋》"桓公十四年"云:"秋八月壬申,御廪灾。乙亥,尝。""尝"就是秋祭,本来属于《春秋》不予记载的常规祭祀活动。《公羊传》释称:"常事不书,此何以书?讥。何讥尔?讥尝也。曰:'犹尝乎?'御廪灾,不如勿尝而已矣。"《穀梁传》也称:"御廪之灾不志,此其志何也?以为唯未易灾之余而尝可也。志不敬也。天子亲耕以共粢盛,王后亲蚕以共祭服,国非无良农工女也,以为人之所尽事其祖祢,不若以己所自亲者也。何用见其未易灾之余而尝也?曰甸粟,而内之三宫,三宫米而藏之御廪,夫尝必有兼甸之事焉。壬申,御廪灾。乙亥尝。以为未易灾之余而尝也。"《公羊传》和《穀梁传》指出,《春秋》的这条记载是为了说明鲁国在发生灾害后仍然进行秋祭的举动。可见,《春秋》的"异辞"也是为了记述违礼之事,从而阐明义理标准。

总之,《春秋》的求史实之真服务于求义理之真,当史实之真与义理之真发生冲突时,则以特殊笔法舍史实而取义理。《春秋》以义理统史实的求真理念,在中国古代史学居于主导地位,宋代则是一个典型的时代。

二、《春秋》笔法影响下的宋代史学求真

宋代理学兴起,史学随之出现"义理化"倾向。史学纪实的内蕴也随之发生了变化,《春秋》倡导的道义之真更为彰显。像范祖禹的《唐鉴》、朱熹的《资治通鉴纲目》等,大力宣扬天理史观,都是一些理学化色彩极为浓厚的史学著作,其主要彰显的当然是义理之真。范祖禹特重史论,[①]以此来阐发义理,而朱熹的"目"也起着类似的作用。这种重视史论的历史编纂方法,正是与它重义理的价值取向相关,是着重彰显义理之真的史学书法。在宋代,应该说,这种求真观念占据了相当重要的地位。

宋代史家运用《春秋》求义理之真的笔法,与他们对《春秋》笔法的认识有关。欧阳修曾论《春秋》旨趣说:

> 昔周法坏而诸侯乱,平王以后,不复雅而下同列国,吴、楚、徐夷,

---

① 孙瑜:《〈唐鉴〉及其史学价值》,《山西大同大学学报(社会科学版)》2007年第2期。

并僭称王，天下之人不禀周命久矣。孔子……即其旧史，考诸行事，加以王法，正其是非，凡其所书，一用周礼，为《春秋》十二篇，以示后世。……初，孔子大修六经之文，独于《春秋》，欲以礼法绳诸侯，故其辞尤谨约，而义微隐。①

欧阳修认为，孔子作《春秋》的用意，在于矫正"天下之人不禀周命久矣"的时弊，"以礼法绳诸侯"。欧阳修又指出，《春秋》"以礼法绳诸侯"的具体做法是，"即其旧史，考诸行事，加以王法，正其是非，凡其所书，一用《周礼》"。这就是说，《春秋》把周礼作为历史记述的标准，来明辨是非。宋代史家将对《春秋》笔法的这种认识付诸史学实践，自然就会以义理为标准来进行历史记述，继承《春秋》取义理之真而舍史事之真的笔法，主要体现在四个方面。

第一，宋代史家大量运用《春秋》"盗窃宝玉、大弓"这种依据义理进行评价的笔法。欧阳修对《春秋》"正名"的笔法有明确认识。他说："孔子何为而修《春秋》？正名以定分，求情而责实，别是非，明善恶，此《春秋》之所以作也。"②欧阳修把正名视为"别是非、明善恶"的起点。因此，对体现这一宗旨的依据义理进行评价的笔法予以继承。

《新唐书·僖宗本纪》有"盗杀义昌军节度使王铎"的记述。宋祁在《新唐书·王铎传》中详细记述了王铎被害的经过："铎世贵，出入裘马鲜明，妾侍且众。过魏，乐彦祯子从训心利之。李山甫者，数举进士被黜，依魏幕府，内乐祸，且怨中朝大臣，导从训以诡谋，使伏兵高鸡泊劫之，铎及家属吏佐三百余人皆遇害。"对照《王铎传》可以看出，乐彦祯之子乐从训劫掠、杀害王铎，其行径与盗贼无异，因此欧阳修书其为"盗"。这是求义理之真而非求史实之真，反映出与"阳货取大弓《春秋》书为盗"③相类的求真理念。

五代时，(后)梁太祖朱温之子朱友珪曾弑君自立为帝。欧阳修在《新五代史》中未将朱友珪列入本纪，而是归之于《梁家人传》，以"庶人"称之。欧阳修指出，这样做是因为"《春秋》之法，君弑而贼不讨者，国之臣子任其责。予于友珪之事，所以伸讨贼者之志也"④。欧阳修认为，朱友珪作为弑君之贼已伏诛，因此不得视之为帝。梁末帝将朱友珪废为庶人，欧阳修据

---

① 〔宋〕欧阳修：《欧阳修全集》卷一百二十四《崇文总目叙释·春秋类》。
② 〔宋〕欧阳修：《欧阳修全集》卷十八《春秋论中》。
③ 〔后晋〕刘昫：《旧唐书》卷一百六十八《列传第九十三》。
④ 〔宋〕欧阳修撰、徐无党注：《新五代史》卷一十三《梁家人传第一》。

此从义理上称朱友珪为庶人,而不依史实称其为帝。

范祖禹同欧阳修一样,具有通过依据义理进行评价的笔法来正名的思想。范祖禹在《唐鉴》中评论宦官废立唐昭宗一事说:

> 臣祖禹曰:刘季述劫太子而幽帝,宦者皆预谋。昭宗不能因天下仇疾之心穷治逆党以清宫闱,夺其兵柄归之将相,而以乱易乱,复任宦者,既赦而不问,又稍以法诛之,至使反侧不安,外结藩镇,以致劫迁之。祸由除恶不绝其本,而大信不立故也。昔阳虎作乱于鲁,囚季桓子,劫其国君,《春秋》书曰:"盗窃宝玉、大弓。"若季述等家臣贱人,不得曰废立。为唐史者,宜书曰:"盗",则名实正矣。①

范祖禹认为刘季述等人"劫太子而幽帝"是盗行,为了让历史记述"名实正矣",修唐史者应该仿效《春秋》"盗窃宝玉、大弓"的笔法,将刘季述等人记为"盗",而不能称其"废立"。

尹洙作《五代春秋》也继承了《春秋》"盗窃宝玉、大弓"的笔法。《后唐庄宗神闵皇帝》书:"盗据潞州。"《资治通鉴》记述了当时的情形:"安义牙将杨立有宠于(潞州安义军节度使)李继韬,继韬诛,常邑邑思乱。会发安义兵三千戍涿州,立谓其众曰:'前此潞兵未尝戍边,今朝廷驱我辈投之绝塞,盖不欲置之潞州耳。与其暴骨沙场,不若据城自守,事成富贵,不成为群盗耳。'因聚噪攻子城东门,焚掠市肆;节度副使李继珂、监军张弘祚弃城走,立自称留后,遣将士表求旌节。"②可见,《五代春秋》所书据潞州之盗实为后唐叛将杨立,此处尹洙采用了《春秋》"盗窃宝玉、大弓"的书法。

第二,宋代史家继承了《春秋》"赵盾弑其君"的书道义责任所在笔法。欧阳修认为《春秋》载圣人之道,又认为圣人之道落实于礼法,因此注重点出道义责任所在。他说:"为道必求知古,知古明道,而后履之以身,施之于事,而又见于文章而发之,以信后世。其道,周公、孔子、孟轲之徒常履而行之者是也;其文章,则六经所载至今而取信者是也……所谓道者,乃圣人之道也,此履之于身、施之于事而可得者也……其事乃君臣、上下、礼乐、刑法之事。"③欧阳修认为,"六经"是载道的文章,道要"施之于事",最终落实于

---

① 〔宋〕范祖禹:《唐鉴》卷二十三《昭宗》。
② 〔宋〕司马光:《资治通鉴》卷第二百七十三《后唐纪二》。
③ 〔宋〕欧阳修:《居士外集》卷十七《与张秀才第二书》,《欧阳修全集》第三册。

"君臣上下礼乐刑法"的礼法等级秩序。基于对礼法的重视，欧阳修注重在历史记述中突出对违反礼法行为负责之人。这样的笔法，既是一种修辞，[1]更是要通过修辞来阐明道义责任，在欧阳修的历史记述中有广泛运用。

欧阳修撰《新唐书》本纪，有"凡反逆者，虽遣其将拒战，亦必书逆首姓名，不书贼将"[2]的笔法。记"安史之乱"时，因为安禄山是反叛首领，从道义上讲，对叛军的行为负主要责任，因此，欧阳修往往在历史记述中表明安禄山的责任。《玄宗本纪》记唐将哥舒翰在灵宝西原被安禄山的部将崔干佑打败之事，书为"哥舒翰及安禄山战于灵宝西原，败绩"；记安禄山部将孙孝哲攻陷长安，书为"禄山陷京师"；记阿史那承庆攻陷颍川，书为"禄山陷颍川郡"。这些都是书道义责任所在的笔法。

《新五代史》也体现了欧阳修书道义责任所在的求真理念。《梁本纪》有"天雄军乱，贺德伦叛附于晋"的记述。实际上，当时作乱叛附于晋的是张彦，但"责在贵者"[3]，贺德伦作为天雄军节度使在道义上对此事负责。欧阳修的这种笔法与《春秋》"赵盾弑其君"笔法同出一辙，都是重视追究道义责任的表现。

尹洙在《五代春秋》中，记天雄军叛附于晋一事，同《新五代史》一样使用了书道义责任所在的笔法，记曰："六月，晋王入魏，以贺德伦归，晋师遂取德州。"尹洙不仅将天雄军叛附于晋的责任归于贺德伦，而且把晋人取德州的责任也归结到了他身上。

第三，宋代史家继承了《春秋》"天王狩于河阳"这种按义理上的应然状态记事的笔法。《五代春秋》记契丹攻破后晋都城开封、晋出帝出城投降一事，称："（开运）四年正月，帝逊于北郊。"晋出帝被迁往契丹境内，《五代春秋》记为："癸卯，帝逊于辽阳。"[4]《五代春秋》如此记事，也是基于《春秋》"天王狩于河阳"同样的理由，因为从义理上来说，天子不应当投降、被俘而只能逊位。

王称在《东都事略》中记"靖康之变"，对徽、钦宗遭金人掳掠之事以二帝"北狩"称之："靖康二年二月丁卯，道君皇帝出郊。三月丁巳，道君皇帝

---

[1] 张高评：《〈春秋〉曲笔直书与〈左传〉属辞比事——以〈春秋〉书薨、不手弑而书弑为例》，《高雄师大国文学报》（台湾）第19期，2014年1月。
[2] 〔清〕赵翼：《廿二史劄记校证》卷一十六"新书本纪安史之乱"。
[3] 〔清〕王鸣盛：《十七史商榷》卷二十一"欧史笔法谨严"。
[4] 〔宋〕尹洙：《五代春秋》卷下《少帝》。

北狩。""丁巳,道君皇帝北狩。夏四月庚申朔,皇帝北狩。""皇帝北狩"之语,明显是模仿《春秋》鲁僖公二十八年"天王狩于河阳"的书法。

第四,宋代史家效仿《春秋》隐讳部分史事的笔法。"弑君"与"灭国"是《春秋》典型的隐讳对象。① 唐宪宗为宦官陈弘志所弑,《旧唐书》记曰:"(宪宗)时以暴崩,皆言内官陈弘志弑逆,史氏讳而不书。"② 欧阳修在《新唐书》中记此事称:"宦者陈弘志等反。庚子,皇帝崩。"③ 欧阳修的这一记述,正是使用了《旧唐书》所说的讳书。与之类似,唐昭宗被朱全忠(朱温)派部下杀死,欧阳修则记为:(天祐元年)(904)"八月壬寅,全忠以左右龙武统军朱友恭、氏叔琮、枢密使蒋玄晖兵犯宫门;是夕,皇帝崩,年三十八。"④ 欧阳修只记朱全忠派人进犯宫门和唐昭宗驾崩,而略去了朱全忠部下杀死唐昭宗的细节。五代时,后梁太祖为其子朱友珪所弑,欧阳修同样在《新五代史·梁太祖本纪中》中讳书曰:"戊寅,皇帝崩。"欧阳修著史,并没有必要为前代隐讳天子被弑之事,其讳书是模仿《春秋》求义理之真笔法的结果。按义理,天子不应当被弑,所以,欧阳修仿效《春秋》的"子卒""公薨",书"皇帝崩"。

尹洙的《五代史记》也多有类似笔法。后唐时,李从珂举兵反对闵帝,闵帝出逃并在卫州被杀。《五代春秋》对此事讳书称:"戊辰,帝逊位于卫州。四月,壬申,从珂入京师。戊寅,帝崩于卫州。"⑤ 这里,尹洙只记"帝崩"而略去了闵帝被弑之事。《五代春秋》又记宋太祖"陈桥兵变"夺取帝位,只书:"七年正月甲辰,帝逊位于我宋。"⑥ 这同样是只记后周逊位于宋,而略去宋太祖兵变之事。

总之,宋代有大批史家继承了《春秋》求义理之真重于求史实之真的理念,往往效仿《春秋》笔法,在历史记述中取义理之真而舍史实之真。需要指出的是,具有义理化倾向的宋代史家并不把求义与求真对立起来,而是认为二者内在统一。宋代重视史学求义的代表人物欧阳修认为,求真是求义的基础,信史才能起到明辨善恶的作用。因此他说:"圣人之于《春秋》,

---

① 张高评:《〈春秋〉曲笔书灭与〈左传〉属辞比事——以史传经与〈春秋〉书法》,《成大中文学报》(台湾)第45期,2014年6月。
② 〔后晋〕刘昫:《旧唐书》卷十五《本纪第十五》。
③ 〔宋〕欧阳修、宋祁:《新唐书》卷七《本纪第七》。
④ 〔宋〕欧阳修、宋祁:《新唐书》卷一十《本纪第十》。
⑤ 〔宋〕尹洙:《五代春秋》卷上《闵皇帝》。
⑥ 〔宋〕尹洙:《五代春秋》卷下《恭帝》。

第四章 《春秋》学与宋代史学思想

用意深,故能劝戒切,为言信,然后善恶明。"①认为《春秋》的明辨善恶是建立在征实记述基础上的。欧阳修还从反面指出如果不能征实记述史事就不能辨明善恶,"不求其情,不责其实,而善恶不明"②。而实际上,宋代史家在效仿《春秋》求义理之真的同时,也非常重视《春秋》求史实之真的传统。

宋代史学重视《春秋》的求史实之真主要表现在,宋代诸多史家强调《春秋》的纪实特性,往往偏向指其求史实之真。虽然这种说法有时会与求义理之真的理念形成矛盾,但这是宋代史学甚至传统义理化史学难以克服的内在矛盾。就宋代的史学表现而言,宋代史家确实多有重视《春秋》求史实之真之处。

第一,宋代史家多阐发《春秋》纪实理念。欧阳修认为,《春秋》是纪实之书。他说:"《春秋》谨一言而信万世也。"③据此,欧阳修否定了"三传"所发明的一些《春秋》求义理之真的笔法,认为"三传"与经文不符的记述都是"妄意圣人而惑学者"④。《春秋》书"赵盾弑其君","三传"释称赵穿弑君,赵盾因为"亡不越竟,反不讨贼"而受恶,这是历来公认的看法。但是欧阳修认为《春秋》是纪实之书,因而提出"春秋赵盾弑君非赵穿"⑤。欧阳修的这种观点虽有偏颇,却体现出他对《春秋》求史实之真的极力推崇。欧阳修在修史实践中也非常重视求史实之真。他说:"史者,国家之典法也。自君臣善恶功过,与其百事之废置,可以垂劝戒、示后世者,皆得直书而不隐。"⑥

司马光修史否定《春秋》褒贬之说而以纪实为务,⑦继承和发展了《春秋》直书笔法。⑧ 他在《进〈资治通鉴〉表》中表明自己的历史撰述是要"鉴前世之兴衰,考当今之得失,嘉善矜恶,取是舍非"。同时,为了体现帝王教科书的特点,而"专取关国家兴衰,系生民休戚,善可为法,恶可为戒者"。这就说明了《资治通鉴》撰述旨趣的两个方面:一是要探求历史盛衰之理,

---

① 〔宋〕欧阳修撰、徐无党注:《新五代史》卷二《梁本纪第二》。
② 〔宋〕欧阳修:《欧阳修全集》卷十八《春秋论中》。
③ 〔宋〕欧阳修:《欧阳修全集》卷十八《春秋或问》。
④ 〔宋〕欧阳修:《欧阳修全集》卷十八《春秋论》上。
⑤ 〔宋〕欧阳修:《欧阳修全集》附录卷二《先公事迹》。
⑥ 〔宋〕欧阳修:《欧阳修全集》卷一百一十一《奏议集·论史馆日历状》。
⑦ 司马光从观念上否定《春秋》褒贬之法,但实际上其叙事受到《春秋》笔法重大影响,不能免于褒贬。参见周远斌:《儒家伦理与〈春秋〉叙事》,第192~194页。
⑧ 周远斌:《儒家伦理与〈春秋〉叙事》,第190~192页。

彰显史学的经世致用价值;二是要明辨善恶,以为劝诫。为了探究历史盛衰之理,发挥史学的经世致用功能,司马光明确表示要直书史事、不采《春秋》笔法,由此决定了司马光在史学求真上更偏重于史实的特点。司马光明确说过,他的历史撰述要"使观者自择其善恶得失,以为劝戒,非若《春秋》立褒贬之法,拨乱世反诸正也"①。司马光认为,叙事"无所抑扬",才能"庶几不诬事实,近于至公"。②

郑樵重视直笔,③他曾道:"以谥易名,名尚不敢称,况可加之以恶乎?非臣子之所安也。呜呼!《春秋》纪实事而褒贬之说行。谥法别昭穆而美刺之说行。当其时已纷纭矣,后之人何独不然。臣恐褒贬之说不已,则《春秋》或几乎息矣,于是作《春秋考》《春秋传》。"④郑樵认为"《春秋》纪实事"而否定"褒贬"之说。这意味着从求真理念的角度而言,他肯定求史实之真,而在一定程度上否认求义理之真。

朱熹与后学著《资治通鉴纲目》,尹起莘作其《发明》,刘友义为其《书法》……这部巨著因而汇集了理学群策群力。可见宋代史学风貌之重要一面。《发明》卷九下谓:"盖《春秋》记异不记祥,是《春秋》之特笔也。《纲目》灾祥并记,是《纲目》兼史法而纪实也。"这也就是区别《春秋》的"史法"与"纪实",倾向于把《春秋》史法视作重义理而把《春秋》纪实视作重史事。所谓"《纲目》兼史法而纪实",即是说,《资治通鉴纲目》不仅重义理之真,也重史实之真。

第二,宋代史家多注重考证史事,探明其真。欧阳修著史遵循《春秋》"善恶是非之实录"⑤的精神,重视史料整理与史料证据,⑥务求考证细密,探赜索隐。赵翼曾指出,欧阳修著《新五代史》广泛参考史著,"博采群言,旁参互证,则真伪见而是非得其真"⑦。欧阳修著史不仅参证各种史著,还"收畜古文图书,集三代以来金石铭刻,为一千卷,以校正史传百家讹谬之说"⑧,甚至将当时学者所不屑的小说也作为史料来源。王鸣盛曾论及欧阳修将实录与小说互相参证,对探明史事大有裨益,称《新五代史·常从简

---

① 〔宋〕司马光:《资治通鉴》卷第六十九《魏纪一》。
② 〔宋〕司马光:《资治通鉴》卷第六十九《魏纪一》。
③ 龚抗云:《论郑樵的史学思想》,《湖南大学学报(社会科学版)》1999年第2期。
④ 〔宋〕郑樵:《通志二十略》卷四十六《序论第一》,王树民点校,中华书局1995年版。
⑤ 〔宋〕欧阳修:《欧阳修全集》卷四十七《答李诩第二书》。
⑥ [美]伍安祖、王晴佳:《世鉴:中国传统史学》,第147~148页。
⑦ 〔清〕赵翼:《廿二史劄记校证》卷二十一"欧史不专据薛史旧本"。
⑧ 〔宋〕欧阳修:《欧阳修全集》附录卷二《祭文》。

传》"载其好食人肉,所至潜捕小儿为食。此等当出小说所载,其事必真"①。由于欧阳修精于考证,所以其《新五代史》达到了"卷帙虽不及薛史之半,而订正之功倍之,文直事核"②的效果。欧阳修从《春秋》中抽绎出的编纂基本原则,使其能够充分占有史料,并通过考证提高了史料使用的准确性与客观性。③

司马光的求史实之真服务于求义理之真。司马光在史学求真上之所以会偏重于史实之真,是为了求得历史盛衰之理,而司马光所认识到的这个"理",却又是与《春秋》之义及宋代天理观念相关的。这决定了司马光的求史实之真仍然是其求义理之真的一种手段。如前所述,《春秋》笔法蕴含的史义是以礼制为特征的政治理想和伦理标准,司马光从历史兴衰中则得出了"礼为纪纲"的结论,认为礼具有重大的社会作用。他说:"礼之为物大矣!用之于身,则动静有法而百行备焉;用之于家,则内外有别而九族睦焉;用之于乡,则长幼有伦而俗化美焉;用之于国,则君臣有叙而政治成焉;用之于天下,则诸侯顺服而纪纲正焉。"④司马光认为,礼对于从修身、齐家到治国、平天下的社会生活都大有裨益,他所说的"善可为法,恶可为戒"很大程度上就是从礼的角度来予以评判。可见,司马光的求史实之真并不是目的,而是进行惩恶劝善的手段。

第三,宋代史家也多有重视《春秋》"大恶而不隐"的笔法,对违背义理的大恶之事也予以著录。欧阳修认为,《春秋》记事不避讳篡弑大恶,并将这一点作为自己修史的一个宗旨,他说:

> 呜呼,天下之恶梁久矣!自后唐以来,皆以为伪也。至予论次五代,独不伪梁,而议者或讥予大失《春秋》之旨,以谓"梁负大恶,当加诛绝,而反进之,是奖篡也,非《春秋》之志也"。予应之曰:"是《春秋》之志尔。鲁桓公弑隐公而自立者,宣公弑子赤而自立者,郑厉公逐世子忽而自立者,卫公孙剽逐其君衎而自立者,圣人于《春秋》,皆不绝其为君。此予所以不伪梁者,用《春秋》之法也。"……"《春秋》于大恶之君不诛绝之者,不害其褒善贬恶之旨也,惟不没其实以著其罪,而信乎后世,与其为君而不得掩其恶,以息人之为恶。能知《春秋》之此意,然后

---

① 〔清〕赵翼:《廿二史劄记校证》卷九十三"欧史喜采小说薛史多本实录"。
② 〔清〕赵翼:《廿二史劄记校证》卷二十一"欧史不专据薛史旧本"。
③ 顾永新:《欧阳修编纂史书之义例及其史料学意义》,《文史哲》2003 年第 5 期。
④ 〔宋〕司马光:《资治通鉴》卷第十一《汉纪三》。

知予不伪梁之旨也。"①

欧阳修指出《春秋》承认篡弑自立之君也是国君,"不没其实以著其罪",可以达到褒善贬恶的目的。在修史过程中,欧阳修也采取了《春秋》的这一做法。欧阳修除了在《新五代史》中力排众议立《梁本纪》外,又在《新唐书》中为武则天立本纪。欧阳修还指出《春秋》"著其大恶而不隐"的笔法在史学上一直有所表现,《史记》《汉书》为吕后立本纪、《旧唐书》为武则天立本纪都合于此法,能够起到使"乱臣贼子惧"的劝惩作用。② 出于"大恶而不隐"的宗旨,欧阳修还在《新唐书·艺文志》和《崇文总目》中设"伪史类"一目,存录记述割据或篡立政权的史书。

《资治通鉴纲目》往往也遵循不隐其恶的书法原则。《资治通鉴纲目》为取法《春秋》"微言大义"而作,力求突显义理,但也并未忘记《春秋》书法不隐的宗旨。像其卷四十一下直书武则天之尊号"金轮圣神皇帝",看似违背《资治通鉴纲目》的"正统"与"正名"思想,实则是为谴责其所认为的大逆不道而纪实。故其《发明》释称:"《纲目》褒贬予夺,立法甚严,固非他史之比。至于乱世之事,亦不尽略。如王莽之纷纭制作,武氏之淫名越号,皆书于册。一以见纪实之意,一以著奸伪之迹也。"可见,宋代史家在追求明义理的同时,也以求史实为一种手段。

总之,宋代有很多史家在修史过程中,既求义理之真,又求史实之真,其笔法往往与《春秋》有关,继承了《春秋》以义理统率史实的求真理念。欧阳修的这种求真理念反映出传统史学既要求史实之真以资治鉴戒,又要渗透礼法思想以维护封建统治的史学二重性特征。因为求义理之真所依据的是主观性的礼法思想,所以造成宋代史学求真笔法的一些混乱,欧阳修很有代表性。欧阳修否定"赵盾弑其君"是《春秋》书道义责任所在的笔法,认为其征实记述史事,但他大量使用的"禄山陷京师"这类笔法,实际上又是模仿"赵盾弑其君"书道义责任所在的笔法。欧阳修主张《春秋》"大恶而不隐"的求史实之真笔法,却又用求义理之真的笔法将篡弑自立的朱友珪排除于本纪。这些混乱,都是由于欧阳修难以在主观的义理之真和客观的史实之真两者间求得协调造成的,代表了宋代史学乃至整个中国传统史学在求真问题上所面临的一种困境。甚至有时,古代史家自己也难以分辨两

---

① 〔宋〕欧阳修撰、徐无党注:《新五代史》卷二《梁本纪第二》。
② 〔后晋〕刘昫:《旧唐书》卷四《本纪第四》。

种求真理念。《资治通鉴纲目·书法》卷五上云:"(李)陵前降虏,《纲目》书'战败降',纪实也。或者亮其不得已则奔。军降将无所示惩矣。故因其族之而书'诛',所以示降虏之罚为世戒也。"可见,即使宋人在理解"《春秋》书法"甚至发明"《纲目》书法"的过程中都难以探明若干记述究竟是"纪实"而求史实之真,还是"为世戒"而求义理之真。并且,求义理之真与史家以史学致用有关,导致史实意义上的求真的让步,有时甚至会导致曲笔。①

第二节 《春秋》笔法与宋代史学批评

宋代是传统史学的鼎盛时期,一个重要标志就是史学批评意识的发展。宋代以前,史家虽然注意评论历史,但针对史学本身的批评意识较弱,有一个漫长的发展过程。先秦时期中国史学批评开始萌芽。② 汉代起,史学批评逐渐开始从综合学术批评中分离。③ 魏晋南北朝时期,史学批评承上启下,有了长足发展。④ 到唐代,刘知幾著《史通》,注意进行史学批评与总结,在一定程度上可以说是宋代以前学者对史学的一次集中总结和批评,取得了重要史学理论成就,⑤其"理论体系,是中国古代史学批评发展的一个高峰"⑥。《史通》的史学理论主要以史评的方式阐发,⑦这奠定了中国古代史学理论阐发的基本形式。宋代史学进一步发展,通过对前代史学的考察而取得史学理论成就,推动了史学批评的繁荣。⑧ 宋代的史学批评不仅论者辈出,篇幅超过前代,而且颇具特点,相较于刘知幾的史学批评,更突出经学尤其是《春秋》学在史学批评中的地位。宋代有不少史家着力于史学批评:北宋官书《册府元龟》特立《国史部》专门论述史学,不仅著录了大量史料和前代史学内容,还进行了大量史学批评;吴缜著《新唐书纠谬》和《五代史纂误》,针对欧阳修及宋祁的史学进行批评;吕夏卿作《唐书直笔》,也对《新唐书》的书法进行了一些批评;曾巩著有《新序目录序》《梁

---

① 许殿才:《古代史学的"求真"与"致用"传统》,《史学史研究》2008年第2期。
② 赵俊:《先秦史学批评述论》,《中国社会科学院研究生院学报》1991年第4期。
③ 赵俊:《两汉史学批评述论》,《中国社会科学院研究生院学报》1989年第5期。
④ 赵俊:《魏晋南北朝史学批评述论》,《中国社会科学院研究生院学报》1990年第3期。
⑤ 赵俊:《〈史通〉理论体系的结构和逻辑》,《中国社会科学院研究生院学报》2005年第5期。
⑥ 赵俊:《〈史通〉理论体系研究》,辽宁大学出版社1990年版,第2页。
⑦ 周文玖:《刘知幾史学批评的特点》,《史学史研究》2007年第2期。
⑧ 瞿林东:《两宋史学批评的成就》,《河北学刊》1999年第2期。

书目录序》《战国策目录序》《陈书目录序》《南齐书目录序》《梁书目录序》等文章,对前代史学进行了一些批评;洪迈的《容斋随笔》内容丰富,不仅包含历史考据也含有一些史学批评意见;胡寅的《读史管见》虽然多为历史评论,但其书针对《资治通鉴》而作也体现出了一种史学批评意识;叶适的《习学记言》总结自己对前代著述的观点,其间不乏对历代史书的评价;朱熹注重以史明理,在论述读史方法和编纂《资治通鉴纲目》的过程中阐发了一些义理化的史学批评意见;①晁公武的《郡斋读书志》不仅专门设立《史类》,还"自《文史类》内摘出论史者为《史评》"②,体现出一定的史学批评自觉;高似孙著有《史略》存录前代史学重要内容,其中发表了一些史学批评意见;陈振孙的《直斋书录解题》在评价前代著述中含有不少史学批评内容。……从"史学批评史"③的视角来看,宋代史家不仅有很高的史学批评成就,而且在不同程度上重视《春秋》及《左传》在史学批评中的地位,一方面往往以《春秋》《左传》为史家撰述的最高典范,另一方面往往以《春秋》《左传》为标准考察史学著作。

一、以《春秋》《左传》为史家极则

《春秋》作为中国古代史书的一大源头,历来受到史家推崇,往往被古代史学当作史书的最高典范。很多时候,以史事解《春秋》的《左传》也受到史家推重。汉代司马迁作《史记》,欲"成一家之言",对《春秋》非常推崇,认为《春秋》记载史事"上明三王之道,下辨人事之纪,别嫌疑,明是非,定犹豫,善善恶恶,贤贤贱不肖,存亡国,继绝世,补敝起废,王道之大者也"。所以,司马迁把《春秋》看成是治学为文的典范,说:"孔子修旧起废,论《诗》《书》,作《春秋》,则学者至今则之。"④唐代刘知幾著《史通》,纵论前代史学,不仅以《春秋》和《尚书》并为史学两大源流,而且把《春秋》和《左传》列入其所归纳的史书"六家"中,以《春秋》为记事体之宗,以《左传》为编年体之宗。实际上,刘知幾是为了划分的方便,而将《春秋》的编年体史书源头位置赋予了《左传》。而在"六家"当中,刘知幾最推崇编年体和断代纪传体,称:"考兹六家,商榷千载,盖史之流品亦穷之于此矣。而朴散淳销,时

---

① 谢贵安:《义理下的史学:朱熹对〈史记〉的认识与评价》,《安徽史学》2019 年第 2 期。
② 〔宋〕晁公武:《郡斋读书志》卷七《史评类·刘氏史通》,文渊阁《四库全书》本。
③ 张越:《史学批评二题》,《学习与探索》2013 年第 4 期。
④ 〔汉〕司马迁:《史记》卷一百三十《太史公自序》。

移世异,《尚书》等四家,其体久废,所可祖述者,唯《左氏》及《汉书》二家而已。"①刘知幾推崇《左传》的编年体,实际上是推崇《春秋》的编年体。刘知幾不仅从史书体裁的角度,也从史书笔法的角度提倡《春秋》。虽然他也推重纪传体史书,但他曾根据《春秋》从笔法角度批评《史记》说:"至太史公著《史记》,始以天子为本纪,考其宗旨,如法《春秋》。自是为国史者,皆用斯法。然时移世异,体式不同。其所书之事也,皆言罕褒讳,事无黜陟,故马迁所谓整齐故事耳,安得比于《春秋》哉!"②刘知幾重视《春秋》记事的褒贬笔法,认为《史记》的本纪虽学《春秋》,但其笔法只是整理编纂。因此,只称得上是"整齐故事",与《春秋》的褒贬笔法相去甚远。

虽然历代史家不乏推崇编年体者,但自司马迁创纪传体之后,编年体长期处于低谷,史家修史竞相采用纪传体。直到宋代以前,史家偏重纪传体而相对轻视编年体的状况都没有大的改变。

到了宋代,编年不敌纪传的形势发生了根本性转变。如前所述,宋代编年体著述出现了振兴局面,而在史学批评上,宋人也空前重视编年体,甚至否定纪传体的价值,像叶适就猛烈抨击司马迁变编年体为纪传体是"自劳而启后世之烦且杂"③。宋代史学批评对《春秋》《左传》编年体的空前推崇,实际上,是宋代《春秋》学兴盛和史学自觉接受《春秋》学指导使然。一方面,宋人以《春秋》发尊王之义和正统之论,因此《春秋》编年体的以王纪年可以充分表达尊王与正统思想;另一方面,宋代史学具有义理化倾向,重视在史书中阐明义理,故格外推崇《春秋》编年纪事所用的褒贬笔法。因之,宋代史学批评形成了一个重要特点,就是往往推崇《春秋》和《左传》对史学的示范作用,以之为史家修史的极则。

《册府元龟》是北宋时期的一部重要官书。王钦若、杨亿等人奉宋真宗之旨,从历代经史中选取君臣事迹编修此书时,特立《国史部》记录历代史官设置情况及官修史书编纂的相关情形,其中包含不少史学批评的内容。《册府元龟·国史部》上溯史官源流,说明了《春秋》和《左传》的史学性质,并以《春秋》和《左传》为史家修史的圭臬。《册府元龟》将史官源流追溯至西周,称:

---

① 〔唐〕刘知幾:《史通》卷一《内篇·六家第一》。
② 〔唐〕刘知幾:《史通》卷一《内篇·六家第一》。
③ 〔宋〕叶适:《习学记言》卷十九《史记·表》。

古之王者,世有史官,君举必书,书法不隐,所以慎言行,示劝戒也。自伏羲始造书契,神农之世,民风尚朴,官设未备,黄轩之臣曰仓颉,取象鸟迹以作文字,记诸言行,竹册而藏之,史官之作,盖自此始。周监二代,并建众职,春官宗伯之属有太史掌建邦之六典,下大夫二人,上士四人,小史掌邦国之志,中士八人,下士十有六人;内史掌王之八柄之法,以诏王治,中大夫一人,下大夫二人,上士四人,中士八人,下士十有六人;外史掌书外令、四方之志及三皇五帝之书,上士四人,中士八人,下士十有六人,皆有府史胥徒之属;诸侯亦各有国史。战国之世,咸有史官。①

《册府元龟·国史部》指出,史官是上古文字产生的必然产物,西周立国已有之,不仅中央政权有太史、内史、外史及其属官,而且诸侯国也各有国史。西周的史官制度贯穿周代始终。《册府元龟·国史部》又肯定《春秋》是孔子在东周史官制度废弛后据鲁国国史等西周史记撰修而成,称:"史氏之职旧矣。自周衰失官,旧章隳紊,仲尼因鲁史记之文,考其真伪,刊而正之以劝戒,盖诸侯之国史也。"②又指出《左传》是从《春秋》而衍生出来的,说:

周,孔子明王道,七十余君莫能用,故西观周室,论史记旧闻,兴于鲁而次《春秋》,上记隐,下至哀之获麟,约辞文去其烦重,以制义法,王道备、人事浃,七十子之徒口受其传,指为有所讥刺褒讳,挹损之文辞不可以书见也。鲁君子左丘明,惧弟子人人异端、各安其意、失其真故,因孔子史记具论,其语成《左氏春秋》。③

《册府元龟》厘清《春秋》继西周史书而作,《左传》承《春秋》旨趣而为之的关系后,进一步指出《春秋》和《左传》在史学中的源流地位,称:

自左丘明受经于仲尼而为之传,其后太史公易编年之旧式,明述作之微旨,扬榷而论,文辞炳焉,班氏父子专心载籍,亦复斟酌。前史

---

① 〔宋〕王钦若等:《册府元龟》卷五百五十四《国史部·总序》。
② 〔宋〕王钦若等:《册府元龟》卷五百五十五《国史部·采撰》。
③ 〔宋〕王钦若等:《册府元龟》卷五百五十五《国史部·采撰》。

讥正得失,尔后当笔削之任者,盖不乏其人焉。至于考正先民之异同,论次一时之类例,断以年纪,裁以体范,深述惩劝之本,极谈书法之事,或列于封疏,或形于奏记,至乃立言以垂制,移书以布怀,罕不磅礴今古,讲求奥迹,绪言佳话,蔼乎前闻,足以见作者之志矣。①

《册府元龟》把《春秋》和《左传》视为古代史学的源头,将之后的《史记》《汉书》看作史学的一种变化。《册府元龟》肯定《史记》《汉书》在史书体裁上的变化,但更重视史书的"深述惩劝之本"。正是因为强调《春秋》记事以惩劝的作史宗旨,《册府元龟》把后世史书都视作《春秋》和《左传》的后继者,从而突出了《春秋》与《左传》作为史学源头的地位。

吴缜曾作《新唐书纠谬》和《五代史纂误》两部书,专门对欧阳修的两部正史进行批评。吴缜在论修史之难时说:

> 史才之难尚矣,游夏圣门之高弟而不能赞《春秋》一辞。自秦汉迄今千数百岁,若司马迁、班固、陈寿、范蔚宗者,方其著书之时,岂不欲曲尽其善而传之无穷?然终亦未免后人之诋斥。至唐独称刘知幾,能于修史之外毅然奋笔自为一书,贯穿古今,讥评前载,观其以史自命之意,殆以为古今绝伦,及取其尝所论著而考其谬戾,则亦无异于前人。由是言之,史才之难岂不信哉。②

在吴缜看来,历史上的史书,除了《春秋》无人可以诟病,其余的作品从司马迁的《史记》到刘知幾的《史通》,都是史家尽其所能却不能免于有所"谬戾"。吴缜的这一判断虽然值得商榷,但其在史学批评上以《春秋》为最高典范的观念已彰显无遗。

曾巩在《战国策目录序》《南齐书目录序》《梁书目录序》《陈书目录序》等一些文章中,反映出其对史学的总结和反思。纵观曾巩的文章,可以看出其以《春秋》为经,而以《左传》代替《春秋》在史学上的至高地位。曾巩承认"天子动则左史书之,《春秋》是也;言则右史书之,《尚书》是也"③的古代史官职守,但他显然不认为据古史《春秋》而作的《春秋》经可与史书等同视

---

① 〔宋〕王钦若等:《册府元龟》卷五百五十八《国史部·论议》。
② 〔宋〕吴缜:《新唐书纠谬·原序》,《四部丛刊三编》本,中华书局1975年新1版。
③ 〔宋〕曾巩:《元丰类稿》卷四十九《史官》,《四部丛刊初编》本,商务印书馆1936年版。

之,而以《左传》与其他史著并列作为史书中的杰出者,说:

> 学者所不得不尽心,能尽心,然后能自得之,此所以为经,而历千余年盖能得之者少也,《易》《诗》《礼》《春秋》《论语》皆然……叙事使可行于远者,若子夏、左丘明、司马迁、韩愈亦可谓拔出之材,其言庶乎有益者也。①

曾巩认为,包括《春秋》在内的经书,后世能明其真谛者甚少,退而言其次,在经书之外的著作中,则《左传》与《史记》等可以算是"其言庶乎有益者"。

如前所述,叶适言《春秋》"名经而实史"。叶适极端推崇《春秋》的史学地位,又认为《春秋》是一部蕴含大义的史书,后世史学难以揣测其大旨,称:

> 周自昭穆之后,君德虽衰,纪纲法度故在,厉王大坏矣,犹曰释位共和,而间王政,未有以霸统者也。及周室东迁,平、桓欲自振不能,而齐庄、僖稍已鸠诸侯,荆亦始大,遂有桓、文之事,而吴越起东南,天下之变故繁矣。故《春秋》因诸侯之史,录世变,述霸政,续《书》《诗》之绝绪,使东周有所系而未失,盖世之治道之行而事之合乎道。世之乱、道之废,而事之悖乎道,皆其理之固然,书其悖谬以示后世皆森然具之,岂待察其所以而后知也。太史公《自序》察其所以皆失其本已,此其大旨也。②

曾巩认为《春秋》超出群史之处在于,"因诸侯之史"记录历史变迁,用合于王道的笔法突显周王室的地位,且认为司马迁的孔子因为不得当时诸侯任用而著述以明王道的说法失《春秋》大旨。叶适又具体指出《春秋》大旨非一般史家所能知,他主张:

> 其事则齐桓、晋文者,此,春秋之桢干也,又曰:"天下有道,则礼乐征伐自天子出;天下无道,则礼乐征伐自诸侯出。"自诸侯出,盖十世希

---

① 〔宋〕曾巩:《元丰类稿》卷十二《王容季文集序》。
② 〔宋〕叶适:《习学记言》卷九《春秋·隐至庄》。

不失矣；自大夫出，五世希不失矣；陪臣执国命，三世希不失矣。天下有道，则政不在大夫；天下有道，则庶人不议。《春秋》书法，备此数者，因其出也，见其失也，反其在下，遏其横议，此《春秋》之绳墨也；至于凡例、条章，或常或变区区乎，众人之所争者，乃史家之常，《春秋》之细尔，学者不可不知也。①

叶适认为，《春秋》的主要内容是记史事，而其记事的大旨在于"尊王"，至于后世学者所探讨的《春秋》义例，只是一般史家的"常例"。叶适身处重视义理的理学勃兴的时代，既重视《春秋》的史学性质，又不愿把贯穿义理的《春秋》与其他史家等而言之，因此，用《春秋》大旨把《春秋》与其他史家加以区别，实际上把《春秋》推上了后世史家无法望其项背的至高地位。

朱熹把《春秋》视作史书，并且认为《春秋》是史书的最高典范，王柏曾评价朱熹的修史旨趣，说：

> 夫子之作《春秋》，因鲁史之旧文，不见其笔削之迹，正以无凡例之可证。朱子曰："《春秋》传例，多不可信，非夫子之为也。"今纲目之凡例，乃朱子之所自定，其大义之炳如者，固一本于夫子。②

正如王柏所言，朱熹否定"三传"所发《春秋》凡例，而归纳《春秋》大义、自定凡例。实际上，朱熹对《春秋》史学的推崇即在于《春秋》大义。朱熹曾言："读史当观大伦理、大机会、大治乱得失。"③在朱熹看来，《春秋》反映了历史上的"大伦理"。他曾说："《春秋》大旨，其可见者，诛乱臣，讨贼子，内中国，外夷狄，贵王、贱伯而已。"④朱熹不仅将《春秋》大义视为《春秋》的史学价值所在，更以之为史学评价的重要标准。因此，朱熹教人读史，重视解说《春秋》大义的《左传》，说："先读《史记》，《史记》与《左传》相包，次看《左传》，次看《通鉴》。"又说："先读《史记》及《左氏》，却看《西汉》《东汉》及《三国志》，次看《通鉴》。"⑤朱熹推崇解说《春秋》大义的《左传》，实际上含有推

---

① 〔宋〕叶适：《习学记言》卷九《春秋·隐至庄》。
② 〔宋〕王柏：《资治通鉴纲目凡例后语》，见《资治通鉴纲目·附录二·序跋》，《朱子全书》第十一册。
③ 〔宋〕朱熹：《朱子语类》卷十一《学五·读书法下》。
④ 〔宋〕朱熹：《朱子语类》卷八十三《春秋·纲领》。
⑤ 〔宋〕朱熹：《朱子语类》卷十一《学五·读书法下》。

崇《春秋》的成分。

吕祖谦重视《春秋》的经学性质,而在史学上突显《左传》的地位,以《左传》为史法典范。他说:

> 学者观史,各有详略。如《左传》《史记》《前汉》三书,皆当精熟细看,反复考究,直不可一字草草。自《后汉》《三国志》以下诸史,只是看大纲,始末成败。盖自司马氏、班氏以后,作史者皆无史法。
>
> 看《史记》又与看《左传》不同,《左传》字字缜密,《史记》所载却有岁月差互、先后不同处,不似《左传》缜密,只是识见高远,真个识得三代规模,此学者所当熟看。①

吕祖谦认为,史著的最高典范当推《左传》《史记》《前汉》三书,认为此三书之后的史著"皆无史法"。而就史法而言,吕祖谦又认为,《左传》"字字缜密",超过《史记》。吕祖谦的这一史学批评论点虽然有不妥之处,但其以《左传》为史家极则的观点在宋代却很有代表性。

二、以《春秋》《左传》绳群史

宋人因为以《春秋》《左传》为史家极则,因此在进行史学批评时,往往以《春秋》和《左传》为准绳去考量史学作品。虽然在宋代之前也有论者用《春秋》和《左传》衡量史著,但宋代因为《春秋》学的兴盛和史学批评的发展则表现得更为明显。《册府元龟》推崇《春秋》据尊王之义而予夺褒贬的笔法,以之为史学批评的标准。明人李嗣京为《册府元龟》作序说:

> 宣尼得帝魁之书迄秦缪凡三千二百四十篇,乃断远取近,止留百二十篇,以为万世君臣之法,又因端门之命,使子夏等求周史记,得百二十国之书,乃芟辞取义,止因鲁史以申天王予夺之权,是非大定,得失灿然,凛乎其不可易。故后世司马光作《通鉴》、朱子作《纲目》皆始于周威烈之二十三年而不敢上越以避《尚书》《春秋》,然其立旨君规臣儆,则根本托焉。臣谓《册府元龟》实准于是。

这段话指出了《册府元龟》以《尚书》所立君臣之义和《春秋》所明尊

---

① 〔宋〕吕祖谦:《左氏传续说·纲领》,文渊阁《四库全书》本。

第四章 《春秋》学与宋代史学思想

之旨为撰述的思想指导。《册府元龟·国史部》在进行史学批评时,更侧重于用《春秋》来考察史学,根据《春秋》和《左传》提出了一个重要的史学批评原则,也就是"书法不隐"而"惩恶劝善"。综观《册府元龟·国史部》各篇,可以看出,其所提出的这一史学批评标准具有丰富的思想内涵。

首先,《册府元龟·国史部》主张修史应当效仿《春秋》,通过书法不隐的直书实录而使善恶是非毕现。其论曰:

> 夫简牍之兴,得失攸纪,善恶无隐,曲直遂分。是故,劝沮于斯人,见信于来裔,其或纪言动之任,举《春秋》之旨,虽微婉之斯在,亦纤芥之必书,故使骩矣之言足征于龟鉴直哉之笔,若列于日星,斯盖得执简之余芳,书法之遗懿者已。①

《册府元龟·国史部》认为,史书作用重大,要求史书"善恶无隐,曲直遂分",也就是认为史家通过直书实录可以使是非见于历史记述。《册府元龟·国史部》还明确把《春秋》视为这种书法的源流,要求史家"举《春秋》之旨",使历史记述"见信于来裔",从而使其著录足以为善恶鉴戒。

其次,《册府元龟·国史部》所言书法不隐,相较前代观点,内涵丰富,主要有三层含义:其一是反对曲笔,要求史家征实记述史事。《不实》篇称:

> 《传》曰"书法不隐",又曰"不刊之书"。盖圣人垂世立法,惩恶劝善者也。若乃因嫌而沮善,渎货以陈恶,或畏威而曲加文饰,或徇时而蔑纪勋伐,恣笔端而滋美,擅胸臆以厚诬,宜当秽史之名,曰信之实。垂于后世,不其恧欤!②

《册府元龟》认为《左传》所称的"书法不隐"说明了《春秋》不掺杂主观因素而征实记述的旨趣,因此把因"畏威"和"徇时"而掺杂主观好恶的曲笔称为"秽史",认为这样的记述"不实",歪曲了历史,不能起到劝善惩恶的作用。其二,要求记录史事不能略去关乎善恶的事迹。《非才》篇说:

> 夫史氏之职掌四方之志,善恶不隐,言动必书,固宜妙选良材,图

---

① 〔宋〕王钦若等:《册府元龟》卷五百五十四《国史部·公正》。
② 〔宋〕王钦若等:《册府元龟》卷五百六十二《国史部·不实》。

任明职,广示惩劝之义,备适详略之体,成大典于一代,垂信辞于千祀。若乃司载笔之官昧叙事之方,徒淹岁时,空索编简,或绸绎之靡就,或颁次之无文,昧进旷官,盖可惩也。①

《册府元龟》认为史家作史要"善恶不隐,言动必书",尤其强调历史记述要能明劝惩、备详略、成大典。这就是要求史家修史要注意记载关乎善恶是非之事,否则就是"徒淹岁时,空索编简"而失职。其三,要求史家记事详备得体。《疏谬》篇称:

广记备言国史之职也。章往考来,《春秋》之义也。夫司记言动,绸绎编简,为一代之典,流千秋之训,固宜书法不隐,叙事可观,研思覃精,间不容发,岂有脱落时事,采述异端,体芜舛而不伦,文混漫而难辨,否臧非允,论次乖方,物议既喧,讼牒斯集,固知述作之际,宜图任于良士焉。②

从这段话可以看出,《册府元龟》所说的《春秋》"书法不隐"含有慎于选择材料使历史记述不脱漏重要史事的含义。《册府元龟》要求史家记事详备,在《疏谬》篇中列举了不少脱漏时事的反例,在批评北魏史家时就指出其修史遗漏大量史事的弊病,说:"自文成帝以来,至于太和,崔浩、高允著作国书,编年序录,为《春秋》之体,遗落时事,三无一存。"③

曾巩推崇《春秋》的经学地位,而将其与其他史书区别开。但他又用圣人作《春秋》之法来要求史家,对后世史家进行批评。他说:

将以是非得失兴坏理乱之故而为法戒,则必得其所托,而后能传于久,此史之所以作也。然而所托不得其人,则或失其意,或乱其实,或析理之不通,或设辞之不善,故虽殊功韪德非常之迹,将暗而不章,郁而不发,而梼杌嵬琐奸回凶慝之形,可幸而掩也。尝试论之,古之所谓良史者,其明必足以周万事之理,其道必足以适天下之用,其智必足以通难知之意,其文必足以发难显之情,然后其任可得而称也。何以

---

① 〔宋〕王钦若等:《册府元龟》卷五百六十二《国史部·非才》。
② 〔宋〕王钦若等:《册府元龟》卷五百六十二《国史部·疏谬》。
③ 〔宋〕王钦若等:《册府元龟》卷五百六十二《国史部·疏谬》。

知其然也？昔者唐虞有神明之性，有微妙之德，使由之者不能知，知之者不能名，以为治天下之本。号令之所布，法度之所设，其言至约，其体至备，以为治天下之具，而为二典者推而明之。所记者岂独其迹也，并与其深微之意而传之，小大精粗无不尽也，本末先后无不白也。使诵其说者如出乎其时，求其旨者如即乎其人。是可不谓明足以周万事之理，道足以适天下之用，知足以通难知之意，文足以发难显之情者乎？则方是之时，岂特任政者皆天下之士哉！盖执简操笔而随者，亦皆圣人之徒也。两汉以来，为史者去之远矣。司马迁从五帝三王既没数千载之后，秦火之余，因散绝残脱之经，以及传记百家之说，区区掇拾，以集著其善恶之迹、兴废之端，又创己意，以为本纪、世家、八书、列传之文，斯亦可谓奇矣。然而蔽害天下之圣法，是非颠倒而采摭谬乱者，亦岂少哉？是岂可不谓明不足以周万事之理，道不足以适天下之用，智不足以通难知之意，文不足以发难显之情者乎？夫自三代以后，为史者如迁之文，亦不可不谓隽伟拔出之才、非常之士也。然顾以谓明不足以周万事之理，道不足以适天下之用，智不足以通难知之意，文不足以发难显之情者，何哉？盖圣贤之高致，迁固有不能纯达其情，而见之于后者矣，故不得而与之也。迁之得失如此，况其它邪！至于宋、齐、梁、陈、后魏、后周之书，盖无以议为也。①

这里，曾巩认为，史书的根本旨趣在于"以是非得失兴坏理乱之故而为法戒"，也就是把总结历史上的是非与兴衰而为鉴戒视作历史撰述的宗旨。在指出史书宗旨的基础上，曾巩进一步强调史家修养的重要性，认为史书编纂如果"所托不得其人"，就会造成史书不能反映客观历史情形，而这样的史书无法起到劝善惩恶的鉴戒作用。曾巩论述了他心目中的良史标准是："其明必足以周万事之理，其道必足以适天下之用，其智必足以通难知之意，其文必足以发难显之情。"曾巩从"明""道""智""文"四个方面要求史家。其中，"明""道""智"三个方面实际上是古代对执政者的要求，而曾巩则认为，这样的素质不独古圣王具有，史官也同样具备，称："盖执简操笔而随者，亦皆圣人之徒也。"正是因为曾巩以圣人的标准来要求史家，所以他对汉代以后的史家进行了严厉批评。他认为，两汉以后的史家，只有司马迁可以称得上"隽伟拔出之才、非常之士"，但司马迁在"明""道""智""文"

---

① 〔宋〕曾巩：《元丰类稿》卷十一《南齐书目录序》。

四个方面也仍然不能符合良史的要求。曾巩认为，司马迁不能比于古代良史，是因为其心术不能达到圣人的境界，称："盖圣贤之高致，迁固有不能纯达其情。"曾巩还从圣人心术的标准来批评刘向，认为刘向作《战国策》心术不能抵于圣人之境，说：

> 向叙此书（《战国策》），言"周之先，明教化，修法度，所以大治。及其后，谋诈用，而仁义之路塞，所以大乱"。其说既美矣。卒以谓"此书战国之谋士度时君之所能行，不得不然"。则可谓惑于流俗，而不笃于自信者也。夫孔孟之时，去周之初已数百岁，其旧法已亡，旧俗已熄久矣。二子乃独明先王之道，以谓不可改者，岂将强天下之主以后世之所不可为哉？亦将因其所遇之时、所遭之变而为当世之法，使不失乎先王之意而已。二帝三王之治，其变固殊，其法固异，而其为国家天下之意，本末先后未尝不同也，二子之道如是而已。盖法者所以适变也，不必尽同；道者所以立本也，不可不一，此理之不易者也。故二子者守此，岂好为异论哉？能勿苟而已矣，可谓不惑乎流俗而笃于自信者也。①

刘向认为，周初以德治天下，到了战国之世，谋诈取代了仁义，因此战国时的士人迫于时代变迁而以智谋效力于国君。曾巩据此对刘向提出了严厉批评，认为刘向是"惑于流俗，而不笃于自信者"。曾巩所言"流俗"和"不笃于自信"，实际上是指史家心术不纯、不能自信于古圣王之道而流于时俗。曾巩对史家心术的这一批评是以圣人为标准的。他认为，孔子和孟子在同样礼崩乐坏的时代著述"不失乎先王之意"，因此是"不惑乎流俗而笃于自信者"。虽然曾巩对史家心术标准的这种认识有失偏颇，但孔子修《春秋》对其史学批评的影响可见一斑。

叶适注重《春秋》和《左传》的史学性质，不仅认为《春秋》"名经而实史"，而且认为《左传》实际上也是史书，称《左传》"取义广，叙事实，兼新旧，通简策，虽名曰传其实史也"②。正因为把《春秋》和《左传》视为史书，所以叶适在史学批评中往往把《春秋》和《左传》作为修史的准则，而对后世史学与《春秋》《左传》不合之处加以批评。叶适的史学批评主要集中在《习学记

---

① 〔宋〕曾巩：《元丰类稿》卷十一《战国策目录序》。
② 〔宋〕叶适：《习学记言》卷十一《春秋·昭二十四至哀公终》。

言》关于史书的篇章中。综观这些篇章,可以看出叶适以《春秋》《左传》为标准进行史学批评,主要有两个方面:

首先,叶适用《春秋》《左传》的史法去衡量其他史著的修史之法。其一,叶适推崇《春秋》《左传》的编年体,以之批评纪传体史书。叶适对《史记》颇有微词,其中重要的一点,就是不满司马迁改变《春秋》《左传》的编年体。他说:

> 迁虽言"欲一观诸要难",其实既因《春秋》《左氏》变旧史法,又以二书无所置之,故用纪年聚其要语,前乎共和,后乎楚汉,接续章次,略成一体,以存旧文。然均之一事,表既谱之,纪复纪之,世家列传又申明之,参互错重,十数见而犹未已。甚矣!迁之自劳而启后世之烦且杂也。①

叶适否定司马迁改编年体为纪传体的价值,认为《史记》"因《春秋》《左氏》变旧史法"并不成功,造成一部史书中一事屡见于多篇的弊端,"启后世之烦且杂"。这样的评价虽失于武断、片面,但反映出《春秋》《左传》的编年体对宋人史学批评的重要影响。其二,叶适治《左传》,注重研究《春秋》与《左传》中的史法,并用自己所得出的结论批评宋代史学模仿《春秋》笔法的不足。《旧唐书·文宗本纪》中曾记载文宗即位后的一道诏书,叶适根据其在记录诏书后所言"帝在藩邸,知两朝之积弊,此时厘革,并出宸衷,士民相庆,喜理道之复兴矣"之语,指出这道诏书反映了文宗的英明进取之处,据此反对欧阳修在《新唐书·文宗本纪》中删去这道诏书,称:

> (文宗)其聪明恭俭,自然合道,盖非秦汉以后继世之君所能及,况行其所言,终始不变,则虽秦汉以前犹难之。《新史》用《春秋》法减省文字,此诏遂遗落不得具,可惜也。②

叶适不仅指出了欧阳修遗漏重要史料的编纂过失,更指出了造成这一过失的原因是欧阳修用《春秋》史法不得当。叶适还曾批评《新唐书·五行志》用《春秋》史法不当,称:

---

① 〔宋〕叶适:《习学记言》卷十九《史记·表》。
② 〔宋〕叶适:《习学记言》卷三十八《唐书·帝纪》。

《新史》又谓"孔子于《春秋》记灾异而不著其事应",此亦非也。桑谷共生、雉雊鼎耳,古人皆以事训其君。事不明,则改为者,无所据凭;事明,则德正而异消,何应之有?不然,则祸至而应如响,虽欲削之可得乎?《春秋》以年纪事,灾异即事也,若灾异之所以为事与事之所以应,盖其体不可得而并著也,然《左氏》则固著之矣。《新史》用《春秋》法于纪年已皆纪其大者而不著事应可也。志则纪年之笺传尔,安得复用《春秋》法削其事应而独以灾异言哉?!①

《新唐书·五行志》认为《春秋》记灾异而不记其事应,因此模仿《春秋》的做法。叶适认为《新唐书·五行志》对《春秋》记灾异之法的理解有误,指出《春秋》记灾异而不记其事应是由于《春秋》编年纪事而灾异与事应不同年造成的,所以反对《新唐书·五行志》不记灾异的事应的做法。实际上,《春秋》记灾异而不记其事应的具体原因难于详考,《新唐书·五行志》对《春秋》记灾异之法的理解,实际上根源于前文所述欧阳修的灾异观。叶适批评《新唐书·五行志》对《春秋》史法理解有误,虽然未必准确,却可看出《春秋》史法在叶适史学批评标准中的重要地位。

其次,叶适注重用《春秋》的史义考量其他史学著作的思想。宋代经学上所阐发的《春秋》大义,在以《春秋》为史的叶适那里,实际上成了用以考察史义的思想准则。叶适用自己理解的《春秋》史义去评价其他史著的史义,是其史学批评的一个重要特征,突出表现在他对司马迁的批评上。叶适的《春秋》学,主要是治《左传》,这恐怕是叶适对吸收了公羊家思想的司马迁进行苛刻指责的一个深层原因。叶适曾经严厉批评司马迁改变《左传》的编年体,说:

《左氏》为《春秋》作传,尽其巧思,包括诸国,参错万端,精粹研极,不可复加矣。迁欲出其上,别立新意而成此书。然无异故尽取诸书而合之耳,如刻偶人,形质具而神明不存矣。书完而义鲜,道德性命益以散,微学者无所统纪,其势不得不从事于无用之空文,然则人材何由而可成?②

---

① 〔宋〕叶适:《习学记言》卷三十九《唐书·表志》。
② 〔宋〕叶适:《习学记言》卷二十《史记·列传》。

叶适推崇《左传》的成就,认为其著述之精严"不可复加",而司马迁另创纪传体只不过是拼凑材料、行"无用之空文"。所谓"无用之空文",是指《史记》"书完而义鲜,道德性命益以散",也就是没有体现义理。我们不能不说,这是由于叶适所持《春秋》大义与司马迁观点相左造成的一种偏见。其原因,司马迁身处经学方兴的时代,兼取百家思想,观点不尽合于儒家,更不合于理学勃兴时代的叶适重视性命义理的思想。更重要的是,司马迁在《春秋》学上主要继承的是董仲舒的公羊家思想,而叶适则深受《左传》的影响。叶适对汉代公羊家所发《春秋》大义颇不满,曾经说:"《春秋》传记其所训释犹未能尽合义理之中,汉加甚焉。"①所谓"汉加甚焉",即是就汉代公羊家而言。叶适又指出:"太史公言《春秋》之义,本于《公羊》董仲舒,粗浅妄意非其实也。"②叶适因为否定汉代公羊家对《春秋》大义的解说,因此将《史记》的思想也一并加以否定。叶适对《史记》的这种否定是一种偏激之辞。但我们却从中可以看出叶适根据《春秋》大义进行史学批评的特点,更可以看出《春秋》学对宋代史学的深刻影响。实际上,叶适这种从义理角度出发而否定《史记》的史学批评观点,在宋代具有相当的代表性,孙甫、苏轼等人都有类似的言论,反映了宋代史学批评重义理并用自身《春秋》学观点评价史书的特点。

第三节 《春秋》学怀疑思潮与史学之考证的发展

宋代经学怀疑思潮在儒家中起源很早,可以追溯至孔子、孟子等人。尤其是孟子,"为后儒提供了疑经的思路",启发了韩愈、欧阳修等人。③ 而宋代经学怀疑思潮更为直接的承继对象则是唐代经学中的怀疑思想。中唐刘知幾与稍后的啖赵学派不惑传注的解经风气以《春秋》学为主要阵地,对传统经学发起了怀疑与挑战。这种怀疑思潮在宋代进一步发扬,形成与以己意解经相携而行的疑经辨伪风气。尤其是五代雕版刻经以后,疑经辨伪更成为现实需要。宋代"士人对于儒家经典与原儒思想予以重新阐释的

---

① 〔宋〕叶适:《习学记言》卷五十《吕氏文鉴》。
② 〔宋〕叶适:《习学记言》卷二十《史记·史迁自序》。
③ 杨新勋:《宋代疑经研究》,中华书局2007年版,第46页。

强烈要求"①,更促使疑古惑经成为必然。宋学作为汉学的一种反动而出现,②在回归元典历史本义的旗帜下,汉唐注疏之学的传统经学考证体系被打破,新的经学考证体系发展起来,由此带动了历史考证的发展和变化。宋代的历史考证方法渐趋成熟,考史理论开始形成和发展,③有学者认为其发展为专门学问,④李宗侗先生的《中国史学史》还专门开辟了"宋代历史考证学"一章。⑤

一、不惑传注、疑经辨伪的《春秋》学怀疑思潮

唐宋时期的经学怀疑思潮,以《春秋》学为最重要阵地发展起来。武则天时已有经学家对经学的僵化不满,弃置注疏而自出新意,其解经承自汉代直阐义理的路径。武周时期,王元感已经对《春秋》等经学传注产生了怀疑,并得到刘知幾等一批人的支持。这说明,当时儒生中已有一定的不惑传注之倾向。从史学角度来说,就是希望打破传统经学历史考证所征引文献的牢笼,《春秋》学是一个重要方面。

刘知幾著《史通》,明确疑古惑经,提出了回归元典历史本义的解经理念。《史通》设《疑古》与《惑经》两篇。⑥ 这两篇都是从史学立意怀疑经典而希望探求经典的历史真相。《疑古》篇怀疑《尚书》和《论语》等经典中的历史记述,《惑经》篇则指责《春秋》历史叙事的不恰当。其对《尚书》《春秋》等儒经的怀疑和批判与其以史解经有较大关系。认为"儒者之学"不应"止于治章句、通训释",而要"论大体,举宏纲",言兼统,理得要害。⑦ 他从史学角度指出儒经的重大缺陷在于"记事之史不行,而记言之书见重"⑧,因此重视记事,提倡用历史事实解说经书,典型莫如其《春秋》学见解。刘知幾把《春秋》视作孔子所作史书,"申左",即因《左传》解说了《春秋》经文未言明的历史事实。这种从历史事实角度出发解经的思路,要求还原经义本

---

① 吴雁南等主编:《中国经学史》,福建人民出版社2001年版,第286~287页。
② 邓广铭:《略谈宋学》,《宋史研究论文集(一九八四年年会编刊)》,浙江人民出版社1987年版。
③ 罗炳良:《从宋代考据史学到清代实证史学的发展》,张其凡、范立舟主编:《宋代历史文化研究(续编)》,人民出版社2003年版。
④ 程蕾、施建雄:《宋代历史考证学的传承与衍变》,《人文杂志》2013年第4期。
⑤ 李宗侗:《中国史学史》,中华书局2010年版,第133~144页。
⑥ 分见〔唐〕刘知幾:《史通》卷十三《疑古》、卷十四《惑经》。
⑦ 〔唐〕刘知幾:《史通》卷十四《申左》。
⑧ 〔唐〕刘知幾:《史通》卷十四《疑古》。

来的历史真实,实则是一种史学求真理念的体现。这自然带来对后世义疏之见的怀疑。怀疑精神暴露了经学的重大缺陷,但在当时的政治、社会与文化条件下,改变经学进路的时机并不成熟,因此他虽然"疑古惑经",提出诸多经学疑问,却未能较系统地提出解经答案。从王元感到刘知几的怀疑思潮初起阶段,《春秋》学已经在其中显现出重要地位。

安史之乱后,政治危机进一步促使经学疑古自新,《春秋》学对经学怀疑思潮的引导作用愈益明显。"大历时,助、匡、质以《春秋》,施士匄以《诗》,仲子陵、袁彝、韦彤、韦茝以《礼》,蔡广成以《易》,强蒙以《论语》,皆自名其学。"① 啖赵《春秋》学派怀疑"三传"而直阐《春秋》见解,确立了一种新的解经路径。其立足点也是还原《春秋》历史本义而"摭讪三家"畅言"孔子意"。虽然啖助、赵匡与陆淳所言孔子寓于《春秋》之意很难说是历史真实,难逃"自用名学,凭私臆决"②之嫌,但其期望摆脱"三传"历史考证束缚而直循《春秋》本义的解经思路则有重大影响。一方面,啖助学派破除了师法、家法的界限,也就是动摇了传统经学历史考证的原则;另一方面,啖助学派实践了以追求元典"历史本义"为最高和直接目标而摆脱历史考证约束的经学理念。中晚唐《春秋》学真正奠定了经学怀疑思潮。

之后出现了韩愈及其弟子李翱系统改变儒学面貌的努力。韩愈倡言道统以提高儒学地位而排摒佛老。其弟子李翱继之,进一步言"性情",提升《中庸》等著作的经学地位。与此种经学思潮相配合,古文运动要求"文以载道",都成为宋代言"性与天道"的前导。

宋代是疑古惑经的经学怀疑风气盛行的时代,《春秋》学受到宋儒高度重视,③成为其阐发道统与萌发道学的重要资源和领域。宋初"三先生"之一的石介是北宋初年倡言道统、否定汉唐师法、家法的典型代表,因而其讲学立说皆抛弃章句训诂而直阐己意。这种治学风格正是以怀疑传统经学为基础的。石介倡言道统,厘定了一个"圣贤"系统:

> 噫！伏羲氏、神农氏、黄帝氏、少昊氏、颛顼氏、高辛氏、唐尧氏、虞舜氏、禹、汤氏、文、武、周公、孔子者十有四圣人,孔子为圣人之至。噫！孟轲氏、荀况氏、扬雄氏、王通氏、韩愈氏五贤人,吏部为贤人而

---

① 〔宋〕欧阳修、宋祁:《新唐书》卷二百《儒学下》。
② 〔宋〕欧阳修、宋祁:《新唐书》卷二一三《啖助传》。
③ 郭友亮:《宋代的疑古惑经与〈春秋〉学的地位》,《求索》2007年第12期。

卓。不知更几千万亿年复有孔子,不知更几千百数年复有吏部。①

这个圣贤道统系由发展韩愈道统说而来,背弃了汉唐师法、家法,并在圣贤两个序列中分别首推孔子和韩愈,以孔子为"圣人之至",以韩愈为"贤人之卓"。石介推崇孔子的原因在于以《春秋》为最高的王道之典,认为:"《周礼》《春秋》,万世之大典乎? 周公、孔子制作,至矣","《周礼》明王制,《春秋》明王道,可谓尽矣"。②

石介又有是非之辨,推重道统中的五人。

  余观能是是非非推于天下,而人不以为私,更乎万世而人不可以易,古独有三人,尧也,舜也,孔子也。尧、舜知朱、均之不肖而不与其子,知舜、禹之贤而以天下让,是非著矣。孔子为《春秋》,是非二百四十二年,当时无一人妄受其恶,无一人谬享其善,是非当矣。次则孟轲、韩愈也。孟轲是汤、武,非桀、纣;韩愈是周、孔,非佛、老,是非判矣。自尧舜至于今,凡几千百年有此五人,是非之难也如此。③

石介认为,能辨别是非是最难的,几千百年来只有尧、舜、孔子、孟子和韩愈五人可以做到。在这个序列中,圣贤的数量又被大大减少,对汉唐经学的师法、家法抛弃得更为彻底。而石介推崇孔子的重要依据就是《春秋》"是非二百四十二年,当时无一人妄受其恶,无一人谬享其善,是非当矣"。可见,石介所提出的道统论彻底否定了汉唐经学旧说,并且与《春秋》学密切相关。

刘敞是宋代经学疑古思潮发展过程中的重要人物,其经学上的新见多与《春秋》学有密切关系。刘敞剖析儒家经典,在其中选择出最重要的四部典籍,认为"《礼》者德行之本也,《诗》者言语之本也,《书》者文学之本也,《春秋》者政事之本也。此四本者,君子之所尽心也"。④ 刘敞据此四典解说天人之道。从义理与逻辑角度出发,刘敞还对作为自身学说义理根据的《春秋》本身也做出了阐释:

---

① 〔宋〕石介:《徂徕石先生文集》卷七《尊韩》。
② 〔宋〕石介:《徂徕石先生文集》卷七《二大典》。
③ 〔宋〕石介:《徂徕石先生文集》卷六《是非辨》。
④ 〔宋〕刘敞:《公是先生弟子记》卷一,黄曙辉点校,华东师范大学出版社2010年版。

第四章 《春秋》学与宋代史学思想

> 史之讳国恶,非礼也。晋人杀灵公,董狐书之曰"赵盾弑君",赵盾曰:"呜呼,天乎,盾岂弑君者乎?"董狐曰:"赵穿弑君,而子不讨,弑君者非子而谁?"仲尼曰:"董狐良史也,书法不隐。"故史之讳国恶非礼也。曰:"然则《春秋》何以讳国恶,《春秋》不足法乎?"曰:"《春秋》至矣,史不足以当之。孔子曰:'其事齐桓、晋文,其文则史,其义则丘有罪焉。'故《春秋》至矣,史不足以当之。"①

刘敞据史事而认为《春秋》的"赵盾弑君"之记载"讳国恶非礼",又从逻辑上区别经史两个层次,认为只是从史的层次上来说,《春秋》"讳国恶非礼",但《春秋》是经,"史不足以当之",其"赏罚"反映的是"王道之盛"。②从区别经史层次的逻辑角度,刘敞既承认了《春秋》的非礼,又维护了《春秋》的地位。

刘敞的好友欧阳修,是宋代经学疑古思潮中第一个大放光彩的人物。北宋在仁宗时兴起疑古思潮,"欧阳修时这个风气第开先者与推波助澜人"③。其对经典的质疑范围和治学方法都超过了宋初学者。欧阳修不拘泥前人旧说,对当时作为规范的镂板之学也提出质疑,称:

> 其所载既博,所择不精,多引谶纬之书,以相杂乱,怪奇诡僻。所谓非圣之书,异乎正义之名也。臣欲乞特诏名儒学官,悉取九经之疏,删去谶纬之文,使学者不为怪异之言惑乱,然后经义纯一,无所驳杂。其用功至少,其为益则多。臣愚以为欲使士子学古励行而不本六经,欲学六经而不去其诡异驳杂,欲望功化之成,不可得也。④

欧阳修直言义疏之学"诡异驳杂""怪奇诡僻",这显然与他所认为纪实取信的元典大相径庭,所以他要求去除官定经学中的谶纬之论。欧阳修对谶纬之学的反感,一则与其人文主义的天人观有关,二则出于其以经典为信的思想。这两个方面都有一定的《春秋》学根源。一方面,欧阳修引以为豪的"力破汉儒灾异五行说",是《春秋》学上的一大创举。这一人文主义的

---

① 〔宋〕刘敞:《公是先生弟子记》卷三。
② 〔宋〕刘敞:《公是先生弟子记》卷三。
③ 乔治忠:《中国史学史》,中国人民大学出版社2011年版,第192页。
④ 〔宋〕欧阳修:《居士外集》卷一百一十二《论删去九经正义中谶纬札子》,《欧阳修全集》第四册。

《春秋》观念对其怀疑经学传统尤其是怀疑谶纬神学有重要影响。另一方面,欧阳修认为"《春秋》谨一言而信万世者也"。他把取信看成是《春秋》的基本特点,从这一《春秋》观出发,不能取信的"怪异之言"都值得怀疑。

宋代《春秋》学史上,对《春秋》本身的最大怀疑出自王安石。《宋史·王安石传》称王安石"黜《春秋》之书,不使列于学官,至戏目为'断烂朝报'"①。历史上多有为王安石辩诬者,当代学者也多从逻辑和史料方面找到王安石尊崇《春秋》的证据,也基本承认王安石对《春秋》并不是特别推重。② 王安石未将《春秋》列于学官是一个基本事实,以此言之,"黜《春秋》之书"基本可以成立。"断烂朝报"之说,是怀疑《春秋》的一种极端说法,需要略加辨析。

王安石并非完全否定《春秋》。其利用政治权力推广"新学",是一种"托古改制式"③的举动,因此从自身合法性角度不可能用诋毁《春秋》这样的举动自毁根基。他多有推重《春秋》的言论,典型者如:"孔子《春秋》,天子之事也。盖夫讨论一代之善恶,而撰次以法度之文章,非夫通儒达才,有识足以知先王,不欺足以信后世,则孰能托《尚书》《春秋》之义,勒成大典,而称吾属任之指乎?"④这段话不仅透露出王安石对《春秋》的推崇,还反映出王安石《春秋》观的两个重要方面。其一,以"信万世"的史学精神来看待《春秋》;其二,将《春秋》看成是政治典籍,故以其为"天子之事"。与王安石同时代的刘敞和欧阳修都有区别经史以观《春秋》的思想表现,因此王安石有类似区别并不足为奇。从史学角度而言,《春秋》"信万世"是与欧阳修等人相类的信念,反映了儒家对孔子的普遍理想化观念。《宋志》著录王安石有《左氏解》一书,陈振孙等人据王安石轻视《春秋》事而认为非其所作,理由并不充分,实际上该书很有可能确为王安石手笔。⑤ 需要注意的是,《左传》正符合王安石以史学角度看待《春秋》的基本立场,其作《左氏解》与从史学角度看轻《春秋》,非但不矛盾,反而合情合理。如果没有《左传》的历史记述,《春秋》不正是"断烂朝报"?平心而论,以史学观之,《春秋》经文实

---

① 〔元〕脱脱等:《宋史》卷三百二十七《列传第八十六·王安石》。
② 赵伯雄:《春秋学史》,第 460~468 页;戴维:《春秋学史》,第 331~334 页;侯步云:《王安石〈春秋〉学思想探究——以〈春秋〉公案考辨为中心》,《西北大学学报(哲学社会科学版)》2017 年第 1 期;杨新勋:《王安石〈春秋〉"断烂朝报"说辨正》,《中国典籍与文化》2004 年第 2 期。
③ 侯外庐主编:《中国思想通史》第四卷(上册),人民出版社 1959 年版,第 436 页。
④ 〔宋〕王安石:《临川先生文集》卷四十九《范镇加修撰制》,《四部丛刊》本。
⑤ 戴维:《春秋学史》,湖南教育出版社 2004 年版,第 332 页。

第四章 《春秋》学与宋代史学思想

在是叙事不清、扑朔迷离。而且,"断烂朝报"之语可能出自他人夸张,但与王安石以《春秋》为"天子之事"的立场相符契,仍是注意到《春秋》的政治属性。像刘敞和欧阳修一样,王安石也是从史学角度批评《春秋》,而又从经学角度推崇《春秋》。一种合乎逻辑的推理是,王安石的只言片语被人扭曲夸大,遂成"断烂朝报"之说。虽然王安石怀疑、否定《春秋》,并非如《宋史》所记载的那样严重,但仍可见其大胆怀疑经典的精神。

朱熹是宋代理学的集大成者,也是极重要的《春秋》学学者。他把经学疑古思潮推向了一个高峰。据白寿彝先生《朱熹辨伪书语》考证,朱熹对近五十种经典文献做过考证辨伪,经部文献是其重点。因为朱熹的辨伪成就,所以白寿彝先生评价说:"如欧阳修之辨《易·系辞》,王安石之疑《春秋》,郑樵之攻《诗序》,汪应辰之不信《孝经》,叶适之不信《管子》《晏子》,差不多辨伪书的事已成了一种小小的风气。在这种风气里,朱熹底收获最多。"①

朱熹的经学怀疑思想,与其《春秋》学思想和史学精神有重要关系。朱熹对传统对《春秋》微言大义、一字褒贬有深刻怀疑。他曾明言:"《春秋》某煞有不可晓处。不知是圣人真个说底话否?"②从一种理性视角出发,朱熹力图去除《春秋》学对《春秋》过度神圣化的解说,区分《春秋》的经史层次,非常注意《春秋》的史学性质,把《春秋》"只如看史样看"。这是朱熹经学怀疑精神的一个重要思想来源,也是其经学怀疑思想的一个基础性部分。朱熹解《春秋》,一反传统,抛弃前人义例解说而直接从史事中重新总结义例。③ 这样独树一帜的《春秋》解经路径,正是因为朱熹虽然认可《春秋》的经学地位,却又在解读时将其看成"史"。朱熹直言:

> 人道《春秋》难晓,据某理会来,无难晓处。只是据他有这个事在,据他载得怎地。但是看今年有甚么事,明年有甚么事,礼乐征伐不知是自天子出?自诸侯出?自大夫出?只是怎地。而今却要去一字半字上理会褒贬,却要去求圣人之意,你如何知得他肚里事!④

因为朱熹把《春秋》看成"直载当时之事"的作品,因此突出其史学性

---

① 白寿彝辑点:《朱熹辨伪书语》,朴社1933年版,第1页。
② 〔宋〕朱熹:《朱子语类》卷八十三《春秋·纲领》。
③ 丁亚杰:《方法论下的春秋观:朱子的春秋学》,《鹅湖学志》(台湾)第38期,2007年6月。
④ 〔宋〕朱熹:《朱子语类》卷八十三《春秋·纲领》。

质,而否定了《春秋》学上"一字褒贬"的说法,不去猜测孔子"肚里事"。如此,《春秋》就变得"无难晓处"。朱熹这样的态度相当可观,"凡是前人说解中那些主观臆测的成分,朱氏均予反对"①。朱熹这种理性视角,虽然不能免于理学的"主观倾向性"②,但还是能使其从史学角度看待与考察《春秋》,其作《通鉴纲目》正是这种《春秋》学理路的延伸。朱熹从《春秋》学到史学的怀疑精神,奠定了其怀疑思想的基础,是时代经学怀疑思潮的重要代表与组成部分。而宋代的经学怀疑思潮,又是促成考史思想风气的主要思想动因。

二、《春秋》学怀疑思潮影响下的宋代史学之考证

宋代的经学疑古思潮带来了宋代史学上的历史考证与史学考证的空前发展,因此有学者认为考据史学在宋代已成为一门相对独立的学问,③古史经典之考证成为宋代史学的一个重要特点。④ 宋儒以史学精神重构了经学的历史考证体系,进而促进了考证的发展,"对史事的考订辨析要比唐代发达,精密得多"⑤。这里需要说明的是,与历史性考证密切相关的"小学"在中国古代属于经学而非史学,因此,在现代史学看来的诸多历史考证与史学考证在古代未必被看作"史学"。现代学科体系消解了中国传统的目录学意义上的经、史、子、集四部,令史学超出传统史部范围而涉及四部之学,因而以今视之,才会有宋代考证史学的议题。

孙复开北宋经学变古先声,重新审视经学旧说,阐发新见。其中,不乏以情理度之的考辨,尤其重视在历史情境中分析经学上的观点。像其对《左传》所载季札观乐的分析便是一例:

> 《春秋左氏传》:"吴公子季札来聘,请观于周乐。见舞《象箾》《南籥》者,曰:'美哉! 犹有憾。'说者曰:'憾,恨也。文王恨不及己致太平。'意以为文王不能夷商纣于当时,取天下于己手有遗憾焉。愚甚惑焉。窃谓季子之是言也,非知乐者也,厚诬于圣人矣! 若果如是季子之言也,则是文王怀二心以事上,匿怨以伺其间,包藏祸心乃乱臣贼子

---

① 赵伯雄:《春秋学史》,第485页。
② 杨新勋:《宋代疑经研究》,第214页。
③ 邹志峰:《宋代考据史学三题》,《史学史研究》2000年第3期。
④ 傅玉璋:《中国古代史学史》,安徽大学出版社2008年版,第136页。
⑤ 尹达:《中国史学发展史》,第259页。

矣!何者?文王受封商室,列为诸侯,纣虽无道君也,安得为人之臣而有无君之心哉?"①

孙复认为,传统对季札谓《象箭》《南籥》有憾的解释不通情理。如果以"文王恨不及己致太平"解释,则说明季札不仅"非知乐者",甚至还"厚诬于圣人"。因为对自己不能亲自致太平的遗憾意味着"受封商室"而身为殷商臣子的文王"怀二心以事上,匿怨以伺其间,包藏祸心",按照儒家"诛心"的立场便是"乱臣贼子"。孙复治《春秋》以严酷著称,论及春秋时史事也如此,虽然不免严苛、拘泥于封建礼教,但能够大胆怀疑、辨析旧说。

欧阳修在《春秋》"信万世"观念下,促使其通过历史考证而立经学新说。这其中,《春秋》又成为其历史考证的重要史事依据。例如,他解说《鲁颂》之不可信,便是一种典型的历史考证:

> 或问:《鲁诗》之颂僖公盛矣,信乎?其克淮夷,伐戎狄,服荆舒,荒徐宅,至于海邦、蛮貊,莫不从命,何其盛也!……然鲁在春秋时,常为弱国,其与诸侯会盟、征伐见于《春秋》《史记》者,可数也,皆无诗文所颂之事。而淮夷、戎狄、荆舒、徐人之事有见于《春秋》者,又皆与《颂》不合者何也?
>
> 按《春秋》僖公在位三十三年,其伐邾者四,败莒、灭项者各一,此鲁自用兵也。其四年伐楚、侵陈,六年伐郑,是时齐桓公方称霸,主兵率诸侯之师,而鲁亦与焉耳。二十八年,围许,是文公方称伯,主兵率诸侯,而鲁亦与焉耳。十五年,楚伐徐,鲁救徐,而徐败。十八年,宋伐齐,鲁救齐,而齐败。二十六年,齐人侵伐鲁鄙,鲁乞师于楚,楚为伐齐,取谷。《春秋》所记僖公之兵,止于是矣。其自主兵所伐邾、莒、项,皆小国,虽能灭项,反见执于齐。其所伐大国,皆齐、晋主兵。其有所救者,又力不能胜而辄败。由是言之,鲁非强国可知也,焉有诗人所颂威武之功乎?②

欧阳修通过历史考证断定,"《鲁诗》之颂僖公盛矣"不可信。他不仅大胆否定《鲁颂》旧说,更通过《春秋》所载史事详细考证了僖公在位三十三年

---

① 〔宋〕孙复:《孙明复小集·文王论》,文渊阁《四库全书》本。
② 〔宋〕欧阳修:《居士外集》卷十一《经旨十八首·鲁问》,《欧阳修全集》第三册。

间的用兵情况,总结称:"其自主兵所伐郑、莒、项,皆小国,虽能灭项,反见执于齐。其所伐大国,皆齐、晋主兵。其有所救者,又力不能胜而辄败。"由此,欧阳修得出"鲁非强国可知也"的结论。通过历史考证,欧阳修大胆否定了"诗人所颂威武之功"。

南宋时期,随着经学的义理化趋势,历史考证也有所发展。朱熹作为理学中"道问学"一派的集大成者,在历史考证方面颇有建树。朱熹曾言及其考证方法:"熹窃谓生于今世而读古人之书,所以能别其真伪者,一则以其义理之当否而知之,二则以其左验之异同而质之,未有舍此两途而能直以臆度悬断之者也。"①朱熹从理论上指出,对待古书不能"臆度悬断",而要考证真伪。除了"以其义理之当否而知之"和"以其左验之异同而质之"两种方法以外,实际上朱熹也经常直接考证史籍明文。朱熹的这种历史考证思想,在其《春秋》学上有鲜明的反映。朱熹治《春秋》,以史事为根基,拒绝接受《春秋》学上的成例,直言:"《春秋》传例多不可信,圣人记事,安有许多义例!"②朱熹将《春秋》作"史"来看,要自己根据义理来发明《春秋》的义例,所以推崇《左传》的解经地位,云:"看《春秋》,且须看得一部《左传》首尾意思通贯,方能略见圣人笔削,与当时事之大意。"③而朱熹主张看《春秋》先看《左传》,也并非接受《左传》总结的《春秋》义例,而是因为《左传》的史学特性。朱熹分析"三传",云:"以三传言之,《左氏》是史学,《公》《穀》是经学。史学记得事却详,于道理上便差;经学者于义理上有功,然记事多误。"④朱熹明确认为,《左传》在解经中的作用要强于《公》《穀》二家,谓:"《左氏》所传《春秋》事,恐八九分是。《公》《穀》专解经,事则多出揣度。"⑤可见,朱熹的《春秋》学重义理和考证而轻传统。从现代史学角度而言,其做法与汉唐经学不同而更接近于今天所称"史学"的研究方式。

经学上的历史考证以经学经典为研究对象。因此,这种研究方式的扩展,自然使得关于史家、史著的史学性质的考证发展起来。宋代由此出现了重视史书考证的学术风尚,并产生了一批重要著作。其间,《春秋》学的影响显而易见。

吕夏卿曾受欧阳修和宋祁推荐参与编纂《新唐书》,"学长于史,贯穿唐

---

① 〔宋〕朱熹:《晦庵先生朱文公文集》卷三十八《答袁机仲》,《朱子全书》第二十一册。
② 〔宋〕朱熹:《朱子语类》卷八十三《春秋·纲领》。
③ 〔宋〕朱熹:《朱子语类》卷八十三《春秋·纲领》。
④ 〔宋〕朱熹:《朱子语类》卷八十三《春秋·纲领》。
⑤ 〔宋〕朱熹:《朱子语类》卷八十三《春秋·纲领》。

事,博采传记杂说数百家,折中整比。又通谱学,创为世系诸表,于《新唐书》最有功云"①。吕夏卿为编纂《新唐书》而著《唐书直笔》。他对宋人所普遍推崇的《春秋》义例进行考证,以之为《新唐书》的编纂义例。这种对史书义例的关注,又明显是从《春秋》学风中来。从这个角度来说,这部作品是一部《春秋》学影响下的具有史学考证性质的作品。况且,《唐书直笔》中有很多内容是针对《新唐书》而发,更显现出史学批评作用。

首先,《唐书直笔》对《春秋》笔法进行了系统考证,得出了详备的史书义例,也即史书的记述规则。他对"本纪"部分的"名字""书母""即位""内禅""立太子""立皇后""宰相拜复""命将征伐""公主下降""乱臣""无地书据""方镇""权臣""僭国""义师"等诸多方面,都根据《春秋》考订出了严格的义例。像"即位",吕夏卿规定为:

> 继世而立,书即位,用常文。
> 书曰:"皇太子即位于柩前。"书"柩前"示承顾命之重也。
> 继故而立,其贼不讨则为子之谊轻,不称太子,无嗣父之道也。

可见,其规定之严谨细致。虽然这套复杂的编纂规则未必真是《春秋》义例,但吕夏卿确实是将这套规则作为史学规范来考证的。

其次,吕夏卿针对唐史撰述提出了史学意见。比如,对于"即位"的书写,吕夏卿就考订《文宗纪》的记述应当为:

> 《文宗纪》书曰:"宝历二年十二月,皇帝即位。"敬宗遇弑,文宗以弟继统,纵贼不讨,贬也。②

而《旧唐书》与《新唐书》的记述方式都与之不同。
《旧唐书》书为:

> 宝历二年十二月八日,敬宗遇害,贼苏佐明等矫制立绛王勾当军国事。枢密使王守澄、中尉梁守谦率禁军讨贼,诛绛王,迎上于江邸。癸卯,见宰臣于阁内,下教处分军国事。甲辰,僧惟真、齐贤、正简,道

---

① 〔元〕脱脱等:《宋史》卷三百三十一《列传第九十·吕夏卿》。
② 〔宋〕吕夏卿:《唐书直笔》卷一《帝纪第一·即位》,文渊阁《四库全书》本。

士赵归真,并配流岭南,击球军将于登等六人令本军处置。宰臣百僚三上表劝进。乙巳,即位于宣政殿。①

《新唐书》书为:

> 宝历二年十二月,敬宗崩,刘克明等矫诏以绛王悟句当军国事。壬寅,内枢密使王守澄、杨承和,神策护军中尉魏从简、梁守谦奉江王而立之,率神策六军、飞龙兵诛克明,杀绛王。乙巳,江王即皇帝位于宣政殿。②

《唐书直笔》代表了北宋的"义例之学"③,其规定的记述方式与《旧唐书》《新唐书》均不同。实际上,是对二史记述方式进行了批评。其原因大体有二:其一,《春秋》极简,而二史所记均较繁。《新唐书》以简洁著称,仍不能满足吕夏卿的要求。其二,在吕夏卿看来,二史均为按照《春秋》追究责任者的笔法点出文宗"纵贼不讨"的责任。《春秋》书"赵盾弑其君",吕夏卿显然有考于此,以贬文宗。可见,吕夏卿考证《春秋》以定史学规则,又考证《旧唐书》与《新唐书》记述方式,对二者有所诟病。这其中确有史学考证的意味。

宋代也出现了专就某部史学作品进行"纠谬"的作品,意谓纠正他人史著谬误,为史书"辨正异同",具有强烈的史学考证色彩,可以看成历史考证的视野从《春秋》义例向一般性考证的一种扩展。其代表作当属吴缜的《新唐书纠谬》。《四库全书总目提要》对其作有一个考察说明:

> 其著此书,专以驳正《新唐书》之讹误,凡二十门,四百余事。初名"纠谬",后改为"辨证"。而绍兴闲长乐吴元美刊行于湖州,仍题曰"纠谬",故至今尚沿其旧名。王明清《挥麈录》称:欧阳修重修《唐书》时,缜尝因范镇请预官属之末,修以其年少轻佻拒之,缜怏怏而去。及新书成,乃指摘瑕疵,为此书。晁公武尝引张九龄为相事,谓其误有讥诃。今观其书,实不免有意掊击。如第二十门"字书非是"一条,至历

---

① 〔后晋〕刘昫等:《旧唐书》卷十七上《文宗纪上》。
② 〔宋〕欧阳修、宋祁等:《新唐书》卷八《文宗纪》。
③ 刘丽、张剑光:《〈唐书直笔〉与〈新唐书〉的书法探究》,《郑州大学学报(哲学社会科学版)》2008年第1期。

指偏旁点画之讹,以讥切修等。大都近于吹毛索瘢。然欧、宋之作新书,意主文章,而疏于考证,抵牾踳驳,本自不少。缜自序中所举八失,原亦深中其病,不可谓无裨史学也。①

虽然有所争议,但四库馆臣所言基本可以征信。《新唐书纠谬》的确对《新唐书》进行了历史与史学两个层次的考证。尽管吴缜的一些"纠谬"显然失当,但整体而言"不可谓无裨史学"。尤其是从史学考证发展的角度来说,其代表着史家的史学意识和考证意识的重要发展,功不可没。吴缜在《新唐书纠谬·序》中道:"编次事实,详略取舍,褒贬文采,莫不适当。稽诸前人而不谬,传之后世而无疑。粲然如日星之明,符节之合,使后学观之而莫敢轻议,然后可以号信史。"他把考证作为史书是否能成为"信史"的必要条件,从理论上提升了考证在史学中的地位,也身体力行地进行了历史考证和史学考证的两方面工作。

首先,《新唐书纠谬》对《新唐书》所载史事进行了历史考证。比如,吴缜对"刘兰拒却颉利"一事进行的"纠谬":

《刘兰传》:贞观十一年为夏州都督长史。时突厥携贰郁射设阿史那模末率属帐居河南,兰纵反间离之。颉利果疑模末惧来降,颉利急追,兰逆拒却其众。

今案《太宗纪》贞观四年三月甲午李靖俘突厥颉利可汗以献,又《突厥传》贞观八年颉利死于京师矣。今《刘兰》乃谓贞观十一年颉利尚存于本国。且又考突厥本传,亦无模末来降而颉利急追,刘兰拒却之事。此可验其事皆虚也。②

吴缜通过比对《新唐书》相关篇章,考证"刘兰拒却颉利"一事未虚。这种针对史事的历史考证在《新唐书纠谬》中有广泛运用。

其次,《新唐书纠谬》针对史书义例进行了大量史学考证。在《春秋》笔法盛行的宋代,《新唐书纠谬》也有大量与《唐书直笔》相类的考证《春秋》笔法以为史书义例的内容。《春秋》学重视"正名"。突出表现为按照礼法标准给予历史人物称谓。如楚国国君称王,《春秋》则以之为僭越,贬称其为

---

① 〔清〕永瑢等:《四库全书总目》卷四十六《史部二·正史类二》。
② 〔宋〕吴缜:《新唐书纠谬》卷一《一曰以无为有》,《四部丛刊三编》本。

"楚子"。宋代承继五代篡弑不断、礼法败坏的乱局，特别重视依据礼法"正名"。欧阳修非常理解这一点，甚至把"正名"视为《春秋》的撰述旨趣，称："孔子何为而修《春秋》？正名以定分，求情而责实，别是非，明善恶，此《春秋》之所以作也。"① 即使如此，吴缜仍然考证出《新唐书》的"帝纪"在"正名"义例方面有所不足。其论"中宗纪前与诸帝纪详略不同"，称：

> 《本纪》云："中宗大和大圣大昭孝皇帝讳显，高宗第七子也。母曰则天顺圣皇后武氏。高宗崩，以皇太子即皇帝位。"
> 今案诸帝纪初必书其始封或迁徙改名进爵及历官次序等事，然后乃记即位，而中宗自高宗时封周王，又徙英王，改名哲，武后时复名显之类，以诸帝纪例，皆宜备书。今乃略而不述，未知其故。②

通过与其他"帝纪"比对，吴缜指出《新唐书·中宗纪》记述中宗即位，未按一般规则记述"其始封或迁徙改名进爵及历官次序等事"。这不是一般的叙事体例不一，在宋儒看来有违"《春秋》正名"旨趣。吴缜希望用效仿《春秋》的史体来体现"正名"的史学思想，虽然有其时代局限性，值得商榷，但其思想理路已然反映出当时显著的史学考证意识。

---

① 〔宋〕欧阳修：《居士集》卷十八《春秋论上》，《欧阳修全集》第二册。
② 〔宋〕吴缜：《新唐书纠谬》卷十五《十五曰义例不明》，《四库全书荟要》本。

第五章 《春秋》大义与宋代历史观念

《春秋》大义是一种政治和社会伦理思想,其中包含诸多历史观念方面的内容。古人把《春秋》大义推崇为政治与学术的指导思想,历代都加以研究。因此,各个时代的历史观念深受当时所阐发的《春秋》大义的影响。由于不同时代学者对《春秋》大义的阐发不同,因此,《春秋》大义对不同时代史学的历史观念产生的影响也不尽相同。宋学一反汉学传统,对《春秋》大义进行了重新解说,宋代历史观念也由于《春秋》学的新特点而与前代有所不同,体现出明显的义理化发展趋势,突出反映在天人观、圣王史观、夷夏观和正统观四个方面。

第一节 宋代历史观念的"会归一理"

宋代理学兴起,理学是经学义理化发展到一定程度的产物。在经学义理化直至理学化的过程中,宋代的历史观念也呈现出"会归一理"的整体性趋向。宋儒在经学上构建了一个会通天人的宇宙图景,而以"理""天理"为之法则。欧阳修明确以"天理"概括天人法则,司马光等人也以"理"或"天理"来阐发自然与社会法则。之后,"二程"和朱熹等理学中人又围绕"理"或"天理"重构经学体系。宋儒所谓"理"可指天理,也可指兼容天人之理。天人之际,人间社会的理也服从于天理。因此,"理"的根本是"天理"。宋儒以天理统摄经学,使经学成为天理的表达形式,《春秋》学也出现理学化的趋势,[①]进而影响到史学也成为阐发"天理"的另一种重要形式。义理化经学对史学的影响主要表现在两个方面。

[①] 孙旭红:《居今与志古:宋代〈春秋〉学研究》,中国社会科学出版社2014年版,第96~99页。

一、天人同理

宋代的义理化经学认为天人同质,据此认为天人同理,要求史学也探求天理。就类型而言,这种学术进路有类欧洲19世纪的实证主义思想。孔德创立的实证主义哲学思想把自然与人类社会视为同质,要求"把社会现象作为不可避免地遵循那能赖以进行合理预见的真正自然规律的东西来把握"①,力图建立一套实证科学体系。这种哲学思想带来了19世纪实证主义史学的兴起。史家视自然界与人类社会为同质,巴克尔因此要求历史学按照自然科学的方法去探讨"历史事件中蕴含的某种普遍而永恒的规律"②。宋代义理化经学则带来了对应义理化史学的兴起。此种史学以天人同质为世界观依据,如实证主义史学一样要求按照探讨天理的方式来发现人类社会的发展规律。不过,宋代义理化经史之学往往将天人之理同一化,使得天理与人理往往夹杂在一起。

欧阳修论《易》道,已现这种理学进路的端倪:

> 会而通之,天地神人,无以异也。使其不与于人,修吾人事而已。使其有与于人乎,与人情无以异也,亦修吾人事而已。夫专人事,则天地鬼神之道废;参焉,则人事惑。使人事修,则不废天地鬼神之道者,《谦》之象详矣;治乱在人而天不与者,《否》《泰》之象详矣。推是而之焉,《易》之道尽矣。③

在欧阳修看来,"天地神人"是同质的,"《易》之道"一方面"不废天地鬼神之道",另一方面又明"治乱在人而天不与"。这种会通天人的《易》之道的前提是天人同质的世界观,而《易》之道本身则成为贯穿天人的普遍规律,"圣人由是昭天命以穷根,哀生民之多欲,顺导其性,大为之防。为播金石之音以畅其律,为制羽毛之采以饰其容,发焉为德华,听焉达天理"。以《易》道考察历史,进而探明天理,成为欧阳修史学的重要理论方法。

欧阳修在历史撰述中,以天人同质为理论前提,论唐之衰亡称:

---

① [美]J.W.汤普森:《历史著作史·下卷》(第四分册),谢德风译,商务印书馆1996年版,第609页。
② Henry Thomas Buckle: *History of Civilization in England*, NaPu Press, p.1.
③ 〔宋〕欧阳修:《居士外集》卷十《易或问》,《欧阳修全集》第三册。

唐自穆宗以来八世，而为宦官所立者七君。然则唐之衰亡，岂止方镇之患？盖朝廷天下之本也，人君者朝廷之本也，始即位者人君之本也。其本始不正，欲以正天下，其可得乎？懿、僖当唐政之始衰，而以昏庸相继；干符之际，岁大旱蝗，民悉盗起，其乱遂不可复支，盖亦天人之会欤！①

欧阳修所言"天人之会"，便是将自然灾祸与社会灾难视为一体，是其义理化经学观点的史学表达。欧阳修在历史撰述中，也从天理的角度考察历史。他在《新五代史》中评价五代称"五代之乱极矣"，"君不君，臣不臣，父不父，子不子，至于兄弟、夫妇人伦之际，无不大坏，而天理几乎其灭矣"。② 这种历史评价即是以天人同质为前提、以天理为天人法则的论说。其天理标准则以君臣父子的人伦思想为内容。

司马光强调理在天人之际的普遍性，认为"无形之中自然有此至理，在天为阴阳，在人为仁义"③。他又认为，《易》是圣人明理之作，称"昔者圣人之作《易》也，将以顺性命之理。是以立天之道曰阴与阳，立地之道曰柔与刚，立人之道曰仁与义，兼三才而两之。故易六画而成卦，分阴分阳，迭用柔刚，故易六位而成章"④。所以"凡胜人者，皆谓之贤，勿简而天下之理得矣。天下之理，不能出乾坤之外。天下之理得而成位乎其中矣"⑤。司马光以理为天下万物的法则，而圣人作《易》则是为施用而明理。这种经学思想是其史学致用的重要理论基础。

司马光以天理为历史评价的标准和方法。他论及唐代牛僧孺安抚副兵马使杨志诚、"不必计其顺逆"的主张称：

昔者圣人顺天理，察人情，知齐民之莫能相治也，故置师长以正之；知群臣之莫能相使也，故建诸侯以制之；知列国之莫能相服也，故立天子以统之。天子之于万国，能褒善而黜恶，抑强而辅弱，抚服而惩违，禁暴而诛乱，然后发号施令，而四海之内莫不率从也。《诗》云："勉勉我王，纲纪四方。"载义藩屏大臣，有功于国，无罪而志诚逐之，此天

---

① 〔宋〕欧阳修、宋祁：《新唐书》卷九《本纪第九》。
② 〔宋〕欧阳修撰、徐无党注：《新五代史》卷三十四《一行传》。
③ 〔宋〕司马光：《温公易说》卷五《右第十一章》。
④ 〔宋〕司马光：《温公易说》卷五《说卦》。
⑤ 〔宋〕司马光：《温公易说》卷五《系辞上》。

子所宜治也。若一无所问，因以其土田爵位授之，则是将帅之废置杀生皆出于士卒之手，天子虽在上，奚为哉！国家之有方镇，岂专利其财赋而已乎！如僧孺之言，姑息偷安之术耳，岂宰相佐天子御天下之道哉！①

司马光认为，君臣等级制度是圣人"顺天理""察人情"的结果。杨志诚迫使其长官李载义出逃一事是"天子所宜治"，牛僧孺的安抚建议是"姑息偷安之术"，非"宰相佐天子御天下之道"。因为按此建议，使天子的"将帅之废置杀生"之权"皆出于士卒之手"，违背了天理。

朱熹发展了天理论，论说理为万物之源："未有万物之先，毕竟是先有此理。"②理先于万物而存在，又是万物本源："理也者，形而上之道也，生物之本也。……是以人物之生，必禀此理。"③既然万物皆生于理，理自然成为贯通天人的万物法则。朱熹认为经学是明理之学，主张"借经以通乎理"④，因此经学义理最终上升到天理的高度。这种观念反映在历史撰述上，就表现为注重用天理来指导史书修撰，也就是用经学来统领史学。朱熹的学生李方子在《资治通鉴纲目后序》中指出，朱熹的史学追求是"义正而法严，辞核而旨深，陶铸历代之偏驳，会归一理之纯粹"。这就是说，史学要探求天理，达到"会归一理"的目的最终求得"天理之正，人心之安"。⑤

二、会归天理的历史阶段论

理学对两宋时期的历史观起到了重要影响，主要表现在对历史阶段论方面，历史盛衰论和历史阶段划分方面都有明显体现。

第一，理学促使宋代历史盛衰论以道德本位的天理为标准。"二程"将历史盛衰与自然盛衰相比附，视为同理。他说：

以历代言之，二帝三王为盛，后世为衰。一代言之，文、武、成、康为盛，幽、厉、平、桓为衰。以一君言之，开元为盛，天宝为衰。以一岁，则春夏为盛，秋冬为衰。以一月，则上旬为盛，下旬为衰。以一日，则

---

① 〔宋〕司马光：《资治通鉴》卷二百四十四《唐纪六十二》。
② 〔宋〕朱熹：《朱子语类》卷一《理气上》。
③ 〔宋〕朱熹：《晦庵先生朱文公文集》卷五十八《答黄道夫》，《朱子全书》第二十四册。
④ 〔宋〕朱熹：《朱子语类》卷十一《学五·读书法下》。
⑤ 〔宋〕朱熹：《御批资治通鉴纲目》卷首上《朱子序例》，《朱子全书》第八册。

寅卯为盛,戌亥为衰。一时亦然,如人生百年,五十以前为盛,五十以后为衰。①

"二程"认为,盛衰是自然界与社会的普遍现象,从一天到历史都有盛衰。这种视自然界与社会为同质的思想前提是理学的重要特征。从这种思想前提出发,"二程"认为这种普遍的盛衰现象是"理"的常态,称:"天地之盛衰,有一时之盛衰,有一月之盛衰,有一辰之盛衰。一国有几家,一家有几人,其荣枯休戚,未有同者。阴阳消长,气之不齐,理之常也。"②

"二程"认为,"阴阳消长,气之不齐"是盛衰的原因。具体到社会领域,盛衰的成因即是"君子"与"小人":

> 天地之间皆有对,有阴则有阳,有善则有恶。君子、小人之气常停,不可都生君子,但六分君子则治,六分小人则乱,七分君子则大治,七分小人则大乱。如是,尧舜之世不能无小人。盖尧舜之世,只是以礼乐法度驱而之善尽其道而已。③

"二程"认为,君子多则盛,小人多则衰。君子与小人是一种道德划分,这就是说,"二程"视道德为决定历史盛衰的根本因素。在"二程"看来,小人一定是存在的,尧舜之世也不能免之。他们强调礼乐法度的重要性,认为尧舜正是借此驱使人们向善而"尽其道"。

朱熹以天理、王道为历史盛衰评价标准,据此认为三代是历史上最理想的时代,因为此时是天理、王道的时代,而后世则不然。朱熹推崇三代,认为"古之圣人,致诚心以顺天理,而天下自服,王者之道也"④,所以,"三代之礼,至周而备。后世虽有作者亦无以加矣"⑤。

而三代之后,"千五百年之间,正坐如此,所以只是架漏牵补,过了时日。其间虽或不无小康,而尧、舜、三王、周公、孔子所传之道,未尝一日得行于天地之间也"⑥。朱熹又解释齐桓、晋文的霸业称:"若夫齐桓、晋文,

---

① 〔宋〕程颐、程颢:《河南程氏遗书》卷十八。
② 〔宋〕程颐、程颢:《河南程氏粹言》卷二。
③ 〔宋〕程颐、程颢:《河南程氏遗书》卷五。
④ 〔宋〕朱熹:《四书或问·孟子或问》卷一,《朱子全书》第六册。
⑤ 〔宋〕朱熹:《论孟精义·论语精义》卷一下,《朱子全书》第七册。
⑥ 〔宋〕朱熹:《晦庵先生朱文公文集》卷三十六《答陈同甫》,《朱子全书》第二十一册。

则假仁义以济私欲而已,设使侥幸于一时,遂得王者之位而居之,然其所由,则固霸者之道也。"①在朱熹看来,齐桓、晋文所行是"霸者之道",其功业只是"侥幸于一时,遂得王者之位而居之"。

第二,理学影响了两宋时期的历史划分。典型如朱熹以"天理"为标准进行历史划分,以"三代"为"天理流行"的理想时代,之后的时代均不能完全"顺天理"。

北宋时,"二程"已从"阴阳消长,气之不齐"的理学角度出发,比附自然界与人类社会,认为历史盛衰大势总体上是倒退的:

> 然有衰而复盛者,有衰而不复反者,若举大运而言,则三王不如五帝之盛,两汉不如三王之盛,又其下不如汉之盛。至其中间,又有多少盛衰。如三代衰而汉盛,汉衰而魏盛。此是衰而复盛之理。譬如月既晦则再生,四时往复来也。若论天地之大运,举其大体而言,则有日衰削之理,如人生百年,虽赤子才生一日,便是减一日也。②

"二程"认为,持续不断的盛衰之变是"衰而复盛"之理,历史上的盛衰相继与四时往复,皆出于此。他们又指出历史的总体发展趋势与"天地之大运"的"大体"一样,体现"日衰削之理",五帝、三王、两汉……不同历史阶段是愈见衰落的,与人生日削相同。

朱熹的史学思想以历史哲学为基础,而其历史哲学的最高层次即天理论。③ 从天理论的角度出发,朱熹评价历史以道德为本位,以"义"为标准。三代之后,虽然有汉唐盛世,但朱熹却否定了从事功角度推崇汉唐的做法:

> 汉高帝、唐太宗之所为,而察其心果出于义耶,出于利耶?出于邪耶,正耶?若高帝,则私意分数犹未甚炽,然已不可谓之无。太宗之心,则吾恐其无一念之不出于人欲也。直以其能假仁借义以行其私,而当时与之争者才能知术既出其下,又不知有仁义之可借,是以彼善于此而得以成其功耳。若以其能建立国家、传世久远,便谓其得天理之正,此正是以成败论是非,但取其获禽之多而不羞其诡遇之不出于

---

① 〔宋〕朱熹:《四书或问·孟子或问》卷一,《朱子全书》第六册。
② 〔宋〕程颐、程颢:《河南程氏遗书》卷十八。
③ 汤勤福:《朱熹史学思想在宋代史学上的地位》,《学术月刊》1999年第7期。

正也。……

若论道之常存,却又初非人所能预。只是此个自是亘古亘今常在不灭之物,虽千五百年被人作坏,终殄灭他不得耳。汉、唐所谓贤君,何尝有一分气力扶助得他耶?①

朱熹否定"以成败论是非"的做法,主张从心术的角度出发评判历史人物,认为汉高祖和唐太宗的行事并非出于天理,汉高祖已掺杂私意,而唐太宗则"无一念之不出于人欲"。他认为,二者之所以能建立功业,是因为当时与之争者能力弱于他们又不懂仁义,因此才让他们"假仁借义"有所成就。朱熹认为,道虽然是"亘古亘今常在不灭之物",但三代之后,"尧、舜、三王、周公、孔子所传之道,未尝一日得行于天地之间",汉唐贤君的行为无助于道。因此在朱熹看来,三代是道统与治统相合的理想时代,三代之后,从孔子开始,道统则与治统相分离,得道者无其位,居位者不以道行事,所以他说:"后之君子,能行其道,则不必有其位而固已有其德矣。故用之则为王者之佐,伊尹、太公是也;不用则为王者之学,孔、孟是也。"②

此外,宋儒以"理"或"天理"为名义的"通变"思想影响到了两宋时期的历史通变思想。这种历史通变思想虽主要来源于《易》学,但与《春秋》学思想的影响融于一体,是考察宋代经史关系时需要注意的一个方面。欧阳修论历法称:

盖历起于数,数者,自然之用也。其用无穷而无所不通,以之于律、于《易》,皆可以合也。然其要在于候天地之气,以知四时寒暑,而仰察天日月星之行运,以相参合而已。然四时寒暑无形而运于下,天日月星有象而见于上,二者常动而不息。一有一无,出入升降,或迟或疾,不相为谋。其久而不能无差忒者,势使之然也。故为历者,其始未尝不精密,而其后多疏而不合,亦理之然也。不合,则屡变其法以求之。自尧、舜、三代以来,历未尝同也。③

欧阳修认为,历法起于"数",而数是"自然之用",与经学上的律、《易》

---

① 〔宋〕朱熹:《晦庵先生朱文公文集》卷三十六《答陈同甫》,《朱子全书》第二十一册。
② 〔宋〕朱熹:《四书或问·孟子或问》卷一,《朱子全书》第六册。
③ 〔宋〕欧阳修、宋祁:《新唐书》卷二十六《历一》。

吻合。天地之气"常动而不息"。因此,历法初精密而后多不能与自然合,是"理之然"。这就是说,自然处在变动之中,按照理,历应当"屡变其法以求之"。欧阳修对"自尧、舜、三代以来,历未尝同"历史现象的解释,正是基于他思考天理的历史通变思想。

朱熹治《易》,重视阐发其中的通变思想。他认为,"《易》有圣人之道四焉:以言者尚其辞,以动者尚其变,以制器者尚其象,以卜筮者尚其占"。这里的圣人之道,"四者皆变化之道,神之所为者也"。他解释"极数知来之谓占,通变之谓事",又道"占,筮也。事之未定者属乎阳也。事,行事也。占之已决者属乎阴也。极数知来,所以通事之变"。① 将解《易》的卜筮之说落实到了人事的通变上。他进一步提出"自古无不晓事情底圣贤,亦无不通变底圣贤"②,"使孔子继周,必通变使简易"③。

朱熹以通变思想考察历史,解释历史人物的言行。他解释孟子的"汤武革命"说,辩解其并非"不仁甚矣",认为这种说法正是孟子"识通变之道,达时措之宜"的表现。他称:

> 汤居亳,小国也,伊尹相汤,使之伐夏救民。桀虽无道,天子也,君也。汤有道,诸侯也,臣也。伊尹胡不说汤率诸侯而朝夏乎?行李往来,至于五就,观时察变,盖已熟矣,不得已为伐夏之举。致汤于王道,固非盛德之事,后世莫有非之者,以能躬行仁义,顺天应人故也。……说之使为汤、武者,不过以德行仁而已;说之以行王道者,不过乎使民养生?死无憾而已。未尝说之使伐某国,诛某人,开疆拓土,大统天下而为王也。若孟子者真圣人之徒欤。识通变之道,达时措之宜,不肯枉尺直寻……④

朱熹认为"桀虽无道,天子也,君也。汤有道,诸侯也,臣也",汤武革命,是"观时察变","不得已为伐夏之举"。汤伐夏在伦理上是有缺陷的,"致汤于王道,固非盛德之事","后世莫有非者",是因为此举"躬行仁义,顺天应人"。朱熹称赞孟子"真圣人之徒",能够"识通变之道,达时措之宜,不肯枉尺直寻",指陈汤武革命的事实。

---

① 〔宋〕朱熹:《周易本义·周易系辞上传第五》,《朱子全书》第一册。
② 〔宋〕朱熹:《朱子语类》卷一百一十七《训门人五》,《朱子全书》第十八册。
③ 〔宋〕朱熹:《朱子语类》卷一百零八《论治道》,《朱子全书》第十七册。
④ 〔宋〕朱熹:《朱文公文集》卷七十三《李公常语下》,《朱子全书》第二十四册。

第二节 《春秋》灾异说与宋代史学的天人观

《春秋》学对宋代史学的天人观有重大影响。宋代学者阐发《春秋》大义，也包括了天人观的内容。《春秋》学上的天人观，最具特点的是灾异说。《春秋》灾异说以天人感应为理论前提，是汉儒所发《春秋》大义的重要内容。汉儒的灾异说具有神学化色彩，认为人事与灾异严格对应，称为"事应""咎征"，并将灾异视为上天对君王的警示，以此来证明君权神授。宋儒在一定程度上继承了汉儒的《春秋》灾异说，对之进行扬弃，体现出具有自身特点的天人观。宋儒承认天人相通，也认为上天会通过灾异警示君王，但宋儒侧重灾异的警示作用，而淡化甚至否定汉儒所言的"事应""咎征"，更注重人事，从而削弱了《春秋》灾异说的神学化色彩。汉宋《春秋》灾异说所蕴含的天人观，在史学上产生了重要影响。相较而言，宋代史学的天人观侧重人事而较少神秘色彩，具有一定的进步性。同时，又从天理的角度看待天人关系，有哲理化倾向。

一、《春秋》灾异说的历史演变

《春秋》灾异说在汉宋之间，有一个历史演变的过程。汉儒的《春秋》灾异说是用天人感应和阴阳五行学说对《春秋》所记灾异进行神学化改造而来的。《春秋》中有一些关于灾异的记载。"隐公三年"记曰："三年春王二月，己巳，日有食之。""桓公元年"记曰："秋，大水。""庄公七年"记曰："夏四月辛卯，夜，恒星不见。夜中，星陨如雨。秋，大水。"……汉儒用天人感应理论和阴阳五行学说来解说《春秋》中的这些灾异。天人感应、阴阳五行的观念发端于先秦，战国的阴阳家已形成较为系统的理论。邹衍"深观阴阳消息而作怪迂之变"，"称引天地剖判以来，五德转移，治各有宜，而符应若兹"。[1] 邹衍用灾异、符瑞来印证人事的做法被汉儒引入经学。董仲舒在阐发《春秋》大一统之义的时候，认为《春秋》所记灾异与人事有着必然的对应关系，是上天对统治者的警告。为了论证君主承天治民，董仲舒援引《春秋》灾异证明天人相通。《春秋繁露·王道》言《春秋》灾异称：

> 周衰，天子微弱，诸侯力政，大夫专国，士专邑，不能行度制法文之

---

[1] 〔汉〕司马迁：《史记》卷七十四《孟子荀卿列传》。

礼,诸侯背叛,莫修贡聘,奉献天子,臣弑其君,子弑其父,孽杀其宗,不能统理,更相伐铚以广地,以强相胁,不能制属,强奄弱,众暴寡,富使贫,并兼无已,臣下上僭,不能禁止,日为之食,星陨如雨,雨螽,沙鹿崩,夏大雨水,冬大雨雪,陨石于宋五,六鹢退飞,陨霜不杀草,李梅实,正月不雨,至于秋七月,地震,梁山崩,壅河,三日不流,画晦,彗星见于东方,孛于大辰,鸲鹆来巢,《春秋》异之,以此见悖乱之征。①

董仲舒认为,《春秋》中所记的灾异与当时周天王丧失权威、礼乐崩坏的政治局面相应,是天人感应的表现。董仲舒还进一步指出,灾异是上天用以警示君王的手段。他说:

  天地之物,有不常之变者,谓之异,小者谓之灾,灾常先至,而异乃随之,灾者,天之谴也,异者,天之威也,谴之而不知,乃畏之以威,诗云:'畏天之威。'殆此谓也。凡灾异之本,尽生于国家之失,国家之失乃始萌芽,而天出灾害以谴告之;谴告之,而不知变,乃见怪异以惊骇之;惊骇之,尚不知畏恐,其殃咎乃至。②

董仲舒把小的天变称为灾,把大的天变称为异,认为上天警示君王,先以灾谴告,如果君王不知修政,则再用异来惊骇之。如果君王再不知修政,"殃咎乃至",就会发生祸乱。可见,董仲舒为天人谴告拟定了一个从灾到异再到殃咎的具体过程,对灾异做出了神学化解释。西汉末年,刘向撰《五行传论》,其子刘歆撰《五行传说》,也对《春秋》灾异做类似解释,而且用人祸与灾异一一对应。自此,学者多借《春秋》言与灾异相对应的人祸,也就是"咎征""事应"。

到了宋代,学者强调《春秋》灾异说所含的警示劝诫意味,而将汉儒的神学论调转向侧重人事。在宋代天人观转变的过程中,欧阳修是一个分水岭式的人物。在欧阳修以前,汉儒的《春秋》灾异说仍然被学者看重。与欧阳修共同编修《新唐书》的刘羲叟(刘义叟)即以长于祥瑞灾异而著称,"其乐事星历、数术尤过人。尝以春秋时变异合之以洪范灾应,斥古人所强合

---

① 〔汉〕董仲舒:《春秋繁露》卷四《王道第六》。
② 〔汉〕董仲舒:《春秋繁露》卷八《必仁且智第三十》。

者。著书十数篇,视日月星辰以占国家休祥多应也"①。《宋史》记述刘羲叟以天变占人事的事迹称:"皇祐五年,日食心,时胡瑗铸钟弇而直,声郁不发。又陕西铸大钱,羲叟曰:'此所谓害金再兴,与周景王同占,上将感心腹之疾。'其后仁宗果不豫。又月入太微,曰:'后宫当有丧。'已而张贵妃薨。至和元年,日食正阳,客星出于昂,曰:'契丹宗真其死乎?'事皆验。"②刘羲叟用"害金再兴"来预言皇帝疾病,明显是用汉儒以五行言灾异的做法,而他用"月入太微""日食正阳,客星出于昂"之类的星象占人事,也颇见汉儒风气。

欧阳修在《春秋》学和史学上率先批判汉儒灾异五行说之后,宋代经史之学的《春秋》灾异说才改变了神学论调,淡化甚至否定"咎征""事应"。③"二程"说:

> 大抵《春秋》所书灾异,皆天人响应,有致之之道。如石陨于宋而言"陨石",夷伯之庙震,而言"震夷伯之庙",此天应之也。但人以浅狭之见,以为无应,其实皆应之。然汉儒言灾异,皆牵合不足信,儒者见此,因尽废之。④

这就是承认《春秋》灾异为天人之应,但认为汉儒言灾异"牵合不足信",因此明确主张"尽废之"。

南宋时,随着理学的日益勃兴,学者论天人之际,更旗帜鲜明地提倡专注于人事,反对研究《春秋》灾异,典型的如叶适。叶适论《春秋》灾异说:

> 《春秋》纪星异,《左氏》颇载祸福,其后始争以意。推之至秦汉一变,诸侯权轻专地久,星官祖故书述旧事。今班氏所志,有其变而无其应者众矣,况后世乎!天文、地理、人道本皆人之所以自命,其是非、得失、吉凶、祸福要当反之于身,若夫星文之多、气候之杂,天不以命于人,而人皆以自命求天。曰:天有是命则人有是事,此亦古圣贤之所不

---

① 王称:《东都事略》卷六十五《列传四十八》(刘羲叟传)。
② 〔元〕脱脱等:《宋史》卷四百三十二《列传第一百九十一·儒林二·刘羲叟》。
③ 关于《春秋》灾异说在宋代的发展,参见本书第二章第二节"二、史学求真与天人关系的重构",此处不再赘述。
④ 〔宋〕程颐、程颢:《河南程氏遗书》卷十五《伊川先生语第一》。

道,而学为君子者之所当阙也。①

叶适认为,《春秋》《左传》中所记灾异是"古圣贤之所不道"的,而秦汉以后学者过分关注灾异并不恰当,因为"天文、地理、人道"都只是人自己提出的概念而已,并不一定有严格的对应关系,所以讲灾异是"以自命求天",也就是用自己的想法臆测天数,不应当提倡。

到了宋代理学官方地位上升的南宋中后期,欧阳修以来的《春秋》灾异观,因为被"二程"纳入理学学说体系,而被理学化的《春秋》学进一步吸收和整理。程公说的《春秋分记》刊行于宋理宗淳祐三年(1243),其论《春秋》灾异称:

> 五行得其性,而天下被其福。反是,为沴气,阴阳寒暑失节,以为水旱、虫螟、风雹、霪雨、火灾、山崩、雪霜、不时。凡此灾异之著见者,皆生于乱政,而考其所发,验以人事,往往近其所失,而以类至。然时有推之不能合者,岂非天地之大有不可俄而测哉?是故天反时为灾,地反物为妖,民反德为乱,而君子之畏灾也,见夫失其本性则思所以致,而为之戒惧,虽微不敢忽而已。禹修六府,必曰:"正德",《洪范》九章,皇极居中,此其大略,而《春秋》二百四十二年,虽曰:"凡物不为灾则不书",抑未尝道其所以然者。圣人之意,以为若推其事应,则有合、不合,有同、不同,见其合而同则惑者,泥于怪而不经,见其不合不同则怠者,以为偶然而不惧,是以推明五行,详纪灾异,而不指言事应,谨之至也。②

程公说继承了欧阳修和"二程"以来的《春秋》灾异说,他吸收"二程"的观点,主要有二:一是从理的角度来解释灾异,认为"五行得其性"则"天下被其福",反之则有灾异;二是继承了"二程"认为"圣人不贵祥瑞"而重视灾异的说法,认为灾异可以促使人修德。程公说又采用了欧阳修否定汉儒事应说,认为灾异主要是上天明劝诫之意的说法,直接引述欧阳修"君子之畏灾也,见夫失其本性则思所以致,而为之戒惧,虽微不敢忽而已"的原话。程公说的《春秋》灾异观点完成了宋代《春秋》学对于灾异的学说总结,代表

---

① 〔宋〕叶适:《习学记言》卷二十二《汉书·志》。
② 〔宋〕程公说:《春秋分记》卷二十四《书六·五行书》。

了宋代《春秋》学对灾异的主流看法。

二、《春秋》灾异说影响下的宋代史学天人观

中国古代史学的天人观受《春秋》灾异说影响很大。汉儒与宋儒的不同的《春秋》灾异说,对史学的天人观产生了不同的影响。汉儒创《春秋》灾异说后,史学自觉地予以发扬,集中体现在正史设立《五行志》。班固作《汉书》,设《五行志》,专记天人感应的"咎征"。《汉书·五行志》先引《洪范》一段,次引《洪范五行传》一段,再引欧阳氏、大小夏侯氏等说,以下采董仲舒、刘向、刘歆之说,历录春秋以至汉代的灾异,并记人事以对应。历代正史基本都继承了《汉书》立《五行志》的传统,①也基本继承了《汉书·五行志》记"咎征""事应"的做法。

宋代《春秋》学灾异观的转变,直接影响到了史学天人观的变化。由于受到汉儒神秘天人观影响,《旧五代史》把天命视作决定历史兴亡的决定性因素。在评价后唐闵帝时,其论曰:"闵帝爰自冲年,素有令问,及征从代邸,入践尧阶,属轩皇之弓剑初遗,吴王之几杖未赐,遽生猜间,遂至奔亡。盖辅臣无安国之谋,非少主有不君之咎。以至越在草莽,失守宗祧,斯盖天命之难忱,土德之将谢故也。"②这就完全把后唐政治、军事时的被动局面归结于后唐失去天命,上天没有为后唐闵帝降下可以安国定国的辅臣。但是应当指出,宋初的不少史家虽然接受汉儒灾异说,从而走上天命史观的轨道,但也并不是弃人事于不顾。《旧五代史》评价后梁末帝说:"末帝仁而无武,明不照奸,上无积德之基可乘,下有弄权之臣为辅,卒使劲敌奄至,大运俄终。虽天命之有归,亦人谋之所误也。惜哉!"③这里,史家虽然把后梁的灭亡归结于"天命之有归",但同时也从人事的角度予以分析,指出后梁末帝"仁而无武,明不照奸"的执政缺陷。正是由于在宋初汉儒神秘天人观的笼罩下,史家修史仍然不忘从人事角度总结历史兴亡,才为欧阳修一

---

① 《汉书》以后,除《魏书》《辽史》外,正史立志者均设《五行志》,只有赵尔巽等撰《清史稿》改称《灾异志》。因为《五行志》大抵是记灾异,所以沈约作《宋书》在《五行志》外增加了《符瑞志》。《符瑞志》是为补充《五行志》,记述符瑞祯祥而设,仍然是受到《洪范》五行内容及汉儒对其发挥之说的影响。萧子显作《南齐书》在《五行志》外增加《祥瑞志》,相当于《宋书》的《符瑞志》。《魏书》较为独特,用《灵征志》取代了《五行志》和《符瑞志》。《灵征志上》专记灾异,相当于《五行志》;《灵征志下》专记符瑞,相当于《符瑞志》。所以,《灵征志》可以被看作是《五行志》和《符瑞志》的合并之体。可见,《符瑞志》《祥瑞志》《灵征志》实际上是《五行志》的变体。
② 〔宋〕薛居正:《旧五代史》卷四十五《闵帝纪》。
③ 〔宋〕薛居正:《旧五代史》卷十《末帝纪下》。

举破除汉儒灾异说做了铺垫。

欧阳修于《春秋》学上提出了自己的灾异观点，并且应用于修史实践，他在《新唐书·五行志》中从理论上说明了史书著录灾异的旨趣和做法：

> 夫所谓灾者，被于物而可知者也，水旱、螟蝗之类是已。异者，不可知其所以然者也，日食、星孛、五石、六鹢之类是已。孔子于《春秋》，记灾异而不著其事应，盖慎之也。以谓天道远，非谆谆以谕人，而君子见其变，则知天之所以谴告，恐惧修省而已。若推其事应，则有合有不合，有同有不同。至于不合不同，则将使君子怠焉。以为偶然而不惧。此其深意也。盖圣人慎而不言如此，而后世犹为曲说以妄意天，此其不可以传也。故考次武德以来，略依《洪范五行传》，著其灾异，而削其事应云。①

欧阳修抛弃了董仲舒认为灾为大天变、异为小天变的灾异观，从人的角度对灾异做了新的解释。他认为灾是水旱、螟蝗之类人可以理解的天变，异是日食、星孛、五石、六鹢之类原因不明的天变。对于董仲舒所说的从灾到异再到殃咎的天人谴告过程，欧阳修也不赞成，他认为天人谴告仅仅是上天为了对君子表示劝诫，其事应有时合有时不合。基于这样的灾异观，欧阳修提出史书著录灾异，应当以孔子修《春秋》为榜样，保持"慎之"的态度，"记灾异而不著其事应"。因为如果详究事应，就会在灾异与事应不合的情况下使人"以为偶然而不惧"。

欧阳修用自己的灾异观指导修史实践。首先表现为，其《新唐书·五行志》与前代正史的《五行志》不同，对旧史志高度简化，②仅记灾异而不著事应。其次，欧阳修认为灾可以理解，异则难究原因。因此，在《新五代史》本纪中记灾而慎言异。再者，在具体的历史撰述过程中，欧阳修也摒弃了很多迷信内容，而从人事角度加以论述。唐朝李靖有很多神异事迹，欧阳修为其作传时，则一概不予采用，而从其才干角度加以解释。他说："世言靖精风角、鸟占、云祲、孤虚之术，为善用兵。是不然，特以临机果，料敌明，根于忠智而已。俗人传著怪诡禨祥，皆不足信。"③欧阳修作《新五代史》也

---

① 〔宋〕欧阳修、宋祁：《新唐书》卷三十四《五行志》。
② 宋馥香、王海燕：《论欧阳修〈新五代史〉的编纂特点》，《吉林师范大学学报（人文社会科学版）》2004年第1期。
③ 〔宋〕欧阳修、宋祁：《新唐书》卷九十三《列传第十八》。

删去了《旧五代史》中的诸多迷信内容,像《旧五代史·梁太祖本纪》所记"所居庐舍之上有赤气上腾"之类的瑞兆,《新五代史》皆不采用。

司马光也持与欧阳修相类的天人观,既承认天人感应,又偏重人事而否定汉儒的神学化论说。首先,司马光史学承认天人感应的宇宙论,认为灾异是上天对君王的警示,并用这一观点来解释历史兴衰。他说:"天意保佑王者,故为之下灾异,以谴告之。若王者恐惧修省,则非徒免一时之害,又将有福禄随之。商之太戊、武丁,周之成、宣是也。若傲忽不顾,非徒为害于一时,又将有危亡之祸,汉之成、哀、桓、灵是也。"①司马光认为,如果君王见灾异而修省,就会增加福祉;如果君王对灾异置之不理,就会导致危亡。司马光用这一观点考察历史,认为太戊等明君都是见灾异而思过,所以能使政治昌明,而汉成帝等昏君则不顾上天的警示才酿成政治祸乱。其次,司马光认可欧阳修的观点,认为灾异是上天劝诫君主的表现,而否定事应和怪诞现象。司马光在《资治通鉴》中著录了不少灾异,作为上天劝诫的表现。《周纪一》记周安王三年"虢山崩,壅河",周安王五年"日有食之",《周纪三》记周报王十年"彗星见"……《资治通鉴》所记灾异都不著事应,反映出司马光反对神学化的天人观。对于历史上的妖异之事,司马光还明确指出自己的著录原则,也就是删去"妖异止于怪诞"者,只收"妖异有所儆戒"者。② 这就是说,司马光著录灾异的目的,是为了有益于人事,而不是像汉儒那样宣扬神学化学说。

朱熹在史学上,也采纳了欧阳修和"二程"的灾异观。首先,朱熹认为灾异作为一种天人感应现象是历史上和现实中都存在的。他说,"远稽前史,近考圣朝,以灾异求言具有故事"③,"以灾异而求直言,历世相传,具有故实"④。其次,朱熹认为灾异是上天对君主的劝诫。朱熹曾经以灾异上书,劝阻皇帝大兴徭役。他说:"上帝震怒,灾异数出,正当恐惧修省之时,不当兴此大役,以咈谴告警动之意。"⑤再者,朱熹继承了"二程"的圣人重灾异劝诫而轻祥瑞的观点,在拟定《资治通鉴纲目凡例》时,专立"灾祥"一项,规定书法称:"凡灾异悉书。祥瑞或以示疑,或以著伪,乃书。凡因灾

---

① 〔宋〕司马光:《传家集》卷三十六《上皇帝疏》,文渊阁《四库全书》本。
② 〔宋〕司马光:《传家集》卷六十三《答范梦得》,又见《资治通鉴释例·温公与范内翰论修书帖》,文渊阁《四库全书》本。
③ 〔宋〕朱熹:《晦庵先生朱文公文集》卷十三《贴黄》,《朱子全书》第二十册。
④ 〔宋〕朱熹:《晦庵先生朱文公文集》卷十四《论灾异札子》,《朱子全书》第二十册。
⑤ 〔元〕脱脱等:《宋史》卷四百二十九《列传第一百八十八·道学三·朱熹》。

异,而自贬损求言、修政施惠者,皆书。无实者,或不悉书。"①可以看出,《凡例》只书"示疑"和"著伪"的祥瑞,而灾异皆书,这显然是继承了"二程"认为灾异可为劝诫因而轻祥瑞的观点。对于因灾异而求言修省之事,因为符合灾异的劝诫之意,所以《凡例》要求予以记录。但是,对于有修省之名而无其实的则未必记录。可以看出,朱熹的史学,一方面,肯定天人感应,重视灾异,另一方面,又强调灾异的劝诫之意,注重人事。

第三节 《春秋》尊王论与宋代史学的圣王史观

尊王论是古代君主制的思想产物,在《春秋》学上表现得非常明显。历代《春秋》学都把"尊王"视作《春秋》大义的一个重要组成部分而加以阐发。宋代《春秋》学尤其注重发掘《春秋》的尊王之义,不仅继承了前代《春秋》学重视君王地位与作用的思想,而且进一步从天人和现实政治的角度提倡尊王。宋代史学深受《春秋》尊王论的影响,表现出强烈的圣王史观。在总结历史兴亡规律时,突显君王在天人之际和国家政治中的作用,认为君王是天下兴亡的根本所在,往往把政治成败归因到君王身上。

一、《春秋》尊王论的历史演变

"尊王"是《春秋》思想的一个显著特征,受到历代《春秋》学者的关注。《春秋》经本身就有明显的尊王色彩,把君王视作人间主宰,在周王朝范围内推崇天子地位,在一个诸侯国范围内推崇国君地位。一方面,《春秋》不仅以王纪年,突显周天子在政治上的地位,新君即位必书"元年,春,王正月",而且对天子的丑事也大加隐讳,像周天子被晋文公传见于诸侯盟会,《春秋》讳书曰:"天王狩于河阳。"而另一方面,《春秋》又通过征实记述和常事不书所带来的异辞,揭露统治者的违礼举动。像周天子私自求财,《春秋》就直书为"天王使家父来求车"。这两个方面,看似矛盾,实则内在统一于儒家的尊王论。《春秋》之所以要尊王,是认为君王在国家政治中具有首要作用,把君王看作是历史兴亡的决定因素。"天下有道,则礼乐征伐自天子出;天下无道,则礼乐征伐自诸侯出。"②正是由于君王在儒家历史观中

---

① 〔宋〕朱熹:《资治通鉴纲目》附录一《凡例》,《朱子全书》第十一册。
② 《论语·季氏》。

的重要地位,《春秋》才不惜为天子讳;也正是由于君王直接关系着天下兴亡,所以,《春秋》才用礼法严格衡量天子的一举之动,要求其承担治国平天下的重任。

汉代董仲舒将阴阳五行理论引入《春秋》学,提出了君权神授论,从天人感应的角度证明君王的地位和作用。他说:

> 君臣、父子、夫妇之义,皆取诸阴阳之道。君为阳,臣为阴,父为阳,子为阴,夫为阳,妻为阴,阴阳无所独行,其始也不得专起,其终也不得分功,有所兼之义。是故臣兼功于君,子兼功于父,妻兼功于夫,阴兼功于阳,地兼功于天。……阳之出也,常悬于前而任事,阴之出也,常悬于后而守空处,此见天之亲阳而疏阴,任德而不任刑也。是故仁义制度之数,尽取之天,天为君而覆露之,地为臣而持载之,阳为夫而生之,阴为妇而助之,春为父而生之,夏为子而养之,秋为死而棺之,冬为痛而丧之,王道之三纲,可求于天。①

在董仲舒看来,人间秩序同于天道,"皆取诸阴阳之道"。由于君为阳而臣为阴,"天之亲阳而疏阴",所以君主自然凌驾于臣下,居于至高的地位,而成为沟通天人、主宰万民的人间统治者。

宋代因为加强中央集权和与少数民族政权进行斗争的政治需要,尤其重视继承和发挥《春秋》尊王之义,北宋《春秋》学已经形成了尊王宗旨。②南宋时,尊王之义仍然与正统等《春秋》大义交融。宋代《春秋》学不仅推崇君王至高无上的地位,重视其历史作用,并且因为推崇君王的地位与作用,而强调维护君臣尊卑秩序。

第一,宋代《春秋》学特重"尊王"之义。北宋初年,泰山先生孙复大力提倡《春秋》尊王之义。孙复身居国子监直讲之职,关心现实政治,对北宋政权完成天下一统抱有期望和激励之心,因此专门作《春秋尊王发微》,阐发《春秋》的尊王旨趣。孙复提倡的尊王之义,在宋代受到普遍认同。欧阳修在《春秋论》和《春秋或问》中也把尊王视作《春秋》大旨,并且自立新说,从尊王角度重新阐发《春秋》所记史事。南宋《春秋》学的代表人物胡安国对尊王之旨也是不遗余力,不仅从礼法等级思想上提倡尊王,更注重从政

---

① 〔汉〕董仲舒:《春秋繁露》卷十二《基义第五十三》。
② 杨新勋:《北宋〈春秋〉学的主要特点》,《中州学刊》2003年第2期。

治角度鼓吹君王独尊、君王专制。孙复、欧阳修、胡安国三人,作为两宋《春秋》学的典型人物,代表了宋代《春秋》学特重尊王之义的特点。

孙复以己意解经,扬弃前人说法,把对《春秋》大义的解说导入阐明尊王之旨的轨道。李焘评价说:"孙复治《春秋》不惑传注,其言简易,明于诸侯大夫功罪,以考时之盛衰,而推见王道之治乱,得经之本义。"①通过李焘的评价可以看出,孙复解《春秋》"不惑传注",发挥唐代啖助以来以己意解经的治经方法,突出《春秋》经的尊王旨趣。而李焘认为,孙复将《春秋》大义集中于尊王是"得经本义",则说明孙复以后突显《春秋》尊王的观点得到宋人的普遍认同。孙复不仅将自己的《春秋》解经之作命名为《春秋尊王发微》,突显尊王。在具体的解经过程中,他也处处从尊王的角度阐发经义。《春秋尊王发微》开篇解释《春秋》记事始于隐公,否定何休以来"黜周王鲁"之说,称:"《春秋》之始于隐公者,非他,以平王之所终也。"②在确定《春秋》为尊王而作的基调后,孙复大力宣扬尊王为《春秋》主旨。《春秋》"隐公七年"书:"夏,城中丘。""三传"的解释分别是:

> 《左传》:"书,不时也。"
>
> 《穀梁传》:"城为保民为之也。民众城小则益城。益城无极。凡城之志,皆讥也。"
>
> 《公羊传》:"中丘者何?内之邑也。城中丘何以书?以重书也。"

可见,对于《春秋》的这条记载,《左传》从益城非时的角度认为是贬书,《穀梁传》从指责诸侯"益城无极"的角度认为,《春秋》记诸侯益城都是讥讽之笔,而《公羊传》则不认为这条记载有贬斥之义。"三传"的解释都与尊王无关。孙复则从尊王的角度解释这条记载,说:

> 城邑官室,高下、大小皆有王制,不可妄作。是故城一邑、新一厩、作一门、筑一囷,时与不时,皆详而录之。此年夏,城中丘;威五年夏,城祝丘;庄二十九年冬十有二月,城诸及防;文十二年冬十有二月,季孙行父帅师城诸及郓;定十四年秋,城莒父及霄;僖二十年春,新作南

---

① 〔宋〕李焘:《续资治通鉴长编》卷一百八十六《仁宗·嘉祐二年》,中华书局 2004 年第 2 版。

② 〔宋〕孙复:《春秋尊王发微》卷一"元年春王正月"条。

门;定二年冬十月,新作雉门及两观之类是也。时谓周之十二月、夏之十月,非此不时也。然得其时者其恶小,非其时者其恶大,此圣人爱民力、重兴作、惩僭忒之深旨也。①

可以看出,孙复用尊王之义改造了《穀梁传》,认为《春秋》"凡城之志,皆讥也"的观点,明确指出,《春秋》记益城,都是从尊王的角度斥责诸侯违反王制、妄作城邑的僭越之举。孙复也吸收了《左传》的益城"不时"说,认为益城"得其时者其恶小,非其时者其恶大"。无论益城是否得时,在孙复看来,都是一种僭越恶行,只是恶劣的程度不同而已。

欧阳修也注重从尊王的角度解说《春秋》。欧阳修曾经在《春秋》学上提出过一条独树一帜的见解,认为《春秋》所记"赵盾弑其君"是征实的记载,否定"三传"以来认为是赵穿弑君,赵盾因为"亡不越竟,反不讨贼"而负弑君之名的说法。欧阳修提出这样的见解,与他严格从尊王角度看待《春秋》有关,他说:

> 弑逆,大恶也!其为罪也莫赎,其于人也不容,其在法也无赦。法施于人,虽小必慎,况举大法而加大恶乎。既辄加之,又辄赦之,则自侮其法而人不畏。《春秋》用法,不如是之轻易也。
> 三子(《春秋》"三传"作者)说《春秋》书赵盾以不讨贼,故加之大恶,既而以盾非实弑,则又复见于经,以明盾之无罪。是辄加之而辄赦之尔。以盾为无弑心乎?其可轻以大恶加之?以盾不讨贼,情可责而宜加之乎?则其后顽然未尝讨贼,既不改过以自赎,何为遽赦,使同无罪之人?其于进退皆不可,此非《春秋》意也。赵穿弑君,大恶也。盾不讨贼,不能为君复仇,而失刑于下。二者轻重,不较可知。就使盾为可责,然穿焉得免也?今免首罪为善人,使无辜者受大恶,此决知其不然也。②

欧阳修解《春秋》,突显尊王的重要性,把弑君看成是于人不容、在法无赦的大恶,因此认为《春秋》笔法严明,不会轻易以大恶加诸无辜,还认为如果真是赵穿弑君,那么"赵盾弑其君"的记载就是"免首罪为善人,使无辜者

---

① 〔宋〕孙复:《春秋尊王发微》卷一"夏城中丘"条。
② 〔宋〕欧阳修:《欧阳修全集》卷十八《春秋论下》。

受大恶",不符合《春秋》惩恶劝善的笔法。从一定角度来说,欧阳修提出的这一见解,是他用尊王旨趣来考察《春秋》笔法的结果。

胡安国的《春秋传》也彰显尊王之义。一方面,胡安国在阐发经义的过程中突出尊王之旨。他在《春秋传序》中归纳《春秋》大义,首列"尊君父,讨乱贼",突出尊王之义在《春秋》中的地位。他解释"元年,春,王正月"也说:"谓正月为王正,则知天下之定于一也。"①可见,胡安国把《春秋》"冠王于正"的纪年方法视作尊王的一种表现。他还进一步解释《春秋》突显"天下之定于一"也就是定于王的原因说:"'王正月'之定于一,何也?天无二日,土无二王,家无二主,道无二致,政无二门。"这就把君王的独尊视为一种天人一理的必然。另一方面,胡安国著《春秋传》,也从体例上体现了尊王大义,在正文之前的《春秋提要》中,胡安国首列"周十二王",以示天子高于诸侯的地位。

第二,宋代《春秋》学强调君王的崇高地位和在历史兴亡中的决定性作用。一方面,宋代《春秋》学改变了汉儒用阴阳五行的神学化论调对君王政治作用进行形而上解释的理论,而用更系统化、哲理化的理学天人一系论来论证君王的政治作用。另一方面,宋代《春秋》学也从现实政治的角度,鼓吹君主在历史兴亡中的关键作用。

首先,宋儒用天人一系的观点来论说君王在人间政治和历史兴亡中的决定性作用。程颐曾著《春秋传》,认为汉儒强调人事与天变严格对应的《春秋》灾异说,并不能正确反映君王奉天治民之理,称:"《春秋》灾异必书,汉儒传其说而不达其理,故所言多妄。"②但实际上,程颐也显然具有天人一系的思维观念,只是其论调淡化了汉儒论调的神学化色彩。程颐非常注重君王与天的联系,说:"王者奉若天道,故称天王,其命曰天命,其讨曰天讨。尽此道者,王道也。后世以智力把持天下者,霸道也。《春秋》因王命以正王法,称天王以奉天命。"③程颐把奉天视作王者的必要条件,认为如果只靠人力取天下不能算是王道,只能算是霸道。程颐不仅把君王与天密切联系起来,而且将二者置于同样重要的地位。在解释《春秋》"元年,春,王正月"之语时,说:"元年,隐公之始年。春,天时。正月,王正。书'春王

---

① 〔宋〕胡安国:《春秋传》卷三《隐公下》("隐公十一年")。
② 〔宋〕程颐、程颢:《河南程氏经说》卷第四《春秋传》"三月癸酉大雨震电庚辰大雨雪"条。
③ 〔宋〕程颐、程颢:《河南程氏经说》卷第四《春秋传》"秋七月,天王使宰咺来归惠公仲子之赗"条。

正月',示人君当上奉天时,下承王正。明此义,则知王与天同大,人道立矣。"①程颐认为,君王奉天,又把君王提升到"与天同大"的地位,并且坚信只有确定君王"与天同大"的地位,人间秩序才能得以确立。程颐认为,《春秋》以天道与人道为一体,强调了君王在天人之道中的重要地位,在解释《春秋》隐公三年"三年春,王二月,己巳,日有食之"的记载时,说:"月,王月也。事在二月,则书王二月;在三月,则书王三月;无事,则书时,书首月。盖有事则道在事,无事则存天时,天时备则岁功成,王道存则人理立,《春秋》之大义也。"②程颐认为,《春秋》之所以存在只记时间而不记事的记载,是要体现天与王关系的紧密,从而表达君王与天相应以成天人之功的大义。程颐又从反面指出,如果君王不能顺应天理,会带来巨大的祸患,在解释《春秋》"(桓公四年)夏,天王使宰渠伯纠来聘"之语时,称:"桓公弑君而立,天子不能治,天下莫能讨,而王使其宰聘之,示加尊宠,天理灭矣,人道无矣。书天王,言当奉天也而,其为如此。名纠,尊卑贵贱之义亡也。人理既灭,天运乖矣;阴阳失序岁功不能成矣,故不具四时。"③程颐指出,周天子不能惩治鲁桓公的弑君之罪,反而承认其国君地位,不仅破坏了尊卑贵贱秩序,违背了"人理",而且也使得"天理"丧失,"阴阳失序岁功不能成"。总之,程颐用天人一系的理论理解《春秋》,把君王看成是人间政治与天道存亡的中枢。

胡安国继承并进一步发挥了程颐的观点。他在《春秋传》中说:

> 即位之一年必称元年者,明人君之用也。大哉乾元,万物资始天之用也。至哉坤元,万物资生地之用也。成位乎其中,则与天地参。故体元者,人主之职;而调元者,宰相之事。元即仁也,仁人心也,《春秋》深明其用当自贵者始,故治国先正其心以正朝廷与百官,而远近莫不壹于正矣。《春秋》立文兼述作,按《舜典》纪元日,《商训》称元祀,此经书元年所谓。祖二帝,明三王,述而不作者也。正次王,王次春,乃立法创制、裁自圣心无所述于人者,非史策之旧文矣。④

胡安国否定欧阳修等人的说法,认为春秋"元年,春,王正月"的以王纪

---

① 〔宋〕程颐、程颢:《河南程氏经说》卷第四《春秋传》"元年,春,王正月"条。
② 〔宋〕程颐、程颢:《河南程氏经说》卷第四《春秋传》"三年春,王二月,己巳,日有食之"条。
③ 〔宋〕程颐、程颢:《河南程氏经说》卷第四《春秋传》"夏,天王使宰渠伯纠来聘"条。
④ 〔宋〕胡安国:《春秋传》卷一《隐公上》。

年"非史策之旧文",不是因袭前代史官,而是孔子"立法创制、裁自圣心无所述于人者"。胡安国之所以把《春秋》的以王纪年说成是圣人所立,是因为他认为,这种纪年表述起到了"明人君之用"的作用。胡安国认为,君王在国家政治中的重大作用来源于天,乾元生万物,君王的职责就是"体元",而"体元"就是要培养"仁人心"。只要君王可以"先正其心以正朝廷与百官",就能出现天下"远近莫不壹于正"的治世。通过理学的天人一系说和心性论,宋代《春秋》学从形而上的角度对君王的重大政治作用做出了定位。

其次,宋代《春秋》学从现实政治角度说明君王对政治兴亡有决定性作用。孙复认为,孔子作《春秋》即是因为"天下无王",而"天下无王"会导致天下大乱,他说:

> 孔子之作《春秋》也,以天下无王而作也,非为隐公而作也。然则《春秋》之始于隐公者,非他,以平王之所终也。何者?昔者幽王遇祸,平王东迁,平既不王,周道绝矣。观夫东迁之后,周室微弱,诸侯强大,朝觐之礼不修,贡赋之职不奉,号令之无所束,赏罚之无所加,坏法易纪者有之,变礼乱乐者有之,弑君戕父者有之,攘国窃号者有之。征伐四出,荡然莫禁。天下之政,中国之事,皆诸侯分裂之。①

在孙复看来,尊王是孔子作《春秋》的根本动机。《春秋》之所以始于隐公,是由于隐公之世是"平王之所终",天下进入无王状态。孙复历数"周室微弱,诸侯强大"导致的种种弊病,由此揭示出君王对于国家政治的重要性。反过来理解这段话,我们完全可以得出,如果天下有王就能出现治世的推断。

北宋末期经学家赵鹏飞在解释《春秋》记事始于隐公时,也突显君王对政治兴衰的重大作用,与孙复的解说有异曲同工之处,他说:

> 夫子尝曰:"如有用我者,吾其为东周乎?"盖将兴西周矣。兴西周之志不得行于时,而寓于《春秋》,故曰:"知我者其惟《春秋》,罪我者其惟《春秋》。"则《春秋》者,中兴周室之书也。然则不始于孝,不始于惠,而始于隐,何哉?盖《春秋》之作,为周也,非为鲁也。当孝公之世,平

---

① 〔宋〕孙复:《春秋尊王发微》卷一"元年春王正月"条。

王之初也,庸讵知平王不能兴衰拨乱,而为西周之宣王乎?初则怠矣。迄惠公之世,平王之中也,庸讵知平王不能励精改图振刷群弊,卓为贤主如商之太甲乎?中亦懈矣。初怠中懈,则兴西周之业尚何望哉?至隐公之世,则平王之末年也,平王之末政愈不纲,而天下之乱有加于前,而中兴无其人矣。夫子于是悯悼衰世,而作《春秋》。《春秋》修中兴之教也,故始于隐,非始乎隐始乎平王之末也,谓周室至是不可不中兴矣。①

赵鹏飞认为,孔子作《春秋》是为了"修中兴之教",即孔子希望通过《春秋》教育后世如何矫治弊端以治平天下。据此他提出《春秋》记事始于隐公,是因为隐公之世是平王末年,平王之政积重难返已经不可能实现中兴,因此成为《春秋》立教之始。赵鹏飞又指出,平王在即位之初,如果整顿政治就能够扭转衰败之势;平王在执政中期,如果励精图治就能够中兴周室。从赵鹏飞的分析可以看出,他把天下的兴亡完全归结于君王一人,彰显君王的政治作用。

第三,宋代《春秋》学的尊王思想,突出表现为强调君臣上下秩序,大力提倡尊君抑臣。孙复认为,《春秋》尊王的显著特征就是严厉谴责乱世违礼。他通过其褒贬书法来用"王制"或说"圣王之法"绳乱世。孙复修改了前代《春秋》学对《春秋》书法"惩恶劝善"的概括,认为《春秋》书法只是严厉谴责乱世并没有褒扬。后学对孙复《春秋》学的这一特点有形象的概括。《四库全书总目》称孙复"谓《春秋》有贬无褒,大抵以深刻为主。晁公武《读书志》载常秩之言曰:'明复为《春秋》,犹商鞅之法,弃灰于道者有刑,步过六尺者有诛。'盖笃论也。"②常秩把孙复归纳的谴责乱世的《春秋》书法比作商鞅的严酷法制,可见孙复对乱世违礼之事的深恶痛绝。而孙复谴责乱世,则是出于其强烈的尊王主张。孙复解释《春秋》笔法称:"贬恶诛乱,圣师之笔也。"而他所言及《春秋》书法的"贬恶诛乱"就是"以周室陵迟,诸侯僭乱,变古易常,骄蹇不道生死,以圣王之法治之也"。③ 换言之,《春秋》笔法用"圣王之法"来矫正天王失权、诸侯僭越的乱世。对于篡弑之事,孙复的态度更加严厉,他说:"春秋之世,臣弑其君者有之,子弑其父者有之,弟

---

① 〔宋〕赵鹏飞:《春秋经筌》卷一《隐公·始隐》,文渊阁《四库全书》本。
② 〔清〕永瑢等:《四库全书总目》卷二十六《经部二十六·春秋类一》。
③ 〔宋〕孙复:《春秋尊王发微》卷一"癸未葬宋穆公"条。

弑其兄者有之,妇弑其夫者有之。是时,纪纲既绝,荡然莫禁。孔子惧万世之下,乱臣贼子交轨乎天下也。故以圣王之法从而诛之。"①可见,孙复把《春秋》笔法完全归结为孔子用圣王之法治乱世、诛恶人的谴责书法,以突显君王地位的不可侵犯。

欧阳修认为,孔子修《春秋》的动机在于"正名以定分,求情而责实,别是非,明善恶"②,而欧阳修所说的"正名"与"定分",最重要的一个方面就是按照君臣上下的等级秩序,来突显君主在国家政治生活中的至高地位。欧阳修指出,春秋时代的混乱主要表现为"自周衰以来,臣弑君,子弑父,诸侯之国相屠戮而争为君者,天下皆是也"③。可见,他觉得最大的政治弊病就是君主失去权威、君臣秩序被破坏。这从反面反映出了欧阳修的"尊王"思想。

胡安国的《春秋传》不仅从天理使然的角度强调君王的独尊地位,而且从君臣等级的角度强调巩固君王的政治权力尤其是兵权。王夫之曾指出胡安国在《春秋传》中"于公子翚之伐郑,公子庆父之伐于余丘,'两发兵权不可假人'之说"④。《春秋》"隐公四年"记曰:"秋,翚帅师。"胡安国认为:

> 此大夫专将之始。按《左氏》,诸侯谋伐郑。宋公使来乞师,公辞之。羽人请以师会之,公弗许。固请而行,《易》曰:"履霜坚冰,至履霜阴始凝也。驯致其道,至坚冰也。"臣弑其君,子弑其父,非一朝一夕之故,其所由来者,渐矣。由辨之不早辨也。宋人来乞师,而公辞之,羽父请以师会,而公非许其辞,而弗许义也。翚以不义强其君固请而行,无君之心兆矣。夫公子公孙升为贵戚之卿者,其植根胶固,难御于异姓之卿,况翚已使主兵而方命乎? 隐公不能辨之于早,罢其兵权,犹使之帅师也,是以钟巫之祸。《春秋》于此去其公子,以谨履霜之戒。⑤

在胡安国看来,君王不能随意假人兵权,他引用《易》中的履霜之戒来告诫君王,指出弑君之行是渐积而来,君王需要"辨之于早",将其扼杀在萌

---

① 〔宋〕孙复:《春秋尊王发微》卷一"癸未葬宋穆公"条。
② 〔宋〕欧阳修:《欧阳修全集》卷十八《春秋论中》。
③ 〔宋〕欧阳修:《欧阳修全集》卷十八《春秋论中》。
④ 〔明〕王夫之:《宋论》卷十八《高宗》"胡安国与秦桧同情",《船山全书》(一一),岳麓书社1996年版。
⑤ 〔宋〕胡安国:《春秋传》卷二《隐公中》("隐公四年")。

芽中,而这就需要君王把兵权掌握在自己手中。胡安国解释庄公二年(前692)"夏公子庆父帅师伐于余丘"时也说:"庆父主兵,卒致于般之祸。于余丘,法不当书。圣人特书,以志乱之所由,为后戒也。"他认为,《春秋》的这条记载不符合史法,是孔子为了道明日后庆父弑子般之祸的来由而特意载入的。胡安国进一步总结说:"鲁在《春秋》中见弑者三君,其贼未有不得鲁国之兵权者。"① 由此,胡安国得出了要巩固君王地位就不能假人兵权的结论。胡安国的这种强烈尊王主张,与当时的政治局势有关,与宋高宗统治集团收夺抗金将领兵权的政策相呼应。②

二、《春秋》尊王论影响下的宋代史学圣王史观

《春秋》学上的尊王论,反映在史学上,就表现为圣王史观。宋代史家在历史撰述的方方面面,都注意体现君王的至高地位,在总结历史兴亡、政治成败时,把君王视作决定性因素,并因此重视君王的才干与德行。

第一,宋代史学具有明显的尊王旨趣,从史书的体裁、体例到史事的记载,都注意突显君王的地位。首先,宋代史家重视从史体的角度反映"尊王"之义。一方面,如前所述,宋代史家推崇《春秋》编年的尊王寓意,因此相率采用编年体修史,以模仿《春秋》的以王纪年之法,通过"冠王于正"的纪年方法来彰显尊王之义。王益之的《西汉年纪》、司马光的《资治通鉴》《资治通鉴考异》和《稽古录》、刘恕的《资治通鉴外纪》、李焘的《续资治通鉴长编》、李心传的《建炎以来系年要录》、胡宏的《皇王大纪》、熊克的《中兴小纪》、吕祖谦的《大事记》、陈均的《宋九朝编年备要》等史著都采用了编年体,并且模仿《春秋》的以王纪年之法。另一方面,宋代纪传体史书的体例,也反映出《春秋》学影响下的尊王思想。欧阳修有强烈的尊王思想,他认为:"《春秋》之法,书王以加正月,言王人虽微必尊于上,周室虽弱不绝其王。苟绝而不与,岂尊周乎!故曰:王号之存,黜诸侯也。"③ 在欧阳修看来,君王不论强弱都应尊崇,"王人虽微必尊于上",由于君王的至高地位,与君王关系密切的人也应当受尊崇。从这种尊王思想出发,欧阳修在《新五代史》中设"家人传",专门记录后梁、后唐、后晋、后汉、后周的宗室与后妃。"家人传"不仅将君王的亲属与割据政权的君王区别开来,并且还居于

---

① 〔宋〕胡安国:《春秋传》卷七《庄公上》("庄公二年")。
② 关于胡安国的"兵权不可假人"说与时政的关系,参见姚瀛艇等:《宋代文化史》,河南大学出版社1992年版,第155页;又参见漆侠:《宋学的发展和演变》,第518页。
③ 〔宋〕欧阳修:《欧阳修全集》卷六十一《诗解统序·王国风解》。

列传之首,体现出"王人虽微必尊于上"的思想。王称的《东都事略》也有与之类似安排,全书首列"本纪",然后用专记皇后与皇帝诸子的"世家"接续其后,而排序于列传之前。

其次,宋代史家注重在历史叙事中体现尊王之义。宋代史家往往模仿《春秋》中的讳书来隐讳帝王的丑事。关于讳书,第四章已经论述,此处不再赘言。而且,宋代史家经常模仿《春秋》的一字寓褒贬,通过用字不同来体现尊王之义。如王称著《东都事略》,也与前述尹洙《五代春秋》相类,只有皇帝亲自用兵才称作"征":

(显德元年)世宗亲征陈于高平。①
开宝初,太祖征太原以为京师。②

对于皇帝以外的人用兵,王称也是用"伐""讨""攻"等字:

(开宝三年)潘美、尹崇珂伐岭南。
(建隆元年)昭义军节度使李筠叛命,石守信、高怀德率师讨之。③
(宣和元年)是岁,金人攻辽国陷其东京黄龙府。④

再次,宋代史书的记述内容反映出尊王宗旨。宋代所修正史继承了前代史书重视记述直接反映君臣尊卑秩序的典章制度的传统。欧阳修、宋祁等人所撰《新唐书》,有《礼乐志》十二卷集中记述以君王为至高地位的礼乐制度,还有《仪卫志》两卷、《车服志》一卷,也是记述直接反映尊卑等级秩序的相关典制。《礼乐志》《仪卫志》《车服志》加起来占《新唐书》"志"总卷数的四分之一。而体现天人感应、君权神授思想的《五行志》,在《新唐书》中也有三卷。王称的《东都事略》为皇后、皇子作"世家"。这些"世家"所记人物与事件,很多并没有重大的历史价值。但是,为了体现尊王思想,王称还是不厌其烦地予以记述。

第二,宋代史家在历史撰述中把君王看成是历史兴亡、政治成败的决定性因素。首先,宋代史家从天人角度肯定君王在天、人两个方面的重大

---

① 〔宋〕王称:《东都事略》卷一《本纪一》。
② 〔宋〕王称:《东都事略》卷三《本纪三》。
③ 〔宋〕王称:《东都事略》卷二《本纪二》。
④ 〔宋〕王称:《东都事略》卷十一《本纪二》。

意义。胡宏著《皇王大纪》,记述上起盘古、下至周末的史事,从书名就可看出胡宏对君王在历史兴亡过程中作用的推崇。胡宏在序中说:

> 天道保合而太极立,氤氲升降而二气分。天成位乎上,地成位乎下,而人生于其中。故人也者,父乾母坤,保兹天命,生生不穷者也。天始万物,日月星辰施其性;地生万物,水火金木运其气;人主万物,仁义礼智行其道。君长陪贰,由道以纪纲,人生而理其性,然后庶绩熙、万物遂,地平天成而人道立。三皇五帝、三王五伯者,人之英杰为君为长,率其陪贰应时成物。如春之生、夏之长、秋之利、冬之贞也。自尧而上,六阕逢荒落。尧之初,载甲辰迄于赧王乙巳,二千有三十年,一代之盛衰、一周人事之治乱,备矣,万世不能易其道者也。后人欲稽养生理性之法,则舍皇帝王伯之事何适哉?①

胡宏受时代经学思潮影响,具有天人一系的观念,认为天以道生万物,人以道主万物,而胡宏所认为的天人之道最终落实到"人之英杰为君为长,率其陪贰应时成物",也就是君王起着上奉天、下治民的作用。从君王决定历史兴衰的观点出发,胡宏认为,从尧到周赧王的历史,已经包含了历代君王的致治之法和失政教训,可以作为后世探求为政之道的根据。

宋代正史中的《五行志》,也是基于君王在天人之际至关重要的思想而作。《新唐书·五行志》明确说:

> 盖王者之有天下也,顺天地以治人,而取材于万物以足用。若政得其道,而取不过度,则天地顺成,万物茂盛,而民以安乐,谓之至治。若政失其道,用物伤夭,民被其害而愁苦,则天地之气诊,三光错行,阴阳寒暑失节,以为水旱、蝗螟、风雹、雷火、山崩、水溢、泉竭、雪霜不时、雨非其物,或发为氛雾、虹蜺、光怪之类,此天地灾异之大者,皆生于乱政。②

《新唐书·五行志》指出君王的"治人",同时也是在"顺天地",如果君王"政得其道",就可以"天地顺成""民以安乐";而如果君王"政失其道",就

---

① 〔宋〕胡宏:《皇王大纪·序》。
② 〔宋〕欧阳修、宋祁:《新唐书》卷三十四《五行志一》。

会导致各种灾异的发生。可见,在宋代正史作者的心目中,君王由于受命于天,因此,其为政不仅关乎人间,还关乎天地。

其次,宋代史家普遍从现实政治的角度认定君王是天下兴亡的根基。纪传体史书重视为本纪作赞,宋代也不例外,而纪传体史书重视对皇帝的评价,很大程度上是因为史家把君王的品德、才能视作治乱根本之所在。

欧阳修总结唐代中后期衰败的原因:

> 唐自穆宗以来八世,而为宦官所立者七君。然则唐之衰亡,岂止方镇之患?盖朝廷天下之本也,人君者朝廷之本也,始即位者人君之本也。其本始不正,欲以正天下,其可得乎?懿、僖当唐政之始衰,而以昏庸相继;乾符之际,岁大旱蝗,民悉盗起,其乱遂不可复支,盖亦天人之会欤! ①

在欧阳修看来,唐朝之所以败亡的根本原因在于"其本始不正",而欧阳修所谓的一国之本就是君王。他认为,朝廷是天下的根本,而君王又是朝廷的根本,所以唐穆宗以下的八世君王有七个是宦官所立,就坏了天下根本。正是基于圣王史观,欧阳修将唐朝败亡的原因归结于皇帝失正,而不能看到皇帝多为宦官所立这一现象本身才是唐中期以后政治秩序严重败坏的结果。

司马光强调君王在国家政治生活中的至高地位,坚决主张维护君臣等级秩序。司马光着重于尊王是《春秋》大旨。他说:"《春秋》抑诸侯,尊周室,王人虽微,序于诸侯之上,以是见圣人于君臣之际,未尝不惓惓也。"②司马光进而从《春秋》尊王论出发,鼓吹尊崇君王至高地位的君臣等级秩序,并认为,只有等级礼法得以维持,政治才能安定。他说:

> 臣闻天子之职莫大于礼,礼莫大于分,分莫大于名。何谓礼?纪纲是也;何谓分?君臣是也;何谓名?公、侯、卿、大夫是也。夫以四海之广,兆民之众,受制于一人,虽有绝伦之力,高世之智,莫敢不奔走而服役者,岂非以礼为之纪纲哉!是故天子统三公,三公率诸侯,诸侯制卿大夫,卿大夫治士庶人。贵以临贱,贱以承贵。上之使下,犹心腹之

---

① 〔宋〕欧阳修、宋祁:《新唐书》卷九《本纪第九》。
② 〔宋〕司马光:《资治通鉴》卷第一《周纪一》。

运手足,根本之制支叶;下之事上,犹手足之卫心腹,支叶之庇本根。然后能上下相保而国家治安。①

司马光描述君王处在"以四海之广,兆民之众,受制于一人"的关键位置上,是政治的核心。因此,他要求君王按照礼的要求,维护君尊臣卑的等级秩序,形成"上之使下,犹心腹之运手足,根本之制支叶;下之事上,犹手足之卫心腹,支叶之庇本根"的"上下相保"局面,从而达到"国家治安"的目的。

第三,宋代史家出于对君王作用的推崇,因此大力提倡尊君抑臣。胡宏在《皇王大纪》中引用孔子的话说明这一点:"子云:'天无二日,土无二王,家无二主,尊无二上。'示民有君臣之别也。故《春秋》不称楚、越之王,恐民之惑也。"②胡宏强调君臣之别,旨在维护君尊臣卑的等级秩序。

范祖禹在《唐鉴》中像胡安国一样强调君王要集中权力,认为这是政治稳定的必要条件。他评价五代之乱说:"《春秋传》载孔子之言曰:'唯名与器不可以假人。'盖以名器者,国家砺世之具。苟上有私授之失,则下启奸觊之心,居平世犹之可也,况今天子播迁,大盗蜂起,迹其所由,正缘朝廷政出多门,刑赏滋滥。"③范祖禹引用《左传》之语论证君王必须集权,认为君王如果不能牢牢掌握权力,就会引起臣下的觊觎之心,从而酿成大祸。范祖禹把《春秋》学上的这种认识运用于历史评价,因此坚决主张君王利用权力统御天下。他说:"天子所以制御天下者,赏善罚恶,辨是非枉直,使人各当其所,物各安其分,而不相凌暴也。克用有复唐室之大功,而全忠辄欲杀之,蕃夷之人不敢专兵,复仇而赴诉于朝廷,是诸侯犹有尊王室之心也。为天子者,宜诘其孰是孰非,直者佑之,不直者黜之。使征伐号令出于天子,则诛一镇而天下莫敢不从矣。"④范祖禹要求君主集权、"征伐号令出于天子"的尊王主张,在宋代史家中具有普遍性。

宋代史家出于君主集权的主张,对威胁君主权力的行为严加批判,尤其对篡逆之人更是严厉谴责。张邦昌受金人胁迫称帝,王称论曰:"邦昌之僭,良由胁迫,及金骑已退,乃纳政孟后,归玺康王,其心亦可见矣。然圣人之大宝曰位,邦昌乃起而代之可乎?《春秋》之法,于君君、臣臣、父父、子子

---

① 〔宋〕司马光:《资治通鉴》卷第一《周纪一》。
② 〔宋〕胡宏:《皇王大纪》卷六十九《三王·敬王》。
③ 〔宋〕范祖禹:《范太史集》卷三十六《王延嗣传》。
④ 〔宋〕范祖禹:《唐鉴》卷二十二《僖宗》。

之道特严焉,苟于大位而不问,而曰彼胁迫也,是岂《春秋》之志哉?然则邦昌之死,其亦合于《春秋》之法也,何矜宥之有云。"①王称认为,只要有背君自立的行为,即使是出于被迫也应当予以诛绝,这是尊王思想的一种极端表现。

第四,宋代史家因为把君王视作天下兴亡的根本,所以非常重视君王的才干和德行。《旧五代史》注重从君王的才干、德行角度来总结政治兴衰,分析后唐庄宗的崛兴与败亡时说:

> 史臣曰:庄宗以雄图而起河、汾,以力战而平汴、洛,家仇既雪,国祚中兴,虽少康之嗣夏配天,光武之膺图受命,亦无以加也。然得之孔劳,失之何速?岂不以骄于骤胜,逸于居安,忘栉沐之艰难,徇色禽之荒乐。外则伶人乱政,内则牝鸡司晨。靳吝货财,激六师之愤怨;征搜舆赋,竭万姓之脂膏。大臣无罪以获诛,众口吞声而避祸。夫有一于此,未或不亡,矧咸有之,不亡何待!静而思之,足以为万代之炯戒也。②

这里,史家认为后唐的崛兴是由于庄宗的军事才能卓越,其所达到的功业"虽少康之嗣夏配天,光武之膺图受命,亦无以加",而后唐的败亡则是由于庄宗"骄于骤胜,逸于居安",在建立政权后失德。

欧阳修考察历史兴亡,也重视君王的才干与德行。他曾经总结历史治乱的规律说:

> 自古受命之君,非有德不王。自夏后氏以来,始传以世,而有贤不肖,故其为世,数亦或短或长。论者乃谓周自后稷至于文、武,积功累仁,其来也远,故其为世尤长。然考于《世本》,夏、商、周皆出于黄帝,夏自鲧以前,商自契至于成汤,其间寂寥无闻,与周之兴异矣。而汉亦起于亭长叛亡之徒。及其兴也,有天下皆数百年而后已。由是言之,天命岂易知哉!然考其终始治乱,顾其功德有厚薄与其制度纪纲所以维持者何如,而其后世,或浸以隆昌,或遽以坏乱,或渐以陵迟,或能振而复起,或遂至于不可支持,虽各因其势,然有德则兴,无德则绝,

---

① 〔宋〕王称:《东都事略》卷一百二十二《僭伪传一百五》。
② 〔宋〕薛居正等:《旧五代史》卷三十四《庄宗纪八》。

岂非所谓天命者常不显其符,而俾有国者兢兢以自勉耶?唐在周、隋之际,世虽贵矣,然乌有所谓积功累仁之渐,而高祖之兴,亦何异因时而特起者欤?虽其有治有乱,或绝或微,然其有天下年几三百,可谓盛哉!岂非人厌隋乱而蒙德泽,继以太宗之治,制度纪纲之法,后世有以凭藉扶持,而能永其天命欤?①

可以看出,欧阳修对天命抱有一定怀疑,注重从人事的角度分析历史兴亡。而欧阳修对历史兴亡的总结,实际上就是对君王的德与才的总结。欧阳修强调君王之德,认为"自古受命之君,非有德不王",把君王的德看成是政治成败兴衰的根本,又注重君王的才干,考察其"贤"与"不肖",因此把统治者的"功德厚薄"与"制度纪纲所以维持者何如"看成是历史兴亡的根源。具体到唐朝,欧阳修认为李唐统治集团的兴起,是其以才积功、因德累仁的结果,而其传诸久远也是因为唐太宗的"制度纪纲之法"能够在后世延续。欧阳修又总结唐朝的政治兴衰得失,说:

> 睿宗因其子之功,而在位不久,固无可称者。呜呼,女子之祸于人者甚矣!自高祖至于中宗,数十年间,再罹女祸,唐祚既绝而复续,中宗不免其身,韦氏遂以灭族。玄宗亲平其乱,可以鉴矣,而又败以女子。方其励精政事,开元之际,几致太平,何其盛也!及侈心一动,穷天下之欲不足为其乐,而溺其所甚爱,忘其所可戒,至于窜身失国而不悔。考其始终之异,其性习之相远也至于如此。可不慎哉!可不慎哉!②

欧阳修认为,开元之治是唐玄宗施展才干、"励精政事"的成果,而其"侈心一动",耽于女色、失去为君之德,就导致了政治衰败。不仅如此,欧阳修实际上把唐王朝的兴起和中兴都看成是君王才、德的效应,而把唐王朝的几次衰落也都归究于君王失德导致女祸。欧阳修之所以对唐王朝的兴衰历程做出这样的评判,正是因为他把君王的才干与德行视作政治得失的根本。

司马光也非常重视君王的德行,把君王的心术视为天下致治之本。他

---

① 〔宋〕欧阳修、宋祁:《新唐书》卷一《本纪第一》。
② 〔宋〕欧阳修:《新唐书》卷五《本纪第五》。

曾经借董仲舒之语说：

> 孔子曰："人能弘道,非道弘人。"故治乱废兴在于己,非天降命,不可得反;其所操持悖谬,失其统也。为人君者,正心以正朝廷,正朝廷以正百官,正百官以正万民,正万民以正四方。四方正,远近莫敢不壹于正,而亡有邪气奸其间者,是以阴阳调而风雨时,群生和而万民殖,诸福之物,可致之祥,莫不毕至,而王道终矣!①

司马光的思想具有一定的理学化色彩,重视心性,倾向于君王心术对政治的作用,把政治治理的过程归结为一个君王"正心以正朝廷,正朝廷以正百官,正百官以正万民,正万民以正四方"的过程,认为君王端正心术是天下大治的开端与本原。司马光不仅重视君王的德行,而且指出了君王的德行是致治所必须的条件,因为如果君王德行不端,其他人就无法发挥才德:"人君之德不明,则臣下虽欲竭忠,何自而入乎?"②

第四节　《春秋》夷夏观与宋代史学的夷夏之辨

《春秋》的夷夏观,既有反对少数民族侵扰汉族政权的攘夷宗旨,又有肯定少数民族文化进步的变通之处。历代经学都对《春秋》的夷夏观展开论述,并因时代背景不同而体现出不同特点。宋代因为民族冲突严重,《春秋》学更加重视《春秋》的攘夷之旨。宋代史学受时代经学影响,也充分体现出夷夏之辨的思想。

一、《春秋》夷夏观的历史演变

《春秋》的夷夏观,是在一定的历史背景下形成的。周秦时代,"华夏民族主体性自觉基本形成"③。孔子生活在"南夷与北狄交,王室不绝若线"④的春秋末期,深存当时中原民族"戎狄豺狼,不可厌也;诸夏亲昵,不可弃

---

① 〔宋〕司马光:《资治通鉴》卷第十七《汉纪九》。
② 〔宋〕司马光:《资治通鉴》卷第二十九《汉纪二十一》。
③ 姜建设:《夷夏之辨发生问题的历史考察》,《史学月刊》1998年第5期。
④ 《公羊传》("僖公四年")。

也"①的夷夏之防思想。孔子修《春秋》,站在中原国家立场上,从礼乐文化角度排斥少数民族,主张"裔不谋夏,夷不乱华"②,"裔指夏以外的地,夷指华以外的人"③。这就是反对文化上落后的少数民族侵扰中原民族。

《春秋》中的夷夏观主要包含两个方面的内容。首先,《春秋》根据少数民族与中原诸夏在文化上的差距,而在历史记述中对少数民族予以贬斥。吴、楚被诸夏视为夷狄,《春秋》因而对吴、楚国君不称为"王",而以"人"或"子"称之。对原本出自华夏正宗却"用夷礼"④的杞国三代国君成公、桓公、文公,《春秋》也都贬称为"子"。其次,《春秋》的攘夷并非一种绝对主张,而有变通之辞,"诸侯用夷礼则夷之,夷而进于中国则中国之"⑤。《春秋》并非一味贬斥夷狄,而是根据礼乐文化予以变通,这是其文化意义所在。⑥ 这代表了中国古代夷夏之辨的开放的一面,⑦以周礼为标准来进行评判。⑧ 孔子提出"远人不服,则修文德以来之,既来之,则安之"⑨,也就是肯定夷狄学习礼义文化的进步。《春秋》记述鲁庄公十二年晋楚之战时,当时楚尚属夷狄,晋则为诸夏之一,但楚较晋更符合礼义标准,《春秋》因而褒楚而贬晋。《春秋》这样做的原因就在于,董仲舒所言的"晋变而为夷狄,楚变而为君子"⑩。《左传》更是通过历史记述肯定了秦、楚等新兴国家的文化进展。⑪

《公羊传》继承并发展了《春秋》的夷夏观。一方面,《公羊传》强调"《春秋》内其国而外诸夏,内诸夏而外夷狄"⑫,肯定应当对文化上落后的少数民族予以贬斥,并进一步提出把不守礼义的中原诸夏视同夷狄。比如,《春秋》"桓公十五年"云:"邾娄人、牟人、葛人来朝。"《公羊传》解释说:"皆何以称人?夷狄之也。"何休进一步加以注释:"桓公行恶,而三人俱朝事之。三人为众,众足责,故夷狄之。"可见,邾娄、牟、葛虽然属于中原诸夏,但由于

---

① 《左传》("闵公元年")。
② 《左传》("定公十年")。
③ 范文澜:《中国通史》第一册,人民出版社1978年第5版,第134页。
④ 《左传》("僖公二十七年")。
⑤ 〔唐〕韩愈:《韩昌黎文集校注》卷一《原道》,马其昶校注,上海古籍出版社1986年版。
⑥ 许殿才:《"夷夏之辨"与大一统思想》,《河北学刊》2005年第3期。
⑦ 罗志田:《夷夏之辨的开放与封闭》,《中国文化》1996年第2期。
⑧ 黄德昌:《儒家与夷夏之辨》,《四川大学学报(哲学社会科学版)》2003年第4期。
⑨ 《论语·季氏》。
⑩ 〔汉〕董仲舒:《春秋繁露》卷二《竹林第三》。
⑪ 单良:《〈左氏春秋〉叙事的礼乐文化阐释》,中国社会科学出版社2015年版,第52页。
⑫ 《公羊传》("成公十五年")。

他们不守礼义,所以,《公羊传》将其"夷狄之"。另一方面,《公羊传》继承了《春秋》肯定少数民族文化进步的观点,重视"夷夏"互变,①对遵守礼义的少数民族"中国之"。如《春秋》"宣公十二年"云:"晋荀林父帅师及楚子战于邲,晋师败绩。"《春秋》记载楚庄王一般不称爵,而此处书子进爵,《公羊传》解释说:"大夫不敌君,此其称名氏以敌楚子何?不与晋而与楚子为礼也。""楚子"即指楚庄王,《公羊传》称其为礼,是因为楚国虽为夷狄,但战胜郑国"而不要其土",战胜晋国"而佚晋寇",称得上是具有"笃于礼而薄于利"的仁者之心。《公羊传》据此认为,这是将楚"中国之"。

汉代是《春秋》学夷夏观系统发展的重要时期。夷夏之辨作为《公羊》学的重要组成部分,服务于大一统政治,而有重大发展。② 董仲舒进一步发展了《春秋》夷夏观。首先,董仲舒对夷夏做了更为细致的划分。在《春秋繁露·精华》中,董仲舒将夷夏区分为中国、大夷和小夷三等,并根据其等级伦常思想提出"小夷避大夷、大夷避中国、中国避天子"。其次,董仲舒把《公羊传》"进于夷狄则夷狄之,进于中国则中国之"的观点上升为《春秋》通变思想的表现,认为这是"《春秋》无达辞,从变从义,而一以奉天"③的重要表现。再次,董仲舒在对待少数民族的问题上,提出了比《春秋》经传更为宽容的主张。董仲舒不仅肯定应当对遵守礼义的夷狄"中国之",而且认为,即使对于不能归化的夷狄也应当怀以仁爱之心,主张"王者爱及四夷"④。

汉代公羊家的集大成者何休,用"三世"说发展了传统的夷夏观。何休将历史发展分为"衰乱世""升平世"和"太平世"三个阶段,并认为,夷夏关系在不同历史阶段有不同表现。首先,在"衰乱世",诸夏未一统,夷与夏"未得殊也",因此不存在夷夏之防;其次,在"升平世",夷狄在文化上落后于诸夏,因此"见治升平,内诸夏而外夷狄"⑤,严夷夏之防;最后,到了"太平世","夷狄进至于爵,天下远近小大若一"⑥,天下大同,夷狄完全融合于礼义文化。何休用"三世"说总结了汉代《春秋》学的夷夏观,体现出汉代对少数民族的宽容心态。

---

① 陈其泰:《儒家公羊学派夷夏观及其影响》,《史学集刊》2008年第3期。
② 汪高鑫:《论汉代公羊学的夷夏之辨》,《南开学报(哲学社会科学版)》2006年第1期。
③ 〔汉〕董仲舒:《春秋繁露》卷三《精华第五》。
④ 〔汉〕董仲舒:《春秋繁露》卷八《仁义法第二十九》。
⑤ 〔汉〕何休注、〔唐〕徐彦疏:《春秋公羊传注疏》("隐公元年")。
⑥ 〔汉〕何休注、〔唐〕徐彦疏:《春秋公羊传注疏》("定公五年")。

魏晋南北朝时期，夷夏观因为政治局势的变化，出现了两种不同的主张。其一，以江统为代表的汉族学者，因为少数民族对汉族政权的剧烈冲击，提出了排斥少数民族的极端主张。江统著《徙戎论》，强调少数民族的文化落后性，认为其"言语不通，贽币不同，法俗诡异，种类乖殊"，因此，片面地提倡《春秋》"内诸夏而外夷狄"之旨，主张"戎晋不杂"。① 其二，少数民族在建立政权后，发挥《春秋》学"进于夷狄则夷狄之，进于中国则中国之"的观点，强调自身在礼义与德行上的进步性，从而论证自己为中国正统。鲜卑人慕容廆说："大禹出于西羌，文王生于东夷，但问志略何如耳。"② 慕容廆抓住《春秋》学的夷夏观，以礼义文化为标准判断夷夏的特点，以统治者的"志略"是否合乎礼义来论证自己的正统地位。与之类似，羯人石勒也强调合德者为帝王，提出："周文王生于东夷，大禹出于西羌。帝王之兴，盖惟天命所属，德之所招，当何常耶？"③

隋唐时期，由于大一统政治与民族融合的发展，夷夏观较为进步。一方面，隋唐夷夏观的主流是对少数民族持开明态度。隋代大儒王通根据《尚书》中"天命不于常，惟归乃有德；戎狄之德，黎民怀之"的思想，从礼义的角度认同少数民族的先进文化，甚至肯定其政治统治地位。王通认为，北魏孝文帝在乱世中保存了"中国之道"，"魏有主，中国之道不坠，孝文之力"。他还一反前人以东晋为正统的观点，认为前秦苻坚伐晋是"应天顺命，安国济民"④之举。唐太宗更明确表示对华夷一视同仁，称："自古皆贵中华，贱夷狄，朕独爱之如一。"⑤ 另一方面，隋唐的夷夏观也有继承传统《春秋》学贬斥夷狄的一面。其一，陆淳继承了《春秋》学"内诸夏而外夷狄"的思想，指出"夷狄常在中国下，义可知也"⑥。其二，陆淳继承了公羊家"进于夷狄则夷狄之，进于中国则中国之"的思想。如陆淳解释《春秋》昭公十二年"晋伐鲜虞"的记载时，称："淳闻于师曰：'往已伪会而假道，又因不备而伐人，此乃夷狄之所为也。'今以中国侯伯反行诈于夷狄，故以夷狄书之。"⑦他认为，晋虽为中原诸侯国，但行诈道，其行为与夷狄相同。因此，

---

① 〔晋〕江统：《徙戎论》，见《晋书》卷五十六《江统传》。
② 〔唐〕房玄龄等：《晋书》卷一百八《慕容廆载记》，中华书局1974年版。
③ 〔北魏〕崔鸿：《十六国春秋》卷十三《后赵录三》，文渊阁《四库全书》本。
④ 〔隋〕王通：《中说》卷四《周公篇》。
⑤ 〔宋〕司马光：《资治通鉴》卷第一百九十八《唐纪十四》。
⑥ 〔唐〕陆淳：《春秋集传纂例》卷六《都叙会例第十八》。
⑦ 〔唐〕陆淳：《春秋集传微旨》卷下"十有二年冬十月晋伐鲜虞"，文渊阁《四库全书》本。

将其书为夷狄。但是,另一方面,安史之乱后,唐人又对"华夏"共同体表现出强烈的群体认同,①唐代强调夷夏之防的观点又开始复起。

对于《春秋》既从文化角度攘夷又对夷狄文化加以肯定的夷夏观,宋人多予以继承。北宋与南宋时势背景不同,夷夏观又有所变化。② 北宋群儒已经注意在民族政权对峙与冲突的背景下作夷夏之辨,到了民族政权斗争激烈的南宋时期,"攘夷"之义更成为《春秋》学所阐发的一大主旨,强调抵御夷狄侵扰成为主流。北宋初年,孙复作《春秋尊王发微》,在集中阐释尊王之义的同时也不忘攘夷之义。首先,孙复继承了《春秋》贬斥夷狄、反对少数民族侵扰中原的宗旨。在涉及《春秋》对齐威王的称谓时,孙复根据齐威王的攘夷之功进行解释。他说:

> 威自灭遂,二十年用师征伐,皆称人者,以其攘夷狄、救中国之功未著微之也。案庄三十二年,狄伐邢,闵元年,齐人救邢,威未能率诸侯以往,故犹称人焉。至此,称师者,以其能合二国次于聂北救邢。齐威攘夷狄、救中国之功渐见少进之也。③

孙复认为,《春秋》中对齐威王的称谓从"人"到"师"的渐进,是根据其功业来判定的,而齐威王的功业主要就是保护中原国家免受少数民族侵凌的"攘夷狄、救中国之功"。而在解释《春秋》"(庄公)十有三年春,齐侯、宋人、陈人、蔡人、邾人会于北杏"之语时,孙复更是从攘夷的角度推崇齐威王,他说:

> 北杏之会,威公独书爵者,孔子伤周道之绝也。威公既入乘天子衰季,将霸诸侯、攘夷狄、救中国以尊周室,乃合宋人、陈人、蔡人、邾人于此,首图大举。夫欲责之深者,必先待之重。故北杏之会,独书其爵以与之。④

孙复认为,齐威王因为有"攘夷狄、救中国以尊周室"的大功,因此《春

---

① 陈雅莉:《唐中后期胡汉族群意识的动态演化与相关舆论的文本再现》,《中央民族大学学报(哲学社会科学版)》2018 年第 4 期。
② 燕永成:《南宋史学研究》,第 169~173 页。
③ 〔宋〕孙复:《春秋尊王发微》卷五"元年春王正月齐师宋师曹师次于聂北救邢"条。
④ 〔宋〕孙复:《春秋尊王发微》卷三"十有三年春齐侯宋人陈人蔡人邾人会于北杏"条。

秋》"待之重",给予他"独书爵"的褒奖。

再者,孙复继承了《春秋》以来攘夷之旨的变通之义,肯定夷狄在文化上的进步。在论及《春秋》对楚、吴国君的称谓时,孙复同意前人的说法,认为:

> 楚称子者,案吴、楚本子爵,入《春秋》始则曰荆、曰楚、曰吴,终则称人、称子。楚始谓之荆者,楚先吴僭,罪大贬重,犹曰荆州之夷也。既而曰楚、曰吴者,君臣同辞,以国举之也。终则称人、称子者,以其渐同中国,与诸侯会盟及修礼来聘,称人少进也。①

孙复认为,吴、楚虽是夷狄,但是《春秋》"始则曰荆、曰楚、曰吴,终则称人、称子",对他们的称谓有一个"少进"的过程。而《春秋》对他们的评价有所提高是因为他们学习中原文化,与中原国家交往,"渐同中国,与诸侯会盟及修礼来聘"。

"二程"对夷狄抱以极大的蔑视,从理的角度把夷狄视作混乱无序的代称,说:"后世人理全废,小失则入于夷狄,大失则入于禽兽。"②甚至还从阴阳的角度否定夷狄为人,认为夷狄是阴阳不调的产物,说:"独阴不生,独阳不生,偏则为禽兽,为夷狄,中则为人。"③"二程"不仅把夷狄与禽兽视为同类,而且还把夷狄视为政治的衰亡因素,称:"凡女子、小人、夷狄,势苟渐盛,何可与久也?"④在"二程"看来,夷狄就是导致衰败的力量,只要其兴起,就会造成祸患。

因为对夷狄的极端蔑视,"二程"也强调《春秋》经传"进于夷狄则夷狄之"的观点。程颐解释《春秋》桓公二年"滕子来朝"之语,称:"滕本侯爵,后服属于楚,故降称子,夷狄之也。"⑤他指出,滕国的国君本来有侯爵,但因为臣服于夷狄之国楚,因此《春秋》称其为子爵,将其视同夷狄。程颐又解释《春秋》文公十年"夏,秦伐晋"之语,称:"晋舍嫡嗣而外求君,罪也;既而

---

① 〔宋〕孙复:《春秋尊王发微》卷五"夏大旱秋宋公楚子陈侯蔡侯郑伯许男曹伯会于孟执宋公以伐宋"条。
② 〔宋〕程颐、程颢:《河南程氏遗书》卷第十七《伊川先生语三》。
③ 〔宋〕程颐、程颢:《河南程氏遗书》卷第十一《师训》。
④ 〔宋〕程颐、程颢:《周易程氏传》卷第三《周易下经上》"姤"。
⑤ 〔宋〕程颐、程颢:《河南程氏经说》卷第四《春秋传》。

悔之，正也。秦不顾义理之是非，惟以报复为事，夷狄之道也。故夷之。"①他指出，秦国攻打晋国，是为了报仇而"不顾义理之是非"，所行为"夷狄之道"。因此，《春秋》视其为夷狄。

宋室南渡之后，来自少数民族政权的威胁更加强烈，胡安国等人治《春秋》，在继承前人关于攘夷之义的基础上，据时势提出了更加强烈的攘夷主张。② 胡安国在《春秋传序》中，把"用夏变夷"列为《春秋》的要旨之一，使尊王与攘夷并列成为《春秋》学阐发的重点。在金人不断南侵而投降派屡屡阻挠抗金的时局下，胡安国主张坚决抵抗少数民族的侵略，他解释《春秋》宣公十五年"春，公孙归父会楚子于宋"之语说：

> 楚子不假道于宋，以启衅端而围之，陵蔑中华甚矣！诸侯纵不能畏简书、攘夷狄、存先代之后，严兵固圉以为声援犹之可也！乃以周公之裔，千乘之国，谋其不免，至于荐贿不亦鄙乎？若此类圣人不徒笔之于经也，比事以观则知天下不可一日无是，《春秋》经世之略矣。③

胡安国严厉谴责楚国侵凌中原国家，更对其他国家纵容楚国侵凌中原国家的行径表示了极大愤慨。《左传》解释《春秋》的这一记载说：

> 宋人使乐婴齐告急于晋。晋侯欲救之。伯宗曰："不可。古人有言曰：'虽鞭之长，不及马腹。'天方授楚，未可与争。虽晋之强，能违天乎？谚曰：'高下在心。'川泽纳污，山薮藏疾，瑾瑜匿瑕，国君含垢，天之道也，君其待之。"乃止。使解扬如宋，使无降楚，曰："晋师悉起，将至矣。"郑人囚而献诸楚，楚子厚赂之，使反其言，不许，三而许之。④

《左传》说明当时楚国攻打宋国，宋国向晋国求救。但是，晋国惧怕楚国不敢出兵，派使者解扬赴宋国虚张声势，而郑国则抓住解扬献给楚国。可见，胡安国所说"周公之裔"是指同为周王室后裔的晋国与郑国国君，而"先代之后"则指作为殷商之后的宋国。胡安国指出宋国与晋国、郑国关系密切，认为晋与郑即使不能出兵抵御楚国，也应当"严兵固圉以为声援"，表

---

① 〔宋〕程颐、程颢：《河南程氏经说》卷第四《春秋传》。
② 刘宗棠、王公山：《论南宋胡氏〈春秋〉学理论"先进性"》，《唐都学刊》2007年第2期。
③ 〔宋〕胡安国：《春秋传》卷十八《宣公下》。
④ 《左传》（"宣公十五年"）。

现出抗击夷狄的姿态,对晋、郑二国放纵楚国侵害宋国、"至于荐贿",表示严厉谴责。

胡安国不仅将现实政治上的抗金主张影射到《春秋》攘夷之义中,而且在解说《春秋》的过程中,将坚决抵御少数民族侵略的政策上升为圣人的治国之道。他解说《春秋》哀公十三年"公会晋侯及吴子于黄池"之语,说:

> 黄池,卫地。其言及者,会两伯之词也。《春秋》内中国而外诸夏。吴人主会,其先晋纪常也。《春秋》四夷虽大,皆曰子。吴僭王矣,其称子正名也。以会两伯之词而言及者,先吴则拂经而失序列,书则泯实而传疑,特书曰及,顺天地之经,著盟会之实,又以见夷狄之强而抑其横也,定公以来,晋失霸业,不主夏盟。夫差暴横,势倾上国,自称周室,于己为长。盖太伯之后,以族属言,则伯父也。而黄池之会,圣人书法如此者,训后世治中国、御四夷之道也。明此义,则知汉宣帝待单于位在诸侯王上,萧傅之议非矣;唐高祖称臣于突厥;倚以为助,刘文靖(静)之策失矣;况于以父事之如石晋者将欲保国而免其侵暴,可乎?或曰:苟不为此,至于亡国,则如之何?曰:存亡者,天也;得失者,人也;不可逆者,理也。以人胜天,则事有在我者矣。必若颠倒冠履而得天下,其能一朝居乎?故《春秋》拨乱反正之书,不可以废焉者也。

胡安国认为,当时吴强于晋,但吴是夷狄,因此先书晋侯次书吴子,并以爵位见贬夷狄之意。这样的书法既记录了当时夷狄的横暴,又体现了贬斥夷狄的大义。胡安国进一步强调,《春秋》的这条记载所表达的攘夷之义是孔子"治中国御四夷之道",也就是把坚决抵抗少数民族侵略的政策上升到圣人之道的高度。胡安国又举汉宣帝礼遇匈奴单于[①]、唐高祖向突厥称臣[②]和石敬瑭对契丹自称"儿皇帝"[③]三事,作为违背圣人攘夷之道的反例,严厉谴责对少数民族让步的政策,认为即使通过对少数民族妥协而"得天下"也不能长久。胡安国所举三个反例中,汉宣帝礼遇匈奴单于之事值得一提。汉宣帝因为接受萧望之的建议,在会面时以客礼款待呼韩邪单于,使其位在诸侯王之上,从而为结束双方旷日持久的战事提供了契机。历来

---

① 〔汉〕班固:《汉书》卷七十八《萧望之传第四十八》。
② 刘文静建议唐高祖联合突厥事见《旧唐书》卷五十七《列传第七·刘文静》,唐高祖向突厥称臣事见《旧唐书》卷六十七《列传第十七·李靖》。
③ 〔宋〕薛居正:《旧五代史》卷十五《晋书》。

学者多肯定汉宣帝礼遇匈奴单于而带来的和平，但胡安国则用这件事和石敬瑭丧失气节的举动并列，可见其攘夷之义的严厉性。胡安国对《春秋》攘夷的解说，受时局影响，坚决主张抗击夷狄，有绝对化的倾向。

吕大圭生活在宋元激烈对抗的时代，并且死于抗元军事斗争，其治《春秋》，尤其在涉及夷夏观的方面，颇有以解经而喻时政的色彩。《四库全书总目》在评价他的《春秋或问》时，称赞他通晓《春秋》大义，说："可谓深知《春秋》之义。其书所谓明分义，正名实，著几微，为圣人之特笔者，侃侃推论，大义凛然，足以维纲常而卫名教。"但《四库全书总目》也指出，他解经多不合经义，称其"所引《春秋》事，时与《经》意不合。今考《或问》之中，与《经》意亦颇有出入，大概长于持论而短于考实。"①实际上，吕大圭的很多《春秋》学观点之所以"与《经》意不合"，应当是缘于他对现实政治的不满。首先，吕大圭在《春秋或问》中不厌其烦地叙述夷狄为害中原的情形。从一定程度上说，这是南宋受异族侵凌的现实使然。其次，在南宋统治集团不能真心抗击北方少数民族侵略的背景下，吕大圭极力贬斥齐桓公尊王攘夷的虚伪性。吕大圭历数齐桓公不能救中原之国免于夷狄侵凌之罪称："卫见伐而至于入其国，齐不能救，邢见伐而卒迁于夷仪，齐不能安中国，桓之罪也。"②吕大圭又指出，齐桓公的"尊王攘夷"口号并非真心，称："其所谓'尊周室，攘夷狄，安中国'者，是徒张其虚声以窃诸侯之权耳，实安在哉？前年之会既逸贼而不之讨，今年之伐无以为名，不假王命之重，则不足以威天下，是齐桓之志也。"③吕大圭认为，齐桓公所谓"尊王攘夷"只是假借王命而威慑天下，并非真心抗击夷狄、讨伐不义之贼。吕大圭又评价齐与诸侯"会于淮"一事，称：

  或问："会于淮，谋鄫，且东略也，《经》何以书会淮而不书城鄫？"曰："会淮伐淮夷也，然以《经》考之，则诸侯之城缘陵者，以淮夷之病杞也，岂其会于淮者谋淮夷以杜其后患邪？然大要皆为淮夷而为此会也。北伐山戎，南伐楚，西为葵丘之盟，东会于淮，桓公之威加于天下者，略偏矣。此伯者之极盛也，桓之心直是欲耀其威于天下，以威遐荒，以惧诸侯。④

---

① 〔清〕永瑢等：《四库全书总目》卷二十七《经部二十六·春秋类二》。
② 〔宋〕吕大圭：《春秋或问》卷十一"邢迁于夷仪"，文渊阁《四库全书》本。
③ 〔宋〕吕大圭：《春秋或问》卷十一"邢迁于夷仪"。
④ 〔宋〕吕大圭：《春秋或问》卷八"齐陈曹人伐宋夏单伯会伐宋"。

在"淮夷徐戎并兴东郊"①威胁诸夏的情况下,齐桓公大会诸侯于淮,却并没有"谋淮夷以杜其后患"之意。吕大圭据此认为,齐桓公志略不正,并非真心攘夷,其霸业只是为了"耀其威于天下,以威遐荒,以惧诸侯"。

二、《春秋》夷夏观影响下的宋代史学夷夏之辨

在中国古代,经学上对《春秋》夷夏观的阐发,总是会影响到史学的夷夏之辨。在一个历史时期内,史学的夷夏之辨往往与同时的《春秋》夷夏观表现出一致性。宋代民族冲突严重,《春秋》学注重申明攘夷之旨,史学也多据《春秋》攘夷之义严夷夏之防,尤其是南宋时表现出强烈的抗击夷狄侵扰的倾向。由此带来"夷夏"观方面的一些新变化。②

首先,宋代史学贬斥夷狄,主张坚决抵抗夷狄侵扰。《五代春秋》将契丹视作夷狄,不记其君主称号,只称为"主"或直书其名。契丹攻打中原政权,《五代春秋》一律书为"寇""来寇""入寇"。对于向契丹自称"儿皇帝"而登上帝位的后晋高祖石敬瑭,《五代春秋》也予以贬斥。《五代春秋》书新君即位之例,记曰"帝即位",所记十三帝中,唯有石敬瑭即位书为"帝在太原宫降制改元"。

在长期与少数民族的和战中,历史上中原政权对少数民族的政策成为宋代史学关注的一个重点。范祖禹评价唐肃宗借回纥兵平定安史之乱一事称:

> 臣祖禹曰:肃宗欲克复唐室,苟求天下之贤而与之共天下之功,因民之心以讨暴逆,何患乎贼之不灭?而唐之人主好结戎狄以求其援,肃宗姑务欲速不为远谋,至使诸胡纵掠与贼无异,其失民也不亦甚乎?昔武王伐商,亦有微卢彭濮。春秋之时,姜戎常佐晋征讨,皆以中国之师制之,使为掎角之助而已,倚戎狄以成功、与之共事,未有不为患者也。③

---

① 〔宋〕吕大圭:《春秋或问》卷二"公及戎盟于唐"。
② 王灿:《北宋"正统""夷夏""中国"诸观念问题新探——以士大夫言论为中心》,《北京社会科学》2018年第2期。有学者甚至认为这种新变化成为近世民族主义思想的一个远源,参见葛兆光:《宋代"中国"意识的凸显——关于近世民族主义思想的一个远源》,《文史哲》2004年第1期。
③ 〔宋〕范祖禹:《唐鉴》卷十一《肃宗》。

北宋与少数民族政权对立严重,范祖禹因此强调夷狄的危害,主张"求贤""因民",也就是依靠本民族的内在力量应对危机,而反对唐肃宗求助于少数民族的做法,认为武王伐商、春秋晋国用姜戎,都是以"中国之师制之"为前提。如果过分借助于少数民族,"倚戎狄以成功、与之共事",一定会造成祸患。

《新唐书》总结唐朝与少数民族的和战,认为夷狄不可亲近,说:

> 夷狄资悍贪,人外而兽内,惟剽夺是视。故汤、武之兴,未尝与共功,盖疏而不戚也。太宗初兴,尝用突厥矣,不胜其暴,卒缚而臣之。肃宗用回纥矣,至略华人,辱太子,笞杀近臣,求索无倪。德宗又用吐蕃矣,劫平凉,败上将,空破西陲。所谓引外祸平内乱者也。夫用之以权,制之以谋,惟太宗能之。若二主懦昏,狃而狎之,乌胜其弊哉!彼亲之则责偿也多,慊而不满则滋怨,化以仁义则顽,示以法则忿,熟我险易则为患也博而惨,疗饿以野葛,何时可哉?故《春秋》许夷狄者,不一而足,信矣。①

《新唐书》具有较强的攘夷思想,认为夷狄具有很强的破坏性,甚至称"夷狄资悍贪,人外而兽内",并总结说唐太宗用突厥、唐肃宗用回纥、唐德宗用吐蕃都造成战祸,因此认为对夷狄"化以仁义则顽,示以法则忿",无论安抚还是约束都容易引起祸患。这种将夷夏冲突绝对化的看法,已经与孔子"修文德以来之"的思想相去甚远。《新唐书》还在提及祸乱之事时往往将夷狄作为祸乱的同类事物而予以比较,在论朱温剪除唐朝将领时曾说:

> 《诗》云:"戎狄是膺,荆舒是惩。"嫉其为中国之害也。春秋之世,楚灭陈、郑,而卒复其祀,圣人善之。处存平黄巢,定京师,功冠诸将。昭宗尝有意都襄阳,依赵凝以自全。大抵唐室屏翰,皆为朱温所翦覆,过于夷狄、荆舒之为害也,甚矣。②

《新唐书》把夷狄视作一种破坏性的力量,习惯性地将夷狄与国家祸乱联系在一起,因而用朱温消灭唐朝军事力量与夷狄之害相比。但当时少数

---

① 〔宋〕欧阳修、宋祁等:《新唐书》卷二百一十七下《回鹘下》。
② 〔宋〕欧阳修、宋祁等:《新唐书》卷一百八十六《列传第一百一十一》。

民族政权对北宋的威胁尚未达到顶峰。因此,《新唐书》才会认为朱温之害有过于夷狄。

《新五代史》是欧阳修据《春秋》笔法修成,故特设《四夷附录》来为《春秋》夷夏之辨,论曰:

> 呜呼,夷狄居处饮食,随水草寒暑徙迁,有君长部号而无世族、文字记别,至于弦弓毒矢,疆弱相并,国地大小,兴灭不常,是皆乌足以考述哉! 惟其服叛去来,能为中国利害者,此不可以不知也。自古夷狄之于中国,有道未必服,无道未必不来,盖自因其衰盛。虽尝置之治外,而羁縻制驭恩威之际,不可失也。其得之未必为利,失之有足为患,可不慎哉! 作四夷附录。①

在北宋对周边民族政权用兵而有一统天下政治意愿的背景下,《新五代史》跳出经史传统的从义理上攘夷的著述方式,详考周边民族历史与情状,作《四夷附录》三卷。既在全书之末以"附录"的形式体现《春秋》攘夷大义,又对周边民族从事功角度高度重视。欧阳修已经认识到,在夷夏关系中,中原并不居于主导地位,不再一味强调修德以来之,云:"自古夷狄之于中国,有道未必服,无道未必不来,盖自因其衰盛。"这样的看法,比之前代无疑是更加理性化的。

到了南宋时期,少数民族对汉族政权造成的威胁更加严重,而宋人因为靖康惨变,更充满了对他们的愤怒。王称著《东都事略》,继承了《新五代史》从史体上贬斥夷狄的做法。欧阳修在《新五代史》中,改变前代正史为少数民族立传的做法,将契丹、回鹘等少数民族的记载放入卷末的三卷"四夷附录"。《东都事略》沿用这一体例,在全书卷末设附录八卷,记载辽、金、西夏、西蕃、交趾,并且着重记载其为患中原的情况。王称在史体上如此安排对少数民族的记述,与宋王朝饱受异族侵凌有关,王称历数从尧舜直到宋代"蛮夷猾夏"的种种祸患,对"金兵扰我甸服,斲丧帝室,屠害生灵,而二圣俱北狩"②之事痛心疾首。因此,王称一方面从史体上贬斥夷狄,另一方面又专记少数民族中"服叛去来为中国利害者",主张抵抗侵犯。

徐梦莘著《三朝北盟会编》效仿《春秋》一字寓褒贬之例,贬斥少数民族

---

① 〔宋〕欧阳修撰、徐无党注:《新五代史》卷七十二《四夷附录第一》。
② 〔宋〕王称:《东都事略》卷一百二十三《附录一》。

政权。《三朝北盟会编》往往将辽人、金人称为"虏人",将其首领称为"酋""酋首""虏主",将金攻宋称为"寇""陷""犯",将宋人降金称为"降""叛""叛附"。徐梦莘又称宋皇帝、太后、皇太后之死为"崩",将相之死为"薨";而称金皇帝之死为"殂"。

陈均撰《九朝编年备要》,亦名《皇朝编年纲目备要》,该书也用一字寓褒贬之例彰显"攘夷"之旨。其书征伐之例,宋军进攻少数民族称"讨",打败少数民族称"袭破",战争中抓获少数民族首领称"擒",少数民族攻宋称"犯边",宋军抵御少数民族进攻称"御":

> 贞观三年,以李靖为某道行军总管讨突厥。
> 四年,李靖袭破突厥于阴山,颉利可汗遁去。
> 夏四月,行军副总管张宝相擒颉利可汗。
> 小征伐多书云"某国犯边命某人御之"。①

《东都事略》从史书体例上贬斥夷狄、《三朝北盟会编》和《九朝编年备要》用一字寓褒贬之例蕴含"攘夷"之义的做法,在南宋史书中俯拾即是,不再赘言。

其次,宋代史学在严夷夏之防、主张坚决抵抗夷狄侵扰的同时,也有一定的变通之处。北宋史学的攘夷变通之处,主要是继承传统说法,肯定夷狄在文化上的进步。南宋民族矛盾尖锐,攘夷有一定的绝对化倾向,南宋史学的攘夷变通之处突出地表现为明确意识到敌强我弱,不应动辄用兵。

欧阳修作《新五代史》,虽然强调抵抗夷狄侵扰,但是,也称颂少数民族杰出领袖的历史贡献,肯定其功绩。在评价"世本夷狄"的后唐明宗时,欧阳修用了大量篇幅对其进行赞扬,他说:

> 呜呼,自古治世少而乱世多!三代之王有天下者,皆数百年,其可道者,数君而已,况于后世邪!况于五代邪!予闻长老为予言:"明宗虽出夷狄,而为人纯质,宽仁爱人。"于五代之君,有足称也。尝夜焚香,仰天而祝曰:"臣本蕃人,岂足治天下!世乱久矣,愿天早生圣人。"自初即位,减罢宫人、伶官;废内藏库,四方所上物,悉归之有司。广寿殿火灾,有司理之,请加丹艧,喟然叹曰:"天以火戒我,岂宜增以侈

---

① 〔宋〕陈均:《九朝编年备要·凡例》,文渊阁《四库全书》本。

邪!"岁尝旱,已而雪,暴出庭中,诏武德司官中无得扫雪,曰:"此天所以赐我也。"数问宰相冯道等民间疾苦,闻道等言谷帛贱,民无疾疫,则欣然曰:"吾何以堪之,当与公等作好事,以报上天。"吏有犯赃,辄置之死,曰:"此民之蠹也!"以诏书褒廉吏孙岳等,以风示天下。其爱人恤物,盖亦有意于治矣。其即位时,春秋已高,不迩声色,不乐游畋。在位七年,于五代之君,最为长世,兵革粗息,年屡丰登,生民实赖以休息。①

欧阳修认为明宗虽然出于夷狄,但是"为人纯质,宽仁爱人",也就是能够按照儒家礼义来治世施政。因此,欧阳修对他勤俭爱民、关心民间疾苦、惩治腐败的执政举措予以褒扬,对他的政绩给予了"兵革粗息,年屡丰登,生民实赖以休息"的高度评价。基于肯定明宗施行仁政,欧阳修把明宗视为五代君主中的佼佼者,认为他是"五代之君,有足称"者,甚至用"自古治世少而乱世多"的历史兴亡规律来突显其功绩。欧阳修对后唐明宗的这一评价,正是"诸侯用夷礼则夷之,夷而进于中国则中国之"观念的具体表现。

苏辙著《古史》,在《楚世家》中肯定楚人逐渐学习中原文化,与诸夏会盟往来的历史进步,并且进一步评价楚庄王的霸业说:"楚庄王讨陈、夏,征舒,围郑及宋,力皆足以取之,弃而不有,夫岂不欲畏天故也?庄王既霸诸侯,而楚遂以兴,天命之不僭如此而可诬也哉。"②苏辙认为,楚庄王虽然有实力取陈、夏等国土地,但因为通于礼义,所以"畏天"而退兵。据此,苏辙强调楚庄王"霸诸侯,而楚遂以兴"是顺应天命的。苏辙还用吴、越与楚对比,指出楚在礼义上较吴、越进步。因此《春秋》与楚而不与吴、越,他说:

吴自太伯至寿梦,十九世不通中国。寿梦以下,始与诸侯盟会,七世而亡。然孔子作《春秋》,终以蛮夷书之,谓之吴而不人,盖礼义不足故也。《春秋》诸侯国而不入者三。楚始称荆而已,僖元年书"楚人伐郑",文九年书"楚子使椒来聘",自是遂与诸侯齿。而吴、越终《春秋》不人,此其礼义存亡之实也。故予因《春秋》所书而推考三国得失之效,以为吴越皆战胜攻取能服人矣,而无礼义以自将。吴欲以乘陵诸夏而不知止故,阖闾之后覆亡而不救。越能自安于蛮夷,无意于王伯,

---

① 〔宋〕欧阳修撰、徐无党注:《新五代史》卷六《唐本纪第六》。
② 〔宋〕苏辙:《古史》卷十七《楚世家第十》。

故句践之后固陋而无闻。至于楚,礼义虽不足道,而亦无愧于齐、晋,故其后遂与战国相终始。由是观之,礼义之于为国岂诬也哉?①

苏辙认为,《春秋》对楚始称"荆",后称"人",再称"子",是根据楚国在礼义上的进步而对楚国予以褒扬。苏辙用吴、越对比楚,认为《春秋》始终不对吴、越称人,是因为吴、越在礼义上没有进步。因此,根据《春秋》之义,苏辙从礼义的角度考察吴、越和楚,肯定楚而贬斥吴、越。

宋室南渡后,宋人的民族情绪相对激烈,其抗击夷狄的主张有所变通,更重要的原因是基于实力对比的考虑。南宋学者既对夷狄侵害中国痛心疾首,坚决主张抗击夷狄,又时常感叹驾驭夷狄之难。叶适评价《汉书》时曾说:

> 班固言《春秋》内诸夏、外夷狄,政教不及其人、正朔不加其国,来则惩而御之,去则备而守之,其慕义贡献则接以礼让,羁縻不绝。此谓三代以前制御夷狄之常文也。尧舜虽属士官,亦皆常文,至于三苗、鬼方、猃狁、淮夷,何尝不以为大患?又况匈奴之强乎?舜禹治,天下皆服,独以苗为终身忧。高宗代鬼方,著于爻象。自文王畏猃狁,及淮夷横南方,一能征伐,便作歌颂,使更有如匈奴者,侵寇宜何以待之?安得持虚文空义,自取困辱,固徒知秦汉之难,而未知尧舜三代之不易也。②

目睹了靖康之变的叶适,对制御夷狄之难有着较班固更为深刻的认识,在叶适的时代,宋王朝根本无力实现所谓"来则惩而御之,去则备而守之,其慕义贡献则接以礼让"的三代之法。在宋王朝对少数民族政权称臣纳币予以"羁縻"依然不免于王室播迁的现实观照下,叶适认为,班固低估了三代制御夷狄的艰难,批评班固言三代制御夷狄之法是"持虚文空义"。也正是由于在抗击少数民族斗争中的屡屡失利,叶适一方面向往前代制御夷狄的功绩,另一方面又提出绝不能不根据实力对比而一味逞兵。在评价南宋主张北伐的建议时,叶适结合往昔经验教训说:

---

① 〔宋〕苏辙:《古史》卷八《吴太伯世家第一》。
② 〔宋〕叶适:《习学记言》卷二十三《汉书》。

请言前日之所以谋为恢复者。赵鼎书生,自附于问学,收拾文义之遗说,与其一时士大夫共为内中国、外四裔之论。此说《春秋》者,所当讲也,不可以为不美。虽然,中国之不可以徒贵,四裔之不可以徒忽也。所谓女真者,岂以其讲论析理精微之所能致邪?张浚之始用也,少年狂疏,恩信未足以感士,智力未足以服人,慼迫强项,玩命之将,一举而失关陕,蜀之全者,幸耳。……今南北虽复为两立之势,而北本吾故都,故南之思北也少,而北之望南也多。大姓旧家常思归,顺其理必然无足怪者。特患吾威不立而战不胜耳,威立而战胜可使中原之士奋挺逐寇而迎我。然吾之真能恢复者,不专在此,况于契丹旧部岂可诱致?……力行今日之实事,以实胜虚,以志胜气,以力胜口,用必死之师、必死之将、必死之士,以二年之外、五年之内,责其成功可也。①

叶适回顾宋王朝自张浚失关陕以来抗击少数民族屡战屡败的惨痛历史,认为抵御夷狄不能操之过急,反对当时要求恢复中原的意见。叶适又分析当时形势,"南之思北也少,而北之望南也多",认为不能贸然出击,而应当壮大实力、培养锐气,假以时日,才能谋求成功。

总的看来,上述变通主张,相对缺少了先秦以来以礼义正宗自居而"修文德以来之"的文化自信,更多地是迫于现实力量权衡而做出的无奈之举。

第五节 《春秋》正统论与宋代史学的"大一统即正统"观

正统论发源于远古中原"诸夏"与四夷的"华夷之辨",有多种内涵。②在历史上,有从民族角度加以区分者,③有从政治角度论证者,④而更重要的是从文化角度来论正统。《春秋》中包含的正统论首先是基于礼乐文化标准,又引申到政治合法性上。如欧阳修所言,《春秋》尊周天王而贬斥僭越的吴、楚之王,体现正统论意识。欧阳修说:"当东周之迁,王室微弱,吴、

---

① 〔宋〕叶适:《水心集》卷五《终论五》。
② 董恩林:《试论历史正统观的起源与内涵》,《史学理论研究》2005年第2期。
③ 胡克森:《论中国古代正统观的演变与中华民族融合之关系》,《史学理论研究》1999年第4期。
④ 汪文学:《再论中国古代政治正统论》,《贵州文史丛刊》1998年第6期;汪文学:《正统论:发现东方政治智慧》,陕西人民出版社2002年版。

徐并僭,天下三王。……仲尼以为周平虽始衰之王,而正统在周也。"①《春秋》的"尊王攘夷"置于"吴、徐并僭,天下三王"的格局中,具有立周正统的意味。《公羊传》以"大一统"之义解《春秋》,认为君王禀元奉天,涉及君王统治合法性问题。历代经学都对正统论做了富于时代特点的阐发。到了宋代,正统之义更加受到《春秋》学重视。宋代《春秋》学上的正统论,对史学有重要影响,史家以正统论指导自身的修史实践,形成了宋代史学的一大特点。宋代史学的正统论"要凸显或重建汉族中心的文明边界"②,是对当时民族政治形势的一种思想反应。总体上看,宋代经史之学的正统论,与前代正统论重视道德评判不同,非常重视大一统功业,表现出"大一统即正统"的观念。

一、《春秋》正统论所蕴含的"大一统"思想

宋代《春秋》学上的正统论,主要有两个标准,一是大一统的功业标准,二是根据儒家伦理进行评判的道德标准。这两个标准都有其历史根源。大一统的功业标准起源很早,《诗经·小雅·北山》即有"普天之下,莫非王土,率土之滨,莫非王臣"的表述。秦、汉在地域空间上的一统政治形态,促使了"天下一统"观念的明确提出。"天下一统"的表述在《史记·李斯列传》和《秦始皇本纪》中已见之。李斯曾言:"为天下一统,此万世之一时也。"③在天下一统的功业标准之外,战国末期又出现了以道德言正统的"五德终始"说。"五德终始"说是邹衍糅合五行思想与阴阳原理创造的,认为历史王朝更替循着"土木金火水"五行相胜之序进行。根据《史记·孟子荀卿列传》所说,邹衍创"五德终始"说的动机在于:"睹有国者日淫侈,不能尚德,若大雅,整之于身,施之黎庶矣。"这就是说,邹衍的"五德终始"说是将西周时期的敬德思想用天命与五行的形式加以传达。

汉代《公羊》学兴起,董仲舒在历史总结的基础上提出"大一统"观念,认为"《春秋》大一统者,天地之常经,古今之通谊也"。董仲舒的"大一统",一方面体现了大一统政治背景下对功业的重视,另一方面又体现出儒家对道德评判的重视。因此,董仲舒对统治者的要求,不仅有"王者必改正朔,易服色,制礼乐,一统于天下"的功业标准,而且有"且以和政,且以兴德"的

---

① 〔宋〕欧阳修:《居士集》卷十六《原正统论》,《欧阳修全集》第二册。
② 〔韩〕朴炳奭:《中国古代朝代更迭——易姓革命的思想、正当化以及正当性研究》,同济大学出版社 2011 年版,第 374 页。
③ 〔汉〕司马迁:《史记》卷六《秦始皇本纪》。

道德标准。①

董仲舒根据"大一统"标准,又有厘定历史统序的"三统"说。"三统"说以夏为"黑统",以商为"白统",以周为"赤统",认为历史运动遵循"三统"循环的规律。董仲舒又认为"《春秋》上绌夏,下存周,以《春秋》当新王"②,而《春秋》的黑统是为汉朝制定的,主张"今汉继大乱之后,若以少损周之文致,用夏之忠者"③。这样,董仲舒将从商至汉的历史统序厘定为商、周、汉"三统",在"三统"说的历史记述中否定了秦朝的存在,形成"摒秦论"。这种判定历史政权正闰的做法对后世正统论影响深远。

西汉末年,刘歆创立新的"五德终始"说,并将其附于《春秋》学。首先,刘歆认为,言历史正闰是根据《春秋》以天时明人事之旨,称"夫历《春秋》者,天时也,列人事而因以天时"④。其次,刘歆认为,历史王朝按"木火土金水"五行相生之序更迭,并据此否定了秦王朝的正统地位。刘歆的"摒秦论",开启了历史上以道德言正闰的先例。⑤

魏晋南北朝时期,由于政治上的分裂状态,正闰之争不断,当时的正统论,一方面继承了前代正统观念,另一方面又根据现实政治需要提出不同主张,形成更加丰富的正统观念,主要有道德和功业两个标准,认为"凡为王者,恶者去之,弱者夺之。易姓改代,天命应常,人谋鬼谋,百姓与能"⑥。所谓"恶"是对统治者的道德要求,所谓"弱"则是对统治者的功业要求,合起来就是认为统治者既能敬德又能完成大一统功业,才能成为正统。首先,魏晋南北朝时期,政治与学术多用敬德保民的思想言正统,偏重正统统治者"以圣明之德,受天显命"⑦。其次,魏晋南北朝时期也注重政权的功业,主要是强调疆域上的天下一统,认为"天无二日,土无二王,王者不务兼并天下而欲垂祚后世,古今未之有也"⑧。由于分裂时期的政权都不能实现大一统的功业,因此魏晋南北朝时的正闰之说往往强调其道德标准。

唐代的正统论也表现出强烈的道德评判色彩。名士萧颖士用《春秋》之法考察历史正闰,依据道德标准,将南朝陈和隋都排除于正统统序。

---

① 苏舆撰、钟哲点校:《春秋繁露义证·楚庄王第一》,中华书局1992年版。
② 苏舆撰、钟哲点校:《春秋繁露义证·三代改制质文第二十三》。
③ 〔汉〕班固:《汉书》卷五十六《董仲舒传第二十六》。
④ 〔汉〕班固:《汉书》卷二十一上《律历志第一上》。
⑤ 汪高鑫:《五德终始说与汉代史学的正统观念》,《安徽史学》2007年第6期。
⑥ 〔汉〕陈寿:《三国志》卷二《魏书二·文帝纪》,裴松之注。
⑦ 〔唐〕欧阳询等编纂:《艺文类聚》卷十三。
⑧ 〔汉〕陈寿:《三国志》卷六十四《吴书十九·诸葛恪传》。

他说：

> 尝谓："仲尼作《春秋》，为百王不易法，而司马迁作本纪、书、表、世家、列传，叙事依违，失褒贬体，不足以训。"乃起汉元年讫隋义宁编年，依《春秋》义类为传百篇。在魏书高贵崩，曰："司马昭弑帝于南阙。"在梁书陈受禅，曰："陈霸先反。"又自以梁枝孙，而宣帝逆取顺守，故武帝得血食三纪；昔曲沃篡晋，而文公为五伯，仲尼弗贬也。乃黜陈闰隋，以唐土德承梁火德，皆自断，诸儒不与论也。有太原王绪者，僧辩裔孙，撰《永宁公辅梁书》，黜陈不帝，颖士佐之，亦著《梁萧史谱》及作《梁不禅陈论》以发绪义例，使光明云。①

萧颖士根据《春秋》重君臣尊卑、反对臣下篡逆的义法，将篡位而夺权的陈与隋都黜为闰统。虽然隋朝完成了大一统的功业，但萧颖士仍然将其与陈一并排除于正统。由此可见，萧颖士的正统论只注重道德评判，而忽视功业。

宋代是群儒争言正统的时代。北宋立国之后，由于并立政权的存在，宋人非常重视探讨正统。正如汪高鑫教授所指出的那样，宋代正统论的显著特点就是，改变了以往重视从道德角度评定正统的做法，转而突显大一统功业的重要性。这无疑是对宋王朝的一种激励。宋室南渡后，建立大一统功业的可能性变得渺茫，《春秋》学更加把对"大一统"的关注转移到了"正统"上。杨向奎先生曾说："'大一统'"本《公羊》主旨，时到南宋，无一统可言，何况大一统，于是胡（安国）以应变代守常，变内为一，而申讨伐夷狄之义。至于朱熹时遂又变'大一统'为'正统'，以南宋虽非'大一统'，但'正统'也。"②

南宋学者的正统论同样重视大一统的功业标准，以此进行政治宣慰。总的看来，"大一统即正统"是两宋正统论的突出特点。

北宋时，欧阳修首先明确提出正统论源自《春秋》。这一观点被宋人普遍接受，欧阳修说：

> 正统之说肇于谁乎？始于《春秋》之作也。当东周之迁，王室微

---

① 〔宋〕欧阳修、宋祁：《新唐书》卷二百二《文艺中》。
② 杨向奎：《宋代理学家的〈春秋〉学》，《史学史研究》1989年第1期。

弱,吴、徐并僭,天下三王,而天子号令不能加于诸侯,其《诗》下同于列国,天下之人莫知正统。仲尼以为周平虽始衰之王,而正统在周也。乃作《春秋》,自平王以下,常以推尊周室,明正统之所在。故书王以加正月而绳诸侯。王人虽微,必加于上,诸侯虽大,不与专封,以天加王,而别吴、楚。刺讥褒贬,一以周法。凡其用意,无不在于尊周。①

欧阳修阐发了《春秋》的尊王、尊周之义中蕴含的正统论因素,认为《春秋》"刺讥褒贬,一以周法"的尊周笔法,一方面"绳诸侯"而在周天子与诸侯之间明正统,另一方面又"别吴、楚"而在周与吴、楚之间明正统。

欧阳修的正统论有二重标准。② 他说:"《传》曰:'君子大居正',又曰:'王者大一统'。正者,所以正天下之不正也;统者,所以合天下之不一也。由不正与不一,然后正统之论作。"③"居正"是言道德,"一统"是言功业。欧阳修从居正与一统的角度谈正统的做法,也被宋人普遍接受。宋代的正统论标准较前代有一定变化。魏晋南北朝时期,分裂政权往往利用道德标准具有主观性的特点据道德言正统,唐人也多注重以道德言正闰,而宋代因为学者对宋王朝一统天下的政治期望而更加突显功业标准。

欧阳修本人的正统论是典型的重功业甚于重道德。首先,欧阳修主张把一统作为评定正统的根本标准,他评定历史王朝的正统统序说:

> 夫居天下之正,合天下于一,斯正统矣。尧、舜、夏、商、周、秦、汉、唐是也。始虽不得其正,卒能合天下于一,夫一天下而居上,则是天下之君矣,斯谓之正统,可矣,晋、隋是也。天下大乱,其上无君,僭窃并兴,正统无属,当是之时,奋然而起,并争乎天下,有功者强,有德者王,威泽皆被于生民,号令皆加乎当世,幸而以大并小,以强兼弱,遂合天下于一,则大且强者谓之正统,犹有说焉。不幸而两立不能相并,考其迹,则皆正,较其义,则均焉,则正统者将安予夺乎? 东晋、后魏是也。其或终始不得其正,又不能合天下于一,则可谓之正统乎? 魏及五代是也。故正统之序,上自尧舜,历夏商周秦汉而绝,晋得之而又绝,隋唐得之而又绝。自尧舜以来,三绝而复续。惟有绝而有续,然后是非

---

① 〔宋〕欧阳修:《居士集》卷十六《原正统论》,《欧阳修全集》第二册。
② 刘连开:《再论欧阳修的正统论》,《史学史研究》2001年第4期。
③ 〔宋〕欧阳修:《居士集》卷十六《原正统论》,《欧阳修全集》第二册。

公,而正统明。①

欧阳修认为,尧、舜、夏、商、周、秦、汉、唐既"居天下之正"又"合天下于一",是道德与功业兼具的正统王朝;又认为,晋与隋"始虽不得其正,卒能合天下于一",是不具道德而据功业的正统王朝。对于历史上分裂时期的政权,欧阳修提出"绝统"说,认为无正统可言。可见,"一天下而居上,则是天下之君"是欧阳修正统论的根本标准。对于历史上绝统时期的政权,欧阳修又根据功业标准提出"不伪其国"说,在一定程度上肯定其正统地位。欧阳修曾经针对有人质疑他的不伪梁之说解释称:

> 梁,贼乱之君也。欲干天下之正统,其为不可,虽不论而可知。然谓之伪,则甚矣。彼有梁之土地,臣梁之吏民,立梁之宗庙社稷,而能杀生赏罚以制命于梁人,则是梁之君矣,安得曰伪哉?故于正统则宜绝,于其国则不得为伪者,理当然也。②

欧阳修说梁在道德上是"贼乱之君",但是在功业上则有建树,"有梁之土地,臣梁之吏民,立梁之宗庙社稷,而能杀生赏罚以制命于梁人"。因此,"于其国则不得为伪"。

其次,欧阳修抨击以道德言正统。对于历史上颇为流行的"五德终始"说③,欧阳修明确地加以指斥。他说:

> 汉兴,诸儒既不明《春秋》正统之旨,有习秦世不经之说,乃于尊汉而黜秦,无所据依,遂为三统五运之论,诋秦为闰而黜之。夫汉所以有天下者,以至公大义而起也,而说者直曰以火德当天统而已。甚者至引蛇龙之妖以为左验。至于王莽魏晋,直用五行相胜而已。故曰昧者之论也。④

欧阳修认为,五德终始说违背《春秋》正统之旨,是来源于"不经之说"

---

① 〔宋〕欧阳修:《居士集》卷十六《原正统论》,《欧阳修全集》第二册。
② 〔宋〕欧阳修:《居士集》卷十六《或问》,《欧阳修全集》第二册。
③ 历史上的"五德终始"说有二:一为邹衍提出的"五行相胜"说,二为刘歆提出的的"五行相生"说。
④ 〔宋〕欧阳修:《居士集》卷十六《原正统论》,《欧阳修全集》第二册。

的"昧者之论"。魏晋南北朝时期,学者往往依据自身政治立场而以道德标准自言正统。对这些论证,欧阳修也予以贬斥,他说:

> 自西晋之灭,而南为东晋、宋、齐、梁、陈、隋,北为后魏、后周、隋。私东晋者曰:"隋得陈,然后天下一。"则推其统曰:"晋、宋、齐、梁、陈、隋。"私后魏者曰:"统必有所授。"则正其统曰:"唐受之隋,隋受之后周,后周受之后魏。"至其相戾也,则为《南史》者诋北曰虏,为《北史》者诋南曰夷。故曰自私之论也。①

欧阳修认为,学者据自身立场争正统是"自私之论",这一方面是客观评价,另一方面也是因为,欧阳修重功业标准而不满魏晋南北朝学者往往依据可以主观发挥的道德标准言正统。

苏轼著《正统论》三首,赞同欧阳修的正统论,又从"名"与"实"的角度对其做了分析。苏轼认同欧阳修关于正统有居正和一统两个标准的说法,称:"正统者何耶,名耶实耶,正统之说曰:正者所以正天下之不正也,统者所以合天下之不一也。"苏轼又认为正统即是"有天下"之名,"正统之为言,犹曰有天下云尔",因此欧阳修据功业标准判定正统是言正统之"名"。苏轼分析此论合理性,原因有二:其一,历史上既具功业之名又具道德之实者少,"圣人于此不得已焉,而不以实伤名,而名卒不能伤实,故名轻而实重,不以实伤名,故天下不争,名轻而实重,故天下趋于实"。不以实伤名而肯定得正统之名者,使"名轻而实重"从而使天下追求道德之实。苏轼又举"名轻而实重"之例说:"使夫尧舜三代之所以为贤于后世之君者,皆不在乎正统。"也就是说,尧、舜、禹三代之君并不是因为正统之名,而是因为其道德之实高于后世之君。这样,君王仰慕三代之治,就会求其道德之实,而不会争正统之名。其二,道德是主观评价可以自诩,而功业是客观事实不可以自诩,因此以客观功业为标准,肯定得正统之名者,可以减少天下之争。苏轼说:"天下有不肖而曰吾贤者矣!未有贱而曰吾贵者也。天下之争,自贤不肖始,圣人忧焉,不敢以乱贵贱,故天下知贤之不能夺贵,故不争,知贵之不如贤,故趋于实,使天下不争而趋于实,是亦足矣!"苏轼认为天下之争始于主观道德评价,因此以客观功业为标准可以使"天下不争而趋于

---

① 〔宋〕欧阳修:《欧阳修全集》卷十六《正统论上》。

实"。①

宋代也有以道德为标准言正统者,南宋较为突出。一方面,南宋是理学盛行、义理受到推崇的时代。理学家重视性命义理,发挥儒家的德治主张,不仅强调个体的道德修养,更强调君王要以德治国。理学注重道德的特性,在南宋表现得较为突出。另一方面,南宋时,赵宋于大一统功业有重大缺陷,一些学者立足于为南宋争正统的政治需要,重视以道德言正统。胡安国之子胡寅继承家学,注重《春秋》中的道德评判,以为《春秋》是"圣治之法"②,"其大要则在父子君臣之义而已"③。胡寅推崇《春秋》所寄寓的"父子君臣"的礼法等级秩序,把诛讨篡弑之贼视为《春秋》首要之义,说:"昔者世衰道微暴行有作,臣弑其君,子弑其父。孔子为此大惧,而作《春秋》以俟后世有能举行其法者。其法谓何? 莫严于讨贼矣。"④从《春秋》诛乱贼之旨出发,"传诸葛侯世以寓其讨贼兴汉之心"⑤,专门作《诸葛孔明传》以蜀汉为正统而讨曹魏之篡逆。胡寅在《诸葛孔明传》中,以蜀汉为正统,以曹魏为伪,而他选取诸葛亮立传,则是因为诸葛亮符合礼义标准,辅佐正统君主,又据"《春秋》责帅臣职"⑥,在街亭之失后自贬三等。胡寅这种注重道德评判的正统论,在南宋具有一定代表性。

张栻也根据《春秋》大义推崇道德评判,明确提出包括正闰在内的历史评价,都应当以道德为首要标准,事功标准只能退居其次。张栻说:

> 夫子答子路、子贡管仲之问,愚意以为,子纠之立,非正管仲可以不死。然其初之从纠,知其不正而从之,盖亦非矣。其不死于纠,而从桓,仅比于背君从仇者为免耳,非无歉于义也。二子于此,其必讲之明矣。夫子但称其救世之功,问其仁而独称其事功,则其于仁也,亦可知矣。然使其果为背君而从仇也,则虽事功亦不足称矣。抑扬与夺固备于此。更幸详之以朱温系统,《通鉴》亦然。盖于纪事有不得已焉耳。方其时,正统无所属,而彼实承唐之后以有中原,则纪史事者,乌得而

---

① 〔宋〕苏轼:《苏轼文集》卷四《正统论三首·总论一》。
② 〔宋〕胡寅:《崇正辨 斐然集》卷二十一《麟斋记》,容肇祖点校,中华书局1993年版。
③ 〔宋〕胡寅:《斐然集》卷十一《论遣使札子》。
④ 〔宋〕胡寅:《斐然集》卷十五《缴吴开逐便》。
⑤ 〔宋〕胡寅:《斐然集·章颖序》。
⑥ 〔宋〕胡寅:《斐然集》卷二十四《诸葛孔明传》。

不系之？亦非为其所成者。①

张栻指出，孔子在评价管仲的道德时，"问其仁而独称其事功"，是因为孔子认为，管仲于义有歉。张栻从忠臣不事二君的道德标准出发，认为管仲不能为故主纠尽忠，反而投靠纠的仇敌齐桓公，是不义之举，不能因为其功勋卓著而予以原谅。张栻进一步称，孔子之所以肯定管仲的功业，是因为管仲是在纠死后才效力于齐桓公的，还算不上是背君从仇，如果管仲真的背君从仇，那么他的事功也要被一笔抹杀了。张栻把这种道德重于功业的历史评价方法用于历史正统的考察，认为史书用后唐继唐之正统地位，并不是肯定后唐的正统地位，而是"正统无所属"情况下的不得已之举。可见，张栻的正统论是重道德甚于重功业的。

二、宋代史学的"大一统即正统"观

宋代经学上的《春秋》正统论，对史学产生了重大影响。历史编纂中纪年的技术性问题，必然导致对政权合法性与历史地位做出判断，这是宋代正统论兴起的一个重要原因。② 史家不仅根据《春秋》正统论确定历史正闰，而且还在历史撰述中通过种种笔法、义例，以及历史评论体现正闰之别。宋代史学的正统论，受当时的《春秋》正统论影响，也体现出"大一统即正统"观的主导地位。

北宋史学要立足于宋朝来重构历史秩序。③ 因此，其历史编纂必然要涉及从正统角度来厘定历史统序。宋朝在政治上持继周为统的观念，因此就需要评判五代正闰。欧阳修提出"不伪梁"之说，反映到历史撰述中，就表现为在《新五代史》中为梁立本纪，这实际上在一定程度上肯定了后梁的正统地位。欧阳修在修史过程中贯穿自己的正统论，其著《新五代史》，为梁、唐、晋、汉、周五代君主立本纪，给予其正统政权同样的地位。欧阳修的正统论，有时也有强调道德的一面。欧阳修作《新五代史》为五代君主立本纪，唯独将朱友珪排除于正统，将其列入《梁家人传》，以"庶人"称之，也与《春秋》有关。欧阳修解释自己这样做是因为："《春秋》之法，君弑而贼不讨者，国之臣子任其责。予于友珪之事，所以伸讨贼者之志也。"④欧阳修认

---

① 〔宋〕张栻：《张南轩先生文集》卷十九《答吴晦叔又》。
② 〔日〕内藤湖南：《中国史学史》，第172~177页。
③ 李峰：《北宋史学思想流变研究》，人民出版社2013年版，第61~65页。
④ 〔宋〕欧阳修撰、徐无党注：《新五代史》卷十三《梁家人传第一》。

为，朱友珪作为弑君之贼已伏诛，按《春秋》之法不得视之为帝。

司马光认同并发展了欧阳修以功业为标准评定正统的做法。他说：

> 臣愚诚不足以识前代之正闰，窃以为苟不能使九州合为一统，皆有天子之名而无其实者也。虽华夏仁暴、小大强弱，或时不同，要皆与古之列国无异，岂得独尊奖一国谓之正统，而其余皆为僭伪哉！若以自上相授受者为正邪，则陈氏何所受？拓跋氏何所受？若以居中夏者为正邪，则刘、石、慕容、苻、姚、赫连所得之土，皆五帝、三王之旧都也。若以有道德者为正邪，则蕞尔之国，必有令主，三代之季，岂无僻王！是以正闰之论，自古及今，未有能通其义，确然使人不可移夺者也。……正闰之际，非所敢知，但据其功业之实而言之。周、秦、汉、晋、隋、唐，皆尝混壹九州，传祚于后，子孙虽微弱播迁，犹承祖宗之业，有绍复之望，四方与之争衡者，皆其故臣也，故全用天子之制以临之。其余地丑德齐，莫能相壹，名号不异，本非君臣者，皆以列国之制处之，彼此均敌，无所抑扬，庶几不诬事实，近于至公。然天下离析之际，不可无岁、时、月、日以识事之先后。据汉传于魏而晋受之，晋传于宋以至于陈而隋取之，唐传于梁以至于周而大宋承之，故不得不取魏、宋、齐、梁、陈、后梁、后唐、后晋、后汉、后周年号，以纪诸国之事，非尊此而卑彼，有正闰之辨也。①

首先，司马光认为，正统之实即是功业，把"九州合为一统"作为评判正统的唯一标准，对历史上的其他正统标准一一加以驳斥。其次，司马光认为，分裂时期的各政权，不论其道德、功业如何，都不能"独尊奖一国谓之正统"，但是，为了史书编年纪事的需要，还是要按王朝传承的连续性选取一定的政权来纪年。② 从一定程度上，我们可以说，司马光的正统论是对欧阳修"统者，所以合天下之不一也"的功业标准的发挥。司马光强调"夫统者合于一之谓也"的功业标准，而相对看轻道德评价，他在与郭长官探讨正统问题时曾说："王莽虽篡窃天下，尝尽为之臣者十八年，与秦颇相类，非四夷群盗之比也。"③ 司马光对历来受儒家贬斥的王莽持论中正，认为王莽有

---

① 〔宋〕司马光：《资治通鉴》卷第六十九《魏纪一》。
② 关于司马光的正统论详参何根海、汪高鑫：《中国古代史学思想史》第155～157页。
③ 〔宋〕司马光：《传家集》卷六十一《答郭长官书》。

臣天下之民十八年，与甚嚣尘上的割据者有本质区别。可见，在司马光的正统标准中，功业远重于道德。

司马光不仅按照自己厘定的正统统序编纂了《资治通鉴》，又著《历年图》，"采战国以来至周之显德，凡小大之国，所以治乱兴衰之迹，举其大要，集以为图"。该书不仅按与《资治通鉴》相类的帝王统序编年纪事，也明确体现出司马光对分裂时期不"独尊奖一国"①的正统观，具体做法是"其天下离析之时，则置一国之年于上，而以朱书诸国之君及其元年系于其下"②。

朱熹在历史撰述中也提出了以功业为标准的正统之论。朱熹指出，"只天下为一，诸侯朝觐狱讼皆归，便是得正统"。如果有政权并立，"不能相君臣，皆不得正统"。③ 根据"只天下为一"的标准，朱熹将历史上的政权划分为三个层次。首先，是周、秦、汉、晋、隋和唐六个一统天下的正统政权。其次，是无统的情形。无统包括"正统之始"和"正统之余"，以及"列国""建国"和"不成君"几种情形。所谓"正统之始"即是正统政权建国后未能完成统一的时期，"有始不得正统，而后方得者，是正统之始。……如秦初犹未得正统，及始皇并天下，方始得正统。晋初亦未得正统，自太康以后，方始得正统。隋初亦未得正统，自灭陈后，方得正统。如本朝（指宋朝）至太宗并了太原，方是得正统"④。"正统之余"则是正统政权丧失天下一统地位的时期。他指出"蜀汉是正统之余，如东晋，亦是正统之余也"⑤。"列国"指正统王朝分封之国，如周朝所封之秦、齐、楚、韩、赵、魏等；"建国"是指仗义自主或王的政权，如秦之楚、赵、齐、魏、韩、燕等；"不成君"是指仗义承正统统序而未成功者，如西汉末年的刘玄等。再次，是僭伪的情形。僭伪又称"伪统""窃统"，有"篡贼"和"僭国"两种情形。"篡贼"是指"篡位干统而不及传世者"⑥，如王莽、吕后、武则天等；"僭国"是指篡位、据土并且传世的，如三国之魏、吴，十六国之成汉、二赵、四燕、三秦、五凉、夏，以及汉（前赵）、冉魏、北魏、代等。

朱熹将自己的正统论运用在修史实践中，纂《通鉴纲目》以正统思想统

---

① 〔宋〕司马光：《资治通鉴》卷第六十九《魏纪一》。
② 〔宋〕司马光：《稽古录》卷十六，文渊阁《四库全书》本。
③ 〔宋〕朱熹：《朱子语类》卷一百五《朱子二·通鉴纲目》。
④ 〔宋〕朱熹：《朱子语类》卷一百五《朱子二·通鉴纲目》。
⑤ 〔宋〕朱熹：《朱子语类》卷一百五《朱子二·通鉴纲目》。
⑥ 〔宋〕朱熹：《资治通鉴纲目·凡例》，《朱子全书》第八册。

全书,其《凡例》绝大多数内容都与正统相关,"统系""岁年""名号""即位""改元""尊立""崩葬""篡弑""废徙""祭祀""行幸""恩泽""朝会""封拜""征伐""废黜""灾祥"等例,都是如此。只有"罢免"和"人事"之例是关于人臣的。各种关于正统的史例,朱熹也是详细拟定,力图在历史叙事中区别正统与非正统政权。朱熹的正统论号称据《春秋》义理,但主观性颇强,并不符合《春秋》原意,而是反映了南宋的时代氛围。①

与经学上有学者以道德言正统的情况相应,宋代史学上,也有史家言正统重视道德评判。张栻从理学观点出发,把以道德评判正统的思想付诸修史实践,作《经世纪年》,辨明历史上的正闰。他说:

> 新莽之篡,缺而不书,盖吕氏不可间汉统,而所假立惠帝子亦不得而纪元,故独以称制书也……汉献之末,曹丕虽称帝而昭烈以正义立于蜀,诸葛亮相之,则汉统乌得为绝? 故献帝之后,即系昭烈年号书曰:"蜀汉"……世有古今,而古今不间于一息;事有万变,而万变卒归于一原。盖理义根乎天命而存乎人心者,不可没也。是故《易》本太极,《春秋》书元以著其体用,其示后世至矣。然则《大易》《春秋》之义其可以不明乎?②

张栻以义理化的经学作为评判正统的标准,认为《易》与《春秋》示后人以贯通天人的义理,所以在评判历史上的正闰时应当严格遵照义理也就是道德标准。根据道德标准,王莽为篡逆,因此不予著录;吕后僭越,因此其所立惠帝子也不得列于正统;蜀汉继承西汉统序,因此以之为正统。这样《经世纪年》记载三国史事就"直以先主上继献帝为汉,而附魏吴于下"③。

萧常注重从义理角度评定正统,其修三国史以《续后汉书》为名,实际上就是要彻底否定魏、吴与蜀汉相并立的地位。萧常因为不满陈寿《三国志》纪魏而传吴蜀的做法,在《续后汉书》中,帝蜀而传魏、吴。萧常指出自己改变《三国志》正统体例是依据《春秋》之法,说:"名义至重,信古今之不渝;书法匪轻,虽毫厘之必计;理不可易,事固当然窃观鲁史之文,仰识宣尼之志。"④萧常认为,孔子笔削鲁史而作《春秋》贯穿了"名义"之理,因此是

---

① 汪高鑫:《朱熹正统论述评》,《安徽教育学院学报》1992年第3期。
② 〔宋〕张栻:《张南轩先生文集》卷十四《经世纪年序》。
③ 〔宋〕陈振孙:《直斋书录解题》卷四《正史类》,中华书局1985年新1版。
④ 〔宋〕萧常:《续后汉书·进续后汉书表》,文渊阁《四库全书》本。

史家作史的榜样。萧常用《春秋》之法考量陈寿《三国志》,认为《三国志》"少扶于名教"。因此,他要"明天下大义"重修三国史。他又具体说:

> 或谓常曰:"子之不与魏以禅者何?"曰:"禅,名也,有其实而名随之,实不至而强与之名,其可哉？曹氏代汉以篡而特假禅之名以文之耳,有识君子固尝切齿且著论以非之矣。而世俗之人梏于偏见,或以禅之名归之也。礼,蹴路马刍有诛,孔子惜卫以繁缨假人,蹴刍细故也,繁缨微物也,圣人必严为之辞者,谓其渐不可长,且为后世虑也。曹氏代汉之心非一日也,始杀其贤者,次及其大臣,次及其宗族,其后弑及主后与其皇子;始而九锡之请继,而髦头钟虡又继,而出警入跸其后冕十有二旒,而繁阳之坛筑矣,山阳之号加矣。元恶虽毙,狂童嗣逆衅积于人,存事成于身后,良有以也。蹴刍之诛,繁缨之惜,圣人虑后世若是之深乎。《易》曰:'履霜坚冰,至其渐,非一日之积也。'常读史至献帝垂恩相舍之言,命在何时之言,使人气拂膺者累日,是可以禅之名与之乎?"或又谓:"晋、宋、齐、梁之相代,皆是物也,或者且以正统归之,子独于曹氏靳者何?"曰:"不然,晋、宋、齐、梁之亡,民心无所系,则凡君我者,非正统所在,与曹氏之篡,昭烈固无羔也。汉氏未珍,民心未解,曹氏既以禅自名或者又欲以正统归之,其忍哉?"或又谓:"孙权之与操,无大相过,子之书严于责操而恕于待权者何?"曰:"《春秋》诛首恶,操其始祸者也。权之初,本以诛操复汉为辞,魏既僭号,自顾力不能讨而耻居其下,姑自王以夸示其国人耳,其本心或不尔也,要必有能辨之者。"①

首先,萧常认为,曹魏的禅代是假禅之名实际上是篡位,因此不能给予其正统地位。萧常还根据五经严礼法等级秩序、"蹴路马刍有诛"的做法,认为对曹魏的篡汉之行,绝不能姑息。其次,萧常认为《春秋》书法"诛首恶"、注重追究道义责任所在,将曹操视为"始祸者",因此对之严加贬斥。

总的说来,宋代经史之学的正统论,主流是重功业而轻事功,体现出"大一统即正统"的思想。这种正统论是宋代学者期盼赵宋政权一统天下的政治愿望的映射。另一方面,由于宋代是重道德心性之理学勃兴的时代,因此也有一些学者受此影响,在讨论正统时,注重道德评判。

---

① 〔宋〕萧常:《续后汉书》卷三十六《魏载记一》。

三、宋代佛教正史的正统观

宋代《春秋》正统论的兴盛甚至影响到了宋代的佛教史学。在宋代史学的影响下,佛教史学也出现空前发展,突出表现在天台宗产生出了佛教正史,即佛教的纪传体史书。"正史"本身具有强烈的正统观念,佛教正史的出现,与天台宗独特的义学思想和宋代天台宗的内外竞争及其社会环境有密切关系。佛教在中国化进程中,因为文化和区域的因缘,产生了台、禅、贤、净等诸多宗派,又往往受中国文化影响而有史学脉理,到宋代达到一个高峰。以往的研究注意到宋代佛教史学的发展,从内部思想角度而言,拯救"末法"观念,[①]激励后学动机,[②]佛教史学传统的继承,[③]佛教史学的发展,[④]产生了牵动作用。从外部形势角度而言,统治者的提倡,[⑤]经济发展,[⑥]佛教的世俗化发展,[⑦]佛教的中国化,[⑧]佛教内部的正统之争,[⑨]宣扬宗派的需要,[⑩]世俗史学的影响,[⑪]印刷术发达,[⑫]也产生了重要影响。既有研究较宏观地讨论了宋代佛教史学的发展情况,涉及宋代佛教纪传体史书的兴起及其"正史"意蕴,也指出了其与天台宗的"正闰"之辨关系密切。[⑬]但是,既有研究对此"正闰"之辨的考察仍有待深入。更重要的是,尚需要对产生佛教"正史"的天台宗义理内因进行探究。纪传体是一种基

[①] 宋道发:《中国佛教史观的形成与佛教史学的形成》,《法音》1998 年第 12 期。

[②] 曹刚华:《宋代佛教史籍研究》,华东师范大学出版社 2005 年版,第 19 页。

[③] 曹刚华:《宋代佛教史籍研究》,华东师范大学出版社 2005 年版,第 11~12 页。

[④] 魏承思:《中国佛教文化论稿》,上海人民出版社 2015 年版,第 147~148 页。

[⑤] 曹刚华:《宋代佛教史籍研究》,华东师范大学出版社 2005 年版,第 3~4、13~15 页。

[⑥] 曹刚华:《宋代佛教史籍研究》,华东师范大学出版社 2005 年版,第 2~4 页。

[⑦] 曹刚华:《宋代佛教史籍研究》,华东师范大学出版社 2005 年版,第 8 页。

[⑧] Jan Yun-hua, The Fo-tsu-t'ung-chi, a Biographical and Bibliographical Study, Oriens Extremus, Vol. 10, No. 1, 1963, pp. 61-82; Jan Yun-hua, Buddhist Historiography in Sung China, Zeitschrift der Deutschen Morgenländischen Gesellschaft, Vol. 114, No. 2, 1964, pp. 360-381.

[⑨] 陈垣:《中国佛教史籍概论》,中华书局 1962 年版,第 122~124 页。

[⑩] [日]镰田茂雄:《简明中国佛教史》,郑彭年译,上海译文出版社 1986 年版,第 283 页。

[⑪] 曹仕邦:《论佛祖统纪对纪传体裁的运用》,张曼涛主编:《中国佛教史学史论集》,(台北)大乘文化出版社 1978 年版;[日]中村·元等:《中国佛教发展史》(上),余万居译,(台北)天华出版事业股份有限公司 1986 年版,第 430~432 页;陈钟楠:《略说中国佛教史学文献》,《古籍整理研究学刊》2001 年第 3 期;韩毅:《〈佛祖统纪〉与中国宋代僧人的史学思想》,《河北学刊》2003 年第 5 期,第 167~171 页;等等。

[⑫] 顾吉辰:《宋代佛教史稿》,中州古籍出版社 1993 年版,第 152 页。

[⑬] 陈士强:《佛典精解》,上海古籍出版社 1992 年版,第 193~195 页;曹刚华:《宋代佛教史籍研究》,第 60~66 页;魏承思:《中国佛教文化论稿》,第 151~153 页;等等。

于深厚史识、史才的"显隐必该,洪纤靡失"①的综合体裁,在宋代以前的"记录史学"阶段,②佛教纪传体史书不可能产生。其产生不仅受外在环境影响,另一个重要的根源在于佛教内在思想发展。

佛教教义重视生存论意义上的解脱,而对自然与社会领域的生成论不甚关注,多以缘起性空的高度哲理化概括加以解释。这使得佛教教义中缺乏发展史学的动因。而"正史"本身是儒家史学高度发达之后产生的一种编纂难度极高的综合体,对大多数佛教史家而言,难以企及也不以为意。所以"佛教正史"的兴起,具有其深刻的内因和重要的外缘。以下根据主题,主要从《春秋》学与史学影响的角度加以分析。

第一,在宋代时代社会条件影响之外,天台宗还受到外部儒家经史之学的强烈刺激与引导。首先,宋代是世俗史学发展的一个高峰,在佛教世俗化和融合儒家文化的过程中,自然会引起各宗派的注意,而天台宗的宗派特征与义理又与史学高度契合。宋代世俗史学兴盛,正史已经积累到了"十七史"的规模。这一不间断地受到政治与文化两方面助推的史学现象,在当时世界范围内都独一无二,自然引人注目。从政治角度而言,宋代的佛教政策在社会已实现世俗化的"合理精神"的背景下,再没有出现过灭佛倾向,但也时常从社会控制和经济调节的角度出发注意控制佛教,并且非常注意提倡和管理佛教。③ 统治者的主动提倡与控制,使得宋代佛教不得不向政治自觉靠拢。从天台宗的传统来说,从陈、隋之际的智𫖮到南宋的知礼,都与当时的统治集团关系密切而备受推崇。因此受到统治者高度重视的正史修撰及其崇高的政治地位都会对天台宗产生吸引力。从文化角度而言,宋代佛教在通过庙会、音乐与"俗讲"等方式扩大对一般民众的影响的同时,也通过诗词文章和交游的方式与士大夫互动从而对其发挥影响。在当时的文化形势与佛教氛围中,佛教的社会化活动向史学领域发展有一定的必然性,而天台宗因其义学内因故比其他宗派更有动力。

其次,宋代佛教史学已经具备了一定的历史传统,天台宗又面临着禅宗史学的竞争与威胁。佛教尤其是大乘佛教以"普度众生"为宗趣,为了适应千变万化的环境而主张"设施方便",也就是根据具体机缘来对宣扬义理

---

① 〔唐〕刘知幾:《史通》卷二《二体第二》,见《史通通释》,第 28 页。
② 魏承思:《中国佛教文化论稿》,第 147 页。
③ 关于宋代的佛教政策,参见郭朋:《宋元佛教》,福建人民出版社 1981 年版,第 17～27 页;顾吉辰:《宋代佛教史稿》,第 1～14、33～41 页;郭长东:《宋代佛教政策论稿》,巴蜀书社 2005 年版。

的手段进行权变,这无疑增加了佛教的包容性、弹性和适应能力。佛教传入中国这个重史、崇史的文化之后,便开始了发展史学以服务宗教目的的进程。中国的佛教史学很早便发展出了传记体,并形成了绵延不断的记述传统。随着佛教的中国化进程不断走向深入,单一的传记体已经不能再满足佛教史学的需求。宋代天台宗的文献整理,一方面搜求祖师记载,更重要的一方面是要整理祖师的义学著作。因此其文献整理传统促使其史学摆脱僧传而走向更能反映义理的史学形式。佛教史学长期以传记体为主,也是因为传记体是一种较为自然产生且操作难度较低的史学形式。就像中国与西方两大书面史学传统的情形一样,复杂史体必然要经过简单史体的长期演进才能出现。反过来,也可以看到,简单史体的长期演进必然会带来综合体的探索,汉代出现纪传体,罗马帝国出现类似纪传体的新型史著,都是如此。经过了长期的史学积累,宋代天台宗在充分与中国文化融合之后,终于实现了佛教史学的重大突破。宋代天台宗的这一史学突破,也与其同禅宗的竞争有关。

宋代史学的兴盛,一个重要的方面表现在纪传体、编年体和典志体等多种史书体裁的多元化发展。这种多元化发展中也存在着史体间的竞争,像宋代编年体的振兴就带来了编年体与纪传体优劣的讨论和实践。佛教史学也受同样的史学发展规律支配,史学的发展必然带来史体的多元化,而多元化的史体又很容易造成相互比较以至于竞争。宋代天台宗与禅宗存在显著的竞争,二宗也都通过发展史学来服务于自身的宗教目的。禅宗史学的最大成就莫过于发展了语录体和灯录体史书。此类史著记述历代祖师言行,以此反映"禅"的心传法流,其人物选取带有强烈的尊禅宗为佛教正统的意蕴。欲颉颃高下的天台宗受此启发与刺激,也寻求自身史学宏旨来抗衡甚至打击对手,以争夺佛教正统地位。从史学角度而言,禅宗之语录体、灯录体著述的哲学性和文学性较强,史学性实则偏弱,但符合其直指心性的宗派特征。天台宗的史学底蕴要强于禅宗,其本有史学传统,只是在宋代之前没有明确的史学形式。① 按照知礼所论,既要"于事解理",则考辨史事自然是一佛家法门。所以,宗鉴《释门正统》和志磐《佛祖统纪》"随顺俗谛",②皆注意史事考辨。在宋代历史考据风气盛行的背景下,③天

---

① 潘桂明、吴忠伟:《中国天台宗通史》(下),凤凰出版社2008年版,第604页。
② 〔宋〕宗鉴:《释门正统》卷四《顺俗志》,《卍续藏》本。
③ 程蕾、施建雄:《宋代历史考证学的传承与衍变》,《人文杂志》2013年第4期;邓锐:《中西比较视域中的宋代史学近世化:基于历史观与史学方法的考察》,《史学理论研究》2020年第1期。

台宗史家已注意钩稽僧传、辨析史事,以攻禅宗《宝林传》《正宗记》所载二十八祖之说与佛祖拈花微笑、慧可立雪断臂等事。二书又进一步发展了考证手段,从而通过史学方法来揭露对手的史事漏洞,以达到宗派竞争目的。而天台宗更重要的史学竞争手段即是采用蕴含强烈正统观念的纪传史体。

第二,对佛教正史产生影响最大也是最直接的时代条件,是天台宗内部的正统之争。纪传体史书以纪统传,按人物在儒家伦理等级秩序中的地位分别采用本纪、世家和列传等不同体例予以记述,本身具有强烈的正统观念,并基于此建构起了完整的宗脉世系。天台宗与禅宗的竞争固然使其趋向于使用纪传史体,但更重要的正统之争实则发生在天台宗内部。在第十七祖知礼大师时代,天台宗发生了后来所谓的"山家山外之争",今可见最早的专门记述为《四明十义书》之序,大略云:

> 有宋景德之前,《光明玄》(智𫖮所著《光明玄义》)广、略二本并行于世。钱唐慈光恩(晤恩)师制记曰《发挥》,专解略本,谓广本有"十法观心",乃后人擅添尔。……
>
> (晤恩)有二弟子,即钱唐奉先清(源清)师嘉禾灵光敏(洪敏)师,共构难词,造二十条,辅成师义,共废广本。钱唐宝山善信法师,奉书敦请法智(知礼)评之。……(知礼)有《扶宗释难》之作,专救广本十种观心,兼斥不解发轸拣境之非。……钱唐梵天昭(庆昭)师。孤山码碯圆(智圆)师。皆奉先之门学也。乃撰《辨讹》,验《释难》之非,救《发挥》之得。法智存谦光之礼,撰《问疑书》诘之,昭师不逊,有《答疑书》之复。法智复有《诘难书》之征,昭师构《五义》之答。法智复作《问疑书》之责,昭师稽留逾年。法智复有《覆问书》之催答,昭师有今之《释难》,翻成不腆之文矣!往复各五,绵历七年。①

四明系由知礼亲自出面论战,钱塘系则主要由坚持晤恩思想的其后学源清、洪敏、智圆等人参加论战。后世论述一般称这场"往复各五,绵历七年"之争为当时以知礼为首的"山家派"与以晤恩为首的"山外派"的天台宗经典阐释的论战。需要知道的是,这种"山家山外"的区分本身就是作为胜利者的知礼一系的事后记述。而其后学在纪传体史书中引述此序,正式建立起了天台正统观,延续至今。早有学者注意到,所谓"山家山外"的天台

---

① 〔宋〕知礼:《四明十义书》义瑞序,《大正藏》本。

正统观实际上有一个历史形成过程。① 当时论战两派的形成与地域分布有重要关系。② 实际上在知礼的四明系与晤恩的钱塘系之间发生论战之前,并未有以四明系为正统之议。甚至有学者怀疑知礼之师义通也从未被立为天台宗法嗣,所以才由天台出走四明,只是因为知礼战胜钱塘系,才使四明一系获得正统地位。③ 知礼一系获胜,便有可能在掌握话语权之后处理相关史料,④甚至有可能"塑造"或"虚构"关于对手的资料,⑤最终以纪传体史书的形式确立论战成果,即天台"山家"正统观。

从山家派所述来看,两派争议的焦点在于天台元典《光明玄义》广本之真伪存废。如果就历史而言,此一正统之争有其时代渊源。在唐末五代的佛教典籍散乱时代,天台宗为了维系宗门,不得不做出一些变化。其中,有两个方面与宋代的正统之争密切相关。

首先,因为无法考究自身经典,重视义学的天台宗不得不借用当时可见的宗外经典来维持自身义理体系,"当是时为其学者,至有兼讲华严以资说饰"⑥。其中,最重要的莫过于湛然借鉴华严宗而援引《大乘起信论》的"真如随缘"思想以证明"无情有性"。缘起性空是佛教共法,但天台宗发展出"性具"论,华严宗发展出"性起"论。⑦ 从史学的角度而言,前者有类似儒家"即事明理"的意味,认为佛性具于虚妄的万法之中,因此虚妄万法与佛性真如平等,有必要探究万法;而后者则认为佛性不动,随缘而生,一切虚妄,因此真如佛性高于万法,没有必要探究万法。如前所述,天台宗主张三谛圆融,逻辑上延伸出佛性真如与虚妄万法必须互具互融的推论,认为众生与佛性互具,所以"众生"是否有佛性甚至于"无情"是否有"佛性",就成为能否圆融三谛的关键。"真如随缘"说则是华严宗"性起"论的基础,认为不变之"真如"随缘而有种种变化,用以说明佛教所言世界真相因为随缘变化而显现为万法虚妄之相。湛然借此说明"真如"与因缘和合而生的"万

---

① 秦瑜:《"山家"辨》,《现代哲学》2007年第5期。
② 曾其海:《天台宗山家山外之争》,上海社会科学院出版社2008年版,第33~37页;秦瑜:《"山家"辨》,《现代哲学》2007年第5期。
③ 潘桂明、吴忠伟:《中国天台宗通史》(下),第378~379页。
④ 潘桂明:《中国佛教思想史稿》第三卷(上)《宋元明清近代卷》,江苏人民出版社2009年版,第172~173页。
⑤ 龚隽:《北宋天台宗对〈大乘起信论〉与〈十不二门〉的诠释与论争》,《中国哲学史》2005年第3期。
⑥ 〔宋〕志磐:《佛祖统纪》卷八《兴道下八祖纪第四》,《大正藏》本。
⑦ 关于"性具"与"性起"的佛性论,参见赖永海:《中国佛性论》,江苏人民出版社2010年版,第100~162页。

法"圆融,佛性也与众生乃至于无情互具圆融,谓:"万法是真如,由不变故;真如是万法,由随缘故。"①这种说法本身是天台祖师的正式理论,但有其假借宗外学说的历史背景。

宋代因为教典复还,就引起了义学上的矛盾,核心问题在于,是否要承认宗外思想的正统性。知礼承第十六祖宝云义通之传,自然要进一步整顿天台义学,回归到外援他宗之前的教义。而此时,天台法脉实际上已分为三支。天台一支由螺溪义寂居天台祖庭而传,随义学重心外迁而衰;钱塘一支在志因时已"基本确立了日后天台山外派的规模",②至晤恩及其弟子时,则与法智大师诤竞;四明一支则由法智大师与慈云遵式承宝云义通而发展为天台正宗。③ 这种情况本身就说明义理决定着天台法脉的兴衰,而知礼时代天台义理已出现分化。

钱塘系据所援华严思想由天台祖师提出的历史事实而承认其正统性,并据以整顿义学体系,而四明系则据更早的智𫖮元典提出"别理随缘"④说,认为作为湛然所援引对象的华严宗的"真如随缘"理论,只是天台宗"五时八教"中低阶次的"别教"之理,而天台传统的"性具"论才是高阶次的"圆教"之随缘理论。虽然湛然援引"真如随缘"说,但所论"无情有性"坚持天台宗的生佛平等论,破斥华严宗,⑤但钱塘系受到华严宗影响,⑥认"真如随缘"为正统天台理论,由此发展出以"理"统"事"、重"理"轻"事"的思想体系。因为"事"不过是真如之"理"随缘而作的产物,因此只要抓住"理"本身便可悟道,对"事"的探究则成为画蛇添足。虽然这种思想体系未必符合湛然本意,却是湛然思想的一种逻辑发展。在钱塘系看来,《光明玄义》略本已穷尽真如之"理",而广本之"十法观心"要观十法界中的一切事便属多余,因此怀疑广本"乃后人擅添"。就"观心"本身而言,既然只需要知真如之"理"便可,那么观心就应当只观真如之"理",存"理观"而废"事观",即"不须附事而观",⑦因此是"真心观"。知礼提出"别理随缘",回归到智𫖮元典中"教观"并重的思想体系,认为"理"与"事"必须互具,仅究理而不观事

---

① 〔唐〕湛然:《金刚錍》,见《大正藏》卷四十六。
② 赖永海主编:《中国佛教通史》(第九卷),江苏人民出版社2010年版,第378页。
③ 骆海飞:《天台宗史略》,上海社会科学院出版社2014年版,第86~91页。
④ 〔宋〕宗晓编:《四明尊者教行录校注》卷三《别理随缘二十问》,俞信芳校注,浙江大学出版社2015年版,第93~127页。
⑤ 汤一介:《佛教与中国文化》,宗教文化出版社1999年版,第86页。
⑥ 吕澂:《中国佛学源流略讲》,中华书局1979年版,第267页。
⑦ 〔宋〕知礼:《四明十义书》卷上《不解能观之法》,《大正藏》本。

就无法显现三谛圆融,因此强调《光明玄义》广本之真与不可或缺。而至于"观心",因为一切妄作之事皆具真如之理,所观当为"随缘所成一念妄心",①只从日常所见便可观心明理,所以当为"妄心观",而钱塘系的观法是"废浅从深"。② 这种义学之争影响深远,促使天台后学动用正史形式来确立义学正统。

其次,为了应对教义难以考索的义学困境,唐代佛教转变为以直指心性的禅宗为主。禅宗的世俗化与日常化在佛教各宗派中尤甚,尤其是南宗顿教力压北宗渐教之后,不论修行次第而可立地成佛与将禅内化于日常生活的新修行观成为佛教主流。这样的修行观对天台宗的宗教实践也发生了一定影响,使其出现与"五时八教"说的注重修行次第与义学根基的传统发生抵牾。四明系与钱塘系对唐代之前的天台传统理解不同,各自坚持正统地位。天台宗的兴起,有赖智𫖮以下诸师顺应社会形势而交游世俗,以至谋求政治扶持。在坚持三谛圆融的四明系看来,俗谛与胜义谛互具互融,因此这种佛教的世俗化无可厚非,应当身体力行。天台宗的世俗化主要表现在重视忏仪方面,即通过保持佛教特征的仪式来对世俗宣扬佛法,与禅宗的日常化保持着距离。四明系的这种主张与实践符合天台宗的早期传统。慧文进行"法门改转"③,将义理与禅修统一起来。慧思由北至南,以"定慧双修"兼南北风气,据传也制定了较系统的大乘受戒仪规。④智𫖮进一步建立起天台宗的戒仪。⑤ 此后,天台宗的主流便在义理与禅修结合的"教观"并重原则下取得仪式的发展,从而在保障佛教特征的前提下实现世俗化。天台宗仪式的世俗化,一方面直接通过仪式本身规范并引导僧俗理解佛教义理与进行宗教修行,更重要的一方面是借助仪式来扩大社会影响。这种社会影响不仅在于民间,甚至可以和政治相联系。⑥ 智𫖮以至义通都在此方面做出了示范。四明系正是继承并发扬这一传统,其代表人物知礼与遵式皆在忏仪方面躬行实践。天台宗历史上社会影响力最大的修忏即由知礼在与钱塘系论战期间完成。他于天禧元年(1017)"结十僧

---

① 〔宋〕知礼:《四明十义书》卷上《不识所观之心》,《大正藏》本。
② 〔宋〕知礼:《四明十义书》卷上《不解能观之法》,《大正藏》本。
③ 慧凤:《天台宗一心三观法门的起源——论慧文禅师》,《现代佛学》1956年第7期。
④ 慧思著有《受菩萨戒仪》,为今见最早大乘仪规,但该文仅见于日本《卍续藏》第105册,未必确凿。
⑤ 心皓法师:《天台教制史》,厦门大学出版社2007年版,第67~91页。
⑥ 严耀中:《江南佛教史》,上海人民出版社2000年版,第120页。

而入忏,期三载以共焚",引起僧俗震动,"当朝勋盛"翰林学士杨亿、驸马都尉李遵勖等力劝其住世。① 据传,宋真宗也谕令知礼"宜久住世"。② 后来,宋真宗又赐号知礼"法智大师"。因为隋炀帝赐号天台创立者智𫖮"智者大师",所以宋真宗的赐号即是以政治权威授予了知礼继承智者的天台宗正统地位。可见,所谓山家山外之争的最终决定力量取决于政治,佛教派系最有力的竞争武器实则在于扩大社会影响力。知礼的同学与支持者遵式也"具有相对较强的社会参与意识"而重视修忏,③从而有力支持了知礼的论战。反观钱塘一系,则基本都深居简出、不与世俗交游。这种对佛教世俗化的排斥风格,深植于其"真心观"的义学,因理废事,最终导致在正统之争中落败。这场论战在当时影响很大,"带来了天台宗的中兴"。④

四明系的义学和世俗化风格,为史学提供了义理依据和引导,所以其胜出才真正为佛教正史的兴起提供了必要条件。天台宗四明系被尊为山家正统之后,其义理与宗教实践本身都成为佛教"正史"的撰述依据与宗旨,从而作为"史义"贯穿于天台宗的纪传体史著。

在儒家经史之学的影响下,宋代天台宗终于产生了佛教正史。而佛教正史之产生,本身又是适应天台宗正统之辨的需要。天台宗的正统论由外及内,大体可分为三个层次。

第一,在儒、释、道三教之中,天台宗史家以佛教为正统。其论佛教正统,与儒家排佛而在历史记述中取消佛教记述的方式不同。首先,天台宗的圆融三谛义理使得其史家重视圆融三教。三谛既圆融,则三教无论胜义谛或俗谛都可互具互融,是以天台宗史家的正史著述,注重在本教本宗历史之外兼及其他。《佛祖统纪》立《法运通塞志》,明确称:

> 佛之道本常,而未始离乎世相推迁之际。自释迦鹤林诸祖继出,所以传持此道东流震旦,逮于今而不息。大较圣主、贤臣宿禀佛嘱,常为尊事。而儒宗、道流之信不具者,时有排毁,然终莫能为之泯没,以此道本常也。夫世称三教,谓皆足以教世,而皆有通塞,亦时使之然

---

① 〔宋〕宗晓编:《四明尊者教行录校注》卷七《明州延庆寺传天台教观故法智大师塔铭》,俞信芳校注,第246页。
② 〔宋〕宗晓编:《四明尊者教行录校注》卷五《真宗皇帝谕旨留四明住世》,俞信芳校注,第169页。
③ 潘桂明:《中国佛教思想史稿》第三卷(上)《宋元明清近代卷》,第175页。
④ 闫孟祥:《宋代佛教史》,人民出版社2013年版,第142页。

耳。列三教之迹，究一理之归，系以编年。用观通塞之相。①

《佛祖统纪》所述"法运"，不独是佛教一家之法运，也涵盖儒家与道教。所谓"列三教之迹，究一理之归"，反映出一种"三教一理"的认识。这种认识仍然与天台宗的圆融三谛一理密切相关。虽然儒、道对佛教"时有排毁"，但其俗谛与胜义谛互具互融，并不可完全偏废。一旦失之偏颇，就成为被贬为山外派的钱塘系的义理主张。作为知礼后学的志磐肯定儒、道"皆足以教世"，也认为其"皆有通塞，亦时使之然"，所以可以与佛教兴废并论。《佛祖统纪》还明确称："大氐天有定命，运有通塞。厄会之来，所不容免。唐朱温杀朝贤三十人投尸于河，亦一厄也。悲夫，如释氏之厄，三武皆此类也。"②这更明确地把儒、释之厄看成同类现象，而归结为天命。佛教主张"诸行无常"，因此认为"厄会之来，所不容免"。这与儒家"通古今之变"③而欲鉴古避祸的态度有所不同。

因为主张三教一理，所以《佛祖统纪》也认为三教皆有弊端，谓："嗟夫！天下之事未尝无弊也。君天下如禹汤而有桀纣，相天下如周召而有斯莽，道本老庄而有归真、灵素，释本能仁而有清觉、子元。信三教皆有其弊也。"这种认为儒、释、道虽然都有所长，但"信三教皆有其弊"的观念有一定的合理性。

其次，佛教史家认为三教以佛教为最重要，儒家与道家次之，由此形成了三教中以佛教为正统之论。《佛祖统纪》假借历史人物之口，对儒、释、道进行了排序，云：

> 阚泽对吴王曰："道事天，天事佛。"李士谦论三教曰："儒五星也，道月也，佛日也。"能达此意，则三教之位定。世言儒、道、释，盖本乎此。儒生、道士不别本末，欲轻陵于释氏，皆末学之过。④

《佛祖统纪》认为佛教是本，儒、道是末，儒生和道士排佛是由于其"不别本末"。《佛祖统纪》还有具体的"论证"，认为："佛道大道也，佛身真身也。言大道则法界无遗，不同孔、老之有方域；言真身则常住不灭，不同孔、

---

① 〔宋〕志磐：《佛祖统纪》卷三十四《法运通塞志第十七之一》，《大正藏》本。
② 〔宋〕志磐：《佛祖统纪》卷三十五《法运通塞志第十七之二》，《大正藏》本。
③ 〔汉〕班固：《汉书》卷六十二《司马迁传第三十二》。
④ 〔宋〕志磐：《佛祖统纪》卷四十四《法运通塞志第十七之十一》，《大正藏》本。

老之有生死。"①《佛祖统纪》言"佛道"是"大道",表现为"法界无遗",意即具有普遍性;又对比认为儒、道"有方域",即具有空间上的有限性。又以"佛身"为"真身",表现为"常住不灭",意即具有永恒性;又对比认为儒、道"有生死",即具有时间上的有限性。

再次,《佛祖统纪》对儒家排佛进行了反击。这种反击的核心思想是"通识"。宋代理学兴起,带来了史学上的"通识"意识,②在天台宗圆融三谛的过程中,与佛教哲学中的"通识"思想相融会。宗鉴对欧阳修排佛不满,谓其"号称大儒而无通识,以故立论时有乖戾"③。志磐在《佛祖统纪》中更发挥了这种思想,称儒家排佛皆是因为缺乏通识:

> 人无通识不足以知佛,故韩愈夷其佛,欧阳修亦夷其佛。太宗以苏易简指佛为夷而恶之。自古人君莫如太宗之有通识也。佛,圣人也,五天中土也,此方即五天之东境也。今称中国者,此方自称尊也。称四夷者,且约此方四境之外论之也。儒家乏通识,即目睫以言之,故多失言。④

《佛祖统纪》就儒家指佛为夷狄的观点提出反驳,认为有通识才能知道空间之广大,知空间广大才能知道佛居"五天中土",而"中国"不过是"五天之东境",自称"中国"是对自己的尊称,儒家所谓"四夷"只是相对于自己所处的"五天之东境","即目睫以言之",属于目光狭隘造成的失当之言。《佛祖统纪》据以反驳儒家的夷夏论,实则又取用宋代儒家正统论所流行的"君子大居正"之义。欧阳修提倡正统论,开宋儒风气,谓:"《传》曰:'君子大居正',又曰:'王者大一统'。正者,所以正天下之不正也;统者,所以合天下之不一也。由不正与不一,然后正统之论作。"⑤《佛祖统纪》此处不自觉地采取了儒家的正统论,用以论证须有通识才能认识到佛并非夷狄。

第二,在佛教内,天台宗史家以天台宗为正统,而以其他佛教宗派为末

---

① 〔宋〕志磐:《佛祖统纪》卷四十五《法运通塞志第十七之十二》,《大正藏》本。
② 汪高鑫:《宋明时期的经学与史学》,《淮北煤炭师范学院学报(哲学社会科学版)》2007年第4期。
③ 〔宋〕志磐:《佛祖统纪》卷四十五《法运通塞志第十七之十二》,《大正藏》本。
④ 〔宋〕志磐:《佛祖统纪》卷四十三《法运通塞志第十七之十》,《大正藏》本。
⑤ 〔宋〕欧阳修:《居士集》卷十六《正统论上》,《欧阳修全集》第二册;欧阳修:《居士集》卷十六《原正统论》,《欧阳修全集》第二册。

流甚至伪学。首先,天台宗史家明确主张,天台宗才是佛教正传。《释门正统》为释迦牟尼和龙树立本纪,为天台宗诸祖立世家,而将其他宗派贬入列传;《佛祖统纪》则为天台宗所尊西土诸祖和东土诸祖皆立本纪,而将其他宗派列于传甚至载记。这就从体例上确立了独尊天台宗的正统论。尤其是载记,乃宋代《春秋》学影响下强调正闰之辨而加以发挥的史体。可见,从《释门正统》到《佛祖统纪》,正统的观念和表达方式都有所强化。不仅如此,天台宗史家还明确表达自己的正统论。例如称:

> 舍天台之学而欲识佛法意者,未足与议也。故自夫圣教东度,经论遍弘,唯任己心莫知正义。齐、梁之际挺出诸贤,盛演法华立言判教。一音四相之说,四时六宗之谈,众制纷纭,相倾相夺。南三北七,竞化当时,犹夫粟散小王妄自尊大,而不知金轮飞行,统御四海威德之盛也。惟我智者大禅师,天纵之圣,备诸功德,以为缵承祖父三观之绪,未遂光大,于是约法华悟门,说止观大道,立经陈纪为万世法,至于盛破光宅,则余者望风,遍难四宗则他皆失据,宣布至化,坐致太平。非夫间生圣人,其孰能为此大业者哉?然则欲识佛法意者,其唯天台之学乎?!①

《佛祖统纪》认为只有天台宗贯穿了"佛法意",认为历史上其他佛教各宗派的争竞不过是"粟散小王妄自尊大",只有天台宗的真正创立者智𫖮"承祖父三观之绪","说止观大道",以至于"遍难四宗则他皆失据,宣布至化,坐致太平"。"止观大道"是天台宗独有的"止观双运"法门。简言之,即有教有观,义理与禅修并重。如前所述,这是天台宗的基本宗派特征,正是基于此,天台宗能够在或偏重义理或偏重禅修的各宗派中脱颖而出。但所谓"遍难四宗则他皆失据",则是天台宗的一家之言,如果论宗教与社会影响,禅宗仍在天台宗之上。"宣布至化,坐致太平"是描述智𫖮创立天台宗之后在陈、隋之际的显赫,但此后天台宗即陷于衰颓。

其次,为了独尊天台宗的正统地位,天台宗史家对主要竞争对手禅宗等进行了抨击。如前所述,天台宗在唐宋时代与禅宗多有论争。因此,禅宗成为其攻击的重点。唐代慧能以下,禅宗因为直指心性的简易风格而大盛,成为天台宗的劲敌。天台宗对其不重义学而侧重心性的修行方法进行

---

① 〔宋〕志磐:《佛祖统纪》卷六《东土九祖纪第三之一》,《大正藏》本。

了申斥,谓:

> 五家析派,始各辟户庭,侈大其道。于是称禅宗者类,以扫荡掀翻为尚,凡经论所诠事理解行,一切斥为纸上之谈,诘其所以然,则曰:"我宗无修无证。"吁! 安得天台六即之义以药其病乎?①

《释门正统》指摘禅宗的修行为"病",主要是指其不屑"经论所诠事理解行"。天台宗的"六即之义"强调"理即佛",重视经论所发义理,是以《释门正统》认为可以之对治禅宗的弊病。

《释门正统》还进一步诘责不重义理的佛教流传,谓:"教变则禅,禅弊为魔,魔炽为贼,真知言哉! 是知傍附经论之弊,犹轻掊提经论之弊实重。唯圣君贤相,凡百君子,反经常之道以救之。经正则庶民兴,庶民兴斯无邪忒矣。"②天台宗重视教义,因此认为变乱教义就偏废为禅,而修禅流弊就走火入魔,走火入魔到一定程度就会残贼社会。《释门正统》的解决方法正是天台宗主张,即"经正则庶民兴,庶民兴斯无邪忒",通过匡正佛经中的教义而使庶民免于邪魔之道。

第三,在天台宗内,天台宗史家以四明系即"山家派"为正统。因为天台宗史家认为法运之兴有赖圣贤,因此对中兴教门的知礼给予了极高地位,使其独擅"中兴"之誉。纪传体史书最重要的部分是本纪,司马迁创此体例,意在"网罗天下,放失旧闻,王迹所兴,原始察终,见盛观衰,论考之行事"。③ 汉魏以后,本纪不独是编纂技术上的提纲挈领部分,更愈益突显正闰之别。史家分辨正闰,于历代君主专以所认可者入本纪,其他则视情况入世家、列传甚至载记。宋代正统论与道统论大行其道,深刻影响了儒家纪传体史书撰述,佛教正史也特重本纪的正统作用。因此,法智大师在纪传体史书中的位置就直接反映了其在佛教史家心目中的地位。

宗鉴《释门正统》的本纪十分严格,仅立《娑婆教主释迦牟尼世尊本纪》与《天台高祖龙树菩萨本纪》两本纪,意在与他宗的竞争中申明自身直承佛祖的正统地位。④ 这样的结构安排,自然只能为中国诸祖立世家。在世家中,知礼占据了极为重要的位置。《释门正统》立有《天台祖父北齐南岳二

---

① 〔宋〕宗鉴:《释门正统》卷三《弟子志》,《卍续藏》本。
② 〔宋〕宗鉴:《释门正统》卷三《斥伪志》,《卍续藏》本。
③ 〔汉〕司马迁:《史记》卷一三〇《太史公自序》。
④ 曹刚华:《宋代佛教史籍研究》,第62页。

尊者世家》《天台教主智者灵慧大师世家》《山门结集祖师章安尊者世家》《山门传持教观法华天宫左溪三尊者世家》《山门记主荆溪尊者世家》《山门授受邃修外琇竦宗通七祖师世家》《中兴教观法智大师世家》七世家。天台宗几经沉浮，但《释门正统》独称法智大师"中兴"之名，其论曰：

> 原夫宝云出二弟子，解行略同，而惟四明得称中兴祖师者，弘护之功深也。惟赐不如，则陋巷为疏附之友。惟参所畏，则负米。掌御侮之权，盖一人敬服，则千万人皆敬服矣。天上无双月，人间只一僧是谁句耶？章安既往荆溪，次亡诞，此人师绍彼烈，光一家大教。钟此三良是谁语耶？撰第二记主法智世家。

宗鉴既以辨识佛家正闰为撰述宗旨，故特重对天台正统地位的"弘护之功"。在维护天台正统的意义上，知礼的"中兴"特点十分突出。再加上山外、山家之争后，天台宗法脉已定于法智大师。因此，其中兴的历史影响也颇巨。这种影响反映在《释门正统》中，就表现为其列传主体以"中兴"为名，从第一世至第六世，记述知礼法脉。这种安排不仅是因为知礼法统昌盛，也是因为作者推崇知礼的传法中兴地位。

宗鉴《释门正统》仅立两本纪，造成法系阙如，也无法表明佛祖与天台宗的代代传承。[①] 志磐《佛祖统纪》更提升了知礼的地位，以更为深刻的史学意识与编纂技艺对《释门正统》进行了改进，"断自释迦大圣，讫于法智，一佛二十九祖，并称本纪，所以明化事而系道统也。至若诸祖旁出为世家"[②]。这样，就形成了从佛祖到十七祖法智大师的完整法脉，更明确了本纪与世家的正闰之别，知礼由此从世家升入本纪。志磐也盛称知礼中兴之业，赞曰：

> 唐之末造天下丧乱，台宗典籍流散海东。当是时为其学者，至有兼讲华严以资说饰。暨我宋龙兴，此道尚晦。螺溪宝云之际，遗文复还。虽讲演稍闻，而曲见之士气习未移。故恩清兼业于前，昭圆异议于后。齐润以他党而外务，净觉以吾子而内畔，皆足以淆乱法门壅塞

[①] 曹仕邦：《论〈释门正统〉对纪传体裁的运用》，《现代佛教学术丛书·中国佛教史学史论集》，台湾大乘文化出版社1979年版。
[②] 〔宋〕志磐：《佛祖统纪》卷一《序》，《大正藏》本。

祖道。四明法智,以上圣之才,当中兴之运,东征西伐,再清教海。功业之盛可得而思。……自荆溪而来,九世二百年矣,弘法传道何世无之?备众体而集大成,辟异端而隆正统者,唯法智一师耳。是宜陪位列祖称为中兴,用见后学归宗之意。①

志磐纵观天台历史,追溯宝云之际"遗文复还"的背景,颇显史学"原始察终"意识。又在"九世二百年"的考察中,深识"中兴之运",推重知礼"辟异端而隆正统"之功,详细地论证了其"中兴"之名。并且对其"凡章安荆溪未暇结му,诸深法门悉表而出之"的义学成就进行了表彰。

总体而言,天台宗史家创立并发展佛教纪传体史书,而模仿并改造儒家正史的创举,兼具宗教性与史学性。既是佛教中国化的突出表现与重大成就,也是史学领域的重要发展。《佛祖统纪》尤其是"中古时期佛教史学与儒家史学相互渗透与影响的产物",其开创的史书新格局,成为后来佛教史学的重要形式,"对元明清佛教史学产生了深远影响"。② 佛教史学的这一态势,是自宋代《春秋》学与史学影响下出现的,该发展理路又是宋代史学的重要组成部分,其正统论也可被视作宋代史学正统观的一种表现。

第六节 《春秋》学与宋代历史时间观

历史时间观是史家对过去历史时间或者包括当下和将来在内的整体历史时间的观念。中国古代史学特重王朝更迭之史事与政权正闰之考评。所以中国古代的历史时间观往往与正统论相结合。其反映于历史叙述中,则特别明显地与正统标准相表里,而在历史哲理化思考中,则向着历史哲学的方向迈进。可以说,历史时间观是思辨历史哲学的基础性观念,因为思辨历史哲学以反思历史时间为前提,并且要形成一定的意义标准去看待过去的历史事件,从而将整体性历史时间置于一定的意义框架中。中西早期史学上,历史时间观的形成与关于时间的哲学观念探讨不同。关于时间

---

① 〔宋〕志磐:《佛祖统纪》卷八《十七祖法智尊者知礼》,《大正藏》本。
② 韩毅:《〈佛祖统纪〉与中国宋代僧人的史学思想》,《河北学刊》2003 年第 5 期。

的哲学概念试图以时间本身为对象,摆脱具象而进行形而上思考。①而中国与西方的历史时间观并不以"时间"本身为思考对象,而是通过关注具象的"事件"使之成为序列。实际上,"时间"不是事件序列本身,而是"事件"能够被组织为序列的基础性存在论条件。②这种忽视"时间"本身的历史时间观建构方式仍然对历史理论产生实质性影响。因为,"'时间'的概念不像'空间'概念那样可以从几何学中抽象出确定的真理,因此'形而上学'的时间概念和'认识论'的时间概念都极为重要。任何一种关于时间的理论都将改变人们的意识内容"③。物理界自然存在的时间和认识中的时间都作为意识的重要先决条件而存在。历史时间观在形成过程中,不可避免地要受到两种意义上的时间影响。当历史事件被按照一定意义标准在意识中编排为意义化时间时,自然时间仍然要发生先决性影响。"世界时间比一切可能的壳体都'更客观',因为它作为世界内存在者之所以可能的条件向来已随着世界的展开以绽出视野的方式'客观化'了。"④

一、意义化时间与自然时间分野的《春秋》学传统

历史时间分为自然时间和意义时间两个系统。存在于史家意识中的历史时间,是客观时间的反映,但二者不是简单的反映与被反映的关系。历史时间是历史认识主体和客观时间相互作用的结果。在中西史学史上,史家首先关注的是历史事件,继而形成一个由事件组成的历史时间。历史记述中的事件并不简单是对客观历史的反映。贝奈戴托·克罗齐指出,"只有现在生活中的兴趣方能使人去研究历史",史家按照现实兴趣选择性记述历史,"一切真历史都是当代史",⑤此后有众多史家指出,历史认识总是会受到认识主体的主观因素影响。也就是说,客观事实与"历史事实"存

---

① 中西早期关于时间的抽象哲学思考主要有两种类型:第一种类型试图将时间从具象中抽离出来进行形而上思考。柏拉图在《蒂迈欧篇》中谈时间产生,《尸子》对"宙"进行定义属于此类。第二种类型从生存论的角度对时间进行抽象思考。巴门尼德(Parmenides)强调时间的不确定性,《易传》重视"奉天时"属于此类。

② John E. Boodin, *A Realistic Universe: An Introd. to Metaphysics*, Nabu Press, 2013, pp. 264-272.

③ John E. Boodin, *The Concept of Time*. The Journal of Philosophy, Psychology and Scientific Methods. Vol. 2, No. 14, (Jul. 6, 1905), pp. 365-372.

④ [德]海德格尔:《存在与时间(修订译本)》,陈嘉映、王庆节译,生活·读书·新知三联书店1999年第2版,第473页。

⑤ [意]贝奈戴托·克罗齐:《历史学的理论和实际》,[英]道格拉斯·安斯利英译,傅任敢译,商务印书馆1986年版,第2页。

在差异,"认为所有的真实存在都具有历史重要性的观点毫无意义"①,"事实本身要说话,只有当历史学家要它们说,它们才能说:让那些事实登上讲坛说话,按什么次第讲什么内容,这都是由历史学家决定的"②。这一系列历史哲学观点探讨了主观认识与客观历史之间的关系。从更广阔的视角来说,如同客观时间标示出客观历史事件的先后顺序一样,一系列的"历史事实"也在史家的历史认识中形成一个"历史时间"。史家只有对一系列历史事实进行长时段考察,形成历史时间,才能总结历史规律,进而提出历史哲学。由此形成的历史规律观点甚至历史哲学观点,会赋予历史事件以某种历史时间内的意义和性质。按照克罗齐以来的认识论,历史事件的意义来源于当下。也就是说,历史时间实际上是过去时间与现在时间的连续体,它甚至连接着未来。

雅克·勒高夫注意到时间具有"想象"的性质。他指出中世纪存在着礼拜时间、圣日年历等多种时间,所有的时间"都与不同的形象和神化相关","与末世时间、世界末日和最后的审判,甚至时间本身的终结也就是来世混合在一起"。因此,中世纪的人们实际上在"创造一种关于来世的新空间和时间"③。历史时间的想象性质意味着其赋予客观时间以不同意义,但不管这种意义化的历史时间如何荒诞,史家不能无视自然流变的时间。当史家考察历史的意义标准与自然发生的时间发生抵牾时,历史时间便出现意义化时间与自然时间的分野。中国古代史家的历史认识中有一个自然时间(或者说物理时间、客观时间),还有一个按照意义标准建构起的意义化时间。自然时间是客观存在的时间在史家意识中的反映,相对于历史认识主体的意识而言是自然发生的,不以历史认识主体的意志为转移。中国古代史家往往赋予历史以一定的意义,用一定的意义标准考察历史,由此形成意义时间。有趣的是,在以时间本身为对象进行抽象哲学思考的方式使人们不可能以"不在场"的方式观察时间,而在历史理论中正是由于史家以事件而非时间为观察对象,从而相对于时间的规定性获得了一种取舍时间(意识)之内容的自由。

艾尔克·鲁尼亚在考察历史时间时指出,"过去"通过历史记述在史家

---

① Georg Simmel, *The Problems of the Philosophy of History: An Epistemological Essay*, Translated and Edited. with introduction. by G. Oakes, New York, Free Press, 1977, p. 208.

② [英]爱德华·霍列特·卡尔:《历史是什么》,吴柱存译,商务印书馆1981年版,第6页。

③ Jacques Le Goff, *The Medieval Imagination*, translated by Arthur Goldhammer, The University of Chicago Press, 1988, p. 8.

无意识的情况下进入了"(历史)时间",从而"在当下在场(present in the present)",这种在场(presence)既是文字的也是实质的。① 就史学一般情况而言,鲁尼亚的描述带有普遍性,但中国古代史学却往往迥异于这种情况。从《春秋》到《春秋繁露》再到宋代群史,往往出现某一历史事实未在字面上出现,而在实质层面,其意义的在场至少也不能在自身文本中体现。

  作为中国传统史学重要源头的《春秋》和《左传》,已经明显表现出这种史学求真理念的二重性。董狐书"赵盾弑其君",孔子称其"书法不隐"。② 可见,《春秋》史学肯定古代史家求义理之真的理念。实际上,《春秋》继承了求义理之真的书法,记述意义化时间。合观《春秋》经传,人们可以发现,经传中若干历史记述的不同正是由于经传分别是对意义化时间与自然时间的记述。像《春秋》"鲁僖公二十八年"记"天王狩于河阳",《左传》解经云:"晋侯召王,以诸侯见,且使王狩。"《春秋》经用礼法的意义标准考察史事,根据史家主观思想隐去"晋侯召王"之事,改变了所记史事的性质,而《左传》则记述了自然时间中发生的事件。《春秋》经传分述意义化时间与自然时间,所以在《春秋》《左传》各自的记述体系中没有矛盾,只有经传合观,才会看到经传的若干记事交集。《春秋》经传的记述矛盾只是文献层面的矛盾而非思想层面的矛盾,正是由于《左传》对自然时间的记述,后人才得以了解《春秋》经据以考察历史的意义标准和求义理之真的具体书法,所以《左传》一直被视作《春秋》经的注解。

  董仲舒不彻底的"摒秦论"具有类似《春秋》和《左传》的关系。董仲舒的"三统"说以夏为"黑统"、以商为"白统"、以周为"赤统",认为历史运动遵循"三统"循环的规律。董仲舒又认为"《春秋》上绌夏,下存周,以《春秋》当新王"③,而《春秋》的黑统是为汉朝制定的,主张"今汉继大乱之后,若以少损周之文致,用夏之忠者"④。这样,董仲舒将从商至汉的历史统序厘定为商、周、汉三统,在"三统"说的历史记述中否定了秦朝的存在,形成"摒秦论"。但是,"董仲舒的摒秦论是不彻底的"⑤。因为在董仲舒的历史记述中,除了摒秦的"三统"说外,还有一个肯定秦存在的记述系统,主要包括:

---

① Eelco Runia, *Presence. History and Theory*, Vol. 45, No. 1, (Feb., 2006), pp. 1 - 29.
② 《左传·宣公二年》,《十三经注疏》本。
③ 〔汉〕董仲舒:《春秋繁露》卷七《三代改制质文》。
④ 〔汉〕班固:《汉书》卷五十六《董仲舒传第二十六》。
⑤ 汪高鑫:《董仲舒与汉代历史思想研究》,商务印书馆2012年版,第172页。

称"周无道而秦伐之,秦无道而汉伐之"①,将秦朝列于周、汉之间;又有"秦与周俱得为天子"②等记述。"三统"说与肯定秦朝的记述并存,是董仲舒历史时间观的反映。董仲舒以"大一统"为标准建构起了"三统"循环的意义化时间。秦朝因不符合"奉天法古"的大一统标准而被排摒于历史统序。但在自然时间中,董仲舒又承认了秦朝的存在。

"三统"说与肯定秦朝的记述具有形式上的因果关系。董仲舒以历史考察的形式提出"三统"循环规律。因此,从逻辑上来说,正是基于自然时间中对历史王朝的观照,董仲舒才得出王朝兴衰的标准为是否"应天""奉天";进而才能以"三统"来概括深层的历史规律。即肯定秦朝的记述是"三统"说的依据。从历史观点论证的角度来说,董仲舒的"三统"说需要对秦进行历史重构,得出秦不符合"大一统"标准的结论,才能在意义化时间中摒秦。所以,肯定秦朝的记述又是"三统"说在自然时间中的论证。董仲舒的历史时间观,不仅肇端了宋人之正统论,更奠基了传统《春秋》学中意义化时间与自然时间分野的历史时间观模式。③ 这种历史时间观模式在宋代的演化,由于政治与学术的变化发展而趋于复杂化。

二、宋代意义化时间与自然时间的分合

宋代是继汉代之后,第二个《春秋》学鼎盛时期,同样带来历史时间观上的意义化时间与自然时间的分合。宋代历史时间观的政治背景与汉代大不相同。汉代历史时间观的政治背景是,汉代的政治大一统和政治变革需要合法性理论,而宋代从未实现汉代的政治大一统,并且宋代的政治变革也不像汉代那样经由内部改革而发生对外扩张,反而往往是受到外部政治与军事的压力,从而带动内部调整。

宋代历史时间观所受政治影响有一个变化过程。北宋初年,宋儒一方面考虑宋在五代之后的历史地位问题,另一方面着眼实现天下一统。因此,这一时期历史时间观的主流是意义化时间与自然时间合一。虽然也出现有儒生主张以五代为闰,而以宋直承唐统为金德,但宋初所定的继周而为火德的制度并未动摇。④ 所以,儒家对天下一统的政治期望与激励主导了历史时间观。到了南宋,政治形势急转直下,在多政权并立的局面下争

---

① 〔汉〕董仲舒:《春秋繁露》卷七《尧舜不擅移汤武不专杀》。
② 〔汉〕董仲舒:《春秋繁露》卷十四《郊语》。
③ 邓锐:《从"摒秦"论看董仲舒历史时间观的对立与统一》,《史学理论研究》2017年第3期。
④ 饶宗颐:《中国史学上之正统论》,上海远东出版社1996年版,第35~36页。

夺正统成为另一种重要的政治考量,历史时间观也因而变得更复杂。宋代的"文治",使得士人文武分途,统治者基于士人没有独立的权力而支持并任用之。① 士人因为政治地位的升高而容易产生政治热情,对现实政治的关注自然会牵引其思想观念。由于士人的政治地位实际上主要依托于君权而缺乏真正掌握政权的能力,所以其对政治的最主要也最普遍的焦点是在思想观念领域。宋代的历史时间观正是这一政治与思想交融的产物。

北宋时期,汉代以来的《春秋》大一统观念已经深入人心。宋初的文治,又使得士人的政治热情高涨。因为对天下一统的向往,北宋士人在正统论方面多主张功业标准。因此,北宋时期的历史时间观多呈现出意义化时间与自然时间统一的特点。在《春秋》和董仲舒的"三统"论中,因为意义化标准导致自然时间中的若干部分不能完全显现。比如,《春秋》中的"晋侯召王"、《春秋繁露》"三统"论中的秦朝,因为不能符合义理标准而消失于意义化时间中。这导致了意义化时间与自然时间的分裂和对立。宋代虽然是群儒争言正统的时代,但北宋诸儒大多以功业为标准。所以,意义化标准并未刻意取消某些时间段在其时间系统中的显现,由此与汉晋时代董仲舒式的历史时间观有所区别。

欧阳修是宋代开正统论风气的重要人物,既有主张从史事角度评判正统的功业标准,又有从义理角度评判正统的义理标准,而以功业标准为主。在修史过程中,欧阳修贯穿自己以"王者大一统"为主要标准的正统论,其著《新五代史》,为梁、唐、晋、汉、周五代君主立本纪,给其以正统政权同样的地位。宋代前期关于"五代史"的著述是一个较具有政治敏感性的问题。尹洙是欧阳修的好友,也是其文学与史学上的学习对象。尹洙的《五代春秋》刻意效仿《春秋》,用编年体形式记载五代史事,虽多用《春秋》一字褒贬之法,但体裁上已经承认了五代的历史地位。欧阳修则变尹洙"古史"之法为"正史"之体,在承认五代正统地位方面形成一种强化与进一步认可。宋代既以继周自居,再加之北宋天下一统的政治理想,则尹洙与欧阳修"不伪梁"的正统之论在当时就合情合理。欧阳修的历史撰述中,意义化时间与自然时间相切合,代表了当时的思想主流。

司马光与宋儒的主流风气不同,有排斥意义化时间的倾向。在好言正统的宋儒中,司马光独树一帜,对正闰之说不以为然。《通鉴》有云:"正闰

---

① [美]包弼德:《斯文:唐宋思想的转型》,刘宁译,江苏人民出版社2001年版,第57页。

之际,非所敢知,但据其功业之实而言之。"①又云:"光学疏识浅,于正闰之际,尤所未达,故于所修《通鉴》,叙前世帝王,但以授受相承,借其年以记事尔,亦非有所取舍抑扬也。"②司马光"据其功业之实"和"借其年以记事",更基于史学立场,侧重对自然时间的记述,因为"非有所取舍抑扬",所以没有像董仲舒和欧阳修等人那样刻意造成意义化时间系统。从正统论的角度来看,欧阳修和司马光都表现为以功业对历史上的政权进行评判,欧阳修主张正统之功业标准,而司马光倾向于认为功业之外不应有褒贬之标准。从历史时间观的角度来看,欧阳修主张构造意义化时间系统来寄托儒家义理,但是意义化标准不偏离自然时间;司马光则对另造意义化时间没有兴趣,表现出对此种做法的一定的排斥倾向,希望从历史编纂的技术性角度来处理纪年问题。马端临解说其《历年图》,"始光率意为此书,苟天下非一统,则漫以一国主其年,固不能辨其正闰"③,正是看到了司马光不辨其正闰的技术性立场。这一立场理所当然会使历史编纂指向自然时间。

但是,司马光毕竟是一位经学家与政治家。他虽然对正统论有所排斥,但同样认可《春秋》大义与当时的主流政治理想。所以,司马光实际上还是要"触及到正统理论的实质",④在功业与义理标准间做出考量。在章望之与欧阳修就正统论进行辩论之后,司马光又对正统论产生了一些新的看法,明确了其对正统论的讨论。时人郭纯曾修书司马光,从司马光的回复来看,郭纯可能对《资治通鉴》与五代正统问题提出了自己的看法。司马光在回信中对欧阳修、章望之和郭纯的正统论都予以了肯定,并不从对立矛盾的角度来反驳,反而将三人观点的提出,看成是层层递进与补充的发展,云:

> 夫正闰之论,诚为难晓。近世欧阳公作《正统论》七篇以继之,自谓无以易矣。有章表民者,作《明统论》三篇以难之,则欧阳公之论,似或有所未尽也。欧阳公谓正统不必常相继,有时而绝,斯则善矣。然谓秦得天下,无异禹、汤;又谓始皇如桀、纣,不废夏、商之统。又以魏

---

① 〔宋〕司马光:《资治通鉴》卷第六十九《魏纪一》。
② 〔宋〕司马光:《司马温公集编年笺注》卷六一《答郭长纯官书》。
③ 〔宋〕马端临:《文献通考》卷一百九十三《经籍考二十·累代历年》,上海师范大学古籍研究所、华东师范大学古籍研究所点校,中华书局2011年版。
④ 范立舟:《宋儒正统论之内容与特质》,《安徽师范大学学报(人文社会科学版)》1999年第2期。

居汉、晋之间,推其本末,进而正之;此则有以来章子之疑矣。章子补欧阳公思虑之所未至,谓秦、晋、隋不得与二帝、三王并为正统,魏不能兼天下,当为无统,斯则善矣。①

从以上意见中可以看到,经过欧阳修、章望之等人的讨论,司马光意识到了,如果不理会正统论,会带来历史认识上儒家义理角度的障碍。所以,司马光从对正统论的回避转为辨析,"实有取于欧公'推迹不没其实'之说"②。这意味着司马光转向承认在自然时间之外构造意义化时间的必要性,并倾向于功业标准。

司马光虽然让步承认正统论的合理性,但仍坚持自己的功业标准,对章望之和郭纯的义理化主张予以了委婉否定。司马光从逻辑上指出正闰之辨的荒谬,云:"先儒谓秦为闰者,以其居二代之间,而非正统。如闰居两月之间,而非正月也?"从欧阳修和苏轼等与之辩论者的提法中可以看到,章望之有"以霸易闰"之论,司马光从儒家义理的角度对其进行了抵制,云:"夫霸之为言伯也,古者天子立二伯,分治天下诸侯。周衰,方伯之职废,齐桓、晋文能帅诸侯,以尊周室,故天子册命,使续方伯之职,谓之霸主。而后世学者,乃更以皇帝王霸为德业之差,谓其所行各异道,此乃儒家之末失也。"司马光认为,"霸"本是古天子分治天下的"方伯",符合儒家制度与义理,后世对其进行义理上的否定有所不妥,不符合孔子"正名"的主张。据此,司马光不认可章望之等人用义理标准评判正统的理论根基,而坚持功业标准。③ 从历史时间观的角度而言,司马光由此偏向于自然时间。

当章望之向欧阳修的正统论发起挑战,希望用儒家义理加以改造时,苏轼因为相似的立场而坚定地站在欧阳修一边,谓:"正统之论,起于欧阳子,而霸统之说,起于章子。二子之论,吾与欧阳子,故不得不与章子辨,以全欧阳子之说。欧阳子之说全,而吾之说又因以明。"④以驳斥章望之的义理化主张。苏轼认为,正统论上的功业标准可以使"天下不争而趋于实"⑤,所以否定章望之的"以霸易闰"说,称:"章子之意,以霸统重其实,而

---

① 〔宋〕司马光:《司马温公集编年笺注》卷六一《答郭长纯官书》。
② 饶宗颐:《中国史学上之正统论》,第43页。
③ 〔宋〕司马光:《司马温公集编年笺注》卷六一《答郭长纯官书》。
④ 〔宋〕苏轼:《苏轼文集》卷四《正统论三首·辩论二》。
⑤ 〔宋〕苏轼:《苏轼文集》卷四《正统论三首·总论一》。

不知实之轻自霸统始。"①苏轼之意,认为"欧阳据实而无害于名,章则反伤名而又丧其实"②。实际上,章、苏之"实",内涵不一。章望之所谓"实",是义理之实;苏轼所谓"实",则是功业之实、史事之实。苏轼虽然有意无意中曲解了章望之的观点,但反映出其排斥以义理作为正统论标准的基本思想与坚决态度。苏轼这种以史事为根基的立场,在历史观上的延伸,就是历史时间观中自然时间与意义化时间的相合。其弟苏辙将这一历史观层面的理路真正延伸到了史学撰述中。

苏辙著《古史》,更直接否定了董仲舒以来否认秦朝存在的意义化时间。《古史》采纪传体,其本纪从《三皇本纪》以至于《秦本纪》《秦始皇本纪》。董仲舒在其"三统论"中特意"摈秦",而使意义化时间和自然时间发生分裂与对立,这成为汉晋时代的一种流行观念。在此种背景下,苏辙的《古史》为秦立本纪,尤其是以天下一统为界,分立两本纪,用意尤深。在《古史》中,三皇只能合为一本纪,五帝也只能合为一本纪,而秦却分立两本纪,除了详近略远的史学考虑之外,"秦已削平诸侯,荡然无复立锥之国,虽使并建子弟而君民不亲"③的天下一统的意义标准便突显出来。从儒家立场出发,苏辙虽然也对秦不能施行德治而亡表示遗憾,却并未存在汉儒传统中那种对秦的完全摒弃,反而有一个理想化的历史假设:"使秦既一天下,与民休息,宽徭赋,省刑罚,黜奢淫,崇俭约,选任忠良,放远法吏,而以郡县治之,虽与三代比隆可也。"苏辙将秦朝与"三代比隆",是汉儒传统所不可想见的。苏辙之论,既反映出宋代经学变古之风气,又体现出对天下一统的政治向往。这种史学路径,与其《春秋》学观念也不无关系。苏辙治《春秋》,以《左传》为本,④颇有以史事解经的特点,⑤既重史事,本已偏向记述自然时间,再加上其政治理想,更一反传统而突显自然时间中秦朝的可能性意义价值。

到了南宋,政治形势的剧烈变动,使得儒家思想也随之发生激烈反应。《春秋》学在北宋时备受推崇的"尊王""攘夷"之义等都有了一些变化,而"正统"之义则是转变尤甚的方面,由此带来此一时期历史时间观上的一些

---

① 〔宋〕苏轼:《苏轼文集》卷四《正统论三首·辩论三》。
② 饶宗颐:《中国史学上之正统论》,第42页。
③ 〔宋〕苏辙:《古史》卷七《秦始皇本纪》,明万历刻本。
④ 葛焕礼:《论苏辙〈春秋〉学的特点》,《孔子研究》2005年第6期。
⑤ 赵伯雄:《春秋学史》,第528~530页;张高评:《苏辙〈春秋集解〉以史传经初探》,《南京大学文学院学报》2007年第3期。

特征。南宋经学的义理化趋向比北宋有所发展,所以司马光那种排斥义理的倾向不再显著。一些经史大家仍然坚持北宋以来以功业为标准的正统论,典型者如朱熹。

朱熹重视《春秋》义法,又抛弃前人解说,自己从《春秋》史事中总结出了一套《春秋》义例。朱熹的《春秋》义例,首重正统论。从宋代经学的义理化走向来说,是对章望之等人强调义理评价理念的一种发展,相较欧阳修、司马光和苏轼等人重视史事的思想路径而言,表现出更明显的义理化倾向。如果从其义理内容而言,朱熹的《春秋》正统论又是继承欧阳修、司马光和苏轼一系的重视功业标准的思想而来。这样的思想背景,使得朱熹的历史时间观呈现出自身特色,在《通鉴纲目》等作品中表现鲜明。

朱熹的正统论继承欧阳修以来的理路,以功业为基本标准,认为"只天下为一,诸侯朝觐狱讼皆归,便是得正统",如果有政权并立,"不能相君臣,皆不得正统"[①]。这与欧阳修的观点相近。欧阳修的历史撰述主要集中在五代和唐,所以修史实践基本不涉及"无统"的理论情况。而朱熹不仅详细区分了历史上的正统情形,还在《通鉴纲目》中做了涉及众多政权的通史性著述,因此就涵盖"无统""正统之余""列国""建国""不成君""伪统"等多种情形。这样,就使得朱熹史著中的历史时间有了自然时间与意义化时间的区别。朱熹《通鉴纲目》中的意义化时间,即是依其正统论而来的历史记述。这个系统是对司马光《资治通鉴》历史时间的一种改造。司马光对《资治通鉴》"借其年以记事",基本上把纪年当作一个史学上的技术性问题来处理,使得《资治通鉴》着眼于对自然时间的记述,这让更具义理化倾向的朱熹颇为不满。朱熹在《资治通鉴》对自然时间之外另构以《春秋》大义为意义化标准的意义化时间,由此形成《通鉴纲目》的历史时间。

《通鉴纲目》的历史时间虽然也像董仲舒一样在自然时间之外另辟意义化时间,又并不像董仲舒"三统"说的意义化时间那样明显与自然时间对立。因为朱熹只是给不符合正统论意义化标准的政权另外赋予"正统之余""列国"之类的意义,但并不会使其消失在历史时间中,这与董仲舒的"三统"说中秦的消失大为不同。抹杀事实,实际上是一种感性的做法,而朱熹的意义化时间构造方式则更为理性化,代表了宋儒在历史时间观方面不同于汉代传统的理性发展。

随着南宋经学义理化倾向的发展,更接近于董仲舒式的历史时间观,

---

① 〔宋〕朱熹:《朱子语类》卷一百五《朱子二·通鉴纲目》。

也有重要表现。在军事政治斗争节节失利的大背景下,一些学者开始在文治条件下专注于思想创造,为南宋谋求理论上的合法性。典型者如张栻。其父张浚登进士第,是典型的"共治天下"的士大夫,有勤王复辟、经营川陕之重要武功,代表了宋代士大夫的政治实践。而张栻则更着意于思想创造与儒家教化事业,代表了南宋士大夫经世致用方式的一种转型倾向。

张栻从理学立场出发,主张以《易》与《春秋》之义为义理根本,要求据此评价历史,云:

> 周文王之称王,武王之不纪元于国,皆汉儒传习之谬,先觉君子辨之详矣,故皆正而书之。汉献之末,曹丕虽称帝,而昭烈以正义立于蜀,诸葛亮相之,则汉统乌得为绝?故献帝之后,即系昭烈年号,书曰蜀汉,逮后主亡国,而始系魏。凡此皆节目之大者世有古今,而古今不间于一息,事有万变,而万变卒归于一原。盖义理根乎天命而存乎人心者,不可没也。是故《易》本太极,《春秋》书元,以著其体用,示后世至矣。然则大《易》《春秋》之义,其可以不明乎!①

张栻强调义理,称"义理根乎天命而存乎人心者,不可没也"。而张栻所主张的义理根本就是"《易》本太极,《春秋》书元"。"《易》本太极"是言天命,"《春秋》书元"是言人心。"天人一系""天人一理"的理学思维方式,使得张栻把"《春秋》书元"的"冠王于正"的义理上升到了天理高度。这种高度义理化的思想,使得汉儒在不经意的表述方式上都显现出了义理缺陷。所以,张栻说"周文王之称王,武王之不纪元于国,皆汉儒传习之谬"。其《经世纪年》正是为了矫正义理之谬而作,通过用义理标准分辨正闰,使得古今万变之事归于《易》与《春秋》之一原。

张栻的思想又深具宋代的理性化特征,所以并不会一味强调义理而罔顾史事。纪年问题,本是史学上的技术性问题,张栻只是在此前提下分辨纪年的义理含义。他曾举朱温之例,云:"以朱温系统,通鉴亦然,盖于纪事有不得已焉耳。方其时,正统无所属,而彼实承唐之后以有中原,则纪史事者乌得而不系之?亦非为其所成者大也。"②北宋《春秋》学上讨论的纪年问题,到了张栻那里,已经变成了间不容发的重大义理问题。这使得其意

---

① 〔宋〕张栻:《张南轩先生文集》卷十四《经世纪年序》。
② 〔宋〕张栻:《张南轩先生文集》卷十九《答吴晦叔》。

义化时间与自然时间的分化较朱熹更为明显。

之后,萧常发挥张栻《经世纪年》以蜀先主继汉献帝的正统论,作《续后汉书》以记三国史事,为曹魏和孙吴作"载记",又作《建安以来诸侯表》和《章武以来吴魏表》,使得其历史时间变成从汉献帝到蜀汉的意义化时间,而自然时间中的吴、魏成为附庸。萧常解释这一做法的义理依据是"孔子作《春秋》,书王书正必系之周,不以周之微而遂绝之也"[①]。从欧阳修将正统论系之于《春秋》,到萧常发挥成史著,宋代的历史时间观也经历了重大变化。欧阳修和朱熹代表了力图使意义化时间与自然时间合一的主张,司马光代表了试图专注自然时间的主张,章望之和张栻代表了刻意造出意义化时间并以之凌驾于自然时间的主张。欧阳修、司马光和朱熹的主张深蕴宋儒的政治期望,而章望之和张栻的主张,则反映了宋代陷入激烈政治角逐而激起的士人政治热情。大体而言,前一种主张更具理性特征,而后一种主张更具情感特征。宋代尤其是南宋的复杂政治社会情势,造成了历史时间观上的不同表现。

三、宋代历史时间观的理性化

汉、宋有经学的转向,历史时间观也有大的变化。单从历史时间观的角度而言,汉代《春秋》学发展了先秦《春秋》经传中的义理倾向,而导致意义化时间与自然时间的对立,虽则二者有实质性的统一,但仍然在中西两大书面史学传统中显示出特异之处。宋代一方面在经学领域出现理性的回归,摒弃汉代经学尤其是谶纬之学的神学化成分,从而向先秦儒家的理性传统回归;另一方面又进一步发展了经学中的义理化倾向,使得义理在历史观领域占据首要地位。这两个方面交互作用,使得宋代历史时间观相对汉代而言,表现出一种理性化的特征。

对古代历史时间观的研究,首先要面对融合古今词汇进而沟通古今历史情境的问题。因为这一讨论必然是古今文本(text)及语境(context)交融的产物。古代并无"时间"这一概念,"时"与"逝者"之类的词语虽与"时间"含义相近,但又殊异。只有当关于"时间"的现代语境产生,人们才会产生考察其历史情形的兴趣。因为这一兴趣所指向的"时间"概念本身只存在于现代文本当中,所以人们只能在现代语境中去考察古代情形。但同时人们又确乎可以在古代文本中发现与"时间"相近的诸多观念与相关思想。

[①] 〔宋〕萧常:《续后汉史》卷四《章武以来吴魏表》,文渊阁《四库全书》本。

所以对古代时间观的研究必然要融合古今词汇进而沟通古今历史情境。

如"概念史"研究所揭示的那样，词汇本身是一种历史性存在。昆廷·斯金纳（Quentin Skinner）业已阐明词汇的具体含义随时代变化而变化。当关注对象涉及中国古代的时间观，这种历史性变化就更为复杂。它不仅是古今的时间变化，也带有东西交融的文化变迁意味。在中国古代，并无一个词汇可以严格对应当代的"时间"。"说明一个社会已开始牢靠地掌握了一种新概念的最确凿无疑的迹象是将要形成一套词汇，通过这样一套词汇才能够阐明和讨论这种新概念。"① 今天的"时间"与相关词汇，在经过西方哲学与近代科学的反复淬炼之后，相对于中国古代而言，必然是一种新的观念，而相关讨论也只能经由基于这种新观念的新词汇进行。因此，如何去探讨古代的时间观，本身即是一个问题。首先，当下的话语体系和语境已经迥异于研究对象。即使尽最大可能将话语和论述局限于古代史家本身的语言与思想，本质上我们仍是在当下的话语体系中尝试再现和总结已经逝去的话语及其背后的思想，必属伽达默尔所谓"视域融合"。② 其次，如果反客为主地从当下话语体系出发去"填充"古代史料，则古代思想观念研究沦为当下思想阐发的例证寻求。既然当代的研究不可摆脱当下话语体系和语境，历史学的主流追求又不在于纯粹地借古喻今，所以本节希望把古代史家的时间观视作一种历史现象，从这种现象出发但不局限于这种现象本身，试图在逻辑和历史情境中去分析把握研究对象。逻辑是人类一以贯之、自觉或不自觉使用的普遍认识手段，是当代人可以在千载之后推见古人思想的重要基础。基于逻辑的推断必然不能脱离我们当代的历史情境，也不能无视古人的历史情境。基于当代历史情境，意味着以现代话语体系及其背后的思想理论为分析工具；而基于古代的历史情境，意味着不做"过度阐释"，也不以从当下出发的概念倒溯为主。任何史学研究都必然是试图联结古代历史情境与当下具体语境的尝试。或许正如莫比乌斯环（Mobius Strip）③所示，连接两个面而可以回避界限的唯一途径，是在一定程度上扭曲这两个面。即是说，史学研究在贯通古与今时，唯一可

---

① ［英］昆廷·斯金纳：《近代政治思想的基础　下卷：宗教改革》，奚瑞森、亚方译，商务印书馆2002年版，第499页。

② ［德］汉斯-格奥尔格·伽达默尔：《真理与方法——哲学诠释学的基本特征》（下），第397页。

③ 19世纪的数学家将纸带扭转180度之后再把两端粘起来，由此形成的纸环只有一个面，即正面和反面没有边界。如果一只蚂蚁在其上爬行，它无须穿过边界即可从一个面到达另一面。

以避免产生古今话语沟壑的方式,是让某些古今话语的含义偏离于自身情境之一般意义,而形成一种可理解性的解释,从而使二者被衔接为一体。

具体到古代的历史时间观来说,汉、宋时代的词汇当中,既无"历史",也无"时间",但当时的经史之学又明确地提出了关于历史与时间的诸多思想观念。对其历史时间观的梳理,必然离不开当代话语体系。从今天的观察可见,历史时间观对于史学的重要性在于,它是思辨历史哲学的基础性观念,因为思辨历史哲学以反思历史时间为前提,并且要形成一定的意义标准,去看待过去的一系列历史事件,从而将整体性历史时间置于一定的意义框架中。董仲舒在其历史时间观的基础上,形成了以"三统"说和"大一统"说为主体的历史哲学。在这一历史哲学的建构过程中,因为意义考察而形成了自然时间与意义化时间两个历史时间系统。这两个记述系统在文本层面表现为一种分裂对立状态。宋代朱熹、张栻等人用义理形成围绕正统问题展开的意义化时间,也与之类似。从中西史学的一般情形来看,这种情况颇为特殊。

中西早期史学上历史时间观的形成与同时期关于时间的哲学观念探讨不同。关于时间的哲学概念,试图以时间本身为对象,摆脱具象而进行形而上或存在论意义上的思考,[1]从而探究"时间"本身。中西史学上的历史时间观并不以"时间"本身为思考对象,而是首先关注具象的"事件"以使之成为序列,继而形成一个由事件组成的"历史时间"。存在于史家意识中的历史时间,是客观时间的反映,但二者不是简单的反映与被反映的关系。历史时间是历史认识主体和客观时间相互作用的结果。这使得历史时间观实际上表现为两种"时间"。

首先,是自然时间,也即本体论的时间,或说物理界客观存在的时间在人意识中的自然呈现。客观的时间本身是"事件"能够被组织为序列的基础性存在论条件,[2]或者说,是人类认识展开的一个先验前提。时间本身导致了人类对历史的认识产生历史时间观:"世界时间比一切可能的客体都'更客观',因为它作为时间内存在者之所以可能的条件向来已随着世界

---

[1] 中西早期关于时间的抽象哲学思考依当时哲学形态而言主要有两种类型:第一种类型试图将时间从具象中抽离出来进行形而上思考。柏拉图在《蒂迈欧篇》中谈时间产生、《尸子》对"宙"进行定义等属于此类。第二种类型从存在论的角度对与变动不居性质相联系的时间进行抽象思考。巴门尼德(Parmenides)强调时间的不确定性、《易传》重视"奉天时"等属于此类。

[2] John E. Boodin, *A Realistic Universe: An Introd. to Metaphysics*, Nabu Press, 2013, pp. 264-272.

的展开以绽出视野的方式'客观化'了。"①时间规定着人类认识的基本形式。当众多历史事件进入意识,意识必然以时间本身的方式去安排一个有先后顺序的序列。这个人意识中的序列必然成为客观时间之外的一个历史时间。从这个角度来说,自然时间应当是最原初的历史时间。这个自然时间未经意识之反思或者无意识地显现了本体论时间。

中西历史记述当中的自然时间主要有两种形式。一种有类章学诚所谓相对于"撰述"之"记注"。"撰述欲来者之兴起",被赋予了意义,所表现的已不是自然时间;"记注欲往事之不忘",未将事件序列串并反思、赋予意义,故偏向于客观时间的自然显现。当然,绝对的"记注"非常罕见,因为即使是史料的编排也往往会反映史家思想。还有一种更为朴素的简单记事之作,因为也未经历史意识的反思,故所反映的是自然时间。像古罗马大祭司所存之年代记,只为存录事迹而未经史学加工,不具备章学诚所言"方以智"之"德",②可为史料但难称史学,便属此类。对董仲舒而言,其肯定秦存在的历史记述便主要属于自然时间。③

其次,是意义化时间。本体论时间虽然发生作用,却不可能被直接描述,历史记述中直接显现出的时间只能是认识论意义上的时间。因此,历史时间是带有某种主观意义的时间。从历史时间的发生过程来看,更是如此。历史时间起于人们对历史事件的关注。如前所述,一系列的"历史事实"也趋于形成"事件序列",从而造就"历史时间"。董仲舒的"三统"论和张栻等人的正统论,便是典型的意义化时间。

史学以忽视"时间"本身的方式建构起的历史时间观虽具有想象性质,但仍对历史思想产生实质性影响。因为,"'时间'的概念不像'空间'概念那样可以从几何学中抽象出确定的真理,所以'本体论'的时间概念和'认识论'的时间概念都极为重要。任何一种关于时间的理论都将改变人们的意识内容"④。时间概念本身具有主观性,无论历史时间观的建构方式如何偏离于时间本身,都必然会影响到意识内容。

---

① [德]海德格尔:《存在与时间(修订译本)》,第473页。
② 〔清〕章学诚:《文史通义校注》卷一《内篇一·书教下》。
③ 需要说明的是,中西史学的主流都不在于反映自然时间,而更重贯注"史义"之撰述。撰述虽具有强烈的主体性,但也不可避免地会受到本体论时间的客观规定性制约,从而也会受到自然时间影响。
④ John E. Boodin, *The Concept of Time*. The Journal of Philosophy, Psychology and Scientific Methods. Vol. 2, No. 14, (Jul. 6, 1905), pp. 365-372.

流行于今天的历史时间观,重视本体论时间的客观规定性,一个重要表现即为意义化时间与自然时间的统一。这种历史时间观至少可上溯于古希腊罗马时期。罗马三大史学家生活的年代略晚于董仲舒,时代背景与董仲舒相类,处在从共和制转向帝制①也就是皇权兴起的关键时期,其在罗马历史时间观形成过程中的作用也与董仲舒相类。在东西方皇权兴起的这个阶段,东西方不约而同试图以历史总结来理解当下的政治情势。董仲舒用"三统"说等历史理论来论证汉皇权的合法性和武帝改革的必要性,罗马三大史学家则用历史考察来探讨罗马的衰落。并且,东西方都产生了以"道德"为基本特征的的历史连续性思想。但是,相似的历史思想基点却演化出了不同的历史时间观念。

　　罗马史学脱胎于希腊史学。希腊和罗马都重视史学对时间损耗作用的克服而强调保存重要事件。② 罗马人更发展出一种历史连续性思想,重视长时间中过去与现在的相继和历史事件背后的共性。"在罗马人看来,历史意味着连续性:即从过去继承了以他们所接受的那种形式而小心翼翼保存下来的各种制度,按照祖先的习惯来塑造生活。罗马人敏锐地意识到他们本身与他们的过去这二者之间的连续性。"③记述丰功伟绩时,罗马人特别关注道德对历史的作用,而重视历史连续性的思想更有力地推动了罗马史学对道德状况做较长时段考察的风气。

　　罗马三大史学家都重视对罗马道德状况的连续性关注。萨鲁斯特(Gaius Sallustius Crispus)重视记录道德衰落的重要事件,以此来说明罗马现实境况的历史根源。他撰写《喀提林阴谋》,把喀提林阴谋视作罗马道德衰落的一个关键转折,④其《朱古达战争》也是描写罗马道德衰落的另一个关节点。萨鲁斯特的撰述虽以事件为主题,但选题却是对罗马道德状况做连续性考察后做出的。稍晚的李维(Titus Livius)也从连续性角度关注罗马兴衰,他比萨鲁斯特更悲观,认为早在公元前 200 年,罗马的衰落就已

---

　　① 古罗马帝制与中国古代帝制不同,称元首制更合适。但从个人专制的实际政治效果来说,与中国帝制相类。

　　② Arnaldo Momigliano, *Time in Ancient Historiography*, History and the Concept of Time, History and Theory: Study iin the Philosophy of History, Beiheft6. Wesleyan University Press, 1966, p. 15.

　　③ [英]柯林武德:《历史的观念》,何兆武、张文杰译,商务印书馆1997年版,第69页。

　　④ D. C. Earl, *The Political Thought of Sallust*, The Cambridge University Press, 1961, p. 49.

经开始了,并且用大量材料来描述这一衰落趋势。① 这种细致描述意味着要将道德与不道德的事件一并付诸笔端以便显现真相。生活在罗马帝国繁荣时期的塔西佗(Publius Cornelius Tacitus)也特别关注德性(virtus),他因此重视记述罗马帝国早期历史,以追溯罗马道德衰落的起源。他抨击帝制终结了古代的政治批评传统,认为皇帝们的堕落致使元老和公民也随之堕落。② 塔西佗特别重视描写从皇帝到元老和公民各阶层的道德衰落状况。在他笔下,所有的皇帝都被他写出了阴私、堕落的一面,备受推崇的奥古斯都(Augustus)也不能幸免。总之,从萨鲁斯特到塔西佗的罗马史学树立并发展了从连续性角度关注道德这一历史考察的意义标准。在这一意义标准之下,重视记述道德楷模,更重视记述不道德的事件,因为违反历史意义标准(道德)的事件对罗马的衰落具有更强的解释力。这种记述模式使得意义化时间的框架与自然时间的框架相统一。在"如实直书"的史学理念观照下,这种记述方法自然而然,延续至当代。

一般情况下,自然时间会极大地影响意义化时间,尤其在史学早期阶段。罗马三大史学家的撰述可为例证。如果以此为历史时间观之常态,则董仲舒的历史时间观便显其奇异之处,即在"三统"说中,秦朝未在字面上出现,而在实质层面,其意义的在场至少也不能在自身文本中体现。这导致董仲舒的自然时间和意义化时间中,秦朝分别显现为存在与不存在的矛盾性质。这一矛盾并未在董仲舒本人的话语体系中得到明确解释,后代的研究对此也不太关注,然而,却是了解董仲舒历史时间观的一把钥匙。董仲舒历史时间观中,自然时间与意义化时间的重大分裂,实质上是义理(超越事实)记述与史事(描述事实)记述的对立。这种分裂与对立状态在罗马历史时间观中未曾发生,反衬出董仲舒考察历史的意义标准与自然时间有所抵牾的特性。

这种特异的历史时间观在汉代出现,实际上是董仲舒等人为现实政治服务,偏取先秦理性儒家的义理化资源,而导致经学向神学化方向发展。虽然服务政治本身是一种理性考量,但从史学角度而言,董仲舒的"三统"说导致历史时间观的分裂与对立,实则带有一定的非理性特征,而流于感性的义理价值判断。宋代历史时间观既体现理性特征,又发展了义理化路

---

① T. J. Luce, *Livy: The Composition of His History*, Princeton University, 1977, pp. 251-294.

② Herbert W. Benario, *Recent Work on Tacitus: 1984-1993*, The Classical World. Vol. 89, No. 2, (Nov. - Dec., 1995), pp. 89-162.

径。而其义理化路径中即使极端如张栻、萧常者,也未曾像"三统"说那样断然取消自然时间中的若干部分。因此,宋代历史时间观虽有强烈的义理化倾向,但整体上却显现出比汉代更为理性的特点。除了学术理路的原因之外,也与当时的政治社会形势有关。宋代因为士人地位的上升,儒生普遍能够基于理性立场对历史进行自由思辨。像董仲舒那种以理论创造服务于现实政治的限制性思维,不为众多重气节之义理化经学家所取,所以宋儒的历史时间观在当时政治形势下,较普遍地反映出理性化特征,不欲造成与自然时间相对立的意义化时间。

第六章 《春秋》学与宋代通俗史学

中国传统史学的旨趣着眼于资治鉴戒,这种功能定位让正统史学成为"贵族"学问,远离大众。① 从先秦开始,史学就与平民大众脱离关系,只局限于政治与文化精英阶层。宋元明清时期的史学出现"通俗化走势"。② 宋代是通俗史学发展的重要时期,其文化具有"重史"倾向,再加之商品经济和印刷技术大为发展等因素,一方面促成了教育的推广,另一方面促进了市民文化的勃兴。在这种背景下,通俗史学获得了极大发展。可以说,宋代是中国通俗史学开始走向成熟的时期。在典型的讲史平话之外,还有历史类的蒙求读物等形式起着普及历史知识的作用。③ 追求通俗化甚至商业化的宋代通俗史学,不仅形成了较为系统的历史观念,甚至也具备了一定的史学观念与意识。有趣的是,宋代通俗史学的历史观念和史学观念,主要经由正统史学为媒介,因而自觉不自觉受到《春秋》学的影响。宋代通俗史学中的蒙求读物,出自学者之手,往往能够将经史之学的要义用通俗浅显的形式展现出来。而更为通俗化的讲史平话,出自下层民众,间或有底层文人参与,刻意模仿正统史学,附庸文人风雅,又要立足于商业化和平民化立场,往往也反映出经过平民化取舍与改造的经史观念,《春秋》学在其中有一定的影响。

---

① 李传印、邓锐:《宋代"讲史"与史学的社会化》,《历史文献研究》总第26辑,华中师范大学出版社2007年版,第129~142页;李传印:《社会转型与史学的社会化》,《四川师范大学学报(社会科学版)》2016年第3期。

② 谢保成:《增订中国史学史·中唐至清中期(上)》,商务印书馆2016年版,第547~581页。

③ 瞿林东:《史学与大众文化》,《史学史研究》1994年第2期。

第一节 宋代通俗史学的社会化特征与意义

通俗史学与正统史学的功能定位不同,不再受资治鉴戒的指引,让史学走出了"庙堂""士林",深植于市井巷陌。其创作主体既有文人士大夫,也有下层民众,或着意于启发蒙童,或抒发个人情感,或以为谋生手段,推动了史学向民间的深入发展。宋代通俗史学最典型也是最重要的形式为讲史平话。[①] 宋代讲史在中国史学大众化历程中承前启后,上接唐代转变和说话,又因印刷术的发展造成宋元刊行平话的风潮,是明清通俗历史演义的先声;开启讲史、演史兴盛的风气,成为中国古代史学社会化过程中的关键一环。宋代在专门"讲史"之外,"铁骑儿"讲述英雄故事,有时也带有讲史性质,还有若干"小说"也因题材而带有"讲史"特征。虽然在当时,其分属不同家数,但从今天的角度而言,都可划为广义的"讲史平话"。故从史学角度而言,不必严格以宋代说话人的家数来界定讲史。宋代因为对史学的重视,也影响到了蒙学读物,既产生了像《十七史蒙求》这样专志于历史教育的蒙学读物,也产生了像《三字经》这种包含大量史学内容的通识性读物,开明清以后大规模出版改编、节选、摘抄史学著作之普及读物的先河。此外,唐宋之际蔚为大观的咏史诗词,是文人士大夫表达历史观点、借古喻今的一种形式,具有文学性和故事性,因而讲史平话往往借用之,作为一种资源纳入自身体系。

一、宋代通俗史学的社会化特征

美国人类学家芮德菲尔德1956年在《农民社会与文化》一书中提出了"大传统"与"小传统"这对概念。"大传统"指社会上层中的士绅、知识分子

[①] "讲史"因其只说不唱,也被称为"平话",元代在宋代基础上大规模刊印了说话人据以讲说的话本用于售卖,这些刊售的话本也被称为"平话",另有学者认为"平话"泛指"说话"(参见萧相恺:《宋代小说史》,浙江古籍出版社1997年版,第45~47页)。另,本研究所涉平话尽量取用宋代刊本,但无法获取全部,所以也根据民国商务印书馆"标点宋人平话"系列、《宋元平话集》(丁锡根点校,上海古籍出版社1990年版)和《宋元小说家话本集》(程毅中辑注,齐鲁书社2000年版)等。关于宋元话本范围与刊刻流行情况,可参王昕:《话本小说的历史与叙事》,中华书局2002年版,第25~28页;王庆华:《话本小说文体研究》,华东师范大学出版社2006年版,第50~53页。由于后世研究宋代"讲史"往往要依据元代印行的平话,又多经由明人整理,故本书对宋代讲史的讨论,也不可避免地会延及元代印行之平话,在其中尽量选元代所刊版本中取自宋代者。所用版本,或较明清版本于文学艺术价值上有亏,却更接近宋时原始粗陋面貌。

创造的精英文化;"小传统"则指一般社会大众特别是乡民或俗民所代表的生活文化。[①] 一般所言中国古代史学之发达,是就史学大传统而言,而实际上,中国古代史学小传统的内容也很丰富,宋元讲史平话正是史学小传统的重要组成部分,反映了史学小传统所具有的重要的社会化特征。

第一,宋代讲史平话反映了史学小传统的平民化、通俗化特征。宋代讲史并不简单是对正统史学的模仿,而是基于平民立场对正史与稗史进行了通俗化的演绎。正统史学的创作与传播限于"庙堂"和"士林",文笔晦涩、立意深长,非饱学之士不能披览。宋代史学发达,市民阶层兴起与选官的平民化倾向,引起了更为广泛的社会史学需求,而商品经济又为大众的史学需求提供了经济基础,也为史学知识的传播提供了商业化途径。蒙求读物可以通过教育渠道和刻书的售卖而传播,讲史平话则更是通过勾栏瓦肆的商业表演与话本的售卖而传播。从传播学的角度而言,通俗史学的传播所具有的大众传播的特性更强,其传播范围更广。

蒙求读物降低了初学者学习经史知识的门槛,用浅显易懂的语言形式来承载儒家经史思想与观念,其主要价值不在于思想建树,而在于社会普及与引导之功。讲史则打破史学曲高和寡的局面,将书史文传的内容通俗化,为一般大众所喜闻乐见。如《醉翁谈录》所言,讲史艺人"纵横四海,驰骋百家。以上古隐奥之文章,为今日分明之议论"。讲史虽取材于正统史学,却一改正统史学"名山"事业、载"道"之器的性质,具有平民性格。讲史和讲史平话的创作、传播主体和受众都是普通民众,从外在形式体制到内在价值取向,都渗透着平民意识和草根文化品位,建构了有别于正统史学的主观历史图景。从《梦粱录》《武林旧事》《东京梦华录》等宋元笔记可知,讲史与讲史平话的创作与表演者们,本为"门第卑微、职位不振"的贫寒文人或市井艺人,他们的创作活动出于生计,极力迎合大众口味,以其通俗化的创作和表演形成了自身平民化的风格,以至于被文人儒士出身的明清历史演义小说作者认为"言辞鄙谬,又失之于野"[②]。言辞鄙野,正是讲史平话平民化、通俗化格调的鲜明体现,在中国古代史学社会化过程中表现得极为突出,不仅较前代明显,甚至还超过明清历史演义小说。具体言之,讲史平话的平民化、通俗化特征主要有以下几个方面。

---

① [美]罗伯特·芮德菲尔德:《农民社会与文化:人类学对文明的一种诠释》,王莹译,中国社会科学出版社2013年版,第51~134页。
② 〔明〕蒋大器:《三国志通俗演义序》,见丁锡根编著:《中国历代小说序跋集》(中),人民文学出版社1996年版,第887页。

其一,价值取向方面,宋代讲史平话比之正史较庸俗化。讲史平话作为通俗读物,与立意于政治上的资治鉴戒的正统史学不同,追求的目标是娱情和满足一般民众的历史知识需求,因此"申以劝诫,树之风声"的政治教化淡漠,而更趋近于以事功评判人物,大有英雄不问出身之意。像正史中的儿皇帝石敬瑭在讲史平话中也被发挥了乱世英雄的形象,特别是其卑侍契丹之举的意义与正史完全不同。《旧五代史》称赞石敬瑭的才干品行,但严厉指责其借重契丹之举:"然而图事之初,召戎为援,猃狁自兹而孔炽,黔黎由是以罹殃。"《旧五代史》甚至认为,这是后晋灭亡的根本原因:"饮鸩浆而止渴,终取丧亡。谋之不臧,何至于是!"①这明显将石敬瑭投靠契丹视为后晋政治的最大耻辱。而欧阳修著《新五代史》,也点出石敬瑭与契丹耶律德光"约为父子"②之事,而有贬斥之意。正史对石敬瑭侍奉耶律德光之事的评价,都较明显地反映出《春秋》攘夷之义。而在《五代史平话》中,石敬瑭借势于契丹,则被作者看成英明的举动:"石敬瑭尊契丹为父,割十六州赂之,岁贡岁币三十万匹,契丹立之为大晋皇帝,与韩信得萧何之力一般。"《五代史平话》的作者甚至认为,石敬瑭借契丹之力反叛,要比韩信高明得多,故云:

及至高祖得天下,韩王初入楚,行县邑,陈兵出入,人有告信反者,谋之陈平。平教高祖伪游云梦,会诸侯于陈,信闻天子出巡狩,必出郊迎谒,谒而擒之,特一武士之力耳。高祖用其策,果擒韩信,欲诛之;信乃叹曰:"果若人言:狡兔死,良狗烹;高鸟尽,良弓藏;敌国破,谋臣亡。天下已定,我固当烹!"遂械系信归洛阳。赦信,封为淮阴侯。信归淮阴,怏怏不得志,与陈豨通谋,欲以兵袭吕后。吕后与萧何谋,萧何教吕后诈言已得陈豨诛杀了,当给信入贺,使武士缚信斩之,夷其三族,便是"败也萧何"也。与晋出帝因杜威等叛附契丹,卒为契丹所执,死为虏地之鬼,与韩信中萧何之诈,身死吕后之手一般。契丹是夷狄之国,狼子野心,只可以威德怀服,不可以势利结托也。且如唐高祖皇帝,举兵篡隋时分,也曾听从刘文静之说,称臣于突厥可汗,借突厥之兵力,以开创三百年之基业。③

---

① 〔宋〕薛居正等:《旧五代史》卷八十《高祖纪第六》。
② 〔宋〕欧阳修撰、徐无党注:《新五代史》卷八《晋本纪第八》;卷七十二《四夷附录第一》。
③ 《新编五代史平话·新编五代梁史平话》,南宋末年麻沙刊本。

这番历史分析与议论,已经基本摆脱了经史之学上的攘夷大义,虽则不可能摆脱《春秋》夷夏之辨,却转而以成败论英雄,认为韩信不能免于"敌国破,谋臣亡"的处境,而石敬瑭能够避免韩信的悲剧,则其借助契丹势力反叛是明智之举。平话作者认为,契丹作为"夷狄之国"对政治有重大影响,可以对其加以政治利用。如果不能利用,就会导致失败,"晋出帝因杜威等叛附契丹,卒为契丹所执,死为虏地之鬼,与韩信中萧何之诈,身死吕后之手一般"。平话中又讲到唐主护女心切、囿于攘夷之义,而失去拉拢契丹的机会,才导致石敬瑭借势契丹称帝:

  唐主闻之,大以为喜,转以其策咨问枢密直学士薛文遇。文遇曰:"以天子之尊,屈身夷狄,国之辱也。谁为陛下画此谋?倘戎情无厌,他日求尚公主,如单于求要昭君之事,将何以拒之?"唐主急命召崧、琦责之曰:"朕一女尚乳臭,卿等使朕屈身以事戎狄,将欲使弃吾女于沙漠之地耶?"二人愧谢。唐主曰:"有敢倡和戎之议者,以军法从事!"①

按照儒家义理,薛文遇所谓"以天子之尊,屈身夷狄,国之辱也",确是国家纲纪之本,不忍"弃吾女于沙漠之地"也符合儒家纲常伦理。但在平话作者眼中,这却是政治上的一大败笔,导致了后唐灭亡。平话认为,如果能对周边民族加以利用,则可以像唐高祖"称臣于突厥可汗,借突厥之兵力,以开创三百年之基业"。在正史中,石敬瑭贻害无穷的行径,在平话中则成了与唐高祖类似的明智之举,又列以晋出帝和韩信为反例佐证之。这样的立论,基本上不据宋代经史之学上的义理,而特重功利。讲史平话与正史在价值取向上的差异,正反映了史学大传统与史学小传统之间的分歧。前者以义理为本位,而后者则以功利为本位。这样大相径庭的结论,颇耐人寻味。

  总的来说,讲史平话的价值取向与政统史学至少有两方面的重大差别。首先,"讲史"强调忠奸对立,褒扬忠义圣贤,憎恶奸邪不义。《醉翁谈录·小说开辟》描述"讲史":"说国贼怀奸从佞,遣愚夫等辈生嗔;说忠臣负屈衔冤,铁心肠也须下泪。"讲史艺人在演绎三国时,给予了刘备"仁德"的评价,而其对手曹操则被塑造成奸雄形象。因此,艺人在讲述过程中有着明显的情感倾向,以至于《东坡志林·涂巷小儿听说三国话》所记载涂巷小

---

 ① 《新编五代史平话·新编五代晋史平话》。

儿听艺人说三国事,"闻刘玄德败,颦蹙有出涕者,闻曹操败,即喜唱快"。由于在"讲史"中,刘备代表了民众所期望的仁君形象,诸葛亮代表了民众所企盼的廉臣良相形象。因此,《三国志平话》推崇蜀汉而贬抑曹魏,在叙事上以蜀汉来统率三方。从配合内容的图上标题来看,蜀汉内容的标题有54个,占标题总数的78.3%;而曹魏内容的标题只有4个,仅占4.3%。①形式上,《三国志平话》尊刘抑曹,《三国志》纪魏传蜀。前者是尊忠抑奸思想的体现,后者则更多是基于政治考量的正统观的体现,这是不同历史认识主体的立场造成的。其次,与正史将忠置于义之前的价值取向不同,"讲史"的忠君思想相对淡漠,而对义非常推重。《三国志平话》在刘备和关、张的关系上,一再强调兄弟之义高于君臣之谊。作品在桃园结义情节后有十二处直接或间接重申桃园结义之事。② 看重义而相对淡化忠,反映的正是下层民众的一般价值心态。

其二,语言形式方面,宋代讲史由于靠口头传播而采取白话口语,形成文本的平话也以白话文为主体。从来源而言,讲史属于"说话",在古代指讲故事,隋唐以后开始流行这个名称。③ 而"平话"名称的由来,可能是因为其为平说形式,类似于说书,④也就是"不加弹唱的讲演",⑤正统史学以书面传播为主要形式,则采取文言文。在中国传统社会,"与文言有牵连的人大多是上层的,与白话(现代白话例外)有牵连的人大多是下层的。原因很简单,在旧时代人的眼里,文言和白话有雅俗之分,庙堂和士林要用雅的,引车卖浆者流只能用俗的。"⑥白话口语贴近现实生活,是下层民众所易于接受的;文言文则脱离口语,与下层民众有所隔阂。白话口语明白晓畅,适宜人物、场景的细节描写,而文言文承载了久远的精英文化传统,在因文见义、体现文化深蕴方面有着特殊的内涵。下层民众更趋向白话的平易之美,而难于接受甚至体会文言文化的庞杂奥义。主要用时俗口语撰成的讲史平话,正体现了通俗史学在语言方面的社会化特征。

其三,体制方面,从传世文本来看,讲史平话与"小说"有所不同。小说

---

① 关四平:《以俗融雅以心驭史——〈三国志平话〉的文化透视》,《北方论丛》2000年第一期。
② 关四平:《以俗融雅以心驭史——〈三国志平话〉的文化透视》,《北方论丛》2000年第一期。
③ 程毅中:《宋元话本》,中华书局2003年版,第1页。
④ 浦江清:《谈〈京本通俗小说〉》,见《浦江清文录》,人民文学出版社1989年版,第207页。
⑤ 程毅中:《宋元小说研究》,江苏古籍出版社1998年版,第258页。
⑥ 张中行:《文言和白话》,黑龙江人民出版社1992年版,第159页。

所述时空范围较小，内容相对简单，篇幅一般较短。而讲史平话往往取用正史，时空跨度较大，所述内容也较复杂，动辄万言，甚至十数万言。这使得讲史平话的分卷分目较细。"平话的分卷，并不一定是由于内容的需要，而主要是为了篇幅分量的均等。"①清人留下的南宋刊本中，像《新编五代史平话》就已经分卷分目了。

讲史平话的结构包括"开场诗""入话""头回""插图""散场诗"，这些都是正统史学所没有的内容，明显具有文学和娱乐的性质。讲史平话的"分卷"和"立目"可能是借鉴了传统史著，但较之传统史著又有显著的通俗性：传统史著分卷较多，而讲史平话为了口头传播便利则较少分卷。编年体史著以时间立目，纪传体史著以制度、人物、国名、族名等立目，纪传本末体史著用精练的语言以事件立目，而讲史平话为了吸引读者则用较生动的语言以事件立目。另外，讲史平话的小题目并不像正史那样总在卷首，有时会在一回书之前或故事中间，有一定的随意性。并且，讲史平话的标目不如史书也不如历史演义小说那样工整，字数参差，往往一书标目三到十字皆有之，《大宋宣和遗事》《三国志平话》等都是如此。② 讲史平话的这些体制对后来的历史小说有重要影响，③反映出适应世俗气息的社会化特色。

其四，叙事方面，讲史平话对书史文传的记载做了大量文学化、通俗化的处理。正史出于资治、鉴戒的目的，记叙事实的侧重点主要在政治、军事方面的参考价值上，而讲史平话的兴趣则更集中于富于故事性的情节。鲁迅先生论及《五代史平话》的演史方式说："全书叙述，繁简颇不同，大抵史上大事，即无发挥，一涉细故，便多增饰，状以骈俪，证以诗歌，又杂诨词，以博笑噱。"④其余讲史平话与此相似。正史记载战争等重大历史事件时，往往只用三两句话的笔墨，至于人物的心理活动、动作、神态等细节描写更是少之又少。正史一笔带过的这些内容，往往又是大众的兴趣所在。因此，正史中一句话的内容可以被讲史平话按照百姓口味敷演出大段文字，从而大大提升了作品的清晰度。讲史平话中大量出现的人物心理、动作、神态、穿着等方面的细致描写，更是正史鲜有涉及的。《三国志》记载关羽斩颜良一事仅寥寥数语："绍遣大将（军）颜良攻东郡太守刘延于白马，曹公使张辽

---

① 胡士莹：《话本小说概论》（下册），商务印书馆 2011 年版，第 891 页。
② 楼含松：《讲史平话的体制与款式》，《浙江大学学报（人文社会科学版）》2004 年第 5 期。
③ 胡士莹：《话本小说概论》（下册），第 894 页。
④ 鲁迅：《中国小说史略》，上海古籍出版社 2006 年版，第 69 页。

及羽为先锋击之。羽望见良麾盖,策马刺良于万众之中,斩其首还。"①而《三国志平话》却将关羽斩颜良一事大加渲染:颜良伐曹,连败夏侯惇、曹仁,"曹公叹曰:'颜良英勇,如之奈何?'正闷中,有人报曰:'有关公至。'曹公急接至厅,具说颜良之威。关羽笑曰:'此人小可!'关公出寨,绰刀上马,于高处见颜良麾盖,认的是颜良盖。见十万军围绕营寨。云长单马持刀奔寨,见颜良寨中不做疑阻,一刀砍颜良头落地,用刀尖挑颜良头复出寨,还却本营"②。讲史平话对正史记述进行的艺术化铺陈,使历史事件成为活灵活现的传奇故事。

对于经史作品中的一些场景,讲史平话更基于其表演特点,运用想象来加以烘托,以拉近表演中与观众的距离。《孟子》中有孟子见齐宣王的记载,《七国春秋平话》借用而来,并加以情境化:

> 一日登殿,设班之次,忽有阁门大使奏曰:"今有一贤士,称是邹国人氏,姓孟名轲,字子车,特来见王。"齐王大喜,宣到殿下,礼毕。遂宣孟子上殿,赐绣墩而坐。
>
> 王问孟子曰:"谢卿远来。闻卿治儒术之道,齐桓、晋文之事,可得闻欤?"孟子对曰:"仲尼之徒无道桓、文之事者。臣未之闻也。无已,则王乎?"王曰:"德何如则可以王矣?"曰:"保民而王,莫之能御也。"王曰:"若寡人者,可以保民乎哉?"孟子曰:"五亩之宅,树之以桑,五十者可以衣帛矣。鸡豚狗彘之畜,无失其时,七十者可以食肉矣。百亩之田,勿夺其时,八口之家可以无饥矣。谨庠序之教,申之以孝悌之义,颁白者不负戴于道路矣。老者衣帛食肉,黎民不饥不寒,然而不王者,未之有也。"遂封孟子为上卿。齐国大治。③

讲史平话的叙述丰富了孟子见齐王的情境细节,更符合现场表演的特点。平话的作者显然有一定的儒家教养,又根据自身需求对《孟子》中的记载加以取舍和改造,保留了齐王与孟子对话的一些片段,而略去了不适于表演的大段对话,将《孟子》中的记载变为一个有始有终、合情合理又生动有趣的典故。

---

① 〔晋〕陈寿:《三国志》卷三十六《关羽传》。
② 《宋元平话集》,丁锡根点校,上海古籍出版社1990年版,第798页。
③ 《七国春秋平话》,中国古典文学出版社1955年版,第2~3页。

其五,从传播媒介角度而言,通俗史学相对于正统史学,具有更高的清晰度,所展现的历史信息更丰富,同时也意味着想象性更强。加拿大媒介理论家马歇尔·麦克卢汉(Marshall McLuhan)对媒介进行了区分。他认为低清晰度的冷媒介(cool media),"提供的信息少得可怜,大量的信息还得由听话人自己去填补","热媒介只延伸一种感觉,并使之具有'高清晰度'。高清晰度是充满数据的状态"。由于热媒介清晰度高,因此其对受众的参与程度要求低,而冷媒介要求的参与程度则较高,要求接受者完成的信息多。① 从这一经典传播学理论出发,可见通俗史学无论采用口头还是书面的媒介形式,都具有比正统史学更高清晰度的特点。从一般的历史叙事的角度而言,无论通俗史学还是正统史学,都是"通过模仿性的语言来展现世界"②的。相对来说,正统史学所使用的冷媒介的低清晰度,造成了其受众必须自己补充大量信息,像从《春秋》到《左传》再到解经作品,就是这样一个信息补充过程。而通俗史学相对而言,因为语言和表现的丰富性而呈现出热媒介特征,为受众提供了更多的信息,从而大大减少了受众需要自行补充的历史信息。从口头形式而言,讲史艺人的表演自然要声情并茂,从刊刻话本也可看出其表演中有大量神态、动作、语言甚至心理活动的展现。这很明显是程颐、朱熹这样的学者讲经论史时不可能采用的形式。从书面形式而言,讲史话本把正统史学的记载作为素材,进行了大肆渲染,也具有传递信息更丰富的特点。通俗史学因为高清晰度的特征,易于引起受众的情感共鸣,但同时也意味着对受众的限制,并且其高清晰度的获得是以使用大量想象信息的方式来完成的。③ 这正是讲史平话这样的社会化的通俗史学形式的重要传播特征。传播主体用想象方式提供大量"虚拟"历史信息以引起受众的情感共鸣,而传播受众也没有太多自主探索的意愿乐于接受这种高清晰度的"史实"。

其六,很多讲史作品都带有民间迷信与神秘化的历史观特征。宋代义理化经学兴起的过程中,大大冲破了汉学尤其是谶纬神学的迷信与神秘化氛围,表现出理性化的世界观和历史观。通俗史学作品中的蒙求类读物因

---

① [加]马歇尔·麦克卢汉:《理解媒介——论人的延伸》,何道宽译,商务印书馆2007年版,第51~52页。
② [美]汉斯·凯尔纳:《语言和历史描写——曲解故事》,韩震、吴玉军等译,大象出版社、北京出版社2010年版,第5页。
③ 邓锐:《真理与美学的实验室——历史表现论视域中的影像史学的历史教育价值论与方法论》,《史学史研究》2018年第4期。

为出自学者之手,而往往表现出时代哲学的理性化特征,讲史平话中也有《秦并六国平话》这样几乎没有迷信与神秘化色彩的作品。但是,通俗史学作品的大部分创作者和受众还不能达到理性化的认识阶段,因而往往从迷信与神秘化的角度看待、解释历史,反映了史学大传统与小传统之间的一种脱节。《大宋宣和遗事》以邵雍《左衽诗》为靖康之变的谶语,又编造出一段天命故事来解释宋朝历史:

> 当初只为五代时分,天下荒荒离乱,朝属梁而暮属晋,干戈不息;更兼连岁灾蝗,万民遭涂炭之灾,百姓受倒悬之苦。为此后唐朝明宗夜夜焚香告天,祝曰:"我乃胡人,不能整治天下。愿天早生圣人,抚安黎庶!"此上感得火德星君霹雳大仙下界降生。于西京洛阳县夹马营赵洪恩宅,生下一个孩儿。当诞生时分,红光满室,紫气盈轩。赵洪恩唤生下孩儿名作匡胤。幼与小童戏于街槛,好布阵,行伍肃然,人见而异之。及年当弱冠,有大志,少游关西,行到处,除凶去恶;长治华夷,民安国泰。自陈桥兵变,柴皇让位,在位十七年,天下太平,消熔军器为农器,毁折征旗作酒旗。
>
> 太祖一日收平江南,有徐奉使至太祖殿下,盛夸其主能文,因诵其诗。太祖道:"此诗村教书语耳!"因道:"我少时有'咏日诗'。"道是诗曰:
>
> 须臾捧出大金盘,赶散残星与明月。
>
> 徐铉听得这诗,大服太祖志量。后来以为应大金破汴梁之谶。
>
> 太祖传位与太宗,太宗欲定京都,闻得华山陈希夷先生名抟,表德图南的,精于数学,预知未来之事。宣至殿下,太宗与论治道,留之数日。一日,太宗问:"朕立国以来,将来运祚如何?"陈抟奏道:"宋朝以仁得天下,以义结人心,不患不久长。但卜都之地,一汴,二杭,三闽,四广。"太宗再三诘问,抟但唯唯不言而已。在后高宗中兴,定都杭州,盖将前定之数,亦非偶然也。①

上述为宋朝的历史兴衰编造出了完整的迷信故事,以此来完成对宋朝历史过程的解释。把宋太祖赵匡胤说成是"火德星君霹雳大仙下界",既有汉代今文经学圣人感天而生说的影子,又有民间神仙信仰的支撑。有趣的

---

① 《大宋宣和遗事·元集》,黎烈文标点,商务印书馆1925年版,第6~7页。

是,《大宋宣和遗事》认为神仙下界,是唐明宗告天的结果。这里反映了平民社会的两个潜意识:其一,在民族形势紧张的情形下,民间社会表现出一种夷夏之辨上的优越感,认为唐明宗是因为胡人身份"不能整治天下",还揣测其自己也这样认为。其二,希望通过因果报应的民间信仰来环环相扣地解释历史。宋朝的兴起,由不能整治天下的"胡人"皇帝的祷告,既能引起受众夷夏观上的优越感,又符合民间社会的逻辑。小说中多有与此相合者,《三现身》中的太常大卿陈亚听有术士便要请教算命,而宋代民间也多有"不用五行四柱,能知祸福兴衰"[①]的术士。讲史平话正是生长于这种民间社会的文化风气中。

在描述宋朝兴起之时,《大宋宣和遗事》又为宋朝的衰落埋下了伏笔。所谓赵匡胤见徐铉时所示"咏日诗",依附正史所载徐铉出使一事,以赵匡胤之口为金兵破汴梁下了谶兆。又托在民间信仰中占据重要地位的陈抟做"卜都之地,一汴,二杭,三闽,四广"的预言。整个迷信故事的编造,丝丝入扣,也符合民间逻辑与历史的大致表象。虽然该书未能追上宋代经史之学的理性化节奏,但在构思和叙述方面,比起一般民间传说仍可见一定的优胜之处。

第二,讲史平话反映了史学小传统受大传统影响的特征。史学大传统由占据政治、经济、文化优势的官僚及士大夫创造,又受到统治者的大力提倡,因此对史学小传统有着天然的吸引力。史学蒙求读物出自士大夫之手,固然要贯彻其经史观念,而通俗史学也会自觉或不自觉地受到经史之学的支配。讲史平话之受正统史学影响,至少表现在三个方面:

其一,讲史平话取材于正统史学作品。《都城纪胜》称"讲史书,讲说前代书史文传、兴废战争之事";《梦粱录·小说讲经史》也说,"讲史书者,谓讲说《通鉴》、汉、历代,兴废争战之事"。《东京梦华录》有"尹常卖,《五代史》"的记录,对说话直呼史书名。《夷坚志》也有一则乾道六年(1170)的记载,提到宋人将说话名直呼为《汉书》。可见,"讲史"确在相当程度上本之于史书。至少,讲史要从"书史文传"中撷取相当分量的史料,像《大宋宣和遗事》有不少内容就转抄自宋代多种史书与野史笔记。

其二,讲史平话具有"拟史"倾向。《醉翁谈录·小说引子》说讲史"得其兴废,谨按史书;夸此功名,总依故事"。除了内容依据史书,在结构上,讲史平话也都采用"通鉴"式的编年体叙事方式。讲史依靠口头表达,其底

---

① 《三现身》,程毅中辑注:《宋元小说家话本集》,齐鲁书社2000年版,第53页。

本却在白话文中混杂大量文言文,也是为了"追摹史书的派头,或营造历史真实感"①。作为通俗读物的刊行讲史平话也具有这一特点,《五代史平话》等作品都是文言文与白话文相夹杂,其中的文言文不少是直接抄自史书,将模仿史书的倾向显露无遗。另外,讲史平话还在叙事速度、叙事顺序、时空结构方面采取"拟史"的叙事策略。② 为了达到"拟史"的效果,讲史艺人自觉地学习史学,从史学大传统中汲取养料。《醉翁谈录》曾讲到,说话人的训练是"幼习《太平广记》,长攻历代史书"。宋元时期,说话人的艺名率多平常,但是讲史艺人为标榜博学,艺名多用"解元""进士""宣数""书生""万卷"等。可见,其对正统史学有相当程度的了解,而流传下来的一些话本也确实反映出创作者具有一定的经史修养。

二、宋代通俗史学社会化的意义

宋代通俗史学因其平民化特征,能够被社会各阶层所广泛接受,不仅扩大了社会的历史知识传播,也引导了社会历史观念的形成,在社会化方面具有重要意义。

第一,宋代的讲史平话和史学蒙求读物,在空前程度上满足了广大民众的史学需求。中国传统史学是贵族化的,缺乏一定政治地位与文化基础的下层民众难以企及。但是,对史学的需求却是社会各阶层普遍存在的。史学作为对人类既往生活的追忆和反思,其所反映的人们的历史生存境遇与当代人的生存境遇相通。③ 处在不同社会地位的人总可以从既往的人类生活经验中汲取现实生活的借鉴和指导因素。庙堂和士林有这样的需求,下层民众同样也有这样的需求,只是侧重点不同。特别是中国传统文化作为一种农耕文化,具有较强的"后瞻性",对既往经验的重视更是超越阶层的一般社会心理。然而,中国传统史学的贵族化倾向使史学与社会下层疏离,精英立场的叙事与下层民众的生活相隔阂,重文言而摒斥白话的语言让下层民众望而兴叹。这种情况在宋代发生了重大变化。

宋代以降,大量蒙求读物都具有史学教育的功能。北宋王令所编《十七史蒙求》主要取材于"十七史"。相传为南宋王应麟所编的《三字经》包含

---

① 楼含松:《论讲史平话的语言特征》,《浙江大学学报(人文社会科学版)》2002年第6期。
② 楼含松:《拟史:宋元讲史平话的叙事策略》,《浙江大学学报(人文社会科学版)》2006年第5期。
③ 李传印、邓锐:《史学传统的现代转换的必要性和实现途径》,《华中科技大学学报(社会科学版)》2007年第2期。

大量的史学内容,晚清贺兴思在《〈三字经〉注解备要·原叙》中,称其为"一部袖里'通鉴纲目'"。可见,大众的史学需求在当时已经日益显现。宋代商品经济的勃发、市民文化的兴起,为下层民众以通俗化的方式满足自身史学需要提供了契机,"讲史"应运而生。民众文艺娱乐的商业化,使大批具有一定文化素养的下层文人与民间艺人可以通过满足民众的文化需求来谋生。基于对象的特点与需要,"说话"一时风行。《都城纪胜·瓦舍众伎》论及"说话"家数称:"说话有四家,一者小说,谓之银字儿。如烟粉、灵怪、传奇。说公案者,皆是搏刀赶棒及发迹变泰之事。说铁骑儿谓士马金鼓之事。说经谓演说佛书,说参请谓宾主参禅悟道之事。讲史书,讲说前代书史文传兴废争战之事。最畏小说人,盖小说者能以一朝一代故事,顷刻间提破。合生与起令、随令相似,各占一事,商谜旧用鼓板吹'贺圣朝',聚人猜诗谜、字谜、戾谜、社谜,本是隐语。"可以看出,除了专门的"讲史"之外,其余类别的"说话"也有很多内容与史学相关,也可以视作广义的讲史。两宋讲史把史学以通俗的形式直接推向更广泛的社会群体,社会大众的史学需求得到前所未有的满足。

第二,两宋"讲史"形成了一种平民品格的通俗史学,对正统史学所建构的主观历史图景进行了平民化重构。讲史平话并不简单地是对正统史学的模仿,而是基于自身立场对正史与稗史进行解构。如《醉翁谈录》所言,"讲史"艺人"纵横四海,驰骋百家。以上古隐奥之文章,为今日分明之议论"。"讲史"虽取材于正统史学,却一改正统史学"名山"事业、载"道"之器的性质,呈现平民面貌。"讲史"的创作、传播主体和受众都是普通民众,文字浅近通俗,以白话为语言形式,明确无误地标明了其平民性。透过平民皆可理解的日常口语,讲史也反映出平民化的社会导向。

史学要将已经永远逝去的客观历史事实重构为主观历史图景,这种重构必然基于当下立场。正统史学代表的是贵族化的立场,宋代"讲史"则根植于平民文化,以大众化的历史观念与价值取向,建构起了不同于正统史学的主观历史图景,体现着史学社会化的趋势。明清以来,出版了大量改编、节选、摘抄史学著作的普及读物,讲史、演史得到进一步发展,是史学社会化的必然结果。

第二节 《春秋》学与正统史学对宋代通俗史学的影响

讲史平话的创作主体一般为市井艺人或下层文人,文化创造能力有限,但因为他们较为强烈的"拟史"与"崇经"倾向,而通过对正统史学的模仿,表现出一定的历史思考能力,以及朴素的史学观念与意识。史学蒙求读物,出自学者,因而表现出较高的文化水平,也更受正统史学与经学的影响。基于蒙求读物面对的读者对象,所以这一类作品又通俗易懂,能够将经史观念浅显地展现出来。

一、正统史学影响下的宋代通俗史学历史观念

讲史平话的历史观念是当时一般社会大众思想的鲜活体现,虽不及正统史学历史思想深刻细致,却也内涵丰富。由于是民间作品,讲史平话大抵经由多人创作、改编而成,故思想旨趣难免有所差异,但毕竟形成了一种平民化的历史观念,在中国古代史学的社会化历程中弥足珍贵。

第一,讲史平话形成了平民化的天命史观。中国正统史学为维护帝王统治而宣扬天命史观,神秘化的记叙不绝于史。宋元讲史平话的天命史观受到其影响,但更多的则带有解释既成历史事实的色彩。一般民众囿于文化条件,难以把握纷繁复杂的社会历史现象,因此,往往用天意来解释历史兴衰。像对于刘备的受天命而王,《三国志平话》就抄袭了正史说法而予以表现。《三国志》卷三十二《先主传》称:"先主少孤,与母贩履织席为业。舍东南角篱上有桑树生高五丈余,遥望见童童如小车盖,往来者皆怪此树非凡,或谓当出贵人。汉晋春秋曰:涿人李定云:'此家必出贵人。'先主少时,与宗中诸小儿于树下戏,言:'吾必当乘此羽葆盖车。'"《三国志平话》效仿史书记载,称:"先主少孤,与母贩履织席为生。舍东南角篱上,有一桑树,生高五丈余,进望见重重如小车盖,往来者皆怪此树非凡,必出贵人。玄德少时,与家中诸小儿戏于树下,'吾为天子,此长朝殿也'。"《三国志平话》描写刘备相貌"面如满月,耳垂过肩,双手过膝,隆准龙颜,乃帝王之貌",也是转自《三国志·先主传》。《五代史平话》也将王朝兴衰归于天命,称唐太宗时袁天罡推测世运已作谶预言了黄巢之乱。平话作者还借袁天罡之口表达了一般民众对历史兴衰规律的看法:"天地万物,莫能逃乎数。天地有时倾陷,日月有时晦蚀。国祚之所以长短,盗贼之所以发生,皆有一个定数

在其间,终是躲避不过。"《大宋宣和遗事》也有与《五代史平话》相似的看法,称宋太宋曾问赵宋国运于陈抟,陈抟回答:"宋朝以仁得天下,以义结人心,不患不久长。但卜都之地,一汴,二杭,三闽,四广。"也是对宋朝后来的历史走向做宿命论的预言。讲史平话对历史兴衰规律的这种宿命论的看法,反映出当时一般民众既对王朝兴衰之变有所认识,又无法深究其真实原因而只能赋予神秘化解释的思想状态。

值得注意的是,讲史平话的天命史观虽与正统史学有相似之处,但又具有明显的平民化特点。具体言之,讲史平话像正统史学一样,也具有"天命王权""以德配天"的思想,认为天是王朝兴衰的主宰,君王之德是上天对待一个政权的依据。但是,讲史平话天命史观中"天"与"德"的观念都已经平民化,颇具特色。以《三国志平话》为例,首先,《三国志平话》中的天以天帝或天公的人格化形象出现,有授命、赏罚等具体行为,以及喜怒哀乐的情绪,其事迹往往是引自民间传说。天公授命书生司马相如暂任阴司之君决断功罪是因为司马相如抱怨其处事不公,让暴君秦始皇为帝。主宰人间兴衰的神明居然对一个书生的随口言语斤斤计较,这正是市民心理的一种折射。其次,正统史学所讲的配天之"德",是仁人爱物、体察下情的为政之德。《三国志平话》中天帝据以评判政权的"德",则超出了统治者为政之德的范畴,而具有朴素社会道德的性质。天公因为刘邦屈杀韩信、彭越、英布,而使三人分别投生为曹操、刘备、孙权"分其汉朝天下",正反映了普通民众的道德观念。另外,司马相如怨恨秦始皇,反映了普通民众反对暴政的心态,因无法解释这种不合理,故他们所能找到的答案只能是"无道之主有作孽之民,皆是天公之意"。普通民众也并不甘于不平的命运,《三国志平话》中,书生司马相如的决断能被天公采纳,实则是平民百姓对社会公正的一种寄寓,也反映了大众对王朝运数的一种认识。《三国志平话》篇首即以开场诗点明此种天意化的解释,云:"江东吴土蜀地川,曹操英勇占中原;不是三人分天下,来报高祖斩首冤。"《五代史平话》在开篇追溯前代历史时,也煞有介事地将这一民间故事当作史事进行了介绍,只是将投生为曹操、刘备、孙权的三人改成了韩信、陈豨、彭越。讲史平话对君王之德的评判标准,显然是由其自身立场与视野决定的。

第二,讲史平话形成了平民化的英雄史观。中国古代正统史学具有圣王史观和英雄史观,强调帝王将相等突出人物的历史作用。讲史平话的英雄史观受到了正统史学的影响,但又具有平民化特点。首先,古代普遍强调少数人物在历史上的作用,像《资治通鉴》等作品的思维就是如此,①讲史平话在正统史学影响下,一般也如此。《五代史平话》可能受到了《旧五代史》的影响而创作,但其材料则颇取《通鉴纲目》等,②故受到正统史学的历史观影响,但又进行了平民化改造,谓:"盖是世之盛衰有时,天之兴废有数,若是太平时节,天生几个好人出来扶持世界;若要祸乱时节,天生几个歹人出来搅乱乾坤。"③

其次,宋元时期,理学兴盛,官僚士大夫的历史盛衰之理左右着讲史平话的观念。司马光用阴阳消长之理来探讨历史兴衰之变,认为"阴阳之交际,变化之原也"④,把阴阳变化视为自然与社会的普遍变易法则,又进一步将治乱兴衰的关键归结于君王,称"君者所以治人而成天地之功也"⑤。精英文化的这种看法为讲史平话所吸收。《大宋宣和遗事》开篇总括治乱兴衰之理说:"看破治乱两途,不出阴阳一理。中国也,君子也,天理也,皆是阳类;夷狄也,小人也,人欲也,皆是阴类。阳明用事的时节,中国奠安,君子在位,在天便有甘露庆云之瑞,在地便有醴泉芝草之祥,天下百姓享太平之治;阴浊用事的时节,夷狄陆梁,小人得志,在天便有彗孛日蚀之灾,在地便有蝗虫饥馑之变,天下百姓有流离之厄。这个阴阳,都关系着皇帝一人心术之邪正是也。"⑥这段论述不仅有《易》学的根底,也和前述"二程"在《春秋》学上的观点如出一辙。讲史平话用阴阳消长归纳历史变动的原因,并将天下兴废归因于"皇帝一人心术之邪正",明显受到精英文化的影响。下层民众囿于政治地位、文化条件,对历史变化之理不可能有深入细致的见解,自然会接受上层文化的观念,并对之进行简单化、直观化理解,最终将社会政治发展的决定性力量归结为代表天理的帝王。

再者,讲史平话突出帝王的历史作用,尤其重视帝王的用人,实际上,也是重视人臣的贤佞。《大宋宣和遗事》开场诗云:"常叹贤君务勤俭,深悲庸主事荒淫。致平端自亲贤哲,稔乱无非近佞臣。"任用贤臣还是奸佞,成为讲史平话评判君主贤愚的标准。纵观讲史平话,可以发现这样的规律:

---

① 吴怀祺:《中国史学思想通论·总论卷 历史思维论卷》,第332~337页。
② 罗筱玉:《〈新五代史平话〉成书探源》,《文学遗产》2012年第6期;修订本见刘相雨主编:《宋元话本学术档案》,武汉大学出版社2014年版,第363~370页。
③ 《新编五代史平话·新编五代梁史平话》,南宋末年麻沙刊本。
④ 〔宋〕司马光:《温公易说》卷六《说卦》,上海古籍出版社1989年版。
⑤ 〔宋〕司马光:《温公易说》卷二《上经》。
⑥ 《大宋宣和遗事·元集》,第1页。

明君用贤臣,于是国兴;庸主用佞臣,于是国衰。《大宋宣和遗事》历数尧舜以至两宋的帝王得失,都反映这一规律,认为宋朝灭亡是王安石"误国欺君"所致,宋朝的兴衰与主政之臣息息相关:"话说宋朝失政,国丧家亡,祸根起于王安石引用婿蔡卞及姻党蔡京在朝,陷害忠良,奸佞变诈,欺君虐民,以致坏了宋朝天下。神宗崩,哲宗即位,太后垂帘听政,用司马温公名做光。元祐年间,天下太平。未几一年,司马光不禄。章惇等入相,再行新法,把这太平的气象,又变做了乱世。"①《五代史平话》也是如此,该书将纣王执政分为贤明与昏暴两个时期:纣王初登帝位,"招得忠臣烈士,文武百官。比干为相、直谏大夫,微子为都堂统政,费仲为大将军,飞廉为佐将大都督……有八伯诸侯,殿前宰相宏夭"。于是,"八方宁静,四海安然。天下皆称纣王是尧舜"。② 纣王受九尾狐蛊惑之后,则"杀妻弃子害忠良"③,专宠妲己,任用小人,以致国势衰微。《三国志平话》突显刘备的明君形象,于是备言其礼贤下士、三顾茅庐;对于诸葛亮的计谋韬略,《三国志平话》更称其"一言可以扶国家,几句良言立大邦"④。

讲史平话突显帝王将相的历史作用,反映在历史叙事中,就表现为宣扬明君贤臣的品德志向、文韬武略。《三国志平话》始叙三国事即称刘备"见汉朝危如累卵,盗贼蜂起,黎庶荒荒,叹曰:'大丈夫生于世,当如此乎!'时时共议,欲救黎民于涂炭之中,解天子倒悬之急。见奸臣窃命,贼子弄权,常有不平之心。"力扬刘备匡扶社稷、拯救黎民的志向。后文中,更时时不忘表现刘备仁爱宽厚、备受拥戴以至成就王业。对于诸葛亮、关羽、张飞,《三国志平话》也或无中生有,或夸大其词,通过借东风、斩庞德、破黄巾等情节来渲染其机谋、勇武在政治军事事件中的关键性作用。《大宋宣和遗事》盛称宋太祖的功绩:"少游关西,行到处,除凶去恶。长治华夷,民安国泰。自陈桥兵变,柴皇让位,在位十七年,天下太平,消熔军器为农器,毁折征旗作酒旗。"⑤

综上所述,讲史平话对历史兴衰规律形成了自己的看法,主要有三点:一则总诸天命,二则归乎君王,三则较于人臣贤佞。历史兴衰规律是中国古代史学关注的一个焦点,讲史平话反映了民间对这一问题的认识,并且

---

① 《大宋宣和遗事·元集》,第10页。
② 《宋元平话集》,第406页。
③ 《宋元平话集》,第437页。
④ 《宋元平话集》,第807页。
⑤ 《宋元平话集》,第273页。

自成体系、言之有物,对历朝更迭有一定的解释力,说明讲史平话形成了较为系统的历史观念。

讲史平话在相当程度上受到了正统史学的影响。由于其具有广泛的社会影响,所以有时还会受到文人士大夫的直接干涉,成为大传统与小传统的争夺阵地。《四库全书总目提要》曾记载明代贵州巡抚郭子章改写平话一事:"万历间,播州宣慰使杨应龙叛。子章方巡抚贵州,被命与李化龙同讨平之。化龙有《平播全书》,备录前后进剿机宜。子章亦尝有《黔记》,颇载其事。晚年退休家居,闻一二武弁造作平话(案:《永乐大典》有平话一门,所收至伙,皆优人以前代轶事敷衍成文而口说之),左袒化龙,饰张功绩,多乖事实。乃仿纪事本末之例,以诸奏疏稍加诠次,复为此书,以辨其诬。"[①]"造作平话"的武弁理应属于略通文理之辈,其文化水平、审美趣味近乎一般民众而不及文人士大夫,郭子章"仿纪事本末之例,以诸奏疏稍加诠次",显然是以上层文化改造讲史平话。此类明显事例虽不见诸宋元史事记载,但实有之。今存《五代史平话》,据胡士莹《话本小说概论》从标题、版式、内容、语气等方面考证,应为元人增益刊印的"宋人旧编"。有趣的是,今存《五代史平话》的一些观念与宋元戏曲及其他通俗作品背离而与文人士大夫旨趣相合。以李存孝形象为例,《邓夫人苦痛哭存孝》等元杂剧以及《残唐五代史演义传》张扬李存孝的勇武绝伦、功高名震,并改变《旧五代史·李存孝传》关于他私通敌国、据城叛乱的记载,将其塑造成负谗屈死的悲剧英雄。然而《五代史平话》却将李存孝的赫赫战功一笔带过,言其据城反叛、兵败被杀,对李存孝的否定比正史有过之而无不及。

如前所述,宋元讲史平话的价值取向已趋于平民化,重事功、褒扬草莽英雄,大有英雄不问出身之意,元杂剧和《残唐五代史演义传》改变正史中李存孝之死的性质,正是民间历史观念的体现。《五代史平话》与同时代民间作品大异其趣而依附正史,立意于政治风教,应是文人士大夫为"矫时抗俗"而作,[②]或是如明人郭子章一样,对民间文本进行了改造。文人士大夫对讲史平话的干涉,体现出讲史平话社会影响之巨大,也反映出史学大传统与小传统的冲突与融合,讲史平话的历史观正是这样一种显现,既具有平民化特征,又与正统史学存在千丝万缕的关联。

---

① 《四库全书总目》卷五十四《史部十·杂史类存目三》。
② 楼含松:《李存孝形象与五代史故事的传播——兼论古代通俗小说的文人化》,《浙江大学学报(人文社会科学版)》2005年第4期。

二、正统史影响下的宋代通俗史学的史学意识与观念

讲史平话作为一种通俗史学,虽然缺乏正统史学那种自觉而深刻的史学思想,但也要完成一定的历史叙述,并且要能够吸引受众。因此,也形成了抑或至少在发展过程中体现出了一些朴素的史学意识与观念。

第一,讲史平话反映出不同于正统史学的史学功用观念。其一,讲史平话特重历史的娱情功能。正统史学以资治鉴戒为史学的根本功能,对史学鉴戒和垂训作用的重视贯穿其整个发展历程。《尚书·召诰》说:"我不可不监于有夏,亦不可不监于有殷。"宋儒特重《春秋》学之鉴戒意义,朱熹认为"圣人据鲁史以书其事,使人自观之以为鉴戒尔"。司马光有法《春秋》之意,以《通鉴》为帝王"周览"之资。[①] 讲史平话的受众是平民阶层,以趣味性和生动性吸引听众是其目的。因此,在讲史平话中,史学的功用首先被定位在娱情上,从内容到形式都具有通俗化特征,前文已经述及。

其二,讲史等通俗史学仍然受到以史为鉴的功用观的影响,但转而反映出一种平民化的"史鉴"思想,使历史的鉴戒作用由正史的资治转为向个体提供参照借鉴。《醉翁谈录·舌耕叙引》称"言其上世之贤者可为师,排其近世之愚者可为戒",即表达了这种个体化的"史鉴"思想。这一点集中表现为讲史平话对底层人物从起家到腾达事迹的关注。讲史平话中的主人公大多是平民出身的草莽英雄并且广受褒扬。《五代史平话》对朱温、刘知远、郭威等人崛起于社会底层的事迹大加渲染,并予以肯定。《三国志平话》以刘备、诸葛亮、关羽、张飞为中心人物,而这四个人物都被安排成了下层民众出身:刘备虽为"中山靖王刘胜之后",但已"落于百姓之家",被袁术太子袁襄视为"织席编履村夫";诸葛亮本是"汉司隶校尉诸葛丰后","从父玄为袁术所署豫章太守",[②]但在《三国志平话》中却"出身低微,原是庄农",还曾被张飞、夏侯惇等人讥为"牧牛村夫";关羽则是"亡命逃遁"之人;只有张飞"家豪大富",但也是无官无职的平民百姓。从一定意义上说,《三国志平话》也是一部讲述平民发迹变泰史的作品。普通民众之所以关注和颂扬与自身出身有相似性的草莽英雄,实际上是对自身前途的一种期望与寄托,反映了下层民众从历史人物崛起的事迹中为自己寻找借鉴因素的愿望。

---

① 参见第五章第二节第一小节。
② 《三国志》卷五《诸葛亮传》。

其三，有的讲史平话也在一定程度上表达了总结历史经验教训的旨趣，表现最明显的莫过于《大宋宣和遗事》。萧相恺先生在《宋元小说史》中指出，《遗事》的作者"是想要通过对这段史事的回顾，来总结宋人失国的历史原因"，颇有见地。该书开场诗曰："常叹贤君务勤俭，深悲庸主事荒淫。致平端自亲贤哲，稔乱无非近佞臣。"随即数说"历代君王荒淫之失"，接着褒扬唐宗、宋祖文治武功，然后才切入正题。这一结构安排，已经说明作者总结历史经验教训的创作意图，文中又痛斥昏君佞臣的荒淫腐朽、屈辱求和，显然是对宋亡教训的反省。

第二，讲史平话和史学蒙求读物因为"拟史"倾向而形成了引用正统史著与相关历史作品的明确意识，成为其显著特色。正统史学中的名著自然是通俗史学作品引用的首选。《十七史蒙求》正是基于十七部正史而进行的创作，在创作过程中，也涉及其他史著。《三字经》以史学为重要内容，也对相关史著加以大量引用和概括。讲史平话的作者为了提升自身格调以吸引受众，更刻意地引用正统史著和历史作品。《前汉书平话》叙述楚汉相争之后的史事作为开篇，即引用改造了司马迁对项羽的史论，云：

> 史官学士司马迁曰："吾闻周生曰：'周士贤人言，舜目有重瞳，以为羽亦是圣人也。'羽布衣起于陇亩之中，遂将五诸侯兵灭秦。五诸侯道：赵、燕、齐、楚、韩也，按剑面分列。天下诸侯，皆由羽出，号为霸王，位虽不致终，自古以来未有也。项王经营天下，争战五年，卒亡其国，身死东城乌江上，不觉悟也。"司马迁言曰："项王不知己，不能用贤人，失天下。言天亡项王，非战罪，岂不谬哉！"①

这段史论既标榜了自身出自正史，又按通俗史学需求简要交代了五方诸侯，置于全书开篇，引出后面的故事，也很恰当。其语言一气呵成，与下文衔接紧密。可见讲史平话的创作者在引用正统史著方面的熟练与用心。

在典型意义的史学名著之外，通俗史学也援引诗文奏议等作品。像《大宋宣和遗事》中就引用了一些名臣奏议，如吕诲等人弹劾王安石之辞。② 而对诗词的插入，在通俗史学作品中尤其重要。讲史平话中述及历史景象与事件，常常以"有诗为证"的形式来加以引证。唐宋咏诗兴盛，也

---

① 《前汉书平话》，上海古典文学出版社1955年版，第2页。
② 《大宋宣和遗事》，第7～8页。

在严格的正统史学之外,为文人士大夫相对自由表达历史见解、借古喻今提供了渠道,并因其文学化特征而被讲史平话所注意和吸收。虽然从正统史学的角度而言,无论出自谁口,咏史诗一般不足以作为证据,但对通俗史学来说,能引用文人雅士的诗作,已经可以在其受众中树立起一定的权威。典型者如《大宋宣和遗事》引用邵雍《左衽吟》:

> 自古御戎无上策,唯凭仁义是中原。王师问罪固能道,天子蒙尘争忍言。两晋乱亡成茂草,亡君屈辱落陈编。公间延广何人也,始信兴邦亦一言。①

因为邵雍的声名,还特意进行了说明,在诗前云:

> 今日话说的,也说一个无道的君王,信用小人,荒淫无度,把那祖宗混沌的世界坏了,父子将身投北地去也。全不思量祖宗创造基业时,直不是容易也!今有康节先生做八句诗,道得好。②

在引用《左衽吟》之前,《大宋宣和遗事》先铺陈叙述了丹朱、桀、纣、周幽王、楚灵王、陈后主、隋炀帝与唐明皇的荒淫无道,然后用这段话引出邵雍诗,作为结构上的一个转折,又因为邵雍诗比前引无名诗名气更大,而有引起注意的作用,故在引用该诗之后,又道:

> 此诗是康节《左衽吟》,豫先说着个宣和、靖康年间谶语么。

这句话一则重复了对讲史平话而言分量很重的引证对象,二则过渡到后面对宋代主题的叙述,三则用发问的方式引起读者兴趣。像这样结构完整的引用在讲史平话中并不是太多,一般只有在引用邵雍这样知名度很高的人时才会出现。而引用这类人物的作品,讲史平话会尽量将其放在作品的开篇、转折或总结等关键位置。

《大唐三藏取经诗话》以"诗话"为名,仍是"说话"的一种。③ 此"诗话"

---

① 《大宋宣和遗事》,第5～6页。
② 《大宋宣和遗事》,第5页。
③ 王国维:《宋椠〈大唐三藏取经诗话〉跋》,见《王国维文集》(上部),中国文史出版社2007年版,第28页。

不同于《六一诗话》等文人士大夫的"诗话",实际上就是指有诗有话的"说话",指示出其在表演时不同于平说的形式。观其体制,与《大宋宣和遗事》《五代史平话》等并无二致。只是所用诗更多,甚至人物的对话也有采用诗的形式的,试举一例:

> 僧行七人,次日同行,左右伏事。猴行者乃留诗曰:
> 百万程途向那边,今来佐助大师前。
> 一心祝愿逢真教,同往西天鸡足山。
> 三藏法师诗答曰:
> 此日前生有宿缘,今朝果遇大明贤。
> 前途若到妖魔处,望显神通镇佛前。①

这部平话中很多事件发生、结束时,都以留诗的形式来进行表述,有时也会出现人物用诗的形式交流,而三藏法师和猴行者是留诗最多的人物。像此处,二位人物就用诗的形式表达了一同取经的心意。作为平话的一个重要事件,诗的形式更加醒目,也更能提升作品的文化格调。在诗话类表演形式中,诗的韵律也更有利于其演唱。

第三,讲史平话形成了关于历史叙事的朴素的贯通意识,主要表现在讲史平话不论自身主题的时代,都普遍注意形成完整的历史统序。讲史平话大都在切入正题之前追溯前代史事,表现出注重历史叙事连贯性的朴素思想。宋代理学的思维是贯通古今,究竟始终。如前所述,这种思维方式在正统史学中有重要表现,也潜移默化地影响到了通俗史学。蒙求读物的创作主体的文化水平高于讲史艺人,也自然具有历史贯通思想,并且由于受经学和正统史学的影响更大,进而表现出历史统序思想。以北宋王令编著《十七史蒙求》为例。该书上继唐李翰所撰《蒙求》,下启之后广泛撰述历史蒙学读物的风气。首先,王令的《十七史蒙求》表现出强烈的历史贯通思想。《十七史蒙求》主要取材于"十七史",包括记述宋代之前史事的十七部正史(纪传体史书):《史记》《汉书》《后汉书》《三国志》《晋书》《宋书》《南齐书》《梁书》《陈书》《魏书》《北齐书》《周书》《隋书》《南史》《北史》《新唐书》《新五代史》。实际上,在"十七史"之外,《十七史蒙求》为了使历史内容能够完全贯通,还涉及《左传》、《国语》、谢承《后汉书》、《东观汉记》等史著,表

---

① 《大唐三藏取经诗话》,商务印书馆1925年版,第2~3页。

现出良好的史学修养。

《三字经》虽未必出自王应麟,但也应出自学者手笔,自然也会自觉注意到历史世系的完整记述,并且表现出自然的理学观念:

经子通 读诸史 考世系 知终始 自羲农 至黄帝 号三皇居上世
唐有虞 号二帝 相揖逊 称盛世 夏有禹 商有汤 周文武称三王
夏传子 家天下 四百载 迁夏社 汤伐夏 国号商 六百载至纣亡
周武王 始诛纣 八百载 最长久 周辙东 王纲坠 逞干戈尚游说
始春秋 终战国 五霸强 七雄出 嬴秦氏 始兼并 传二世楚汉争
高祖兴 汉业建 至孝平 王莽篡 光武兴 为东汉 四百年终于献
蜀魏吴 分汉鼎 号三国 迄两晋 宋齐继 梁陈承 为南朝都金陵
北元魏 分东西 宇文周 与高齐 迨至隋 一土宇 不再传失统绪
唐高祖 起义师 除隋乱 创国基 二十传 三百载 梁灭之国乃改
梁唐晋 及汉周 称五代 皆有由 炎宋兴 受周禅 十八传南北混①

这一段叙述,简要概括了宋儒观念中的历史世系。其中有一个值得注意之处,《三字经》先讲经学,再讲史学,又明确称"经子通,读诸史",正反映了宋代理学的知识论。朱熹云:"若未读彻《语》《孟》《中庸》《大学》便去看史,胸中无一个权衡,多为所惑。"《三字经》的安排与观念正若合符契。

讲史平话的作者文化层次一般较低,但也受正统史学影响,而注意历史叙述的贯通性,尤为难得。《五代史平话》开篇即讲,"粤自鸿荒既判,风

---

① 施孝峰主编:《〈三字经〉古本集成》,辽海出版社2008年版,第415页。

气始开。伏羲画八卦而文籍生,黄帝垂衣裳而天下治"。历数各代,直讲到唐太宗时袁天罡作谶才切入正题。《秦并六国平话》开篇也从鸿蒙初始、唐虞三代说起,历数史事,引话题到七国争雄,其辞曰:

> 鸿蒙肇判,风气始开。以揖让而传天下者,尽说唐、虞;以征伐而取天下者,尽说三代。夫三代者:夏、商、周也。夏禹王得舜帝禅位,立国为夏,传一十七代,享国得四百三十一年。夏桀无道,商汤放桀于南巢田地里,夏之天下尽归于商。汤王立国为商,传三十代,享国得六百二十九年。纣王无道,周武王伐纣于孟津田地里,并商天下,立国为周。自武王至幽王时分唤作西周,自平王至赧王时分唤作东周。
>
> 二周虽传三十五代,享国得八百六十七年,自传到那第十三代的君王唤做平王,那时周室衰微,诸侯强勇。平王虽居尊位做天子,但王室荡无纲纪,甚至下堂而见诸侯。①

《秦并六国平话》是一部较能根据历史事实来书写的作品,其作者具有较好的史学素养,通篇多依据正统史著所记史事来编排故事。开篇对于古史的追溯,在宋代讲史平话中具有一定代表性。这一段历史记述,基本上是按照宋儒的古史观念和儒家的政治伦理进行的。既有追溯"鸿蒙肇判,风气始开"的理学痕迹,又有儒家三代观念,一直叙述到作为作品背景的周平王之世。但是,讲史平话的这种朴素史学意识,有时并不完整,像《大宋宣和遗事》在追溯历史时,从唐尧开始,一直叙述到了周朝。但突然从周跳到了隋唐五代,其间的历史都没了踪影。虽然其在行文上仍是连贯的,从纣王宠爱妲己、周幽王千金取褒姒一笑和楚灵王宠嫔嫱之色,过渡到陈后主宠张丽华与孔贵嫔之色,又跳回到隋炀帝宠萧妃之色,但是叙述之中的时代顺序已有错乱,又丢失了秦汉以下数百年历史。可见,讲史平话在史学性方面毕竟无法与正统史学相比拟。《武王伐纣》所述历史故事很早,也在开篇通过入场诗向前向后延伸而形成了贯通性的历史视野,云:

> 三皇五帝夏商周,秦汉三分吴魏刘,
> 晋宋齐梁南北史,隋唐五代宋金收。②

---

① 《古本小说集成·秦并六国平话》,上海古籍出版社1994年版,第2页。
② 《古本小说集成·武王伐纣书》卷上,上海古籍出版社1991年版,第2页。

这实际上是从宋代的历史角度出发,先呈现历史脉络,使受众明白所要讲述的商周之际的故事所处的年代。

讲史平话注重叙述连贯性的意识,甚至在短篇作品中也有表现。像《老冯唐直谏汉文帝》在讲述冯唐故事之前,就先讲从宋太祖到宋仁宗拜谒武成庙时对古代名将的议论,以作为冯唐故事的追溯与铺垫,①从而将其置于一个古代名将的历史统序中,虽然在短小篇幅中统序比较粗简,但仍可见其历史连贯性意识。而《汉李广世号飞将军》也在讲述李广故事前,先简单追溯了战争历史,云:"伏羲、神农之时前,并无征战。自轩辕黄帝之时,蚩尤作乱,黄帝命风后为师,破蚩尤涿鹿之野,自此始用兵矣。五帝之时,便有征战。三代春秋,互相吞并,东夷、西(戎)、南蛮、北狄。……"②同样表现出叙述连贯性意识,希望为李广的故事勾勒出历史背景与线索。

有一些讲史平话,甚至越出传统正闰观念的束缚,重构了更注重连贯性、完整性的史统体系。这反映出宋儒注重以功业为标准言正统的一种思想影响。在讲史平话中,义理道德评价标准更加淡化。正史到宋代已经形成了"十七史"序列。而从《醉翁谈录·舌耕序引》中的长歌可以看出,宋代讲史艺人在正史之外构建了另一个史统序列:羲农皇帝、少昊颛顼、高辛虞、夏商周、秦、汉楚、两汉、王莽、三国、两晋、曹魏、宋齐梁魏、陈周隋、唐五代、宋。可以看出,讲史平话相对于正史,有可能较少地从正统角度考虑政权的合法性,而强调史统序列的连贯性。《前汉书平话》开篇也备述项羽武功霸业,隐隐有《史记》为之立《本纪》之意。

总之,宋代讲史平话根植于平民文化,形成了独特的历史观念和朴素的史学观念与意识,是史学小传统的一个重要组成部分,在中国古代史学社会化过程中居于重要地位。既反映了正统经史之学的教化,又反映了当时民间社会的一般思想状态。无论是出自文人士大夫之手的蒙求读物,还是源于民间艺人的讲史平话,都因为时代经史之学的重要地位而受到其影响。其中,《春秋》学因为具有"史学理论"的性质,而尤其通过正统史学,对通俗史学产生了一定的影响。

---

① 〔明〕洪楩:《清平山堂话本·老冯唐直谏汉文帝》,岳麓书社2014年版,第165~166页。
② 〔明〕洪楩:《清平山堂话本·汉李广世号飞将军》,第171页。

三、《春秋》学的直接影响

《春秋》学对宋代通俗史学,既有通过正统史学而产生的间接影响,也有直接影响。宋代蒙求类史学读物因为由学者执笔,自然有"崇经"的思想意识,而讲史平话的作者也要受到时代思潮的影响。讲史平话希望通过"拟史"来提升自身格调,增强真实感。因此,也较多表现出"崇经"意识,从而反映出经学论调。因为《春秋》学在宋代正统史学中的重要地位和本身与历史叙事的密切关系,而在讲史平话中又较多体现。

第一,讲史平话往往直接通过引用《春秋》,来模仿正统史著,显示自身的文化层次。这种情况在宋代的小说家数中并不常见,是讲史艺人刻意为之,从一个侧面反映出经史之学在宋代社会观念中的地位。讲史艺人直接引用《春秋》,也有不同方式。

第一种,是直接叙述孔子作《春秋》之事。《五代史平话》在追溯古史时,特意述及孔子作《春秋》:

> 后来周室衰微,诸侯强大,春秋之世,二百四十二年之间,臣弑其君的也有,子弑其父的也有。孔子圣人,为见三纲沦,九法斁,秉那直笔,做一卷书唤做《春秋》,褒奖他善的,贬罚他恶的。故孟子道是:"孔子作《春秋》,而天下乱臣贼子惧。"①

这一引用,一是对《春秋》历史做了概述与儒家化的评价,二则在平话的开始部分显现出作品的文化层次。可见,宋代社会思想中,《春秋》所据的崇高地位与社会接受程度。

第二种,是引用《春秋》经传之文句。《大宋宣和遗事》宣扬因果报应,好言谶语,假托邵雍之口,预言南宋以秦桧为相:

> 英宗皇帝治平年间,洛阳郡康节先生,因与客在天津桥上纵步闲行,忽听得杜鹃声,先生惨然不乐。客问其故,先生道:"洛阳从来无杜鹃,今忽来至,必有所主。"客曰:"何也?"先生曰:"不过二年,朝廷任用南人为相,必有更变。天下自此多事矣!"客曰:"闻杜鹃声何以到此?"先生曰:"天下将治,地气自北而南;将乱,地气自南而北。今南方地气

---

① 《新编五代史平话·新编五代梁史平话》。

第六章 《春秋》学与宋代通俗史学   315

至矣,禽鸟得炁之先者也。《春秋》有云:'六鹢退飞,雏鹓来巢。'皆炁使之然也。"①

在这个故事中,邵雍以《春秋》"六鹢退飞,雏鹓来巢"来解释洛阳杜鹃,本身就是按照汉学的《春秋》灾异论来创作的。欧阳修"力破汉儒灾异说"之后,宋代儒学向着理性化的方向日益发展,但从讲史平话作品中可以看到,宋儒肃清汉学神学化理论的思想影响在社会上并不一定非常广泛。虽然《春秋》中可视作灾异的内容屈指可数,但讲史艺人却偏偏选中此条,可见当时民间社会的诉求与兴趣仍难脱迷信范围。从《大宋宣和遗事》本身而言,引用《春秋》,符合邵雍经学家的身份特征,通过这个故事和《春秋》的引用,使得关于南宋的预言显得颇有依据,可见《春秋》学的重要社会导向。

第三种,是把《春秋》作为自己的历史评价标准的理论基础。《秦并六国平话》中有一个类似《五代史平话》的孔子作《春秋》的描述:

> 孔夫子是春秋世儒道的宗师,要扶持这三纲五常。见那时王纲颓坏,为君底失为君之道;侯国强梁,为臣底失为臣之礼。怕天下后世乱臣贼子争效这个模样,便使三纲沦而九法斁,不成世界。不免将那直笔,把那时一十二国,共有二百四十二年的事迹,著一部史书,唤做《春秋》,从平王时事为头,有善事底褒奖它,使人知劝;有恶事底贬责它,使人知怕。②

在《秦并六国平话》中,对孔子作《春秋》的介绍,除了崇经拟史的目的,还有更重要的作用,就是使之成为对秦进行历史评价的标准的思想指导和宗旨。《秦并六国平话》虽然讲述秦并六国的历史故事,但并不是要颂扬秦的统一功绩,而是以儒家义理来进行历史评价与借鉴,不仅讲述了秦并六国,也一直叙述到西汉建立,通过历史比较阐发了以仁义为根本的儒家道德史观,借"董公"之口点题:"顺德者昌,逆德者亡。"③由此,《秦并六国平话》对秦评价道:

---

① 《大宋宣和遗事》,第7页。
② 《古本小说集成·秦并六国平话》,第2~3页。
③ 《古本小说集成·秦并六国平话》,第102页。

> 夫以始皇，以诈力取天下，包举宇内，席卷天下，将谓从一世事至万世为皇帝。谁料闾左之戍卒，一呼而七庙隳，身死人手，为天下笑。中原失鹿，诸将逐之。神器有归，竟输于宽仁爱人沛公。则知秦尚诈力，三世而亡。三代仁义，享国长久。后之有天下者，尚鉴于兹。①

平话否定秦始皇以"诈力"取天下的做法，而引贾谊《过秦论》进行抨击，肯定沛公"宽仁爱人"，得出结论认为"仁义长久"、"诈力"速亡。对孔子作《春秋》的记述，正是平话作者希望在开篇确立历史评价标准和结论的理论依据，可以看成其"史义"的纲领，又是其"史法"的指导。《秦并六国平话》希望像《春秋》一样惩恶扬善，虽然无法像正统史学那样通篇运用《春秋》笔法，但往往在叙述中加以道德评价，也体现了师法《春秋》的努力。

第二，讲史平话受到《春秋》义理的思想影响。首先，在宋代民族关系紧张的形势之下，经史之学重《春秋》夷夏之辨，特别是到了南宋，因为民族政治局势的危机，《春秋》攘夷之义盛行。讲史平话在崇经拟史的普遍风气下，历史观也受此影响。《五代史平话》是一个典型的例子。《旧五代史》称赞石敬瑭的才干品行，但严厉指责其借重契丹之举：

> 史臣曰：晋祖潜跃之前，沈毅而已。及其为君也，旰食宵衣，礼贤从谏，慕黄、老之教，乐清净之风，以纯俭为衣，以麻为履，故能保其社稷，高朗令终。然而图事之初，召戎为援，猃狁自兹而孔炽，黔黎由是以雁殃。迨至嗣君，兵连祸结，卒使都城失守，举族为俘。亦犹决鲸海以救焚，何逃没溺；饮鸩浆而止渴，终取丧亡。谋之不臧，何至于是！倘使非由外援之力，自副皇天之命，以兹睿德，惠彼蒸民，虽未足以方驾前王，亦可谓仁慈恭俭之主也。②

《旧五代史》由宋太祖下诏编修，在宋初的民族形势下，史臣一方面褒奖石敬瑭的执政之风，但又痛斥其投靠契丹之举，认为是祸国殃民，并将后晋的灭亡也归咎于此。史臣论称，如果石敬瑭"非由外援之力，自副皇天之命"，则"亦可谓仁慈恭俭之主"。这就隐约把如何处理与异族的关系问题看成是历史评价的基本标准。如第五章所述，《新五代史》是欧阳修据《春

---

① 《古本小说集成·秦并六国平话》，第 103 页。
② 〔宋〕薛居正等：《旧五代史》卷八十《高祖纪第六》。

秋》义例修成,反映出《春秋》攘夷之义。欧阳修将正统观念系之于《春秋》,又重视其中"大一统"的功业标准,而从功业角度对周边民族进行理性考察,因此作《新五代史·四夷附录》。

《五代史平话》多少受到了《春秋》学及其正史表现的影响。一方面,强调"契丹是夷狄之国,狼子野心",反映出《春秋》攘夷观念;另一方面,又有类似欧阳修的理性考量,认为中原政权处理与契丹的关系,"只可以威德怀服,不可以势利结托"。《五代史平话》从后晋史事引申出对"攘夷"的历史评价,称：

> 向无太宗皇帝英武仁恕,混一天下,夙夜听政,宵旰忘疲,用房、杜之贤相,任李靖之将才,信魏徵之忠谋,听王珪之善谏,建府立卫,如周官乡遂之师;口分世业,似周官井田之制;限官任才,如六卿之承属;定律令格式,除肉刑、笞背,如五刑之禁暴。故能致贞观太平之治,使突厥之渠系颈阙庭,蛮夷君长带刀宿卫;所以能制伏了突厥桀黠变诈之情,故免末年狼狈也。

唐太宗时期,是中国历史上夷夏关系发展的一个新阶段。宋人崇拜羡慕之情,在这番史论中颇有显露。在宋代现实与盛唐历史的比较中,《五代史平话》论述了其认为契丹"只可以威德怀服,不可以势利结托"的原因。平话作者认为,只有像唐太宗一样"英武仁恕,混一天下",才能"使突厥之渠系颈阙庭,蛮夷君长带刀宿卫",这正是从《新五代史·四夷附录》的角度进行历史考察得出的结论。由此可见,在与周边民族的政治、军事较量中,《春秋》夷夏观发生了变化,在通俗史学中也有所表现。

其次,宋代通俗史学也受到经史之学的《春秋》正统论影响。史学蒙求读物因为出自学者之手而有强烈的正统观念。宋儒继承和发展了韩愈以来的观念,言学则有"道统",论史则有"正统",又普遍接受欧阳修将正统论系之于《春秋》的说法。"十七史"之说是宋代这种广泛的正统观念在史著方面的表现。"十七史"范围反映的是宋代文人士大夫的观念,宋儒从正统出发,厘定出史书统序。实际上,在《新唐书》和《新五代史》之外,尚有《旧唐书》和《旧五代史》,且二书成书早于宋人所著。但宋人囿于正统观念和对史著的义理化评价,而将《旧唐书》和《旧五代史》排摒于"十七史"之外。王令本为文人,也从正统观出发,编撰《十七史蒙求》以十七部正史为基础。

宋人王献可于宋徽宗建中靖国元年(1101)为《十七史蒙求》作序，称王安石曾有诗句赞许王令"力排异端谁助我，忆见夫子真奇材"，王安石又在与王令书信中称："足下之材，浩乎沛然，非某之所能及。"①可见，王令之才学当远超当时讲史艺人，也因为此，其不仅注重历史贯通，也注重历史统序的正闰之辨。《三字经》也有类似的正统观念，在表述历史统序时，称"王莽篡"，是辨其正闰。而"炎宋兴，受周禅"之谓，正是宋代主流的继周德运观的反映。

一些讲史平话中也有较明显的《春秋》正统观，而在历史统序中从儒家义理的角度进行历史评判。《大宋宣和遗事》对"上下三千余年，兴废百千万事"进行回顾。其中，按照"天理"和"人欲"的对立来评判历史上的君主，显出义理道德评价的取向。以义理标准来做道德评价，很容易导致一些不合标准的政权被剔除出历史统序。《五代史平话》从自伏羲至五代的历史追溯中，从春秋时代直接叙述刘季，云："只有汉高祖，姓刘字季，他取秦始皇天下，不用篡弑之谋。""刘季不用篡弑之谋"紧接"周室衰微，诸侯强大，春秋之世，二百四十二年之间，臣弑其君的也有，子弑其父的也有"而来，秦始皇只是被附在春秋乱世之中。虽然《五代史平话》作者的历史修养有限，甚至认为汉高祖"姓刘字季"，但仍在有意无意间透露出宋代经史之学中对政权的义理评价，可见其所受浸染之深。《三国志平话》明确以蜀汉为继承刘汉的正统政权，甚至在三国事后要以刘渊建汉来作结，以之为汉室复兴，其结尾如下：

> 汉王遂灭晋国，即汉皇帝位。遂朝汉高祖庙，又汉文帝庙、汉光武庙、汉昭烈皇帝庙、汉怀帝刘禅庙而祭之，大赦天下。
> 汉君懦弱曹吴霸，昭烈英雄蜀帝都。
> 司马仲达平三国，刘渊兴汉巩皇图。②

《三国志平话》以西汉、东汉、蜀汉和赵汉为连续的正统统序，而以曹魏和孙吴为霸。其在三国中以汉为正统的观念，正反映南宋张栻等理学家的主张，一直延续到后世的大部分三国题材文学作品中，影响深远。

《秦并六国平话》可以称作是讲史平话中的"载记"。该平话主要讲述

---

① 〔宋〕王安石：《临川先生文集》卷七十五《与王逢原书七》之二，中华书局1959年版。
② 《古本小说集成·三国志平话》，上海古籍出版社1991年版，第139页。

秦统一的历史，却并不以秦为正统，反而强调周的正统地位，称在"平王虽居尊位做天子，但王室荡无纲纪"的情况下：

> 两周分治各西东，十二诸侯互战攻；
> 未有真人来一统，奈何七国又争雄！
> 那七国者：秦、韩、魏、楚、燕、齐、赵也。
> 秦姓嬴氏，周武王时封。秦至武公、惠公时分始僭称王。此秦国也。①

欧阳修认为，"当东周之迁，王室微弱，吴、徐并僭，天下三王，而天子号令不能加于诸侯，其《诗》下同于列国，天下之人莫知正统。仲尼以为周平虽始衰之王，而正统在周也。乃作《春秋》，自平王以下，常以推尊周室，明正统之所在。"《秦并六国平话》中以周为正统，而以秦"僭称王"的表述，无疑符合欧阳修所开创的《春秋》正统论。特别是《秦并六国平话》中，对六国都承认其地位，只称秦为"僭"，甚至对《春秋》贬为夷狄的楚也称"襄郢楚王姓芈氏，周成王时分，封为楚王"②，更可见对秦的否定。《秦并六国平话》既要叙述秦的历史，又以秦为僭伪，从而表现出一种类似正统史学中的"载记"的性质。其创作未必受宋代兴起的"载记"类史书的影响，但至少可见《春秋》正统观影响。

总而言之，《春秋》学通过以正统史学为中介的间接影响或直接影响，对宋代通俗史学的创作起到了一定作用，在一定程度上反映出宋代《春秋》学与史学的内在联系，以及两者的重要社会影响。

---

① 《古本小说集成·秦并六国平话》，第3页。
② 《古本小说集成·秦并六国平话》，第3～4页。

第七章　中西比较视域中宋代史学的新因素与《春秋》学在其中的作用

近代以来,中西比较成为一种重要的史学研究视角。① 阿诺德·汤因比(Arnold Toynbee)也在其《历史研究》一书中指出,"复兴"不独欧洲有之,在伊斯兰世界和远东都存在,明确了这种比较具有更为普遍性的意义。需要注意的是,这些比较或以欧洲中心论为背景,或在反欧洲中心论时仍不自觉地从欧洲文化模式出发,从而陷入用殖民者的模式反殖民的怪圈。后殖民主义启发了一种新的中西比较模式,即将欧洲文化模式"区域化"。② 由此,可将中国史学与西方史学作为两个独立的区域史学传统加以比较。中国史学的近代化固然表现为"西化",但西方的牵引方向与中国史学固有的理路相近,则是更深层的原因。已有学者注意到,中国史学近代化的内在依据存在于自身而非外来影响。③ 要探究中国史学走向近代的固有理路,正可以与西方做一比较,通过中西一致性的发现来更深刻地

---

① 1887年兰克的手稿誊写者里斯受聘日本东京大学,讲授"史学方法论",成为亚洲史学引进西方近代史学的标志性事件。十年后,内藤湖南在京都大学讲授东洋史,反对日本学界以兰克史观否定中国文化的观点,在中西比较背景中提出"唐宋变革论"等观点。宫崎市定更径直"以北宋时代为东洋的文艺复兴期"(见宫崎市定:《东洋的文艺复兴和西洋的文艺复兴》,《宫崎市定论文选集》下卷,商务印书馆1965年版,第34~68页)。内藤等人将中国历史划分为"上古—中世—近世"的三段论颇仿西方源于文艺复兴时期彼得拉克(Petrarch)的"古典时代—中世纪—当代"三段论。此后,从与西方比较的角度看待东亚的近世化与近代化问题成为重要的史学视角。虽然日本学者的这些历史观点争议颇大,也与本书的史学讨论无直接关系,但不得不提及其研究视角发端并影响了后来的中西史学比较研究。

② Dipesh Chakrabarty, *Provincializing Europe: Postcolonial Thought and Historical Difference*, Princeton: Princeton University Press, 2000. pp. 3 – 16.

③ 白寿彝主编、陈其泰著:《中国史学史》第六卷《近代时期(1840—1919年):中国近代史学》,上海人民出版社2006年版,第371页;谢贵安:《中国史学史》,武汉大学出版社2012年版,第506页。

理解中国史学走向近代化的道路与特点。①

在西方,史学是学术文化的重要组成部分,特别是19世纪欧洲进入了历史主义的时代,历史学一改古典时代以来的低下地位,强势勃发。欧洲历史主义与历史单线进步的启蒙思想合流,孕育出一种从历史连续性中探讨历史因果关系的学术理路。从维科(Giambattista Vico)到黑格尔的历史进化论和达尔文的生物进化论,成为西方史学近代转型在历史观层面的指挥棒。近代史学观念的养成非一日之功,必有其先导;历史观之造就新史学也须得史学方法落地。在欧洲,史学近代转型可循迹至文艺复兴。彼特拉克(Francesco petrarca)之历史三段论引导了之后史学家探讨人类历史阶段与变化,而文艺复兴时期的博古学(antiquarius/antiquitates)与文献学(philology)则为近代史学提供了有别于叙事传统的历史考证方法。②同时印刷术的发展,促使人文主义思想不断社会化,推动了社会与史学的近代化进程。另外,大学中人文主义对经院哲学的冲击,也为近代化思想建立起阵地。

正如余英时先生所言,学术文化发展有其"内在理路"(inner logic)。不同地域的主要文明往往在大体相同时间段产生类似文化要素是一种表现。雅思贝斯(Karl Jaspers)注意到了世界主要文明的"轴心时代",③堺屋太一注意到世界大范围内中世纪终结的必然性和近代精神的萌发。④宋代类似于西方的大变革与近代化因素增长,从一定角度而言,反映了中西文化发展的共同内在理路,而史学则是其重大方面。

西方史学的近代化,一方面表现为冲破中世纪神学笼罩走向专业化,重点在历史观与史学方法的转型;另一方面表现为打破僧侣与贵族垄断走向社会化,重点在教育和通俗史学领域的发展,而人文主义则是这两大趋势共有的价值取向。宋代史学出现了大致类似的趋向且时间早于欧洲,堪称史学近代化的前导,绝非西方史家曾认为的那样缺少变化而只是自然历

---

① 史学毕竟是相对独立的学术文化现象,其分期不必与历史一致。西方学界对近代历史的开端没有定论,对史学近代化的开端却基本达成一致,普遍注意文艺复兴和宗教改革时期的史学变化。本研究也专论中国史学的带有近世化特征的新因素,不论及中国历史近代化问题,更不以"唐宋变革论"为依据。

② 王晴佳:《西方史学如何完成其近代转型?——四个方面的考察》,《北京大学学报(哲学社会科学版)》2016年第4期。

③ [德]卡尔·雅斯贝斯:《历史的起源与目标》,魏楚雄、俞新天译,华夏出版社1989年版,第7~9页。

④ [日]堺屋太一:《知识价值革命》,第142~152页。

史(natural history)。① 从近代以来的史学概念来看,中国古代史学应包括史部、经部、子部、集部中的若干部分。因此,宋代的经史互动在当时是跨学术门类的现象,而从今天的角度来看,又有相当的史学内部变革的意蕴。宋代经史之学的交互影响,一则颠覆汉唐历史观,二则变革经史方法,颇有转型之意;宋代商品经济的发展和印刷的普及又促进了史学的人文化与社会化。这些特征标示着中国传统史学已开始产生"近世化"的新因素,即带有近代化特征的前近代因素。

在这个重要的史学变动过程中,《春秋》学发挥了重要作用。西方学界普遍认为,史学之近代转型,必以史学观念之转变为先导,而史学观念以哲学观念为依据,又作为哲学观念的组成部分与重要来源进而发挥影响。西方的"哲学"(philosophy)概念,系由古希腊哲学家毕达哥拉斯(Pythagoras)发明,意为"爱智慧"。如果从此概念出发,则中国自然无"爱智慧"之学。但如果探究西方哲学之知识性质,则可见中国古代异名而同实之哲学思想的丰富,其理性化程度和系统性程度绝不亚于西方哲学。中文中的"哲学"这一名词是近代经由日本转译而来,中国传统四部划分无专门哲学。中国传统学术中对应于哲学的部分,主要存在于经学之中。在"五经"中,《易》学之哲学性质最明显,影响也最大,对宋代史学而言,相当于最高哲学和历史哲学,对史学的思维方式与思想路径有着重要的哲学指导意义。《春秋》学之哲学性质虽不如《易》学强烈,却像"二程"所说,"《诗》《书》《易》如律,《春秋》如断案;《诗》《书》《易》如药方,《春秋》如治法"。《春秋》学在宋代史学中的地位,类似于由历史哲学向史学方法过渡的综合性史学理论。《春秋》学一方面承接以《易》经为代表的"五经"之哲学而形成自身的历史哲学,另一方面又以微言大义的形式表现出一套史学方法。《春秋》学的史学理论特性的学说,在宋代史学新因素的产生过程中起到了重要作用。

第一节 历史观的近世化

历史观作为哲学的重要组成部分而发挥现实社会影响,尤其会影响到

---

① Leonard Krieger, Ranke, *The Meaning of History*, The University of Chicago Press, 1977, p. 101.

史学。因为史学家往往根据自己对历史的整体性观念来选择治史方法,所以历史观在一定程度上起到了史学指挥棒的作用。在文艺复兴的欧洲和宋代中国,都面临着传统历史观不能与现实相适应的问题。因此,不约而同的怀疑浪潮为中西史学带来了历史观中的新因素。

一、怀疑思潮的兴起

文艺复兴和宋代前夕都受到了天灾人祸的冲击,从而引发了对东西千年传统的怀疑浪潮。在欧洲,天灾的作用更大,黑死病造成了30%～50%的死亡率,[①]并且神职人员也不能幸免,空前的死亡威胁成为思想变化的催化剂,基督教信仰和教会权威受到冲击。当时的教会在面对危机时未能成功地安定思想和抚慰精神。[②] 薄伽丘在《十日谈》中揭示了黑死病的反复出现,使得人们对教会的活动失去信心,他的作品本身就代表了对教会的一种怀疑。他笔下的教士不再高尚而圣洁,反倒显现出虚伪贪婪等负面形象。因此,欧洲皮浪主义(Pyrrhonism)的盛行并非偶然。皮浪主义的主要传播者塞克斯特斯·安普利克斯(Sextus Empricus)认为,一切都可以怀疑,尤其对价值产生了质疑。人们习以为常的"好"与"坏"都被加以怀疑。[③] 这种思想的蔓延对中世纪的神学独断产生了巨大冲击,使得人们敢于解放思想,探求基督教以外的价值。

在中国,五代的人祸则更加引起注意,故称"隋唐之弊也,乱极于五代"[④]。一方面,武人政治颠覆了经学"神器有命"的儒家意识形态和儒家等级伦理秩序,从而引起宋儒的不满。从"宋初三先生"到庆历诸儒,纷纷要求恢复儒家传统。更重要的一方面,五代乱世不复汉唐的思想控制条件,中晚唐以来的"疑古惑经"思潮在五代冲击与宋初"以文化成天下"[⑤]的"文治"契机中大放异彩,出现刘敞动辄怀疑经学文本,"以己意改经"[⑥],欧

[①] Kenneth F. Kipe, *The Cambridge Historical Diction of Disease*, London: Cambridge University Press, 2003, p. 50.

[②] Robert S. Gottfried, *The Black Death: Natural and Human Disaster in Medieval Europe*, New York: The Free Press, 1983, pp. 61-93.

[③] Mark L. Mcpherran, *Pyrrhonism's Arguments against Value. Philosophical Studies: An International Journal for Philosophy in the Analytic Tradition* Vol. 60, No. 1/2, Papers from the 1990 Pacific Division Meeting of the American Philosophical Association (Sep. - Oct., 1990), pp. 127-142.

[④] 〔宋〕欧阳修:《欧阳修全集》卷一百二十四《崇文总目叙释·伪史类》。

[⑤] 〔宋〕周必大:《文忠集》卷五十五《文苑英华序》,文渊阁《四库全书》本。

[⑥] 〔清〕永瑢等:《四库全书总目》卷三十三《经部三三·五经总义类》。

阳修直斥"《春秋》三传"与经文不合者,皆为"妄意圣人而惑学者"[①]。

在剧烈的冲击下,欧洲的基督教神学历史观和中国的经学神意史观都无法解释人类命运的巨大厄难和非预期的发展方向,怀疑浪潮的出现就成为一种必然。欧洲皮浪主义盛行,中国"疑古惑经"思潮勃发。二者都带来了自身思想文化体系内的历史观的重大变革。在欧洲,以"新柏拉图主义"为代表的哲学思潮试图融合基督教基本教义与人性,从而提升了异教徒创造的古典文化的历史地位。在中国,以理学为代表的"新儒学"冲破汉唐经学的神学氛围,强调人可以把握的"道""理"从而提升了人的地位。在这样的背景下,文艺复兴形成了历史怀疑的传统,[②]由此引起历史观的重大变化,从而奠定了欧洲史学近代化的观念基础。宋代也发生了颇为类似的变化,既而诱发了相类的史学效应。

二、新历史阶段论的产生

欧洲文艺复兴在历史观方面最引人注目之处便在于其不同于以往的历史阶段论的提出,宋代也有类似现象。历史阶段的划分意味着彼得拉克超越了"古今不分"(anachronism),这是近代史学的理论基点。[③] 这种历史阶段论根源于人文主义者对古典时代的向往。在文艺复兴之前,欧洲人已经开始从宗教的角度用"黑暗"与"光明"来指示时期,人文主义者则借用"黑暗"这一隐喻(metaphor)来表示完全无视古典文化的历史时期。[④] 彼得拉克最早从人文主义的角度赋予"黑暗"隐喻以新内涵,薄伽丘(Boccaccio)、菲利波·维拉尼(Filippi Villani)和吉贝尔蒂(Ghiberti)等人进一步发展了这种用法,让"黑暗时代"(Dark Ages)成为一种历史划分(periodizon)。[⑤] 从后世来看,这便自然形成了历史阶段的三段论:中世纪是抛弃古典文化的"黑暗时代"(Dark Ages)。所以,在这之前的阶段自然是古典时代,而在这之后便是古典文化复兴(rebitrh)的当代。

与人文主义者因向往古典时代而产生历史三段论类似,宋儒也发挥韩

---

① 〔宋〕欧阳修:《欧阳修全集》卷十八《居士集卷一十八·春秋论上》。
② 张广智主编、李勇著:《西方史学通史》第四卷《近代时期(上)》,复旦大学出版社 2011 年版,第 15 页。
③ 王晴佳、李隆国:《外国史学史》,北京大学出版社 2017 年版,第 152 页。
④ Franco Simone, *La Coscienza della Rinascita negli Umanisti*, *La rinascita*, II(1939), pp. 838-871; III(1940), pp. 163-186.
⑤ Theodore E. Mommsen, *Petrarch's Conception of the 'Dark Ages'*, *Speculum*, Vol. 17, No. 2(Apr., 1942), pp. 226-242.

愈的道统说形成历史三段论。从道统角度有"孟子之前—道统中绝—宋儒恢复"的三段论,从心性角度则有"三代天理流行—汉唐人欲横流—宋代复归天理"的三段论。

宋儒"回向三代"的思潮①在韩愈影响下发展出了完备的"道统论",从而形成了以儒家孔孟之道存否为标准的"历史三段论",正类似于后来欧洲的人文主义者以"维吉尔(Virgil)"和"西塞罗(Cicero)"之存否来划分历史阶段。在佛家与道家言道统的唐代,韩愈发挥《孟子·尽心下》所述儒家传承,宣扬儒家道统,认为"尧以是传之舜,舜以是传之禹,禹以是传之汤,汤以是传之文、武、周公,文、武、周公传之孔子,孔子传之孟轲,轲之死,不得其传焉"。这已将历史阶段划分为孟子之前的儒道传承时代和孟子之后的儒道失传时代。韩愈推崇孟子,与弟子李翱将其心性之说加以发挥,使心性论成为儒家正统的标准,从而也使得心性在道统界定中起到重要作用。宋初孙复重道统,并有认为宋代"逾唐而跨汉……思复虞、夏、商、周之治道于圣世"②的提法。石介作《三朝圣政录》亦有以宋初为治世而为后世立法之意图。"二程"发挥韩愈之说,标榜"道学",即后人所谓"理学",以儒学正统自居,欲接续儒家统序,有意无意间便带来了比较明确的历史阶段论。因为"二程"也继承了韩愈、李翱的心性论,因而使得其历史阶段论以心性为标准。程颐强调孔子作《春秋》是"人道备矣,天运周矣"的黄金时代的绝响,此后历史进入一个新的时代,"圣王既不复作,有天下者,虽欲仿古之迹,亦私意妄为而已……顺天应时之治不复有"。但《春秋》是存留"先王之道"的"百王不易之大法",③从逻辑上来说,当时复兴先王之道的道学正在带来一个先王之道的复兴时代。程颐对此直言不讳,他依据心性标准,认为孟子死后是一个"天下贸贸焉莫知所之,人欲肆而天理灭"的漫长历史时期。而程颢则开辟了一个新的历史时期,"先生生千四百年之后,得不传之学于遗经,志将以斯道觉斯民"④。程颐(或程颢)还明确称"自三代而后,本朝有超越古今者五事"⑤,提升宋代的历史地位。信奉"二程"道学者明确认为:"自孟轲没,圣学失传,学者穿凿妄作,不知入德。(明道)先生杰然

---

① 余英时:《朱熹的历史世界:宋代士大夫政治文化的研究》,三联书店2004年版,第184~198页。
② 〔宋〕孙复:《孙明复小集·寄范天章书二》,文渊阁《四库全书》本。
③ 〔宋〕程颐、程颢:《二程集》第二册《河南程氏文集》卷八《春秋传序》。
④ 〔宋〕程颐、程颢:《二程集》第二册《河南程氏文集》卷十一《程伯淳墓表》。
⑤ 〔宋〕程颐、程颢:《二程集》第一册《河南程氏遗书》卷十五《伊川先生语一》。

自立于千载之后，芟辟榛秽，开示本原。圣人之庭户晓然可入，学士大夫始知所向。"①由此，宋代开始了一种根据儒学正统之存否为标准的历史阶段说。孟子之前儒家之道得以传承，为一阶段；孟子死后道统不得其传，成为类似人文主义者眼中的"黑暗时代"，而程颢倡明道学，又开始了一个道统复兴的新阶段。这样，一个与后来文艺复兴观念相近的"历史三段论"，便渐渐清晰起来。

理学的日益发展进一步推动了这一"历史三段论"。至南宋，朱熹首发"道统"之义，更深刻地将道统与心性结合起来，带动了群儒争言道统。朱熹认为"盖自上古圣神继天立极，而道统之传有自来矣"。这个统序从"伏羲、神农、黄帝、尧、舜"这些"上古圣神"开始，"圣圣相承：若成汤、文、武之为君，皋陶、伊、傅、周、召之为臣，既皆以此而接夫道统之传，若吾夫子，则虽不得其位，而所以继往圣，开来学"。以下由颜回、曾参再传至子思，再传至孟子，"及其没而遂失其传焉。"此后，便是程颐所谓黑暗时代，"吾道之所寄不越乎言语文字之间，而异端之说日新月盛，以至于老佛之徒出，则弥近理而大乱真矣"。② 直至"二程"才重新接续道统。

朱熹强调"二程"得以接续道统是因为子思所作《中庸》。作为心性之学纲领的《中庸》"道心、精一、执中"，"历选前圣之书，所以提挈纲维，开示蕴奥，未有若是之明且尽者也"，"幸此书之不泯，故程夫子兄弟者出，得有所考，以续夫千载不传之绪；得有所据，以斥夫二家似是之非"。③ 朱熹之推崇"二程"再造之功，与人文主义者推崇彼得拉克何其相类，而理学以《中庸》《大学》为道统复兴张本，又与欧洲以古典文本为文艺复兴依据何其相似。

另外，朱熹也推崇周敦颐在道统中的地位，云："惟（濂溪）先生承天畀，系道统，所以建端垂绪，启佑于我后之人者。"④他也明确了周敦颐在道统中的具体位置，"上继孔颜，下启程氏……其功烈之盛，盖自孟氏以来未始有也"⑤。这一推崇仍然是出于心性论，故称"濂溪先生周公心传道统，为

---

① 〔宋〕程颐、程颢：《二程集》第一册《河南程氏遗书·附录·门人朋友叙述并序》。
② 〔宋〕朱熹：《四书章句集注·中庸章句序》。
③ 〔宋〕朱熹：《四书章句集注·中庸章句序》。
④ 〔宋〕朱熹：《晦庵先生朱文公文集》卷八十四《书濂溪光风霁月亭》，《朱子全书》第二十四册。
⑤ 〔宋〕朱熹：《晦庵先生朱文公文集》卷八十六《奉安濂溪先生祠文》，《朱子全书》第二十四册。

世先觉"①。

朱熹对心性论的整理、提升和对道统的阐发，不但基本确立了道统的统序，也带动了理学中人和反对理学的学者对这种历史阶段论进行归纳。像朱熹的弟子陈淳便接受了朱熹的道统谱系，又归纳复兴道统而开辟新时代者为周敦颐、"二程"与朱熹"四先生"，称"道统之复续，实有赖于四先生"②，意谓四先生为接续道统者；又称"惟四先觉，前后一心，道统攸归，百世师表"③。言外之意"先觉"将启发后知，成一新时代。这样，"圣王孔孟传道—道统中绝—四先生继统开辟"的历史三段论便完成了。

理学的反对者也受其影响而讨论历史阶段。事功学派代表陈亮在与朱熹辩难时提到理学的历史分期论："本朝伊洛诸公……谓三代以道治天下，汉唐以智力把持天下，其说固已不能使人心服；而近世诸儒，遂谓三代专以天理行，汉唐专以人欲行，其间有与天理暗合者，是以亦能久长。"④这是论敌对理学历史阶段论的高度概括。陈亮不赞成理学家"察其心"以否定汉唐⑤的说法，而推崇汉唐功业，"以为汉唐之君，本领非不洪大开廓，故能以其国与天地立立，而人物赖以生息"⑥。但他也形成了类似的历史三段论。陈亮赞成"三代"与"汉唐"为两个不同的历史阶段，"大概以为三代做得尽者也，汉唐做不到尽者也"⑦。也认为宋初为一个新的历史阶段，"我国家二百年太平之基，三代之所无也"⑧。这样还是形成了"三代—汉唐—宋初"的历史三段论。从历史阶段论的角度来说，陈亮和朱熹等理学家的分歧，只是在于划分标准存在主心性与主事功的不同，而历史分期则基本相同。这样的历史三段论在司马光等人的历史著述中都有所表现。

三、"今胜于古"历史观的萌芽

文艺复兴产生了西方"今胜于古"的历史进步观念的萌芽，宋代的类似

---

① 〔宋〕朱熹：《晦庵先生朱文公文集》卷九十九《〈知南康榜文〉又牒》，《朱子全书》第二十六册。
② 〔宋〕陈淳：《北溪大全集》卷二十三《答李公晦三》，清钞本。
③ 〔宋〕陈淳：《北溪大全集》卷四十九《祭四先生》。
④ 〔宋〕陈亮：《陈亮集》卷二十八《又甲辰秋书》，邓广铭点校，中华书局1987年增订本。
⑤ 〔宋〕朱熹：《晦庵先生朱文公文集》卷三十六《答陈同甫》，《朱子全书》第二十一册，第1583页。
⑥ 〔宋〕陈亮：《陈亮集》卷二十八《又甲辰秋书》。
⑦ 〔宋〕陈亮：《陈亮集》卷二十八《又书》。
⑧ 〔宋〕陈亮：《陈亮集》卷一《上孝宗皇帝第一书》。

观念也较之前儒家明显。强调发展或进步是西方史学最重要的特征,[①]也是中国近代史学引进的核心观念。坚称"末日审判"的中世纪无法想象历史进步,即使上溯到古典时代,因为希腊与罗马的政治衰落,史家也普遍对进步抱消极态度。而到了文艺复兴,由于从新的角度来审视历史,产生了"时代差异意识",成为现代史学早期的最重要特点。[②] 人文主义者通过对时代差异的比较,认为自己所处的重新找回维吉尔与西塞罗的"现代"比之前的黑暗时代进步,从而为现代历史进化论开辟了道路。中国的情况略有不同,在宋代以前法家与儒家已经产生了一些历史进步的思想模型,典型者如何休的"衰乱—升平—太平"之"三世"说,肯定社会的发展与进步。但宋儒的历史进步思想更加清晰,更能自圆其说。

宋代理学的历史三段论与文艺复兴的历史三段论相类,都认为当下的时代好于之前的一个时代,并且都以复兴古代文化为进步评判的依据,从而表现为类似的局部进化论。朱熹以《中庸》为复归儒学正统的依据,虽然颇为主观,但至少比何休的"三世"说更具有说服力。"二程"大力提倡《中庸》,因此,以"二程"为道统接续者也能自圆其说。陈亮虽然反对理学的历史评价标准,但在进步观念方面,他甚至走得更远,认为宋初二百年是"三代之所无"。

四、人文主义历史观的兴起

文艺复兴带来了人文主义[③]的历史观,突出表现为提升人在历史中的作用而相应弱化了神在历史中的作用。后来维科的历史哲学路径由此开辟。马基雅维里(Niccolò Machiavelli)、圭恰迪尼(Francesco Guicciardini)等史学家,都在历史观和历史叙述两方面强烈体现了这种颠覆中世纪史学

---

① [英]彼得·伯克:《西方历史思想的十大特点》,王晴佳译,《史学理论研究》1997年第1期。

② Peter Burke, *The Renaissance Sense of the Past*. London: Edward Arnold Press, p1.

③ "人文"一词在东西方起源不同,但本质上都是在人与其他事物关系中以"人"为中心的一种思维方式和人本文化。中华先民"近取诸身,远取诸物"而成《易经》,在《贲·彖辞》中出现"观乎天文,以察时变;观乎人文,以化成天下"之语。"人文"与"天文"相对,表示与人切近者。现代汉语之"人文主义"翻译英文"humanism"而来。而"humanism"则主要通过文艺复兴时期人文主义者追溯古罗马文化而形成。古罗马人认为区别人与动物首先从人类具有语言开始,因此形成了一套关于人的学问,最早由西塞罗表述为"humanitas"。人文主义者通过考证古典拉丁文文本重新建立起了这套"人性研究"学问,即当时所称"studia humanitatis"。19世纪英文"humanism"被发明出来用以指"studia humanitatis",随后又被用以形容文艺复兴时期在人神关系中提升了人的地位的人文特征文化。

的特点。马基雅维里的突出特点,是在历史观方面不再把神意视作人世主宰,转而积极向古人寻求"人为之道",认为"无论何时,任何事情都可以在古代看到对应的现象,盖其皆出自人为,而他们有着相同的感情,肯定也会有相同的结果",①因此人们在公共事务方面"总是求助于古人的裁决,或是求助于古人的论断和指定的方剂。"②圭恰迪尼的人文主义精神,不仅表现在历史观方面,更突出地反映在历史叙述上。他摆脱中世纪传统而在历史叙述方面以古典观点为原则,直接摘抄西塞罗的《论演说》置于《意大利史》中指明为写作原则。而在具体写作中,他也采用了更接近于罗马史学的编年叙述方式,从而使《意大利史》成为对李维(Titus Livius)《建城以来罗马史》、塔西佗(Tacitus)《历史》与《编年史》的效仿与接续。

宋代史学在历史观和历史叙述方面也有类似的转向。首先,在历史观方面,宋儒摆脱了汉代以降的神学氛围,将决定历史兴衰的力量归纳为"道""天理"。西汉董仲舒以"天人感应"说对天人关系做神秘化解释,鼓吹"《春秋》灾异",诸儒也以灾异论阐发《尚书·洪范》,用《洪范》中的"五行"解说自然与社会现象,东汉更兴起谶纬神学,由此造成了围绕天人关系说的神意史观。汉代经学神意史观与欧洲中世纪的神意史观一样延续了千年之久。与欧阳修一同编修《新唐书》的刘羲叟(刘义叟)即继承了此种历史观,其"以春秋时变异合之以洪范灾应,斥古人所强合者。著书十数篇,视日月星辰以占国家休祥多应也"③。重视灾异与人事应验正是汉代经学的特点。欧阳修"力破汉儒灾异五行之说"④,成为经学天人关系论的分水岭。他通过重新阐释灾异说,使汉儒神学化的天人关系论转向人文化。欧阳修认定"六经之所载,皆人事之切于世者"⑤,指责"三传"以来的《春秋》灾异说是附会:"殊不知圣人纪灾异,著劝戒而已矣!又何区区于谨数乎?"⑥"二程"认为,汉儒讲"事应"是推灾异太过,谓:"董仲舒说天人相与之际,亦略见些模样,只被汉儒推得大过,亦何必说某事有某应?"⑦"汉儒之学,皆牵合附会,不可信。""二程"因而进一步把灾异纳入天理范畴,曰:

---

① [意]尼科洛·马基雅维里:《论李维》,冯克利译,上海人民出版社2005年版,第1页。
② [意]尼科洛·马基雅维里:《论李维》,第44页。
③ 〔宋〕王称:《东都事略》卷六十五《刘羲叟传》,齐鲁出版社2000年版。
④ 〔宋〕欧阳修:《欧阳修全集》附录二《先公事迹》。
⑤ 〔宋〕欧阳修:《欧阳修全集》卷四十七《居士集卷四十七·答李诩第二书》。
⑥ 〔宋〕欧阳修:《欧阳修全集》卷六十《居士外集卷十一·石鹢论》。
⑦ 〔宋〕程颐、程颢:《二程集》第一册《河南程氏遗书》卷二十二下《伊川先生语八下》。

"天人之理，自有相合。人事胜，则天不为灾；人事不胜，则天为灾。人事常随天理，天变非应人事。"①汉儒所说的"天"具有人格神的特征，"二程"所说的天则更接近于一种自然法则。至此，宋儒以灾异为警诫但追求"人事胜"而不重探求神意的历史观成形。到了理学勃兴的时代，程公说总结这一天人观，一方面，强调灾异的警诫作用，"为之戒惧，虽微不敢忽而已"，另一方面，又贯穿欧阳修、"二程"以下的反对神秘化宗旨，"不指言事应，谨之至也"②。

其次，宋代的历史叙述也深具人文主义特点。一方面，经学天人观自然促进了宋代的历史撰述同步表现出人文转向。汉儒神学化历史观反映在史学上，突出表现为班固作《汉书》，设《五行志》，专记天人感应的"咎征"。历代正史基本都继承了《汉书》立《五行志》的传统，③也基本继承了《汉书·五行志》记"咎征""事应"的做法，到欧阳修时才发生变化。欧阳修既破汉儒之说，认为史书严格对应天人是"后世犹为曲说以妄意天，此其不可以传也"。因此，他自己修史便"考次武德以来，略依《洪范五行传》，著其灾异，而削其事应云"④。司马光也持类似态度，申明《资治通鉴》删去"妖异止于怪诞"者，只收"妖异有所儆戒"者，⑤并且也在编纂《资治通鉴》时采取了只书灾异不著事应的做法。朱熹史学基本也是如此。他重视灾异的"谴告警动之意"，⑥但以立足人事的态度加以谨慎著录，其拟定《资治通鉴纲目凡例》，专立《灾祥》一项，规定叙事规则称："凡灾异悉书。祥瑞或以示疑，或以著伪，乃书。凡因灾异，而自贬损求言、修政施惠者，皆书。无实者，或不悉书。"⑦另一方面，宋代历史叙述也有强烈的复兴先秦儒学正统时代史学的旨趣。宋代《春秋》学之盛，不仅在天人关系说等方面重塑了

---

① 〔宋〕程颐、程颢：《二程集》第二册《河南程氏外书》卷五《冯氏本拾遗》。
② 〔宋〕程公说：《春秋分纪》卷二十四《书六·五行书》，文渊阁《四库全书》本。
③ 《汉书》以后，除《魏书》《辽史》外，正史立志者均设《五行志》，只有赵尔巽等撰《清史稿》改称《灾异志》。因为《五行志》大抵是记灾异，所以沈约作《宋书》在《五行志》外增加了《符瑞志》。《符瑞志》是为补充《五行志》、记述符瑞祯祥而设，仍然是受到《洪范》五行内容及汉儒对其发挥之说的影响。萧子显作《南齐书》在《五行志》外增加《祥瑞志》，相当于《宋书》的《符瑞志》。《魏书》较为独特，用《灵征志》取代了《五行志》和《符瑞志》。《灵征志上》专记灾异，相当于《五行志》；《灵征志下》专记符瑞，相当于《符瑞志》。所以，《灵征志》可以被看作是《五行志》和《符瑞志》的合并之体。可见，《符瑞志》《祥瑞志》《灵征志》实际上皆是《五行志》的变体。
④ 〔宋〕欧阳修、宋祁：《新唐书》卷三十四《五行志一》。
⑤ 〔宋〕司马光：《传家集》卷六十三《答范梦得》，又见《资治通鉴释例·温公与范内翰论修书帖》，文渊阁《四库全书》本。
⑥ 〔元〕脱脱：《宋史》卷四百二十九《列传第一百八十八·道学三·朱熹》。
⑦ 〔宋〕朱熹：《资治通鉴纲目》附录一《凡例》，《朱子全书》第十一册。

《春秋》学,更影响了众多史家用比圭恰迪尼更加彻底的方式,效仿《春秋》的历史叙述方式,形成编年体的振兴和"《春秋》笔法"的流行。

值得注意的是,与欧洲文艺复兴史学相比,宋代的"回归元典"①因为经史之学的绵延不绝而更加系统和深化,恢复发展人文主义更加彻底。文艺复兴中的人文主义者实际上很少超出中世纪的教权凌驾于世俗权力的等级观念。但丁(Dante Alighieri)讨论教权与世俗权力的名著《帝制论》(De Monarchia)被认为是人文主义政治与历史观念的代表作,因为他强调"罗马政体根本不必服从罗马教皇,因为在某些方面我们尘世的幸福服从于我们永生的幸福"②。这看起来类似公平交换的权力分配准则,实则仍以神学等级为基础,只不过提升了人在中世纪神学等级观念中的地位。在同一部作品中,但丁把人称为"natura superior"③,即"高等自然"。考虑到但丁在《神曲》中把上帝称为"migliore natura"④,即"最好的自然",就可见但丁仍然把人置于上帝之下,仅将人从中世纪的混沌中单独提升为一种存在,而要求相对的世俗权力。洛伦佐·瓦拉(Lorenzo Valla)考证《君士坦丁的赠予》为伪给予天主教会沉痛一击,但他的基本态度仍然是支持天主教会的。实际上,文艺复兴时期的新柏拉图主义和基督教人文主义等所有路径,都无法从根本上反对中世纪传统中的上帝信仰,而只能相对地提升人的地位。

宋代的经学"变古"则彻底革新了汉儒的神学化经学。理学将汉唐千年历史视为道统断续、人欲横流的黑暗时代而完全否定。将中世纪传统彻底打为"异端"而完全合法地树起古代大旗,这是文艺复兴时期的人文主义者不敢想象也不会去想的。宋儒粉碎了汉唐神学化传统,用具有客观性的"理""道"取代了带有神秘化与人格化特征的"天",也由此提升了人在政治与历史中的作用。汉儒强调人无法干预的"天命","神器有命,不可以智力求也"⑤;圣人也是一种平常人无法努力成为的角色,"尽人之变,合之天,

---

① 林庆彰:《中国经学史上的回归元典运动》,《中国文化》2009 年第 2 期。

② [意]但丁:《帝制论》,朱虹译,见但丁著、吕同六编选:《但丁精选集》,北京燕山出版社 2004 年版,第 611 页。

③ Dante Alighieri, De Monarchia, see Moore, E., Tutte le Opere di Dante Alighieri. Oxford:Oxford University Press, 1894.

④ Dante Alighieri, a cura di Natalino Sapegno, La Divina Commedia. Purgatorio, La Nuova Italia, 1985.16.79.

⑤ 〔汉〕班固:《汉书》卷一百上《叙传第七十》。

唯圣人者能之,所以立王事也"①。但宋儒取消了圣人的特殊性。胡宏认为"圣人亦人耳",能够通晓"生生之道","所以臻此,必有道矣"。而臻此之道便是《易》《春秋》等儒家经典,也就是说,成圣成王是有迹可循、可以获致的。② 在这种教育下,其弟子张栻便"以古圣贤自期"③。因此,在理学中,人彻底颠覆了神意的统治,地位甚至取代了神,比之人文主义对人的有限提升更加彻底。这种中西差异的原因,简而言之,主要有三:

其一,宋代中国在复兴先秦文化时所具备的文本与思想资源远超过文艺复兴的欧洲。中国经史之学的文本与传统从未中绝,从而使得宋代的回归有丰富的文本与思想资源,这在西塞罗、塔西佗等人著作千年后才重见天日的文艺复兴欧洲无法想见。其二,因为经史之学的绵延不绝和宋代"文治",使得宋代经学的"变古"与史学的发展能够建立起一种以"道统"为标志的合法性,而不像文艺复兴的思想家和史学家那样,面临一方面信仰上帝,而另一方面又要崇拜作为异教徒的古罗马人和古希腊人的尴尬境地。其三,宋代士大夫的政治与社会地位远高于文艺复兴中的人文主义者。宋代士大夫不仅因为"文治"拥有较高的政治地位,也因为改造经学而形成可与政治权力分庭抗礼的社会影响与地位。由此反观,人文主义者中像彼得拉克等一批人是教士,马基雅维里等人虽然是世俗官吏,但都往往为教皇或教会服务过,他们的政治地位和基督教信仰使他们永远无法最终抛弃自己与之斗争的中世纪神学传统。

综上所述,宋代中国在复兴传统方面更加彻底,史学也更加繁荣,其历史观的人文主义革新也更加彻底,当然时间也更早。

五、《春秋》学的作用

如前所述,《春秋》学从武周时期开始,就已经成为新经学观念挑战传统的重要阵地。王元感在长安三年(703)的上书中,有《春秋振滞》二十卷,即是将《春秋》学纳入新经学观念的讨论范围。所谓"振滞",自然是振千年传统经学之"滞"。在经学变古思想中,传统显现为滞后,正是观念革新所致。历史观的革新,也是作为哲学的经学观念的革新的重要组成部分。刘知幾著《史通》而留下最早的"疑古惑经"学说,其中也有大量内容是从《春

---

① 〔汉〕董仲舒:《春秋繁露》卷七《官制象天第二十四》。
② 〔宋〕胡宏:《胡宏集·皇王大纪论·周易成书》,吴仁华点校,中华书局1987年版,第277~278页。
③ 〔元〕脱脱:《宋史》卷四百二十九《列传第一百八十八·道学三·张栻》。

秋》经传出发。《春秋》经传虽然被看成是儒家阐发义理的典籍,但其内容毕竟主要是历史记述。对史事的怀疑与重新还原,可以由单独的事件入手,相对于整体上反对既有学说体系为易,也更有根据。因此,中唐以至宋代的疑古惑经思潮以《春秋》为重要发端有逻辑上的必然性。此后,啖赵学派的新《春秋》学进一步打破了传统经学的师法藩篱,一方面便于"以己意解经",但另一方面实际上也为自由进行历史考证来探讨史事铺平了道路。

宋代的经学变古实际上也是在自由义理与自由考证这两条路径上发展起来的,反过来又作为哲学风气影响到史学。《春秋》学即是从哲学观念到史学实践的一座重要桥梁。自由义理与自由考证实际上往往结合在一起。宋儒突破注疏传统而对《春秋》经传重新解说,建立在怀疑精神的基础之上。因为亦经亦史的性质,《春秋》学领域的怀疑与突破自然会向着经学和史学两个方向延伸并扩展。欧阳修以《春秋》为信史的观念,本身就是一种疑古之说,抛弃了传统经学历史考证的征引体系,推翻了汉儒对《春秋》微言大义的权威解说。虽然欧阳修的这一史学观念并没有真正完全落实到其历史编纂中,其在历史编纂中仍然大量使用汉儒所阐发的《春秋》笔法。但是,《春秋》信史观念的提出本身就一方面突破了经学义理,另一方面又突破了《春秋》史学观念。欧阳修论赵盾弑君而非赵穿弑君、许世子并非没有尝药,正是通过对历史事实的怀疑来推翻汉儒的义理。可见,考证与义理实则相互结合。

宋儒多兼治经史,其经学上的历史考证虽然未必会完全作为史学实践的规范,但毕竟会对其历史编纂产生重大影响。而众多宋代史家也往往自觉地将经学义理与路径作为自身修史的指导和参考。像欧阳修这样的经学家与史学家一身两任的学者,在宋代还有很多。胡安国以《春秋传》名世,又有《资治通鉴举要补遗》为其史学表现;朱熹既治《春秋》义法,又有《通鉴纲目》之史学实践,甚至为阐发义理而开创纲目新史体。

在这种《春秋》学的义理与考证综合作用下,宋代的历史观念及其史学方法都发生了变化。宋儒之历史三段论,从形式上而言,正是对汉儒"《公羊》三世"说的改造。"二程"治《春秋》,明确说过"凡看书,各有门庭。《诗》《易》《春秋》不可逐句看,《尚书》《论语》可以逐句看"[①]。显而易见,"二程"认为,只有记言之书才可以逐句看,而《诗》《易》《春秋》则需要各自作为一个整体来考察。这种整体考察,就带有形而上的认识性质,如果从历史观

---

① 〔宋〕程颐、程颢:《河南程氏外书》卷六《罗氏本拾遗》。

的角度来考察,自然容易形成一种历史阶段的划分。"《公羊》三世"说是中国古代最有代表性,也是最有经学依据的一种历史阶段论。"二程"和陈亮等人的新历史阶段论,或多或少会受到其一定的思想影响。就像欧洲的启蒙思想家推翻了宗教神学的历史观,却不加反思甚至无意识地接受了基督教的单线历史观,宋儒也在扬弃"《公羊》三世"说的同时,有意无意地接受了其三段论形式。中晚唐之际,今胜于古的历史观念已经开始出现,吴兢《贞观政要》中"岂必祖述尧、舜,宪章文、武而已"的观念,杜佑《通典》中"圣唐之盛,迈于西汉"的论断,都为宋儒的今胜于古的历史观埋下了伏笔。而《春秋》学的"《公羊》三世"说,则在一定程度上影响了宋儒历史观的表现形式。

另外,在历史观的人文主义转向方面,欧阳修和"二程"等人,主要通过《春秋》学来"力破汉儒灾异五行说"。这其中的一个重要原因是,先秦儒家学说本为一种理性学说,正是一种突破了之前原始宗教神学氛围而来的人文主义思想体系。① 在先秦儒家的元典中,神学化的内容实际上少之又少。当汉代经学尤其是东汉谶纬神学要建立起一套神学化、神秘化的儒学意识形态时,就面临着在"五经"中缺少依据的情况。因此,《春秋》灾异再加上《尚书》的极少记述,就成为汉儒神学理论的主要经典依据。汉儒的神学化天人关系论,主要是建立在《春秋》灾异说的基础上。所以,宋儒自然会在《春秋》学领域直击其要害。

综上所述,在宋代经学变古和史学相应表现出义理化趋向的过程中,《春秋》学是经学挑战汉学传统而法则自身义理路径的重要战场,对带有新特征的历史观的产生和表现形式,具有重要影响。经史领域的历史观的变迁,又牵动着包含经史在内的整体史学的方法的变化。

第二节 史学方法的近世化

怀疑浪潮在东西方都导致了空前的探索精神,从而波及史学。这种探索精神与怀疑传统互为表里,敢于超越临近的长时期传统而诉诸更久远的

---

① Joseph Needham, *Science and Civilization in China*, Vol. III, Cambridge: Cambridge University Press, 1959, p.189;陈来:《古代宗教与伦理:儒家思想的根源》,第224~286页;方东美:《中国哲学之精神及其发展》,匡钊译,中州古籍出版社2009年版,第29~90页;余英时:《论天人之际:中国古代思想起源试探》,中华书局2014年版,第76~108页。

经典文化源流。在欧洲，被超越的传统是中世纪传统，追求的经典是古典文化；在中国，被超越的传统是汉唐传统，追求的经典是孔孟之道。虽然从今天的角度来看，人文主义者所模仿的很多"古典"对象实则出于中世纪，①宋儒所接续的"道统"明显多为先秦所无，但当时的人们却真诚地相信自己正在跨越千年黑暗而复兴伟大的古代文化。东西方人文主义的复兴探索都冲破了对人的束缚而具有相似的综合性。这种综合性突出表现有三：其一，因为突破了神学或神学化经学而对自然科学发生浓厚兴趣；其二，注重世俗功利和世俗享乐；其三，因为摆脱了神意的束缚而注意从人的角度对文艺等领域进行理论总结。达·芬奇（Leonardo di ser Piero da Vinci）是文艺复兴综合探索精神当之无愧的代表，而中国也出现了沈括这样的杰出人物。这种探索精神在史学上突出表现为历史考证方法的发展、政治功利主义的强化以及史学范围的拓展，尤其是文化史的发现或发展。

一、历史考证的兴起

文艺复兴和宋代中国都在印刷术的促进下出现了历史考证的兴起。后者还在中国的重史传统背景下盛行史学考证之风。文艺复兴时期的博古学（antiquarius/antiquitates）、文献学（philology）为近代史学提供了有别于叙事传统的历史考证方法，印刷术的普及又推动了历史考证的发展。皮浪主义促进了研究包括古代文本在内的古物的博古学。博古学重视考证，不同于以叙述为特征的欧洲传统史学。博物学虽然与历史学存在张力，但为历史学带来了历史考证的风气，也促成了史家对实物史料的重视。② 在博古研究风潮中，文献学同样方兴未艾，彼得拉克开创了人文主义者对古典文本的考证传统，发展至洛伦佐·瓦拉，人文主义的历史观和文献考证更清晰地结合起来。③ 印刷术的普及带来手稿错误会被扩大的情况，④因此校勘成为必要，这对于历史考证大有裨益。印刷术推动了知

---

① ［英］彼得·伯克：《文艺复兴（第 2 版）》，梁赤民译，北京大学出版社 2013 年版，第 41～43 页。

② 王晴佳：《西方史学如何完成其近代转型？——四个方面的考察》，《北京大学学报（哲学社会科版）》2016 年第 4 期。

③ ［美］唐纳德·R·凯利：《多面的历史：从希罗多德到赫尔德的历史探询》，陈恒、宋立宏译，三联书店 2003 年版，第 264～265 页。

④ O. Pedersen, The Decline and fall of the theorica Planetarum, *Studia Copernicana*, 16 (1978), pp. 157 - 186.

识的社会化进程,使得学者承担起"发现新知"的责任。[1] 特别是因为印刷过程中版本的重要性,文本的考证兴盛起来。"统一原著的不同手稿对关键词有着不同的解释,因此,人们不得不发展'校勘'技术。"[2]在欧洲,考证的焦点在于古典文本;而在中国,焦点则在于经学文本。

唐中期以后,刘知幾和啖赵学派的疑古倾向在宋代发展为新的经史风气,有类皮浪主义的怀疑思潮,形成新的历史考证体系。就文献校勘来说,中国发端甚早,汉代刘向、刘歆父子已经进行了大量文献的比较考证,参校"凡中外书五百六十四篇"[3]。宋代的校勘发达与印刷繁荣密切相关。[4] 宋代发展五代而来的"镂板之学"与经史新风结合,在经学义理化的发展趋向中,推动了文献与历史考证的发展。

北宋初年,学术上最引人瞩目的现象之一是官方提倡的对传统经学与相关学术书籍的普及和大规模印刷,"镂板藏于太学,颁于天下"[5]。孔颖达的《五经正义》得以普及,继而又校订各经义疏印刷,称为"镂板之学"。宋代印本逐渐取代写本,突显了版本的重要性,"世既一以板本为正,而藏本日亡,其讹误者遂不可正"[6]。宋人对印刷的重大传播影响有较充分认识,认为"镂板已多,傥许攻乎异端,则亦误于后学"[7],因此注意镂板的控制,尤其是应"先为勘校"[8],寄望"一其文字,使学者不惑"[9]。唐代颁行《五经正义》,"所宗之注不同,所撰之疏亦异"[10],对选定的注本即使有错也不纠正。到北宋扩大五代雕版印刷经书的规模时,这些千年流传过程中累积的经学文本中的错误与矛盾也进一步暴露出来。于是有"端拱校《五经正义》"[11]以供雕版印刷。这次大规模的校勘并没有解决经学版本的问题,又

---

[1] 〔新西兰〕史蒂文·罗杰·费希尔:《阅读的历史》,李瑞林等译,商务印书馆2015年版,第190页。
[2] [英]彼得·伯克:《文艺复兴》,第36页。
[3] 〔清〕严可均:《全汉文》卷三十七《管子书录》,中华书局1958年版。
[4] 张舜徽:《论宋代学者治学的广阔规模及替后世学术界所开辟的新途径》,见张君和编:《张舜徽学术论著选》,华中师范大学出版社1997年版,第197~200页。
[5] 〔宋〕孙复:《孙明复小集·寄范天章书二》,文渊阁《四库全书》本。
[6] 〔宋〕叶梦得:《石林燕语》卷八,明正德杨武刻本。
[7] 《宋大诏令集》卷第一百九十一《政事四十四·诫约属辞浮艳令欲雕印文集转运使选文士看详诏》,中华书局1962年版。
[8] 〔宋〕洪迈:《容斋随笔·容斋四笔》卷二《抄传文书之误》,孔凡礼点校,中华书局2005年版。
[9] 〔宋〕程俱:《麟台故事》卷二中《校雠》,《十万卷楼丛书》本。
[10] 〔清〕皮锡瑞:《经学历史》,第203页。
[11] 〔宋〕王应麟:《玉海》卷四十三《艺文》,文渊阁《四库全书》本。

有"咸平勘经"。勘经也带动了其他书籍的校勘,出现"淳化校三史""嘉祐校七史"等校勘活动。① 宋代的印刷带动了校勘的发展,学者甚至因印刷普及而忧虑作为历史考证重要内容的音韵训诂之学,"镂板流布,嗟夫小学放绝久矣,自是(《新编许氏说文解字五音韵谱后序》)其复兴乎!"②。可见,以经学定本为核心的印刷促进了历史文献考证的发展。

宋初的校勘活动,虽然运用传统校雠学和小学解决了一些经学文献的问题,但也因为官方的印刷行为,从经到传疏的整个经学体系乃至背后的治经路径也都被固定化。而一般性校勘对于千年积累的经学内在矛盾却无能为力。家法、师法的门户之见与相互抵牾,还有不能适应时局的陈旧说法,都使得传统经学文献在宋儒眼中显现出不能容忍的弊端。首先,传统笺注义疏之学已积累了无法克服的矛盾。一方面,经学希望以带有历史考证性质的文字、文献解说探求圣人的本义不可得;另一方面,由于经文本身的晦涩和所引文献的驳杂,反而带来对经义解说的不可信与矛盾。主要表现有二:其一,义疏之学的历史考证遵循"疏不驳注"的原则,各家解经力图圆融笺注之义,又求穷尽前人未尽之经义,因此旁征博引,甚至采用谶纬之论,以至于义疏中包含了大量"怪异惑乱"之说,令人生疑;其二,不同师法、家法对经书的解说不同,以史学求真理念观照,则意味着各种相互矛盾的经解中必然存在着似是而非的内容,甚至难以分辨儒学正统。其次,名物训诂之学以历史考证为重要原则,限定了经义阐发的灵活性。特别是唐代《五经正义》限定了经义解说,其自身思想不能随时应变,日益不能适应唐宋之际的重大政治、社会与文化变化。因此,宋初镂板之学的盛行带动了新的解经方法和考证经学文本的观念与方法的发展。

为了消除经学文献的历史遗存谬误和适应时局,新的历史考证方法就成为必要。就像文艺复兴后期的校勘技术引起了"评论时期",③宋代的文献考证也扩大化为带有评论性质的历史考证和史学考证。宋真宗时,邢昺修《论语注疏》"因皇侃所采诸儒之说刊定而成",已"稍传以义理",后世视之为汉学向宋学的"转关"。④ 因为笺注义疏之学经过千年的矛盾与谬误积累,已积重难返,无法用传统的经学考证方法解决,再加上按照传统考证方法能够贯通群经以定"诸经版本"者寥寥,因此"传以义理"就成为一种可

---

① 〔宋〕李焘:《续资治通鉴长编》卷四十三《真宗·咸平元年》。
② 〔宋〕魏了翁:《经外杂钞》卷一《新编许氏说文解字五音韵谱后序》,文渊阁《四库全书》本。
③ [英]彼得·伯克:《文艺复兴》,第115页。
④ 〔清〕永瑢:《四库全书总目》卷三十五《四书类一》。

能性的解决方案。在技术性校勘之外,宋儒发展起了基于疑古惑经精神的新历史考证体系。这一实践最终由理学完成。理学重构了经学的历史考证形态。一方面,改变了经学元典的体系,使"四书"学凌驾于"五经"之上;另一方面,也使得经学考证时的引征范围完全打破了师法、家法的藩篱,解经可以任意出入各家。唐代"宁道孔圣误,讳闻郑、服非"[①]的"迁经就传"倾向被彻底改变。

庆历之后,经学走向理学的义理化路径推动了波澜壮阔的历史考证,历史考辨开始成为专门学问,[②]诸儒纷纷疑古惑经,在一般性校勘之外,对经史文献进行历史考证。在经学上"稍尚新奇"[③]的刘敞,不仅怀疑历史陈说,也通过情理考证历史人物的精神与行为,从而否定旧说。"汉高帝既诛项羽而哭之,哀魏武帝平袁绍亦祭焉。世或以二君匿怨矫情非也。"刘敞则论其情势心态,提出"其高怀卓荦,有以效其为人,固非龊龊者所能察也"[④]。这种方法有类欧洲19世纪兰克(Leopold von Ranke)与狄尔泰(Wilhelm Dilthey)等人所提倡的"领悟"与"移情"的方法,即通过体悟历史人物心境的方法来理解其言行。

朱熹重视历史考证,从理论上指出,对待古书不能"臆度悬断",而要考证真伪。他提出"以其义理之当否而知之"和"以其左验之异同而质之"两种考证方法。[⑤] 在内证之外,朱熹也经常对文献进行外证。如疑《诗序》就明确说过,其一个重大疑点在于,"《诗序》之作,说者不同,或以为孔子,或以为子夏,或以为国史,皆无明文可考。唯《后汉书·儒林传》以为卫宏作《毛诗序》今传于世,则《序》乃宏作明矣"[⑥]。基于明确的理论思想,朱熹对经史群书做了大量考证。虽然朱熹的历史考证中不乏臆测与不合理之处,但总体而言,还是体现出了重理据与参证的特点。

宋代的历史考证风气也催生了有意识的史学考证。宋代历史文献学有多方面成就,[⑦]其中也不乏史学考证。首先,宋代出现配合修史的史学考证作品。典型者如吕夏卿著《唐书直笔》,"学长于史,贯穿唐事,博采传

---

① 〔后晋〕刘昫等:《旧唐书》卷一百零二《元行冲传》。
② 程蕾、施建雄:《宋代历史考证学的传承与衍变》,《人文杂志》2013年第4期。
③ 〔宋〕王应麟著、〔清〕翁元圻等注:《困学纪闻(全校本)》(上),第95页。
④ 〔宋〕刘敞:《公是集》卷四十八《题魏太祖纪》,文渊阁《四库全书》本。
⑤ 〔宋〕朱熹:《晦庵先生朱文公文集》卷三十八《答袁机仲》,《朱子全书》第二十一册,第1664页。
⑥ 〔宋〕朱熹:《诗集传·诗序辨说》,《朱子全书》第一册,第353页。
⑦ 瞿林东:《中国史学史纲》,第485~490页。

记杂说数百家,折中整比。又通谱学,创为世系诸表,于《新唐书》最有功云"①。他对宋人所普遍推崇的"《春秋》义例"进行考证,以之为《新唐书》的编纂义例。吕夏卿考证《春秋》以定史学规则,又考证《旧唐书》与《新唐书》的记述方式,对二者提出批评,颇见史学考证意涵。

其次,宋代出现了一批对史学作品进行"纠谬"与"刊误"的作品,也包含大量史学考证。吴缜的《新唐书纠谬》考证《新唐书》,"不可谓无裨史学也"②。吴仁杰的《两汉刊误补遗》,在张泌《汉书刊误》,余靖《汉书刊误》(为印刷而作③),刘敞、刘攽、刘奉世《三刘汉书标注》和刘攽《后汉书刊误》等《汉书》校勘名著辈出的情况下推陈出新,不但考证《汉书》,也考证之前考证《汉书》之作。如其考"沛丰邑中",在前人基础上发现考证之误,综合《史记》与《汉书》的叙事规则,又旁佐他书,得出结论,指出:"《刊误》以沛丰邑中为连文,公是先生兄弟不应尔,传录者误也。"④

再者,宋代还出现了专门的史学汇考作品。高似孙著《史略》,接续《史通》专门考评史著,汇评各类体裁的史书。值得注意的是,《史略》在同一卷中将"史评"与"史赞"分列为两个条目,⑤表明高似孙已具有区别历史评论与史学批评的意识,反映出宋代的史学考证风气。

总而言之,疑古惑经思潮加之印刷术的普及促进了历史考证的发展。因为历史考证和史学意识的发展,史学考证也在宋代日益蓬勃。另外,宋代产生的金石学是一个史学的新领域,⑥具有一定的重视实物材料的史学意味。宋代金石学既有重视文献内容的研究,也有重视形态的研究,⑦并且研究范围也不局限于金石,而是包括古钱、古印等较大范围。⑧ 这一研究从开创时起便自觉以历史研究为指归,重视考史,形成了文物与文献的双重价值论。⑨ 欧阳修著《集古录》,"载夫可与史传正其阙谬者"⑩,将金石材料引入历史研究;吕大临著《考古图》等,明确实物材料对于文献和历史

---

① 〔元〕脱脱:《宋史》卷三百三十一《列传第九十·吕夏卿》。
② 〔清〕永瑢等:《四库全书总目》卷四十六《史部二·正史类二》。
③ 〔宋〕程俱:《麟台故事》卷二中《校雠》。
④ 〔宋〕吴仁杰:《两汉刊误补遗》卷一《沛丰邑中》,文渊阁《四库全书》本。
⑤ 〔宋〕高似孙:《史略》卷四,《古逸丛书》景宋本。
⑥ 仓修良、魏得良:《中国古代史学史简编》,黑龙江人民出版社1983年版,第330页。
⑦ 崔文印:《宋代的金石学》,《史学史研究》1983年第2期。
⑧ 傅振伦:《宋代的金石学》,《史学月刊》1983年第1期。
⑨ 白寿彝主编、吴怀祺著:《中国史学史》第四卷《五代辽宋金元时期·中国古代史学的继续发展》,第207~213页。
⑩ 〔宋〕欧阳修:《欧阳修全集》卷四十二《居士集卷四十二·集古录目序》。

研究的价值,"以意逆志,或深其制作之原,以补经传之阙亡,正诸儒之谬误"①;赵明诚则进一步指出金石资料相对于历史文献的优越性,"史牒出于后人之手,不能无失,而刻词当时所立,可信不疑"②。此外,宋代对金石材料的兴趣与欧洲"博学时代"的博古学家类似,也显示出宋人超越了历史循环论的传统,而走向对"(历史)变化"的关注。③

二、政治功利转向

文艺复兴史学和宋代史学都具有明显的政治功利转向。在欧洲,马基雅维里和圭恰迪尼等人掀起了人文主义政治史学的浪潮。他们均有过行政官员的身份,积极投身于现实政治活动;史著都注重政治功利;都向往古代政治而希望能够恢复之。这些特点都与中国主张政治功利的史家相似。

从身份角度来说,宋代的"文治"与科举发展造就了一大批像司马光、欧阳修、李焘及李心传等身在行政体系而重视史学的政治功用的史学家。这是中国士大夫"学而优则仕"传统带来的一种现象,尤其是唐代杜佑著《通典》,标示了身居庙堂的士大夫更加自觉地以史学功绩实现政治功利的风向。宋代则将这一风气推向空前的高潮。

从史学的政治功利取向来说,事功学派自然是典型,但义理化学术甚至理学内部也不乏政治功利主张。事功学派强调经世致用,主要是服务现实政治。吕祖谦明言"愿将实学酬天造"④而主张功利,开浙东事功学派风气。他把"多识前言往行"和"畜德"联系起来,把掌握历史知识、熟悉文献掌故和讲天理纲常、提倡修身养性统一起来,⑤从而使义理与事功成为统一体。他因而撰《大事记》深究历史,又有相辅之《大事记通释》与《大事记解题》,以"畜德致用"⑥。稍后陈亮欲"考古今沿革之变,以推极皇帝王伯之道,而得汉、魏、晋、唐长短之由"⑦,因而多发史论。永嘉学派更是注重

---

① 〔宋〕吕大临:《考古图后记》,见陈俊民辑校:《蓝田吕氏遗著辑校·文集佚存》,中华书局1993年版,第592页。
② 〔宋〕赵明诚:《金石录》,刘晓东、崔燕南点校,齐鲁书社2009年版,第"序1"页。
③ Thomas H. C. Lee, *New Directions in Northern Sung Historical Thinking* (960 – 1126), see Q. Edward Wang, Georg G. Iggers, *Turning Points in Historiography: A Cross-Cultural Perspective*, The University of Rochester Press, 2002, pp. 59 – 88.
④ 〔宋〕吕祖谦:《东莱集》卷一《恭和御制秋日幸秘书省近体诗》,文渊阁《四库全书》本。
⑤ 吴怀祺:《吕祖谦的史学》,《史学史研究》1992年第2期。
⑥ 〔宋〕吕祖谦:《大事记解题》卷一《周敬王三十九年庚申》,文渊阁《四库全书》本。
⑦ 〔宋〕陈亮:《陈亮集》卷一《书疏·上孝宗皇帝第一书》。

经史,史著颇丰。① 即使是义理化之学甚至理学一系,在民族政权对峙的竞争中,也比较注意政治功利,突出表现在其正统论中。

欧阳修开创了宋代正统论重视大一统功业之风,他提出"王者大一统"和"君子大居正"两个正统标准,②并把一统的功业标准置于居正的道德标准之上。《资治通鉴》把"九州合为一统"作为评判正统的唯一标准,否则皆与"古之列国无异"。③ 朱熹也认为"只天下为一,诸侯朝觐狱讼皆归,便是得正统"④,强调"天下为一"的政治功利标准。

从史学的政治目标而言,宋代史学的主流希望恢复"三代"之治。如前所述,宋儒多以"三代"为天理流行的历史阶段,因而向往之。这与马基雅维里等人复兴古罗马政治的希望相类。在恢复的路径上来说,事功学派主要希望通过"多识前言往行,考迹以观其用"⑤的历史考察来实现,而理学派则主要希望通过"心传"来完成。

三、文化史领域的新探索

史学发展、文化繁荣与综合探索精神带来史学范围的拓展,突出表现在文化史领域。意大利的文艺复兴发现了"文化史",⑥实际上主要是"美术史";迟至18世纪,欧洲又发明了"音乐史"。⑦ 在中国与欧洲,文化和文化史的发展都与艺术家与知识阶层的融合相关。布鲁内莱斯基(Filippo Brunelleschi)运用透视法,不仅带来了建筑学的科学特征,也使得艺术与知识发生关联,这是有助于后世理解其当时较高社会地位的重要原因之一。稍晚的阿尔贝蒂·利昂纳·巴蒂斯塔(Leone Battista Alberti)更是兼具人文主义者与艺术家双重身份的人物。他明确对艺术家提出了"懂得平面轮廓及其所有特性"⑧的要求。之后,韦罗基奥(Andrea del Verrocchio)及其弟子佩鲁吉诺(Pietro Perugino)都在艺术教育中强调科学与人文知

---

① 鲍永军:《论永嘉事功学派的史学思想》,《史学史研究》2003年第2期。
② 〔宋〕欧阳修:《欧阳修全集》卷十六《居士集卷十六·正统论上》。
③ 〔宋〕司马光:《资治通鉴》卷第六十九《魏纪一》。
④ 〔宋〕黎靖德编:《朱子语类》卷一百零五《通鉴纲目》。
⑤ 〔宋〕吕祖谦:《丽泽论说集录》卷一《大畜》,文渊阁《四库全书》本。
⑥ [英]彼得·伯克:《意大利文艺复兴时期的文化与社会》,刘君译,东方出版社2007年版,第28~41页。
⑦ [英]彼得·伯克:《文化史的风景》,丰华琴、刘艳译,北京大学出版社2013年版,第9页。
⑧ L. B. Alberti, *On Painting*, trs and ed by J. R. Spencer. New Haven, CT: Yale University Press, 1956, BK I, p.59.

识，这是他们培养出达·芬奇和拉斐尔（Raffaello Santi）这样见重当时的艺术家的重要原因。文艺复兴时期欧洲艺术家主动引入科学与人文知识从而与知识阶层融合，大大促进了社会对艺术的重视与艺术史的产生。米开朗琪罗（Michelangelo Buonarroti）的弟子乔尔乔·瓦萨里（Giorgio Vasari）便是在这样的背景中作《著名画家、雕塑家、建筑家传》（Lives of the Painters, Sculptors and Architects），为绘画、雕塑和建筑领域的著名人物立传，开辟了西方的艺术史研究，也自然反映时代史学风貌。瓦萨里虽然是一位艺术家，但他接受过专业学者的帮助，①在进行其研究时，深受当时人文主义者所推重的普鲁塔克（Plutarch）等古典史学家的影响，对其人物群传的写作方式有明显模仿，又受到时代历史观的影响，按照彼得拉克式的"古典时代—中世纪—现代"历史三段论进行编排。

宋代中国士大夫的艺术传统和宋代"士人画"的产生与发展，使得艺术家与知识阶层的融合比欧洲文艺复兴更加充分，艺术史也更加发达。中国古代士大夫本有书法、绘画与音乐传统。知识阶层与文化艺术的结合，在宋代又有较大发展，不仅促进了文艺繁荣，也推动了文化史的兴盛。

其一，宋代的书法史成就斐然。虽然文艺复兴时期有专业书写家，也不乏彼得拉克这样习书法的人文主义者，但书法在欧洲艺术与知识阶层文化中的地位无法与中国相比。唐代出现了书法的专门学问——"书学"，也"以书取士"②，但认为"书学小道，初非急务，时或留心，犹（亦）胜弃日"③。宋人以书学与经学义理相通，"书学生，习篆、隶、草三体，明《说文》《字说》《尔雅》《博雅》《方言》，兼通《论语》《孟子》义，愿占大经者听"④。价值观的提升与史学发展带来了宋代书法史的发展，在唐代《墨薮》《法书要录》《书谱》《书断》等书法著录的基础上，产生了《续书谱》《墨池编》《书苑菁华》《书小史》《翰墨志》等更具书法史特质、更细致和更大规模的研究。典型如陈思的《书小史》，拟史倾向已见于书名，其体裁、体例颇仿纪传体，由"纪"与"传"两部分组成。其记述范围自伏羲画八卦至唐，也略见宋代史学之"贯

---

① Gombrich, Ernst H., Vasari' Lives and Cicero's Brutus', *Journal of the Warburg and Courtauld Institutes*, 1960, 23, pp. 309–311.
② 〔元〕许有壬：《至正集》卷七十二《跋张子湖寄马会叔侍郎三帖》，文渊阁《四库全书》本。
③ 〔唐〕韦续：《墨薮·贞观论第十八》，文渊阁《四库全书》本；另见〔唐〕胡璩：《谭宾录》卷七，清钞本。
④ 〔元〕脱脱等：《宋史》卷一百七十五《选举志三》。

第七章　中西比较视域中宋代史学的新因素与《春秋》学在其中的作用　343

古贯今"的理学思维。①

其二,绘画艺术到宋代苏轼提倡"士人画"之后,更深刻地与知识阶层结合,从而促进了绘画史著述的发展,也使绘画史著述更多地反映时代史学风貌。苏轼认为,知识阶层所创作的业余绘画②,优于职业绘画,云:"观士人画,如阅天下马,取其意气所到;乃若画工,往往只取鞭策毛皮,槽枥刍秣,无一点俊发,看数尺便倦。"③知识阶层强势介入绘画艺术,使得宋代的绘画史撰述,不仅数量和规模较前代大幅度发展,也与时代史学更紧密结合。首先,宋代绘画史有强烈的史学赓承意识。郭若虚的《图画见闻志》和邓椿的《画继》明确接续唐代张彦远绘画通史之作《历代名画记》,有类正史接续传统与《资治通鉴》接续《春秋》年限。其次,宋代绘画史著述也反映出唐宋历史笔记发展"以备史官之阙"④的史学风气。宋代发展了唐代的笔记小说,历史琐闻最为发达。⑤ 明人《五朝小说》序言论宋人笔记价值云:"一语一笑,想见前辈风流",又云"其事可补正史之亡,裨掌故之阙。"二者皆可见诸宋代绘画史著。郭、邓的绘画史著作,仿纪传体为画家立传,《图画见闻志》取类传体,《画继》细化为独传。在此之外,二作皆有仿笔记以补传记的部分。《图画见闻志》有《故事拾遗》和《近事》,《画继》则反映于《杂说》。再者,《画继》反映出宋代历史考证发展与史料视野拓展的史学风气,多取诗文题跋之文学材料,与欧阳修纂《新唐书》"以传记、别说考正虚实"⑥相类,开辟了中国古代绘画史著述的重要撰述方法。

其三,宋代出现了音乐史撰述的突破,突出表现在《琴史》的产生。因为音乐在儒家礼乐文化中的重要性,所以音乐在中国古代始终与义理教化和士人修养密切相关,由此带来了中国古代音乐史的早兴。"乐府诗"的收集整理一直是带有教化意味的一项重要政治工作。而在官方政治行为之外,民间和士大夫带有音乐史性质的著述也在不断发展。唐代的民族融合带来了《羯鼓录》这样的音乐专史。而到了宋代,正式出现了中国第一部以"史"为名的音乐史专著,同时也是第一部关于中原音乐的专史——《琴

---

① 汪高鑫:《中国史学思想通论·经史关系论卷》,福建人民出版社2011年版,第16页。
② 赵孟頫以"士大夫画"为"隶家画",启功以"隶家"即"戾家",为业余画,见启功:《戾家考——谈绘画史上的一个问题》,《文物》1963年第4期。
③ 〔宋〕邓椿:《画继》卷三《轩冕才贤》,湖南美术出版社2000年版,第301页。
④ 〔唐〕皇甫枚:《三水小牍》卷下《殷保晦妻封氏骂贼死》,中华书局1958年版。
⑤ 刘叶秋:《历代笔记概述》,北京出版社2003年版,第93页。
⑥ 〔宋〕李焘:《续资治通鉴长编》卷一百八十一《仁宗·至和二年》。

史》。作者朱长文不仅是北宋文化大家与文化史家,也是"名动京师"①的经学家和士人代表,进士出身,与理学关系密切,与程颐为友,为胡安国之师。② 其著述丰厚,"著书三百卷。六经有辩说,乐圃有集,琴台有志,吴郡有续记"③。深厚的经史积淀与理学沾染,使朱长文的《琴史》颇见时代史学风韵。首先,《琴史》创造性地运用了纪传体。朱长文有"历观百氏,考古人是非,正前史得失"④的自觉史学意识。其著《琴史》,前半部分略仿纪传,虽以卷分篇而无纪传区别,但按时代分卷,每个时代首列帝王,次以同时代人物,颇有纪传体通史风貌。后半部分则有类纪传体的"书志"甚至典制体史书,考察制度流变与历史现象。这种体例安排明显取法纪传体史书,又不因循其旧制,而是按照适合叙述对象的方式加以变通,颇见史才、史识,无怪乎敢以"史"为名。其次,《琴史》颇显理学的历史意识。一方面,其叙述起自帝尧,贯通古今;更重要的一方面,其按当时理学道统论的历史阶段说进行历史编纂。朱长文具有与其友程颐相近的历史观,把琴史分为"三代之贤自天子至于士莫不好之""汉唐之后礼缺乐坏"⑤和宋太宗"博总群艺……今古音律罔不研精"⑥之后的三个阶段。这形成了《琴史》结构的基本思想框架,卷一和卷二记叙三代,卷三和卷四记述汉唐,卷五记述宋太宗以下。而其著述目的也有类道学家接续道统之意,谓"方当朝廷成太平之功,谓宜制作礼乐,比隆商周"⑦。

中西文化史的发展都有赖于知识阶层与艺术家的融合。这一融合使得艺术创作因为知识的引入而成为有规律可循的可讨论与可研究的公共领域,在客观上使得艺术史研究成为可能。更重要的是,这一融合使得艺术进入知识阶层视野,被纳入历史研究的范围。这种融合的不同路径使得宋代中国的文化史撰述比文艺复兴的欧洲更发达。在欧洲,职业艺术家通过摄取知识的方式向知识阶层渗透,使得文化史成为职业艺术发展的产物;在中国,则是作为业余艺术家的知识阶层向艺术领域扩张,使得文化史成为传统经史领域的自然延伸。

---

① 〔宋〕米芾:《宝晋英光集》卷七《乐圃先生墓表》,文渊阁《四库全书》本。
② 《宋史》卷四百三十五《列传第一百九十四·胡安国》。
③ 〔宋〕米芾:《宝晋英光集》卷七《乐圃先生墓表》。
④ 〔宋〕朱长文:《乐圃余稿》卷六《乐圃记》,文渊阁《四库全书》本。
⑤ 〔宋〕朱长文:《琴史》卷六《叙史》,文渊阁《四库全书》本。
⑥ 〔宋〕朱长文:《琴史》卷五《太宗》,文渊阁《四库全书》本。
⑦ 〔宋〕朱长文:《琴史·自序》,"楝亭藏书二十种"本。

四、《春秋》学的地位

《春秋》学的历史记述内容,促使对其义理的探讨与对史事的讨论相辅相成。在宋代之前,经学中已经存在今文经学的义理路径和古文经学的考证路径,《春秋》学是这两大路径并存的一个经学典型。在"五经"当中,《春秋》因为微言大义的表达方式而成为最需要阐发义理的一部经典,又因为记事内容而成为最需要从史事角度进行考证的一部经典。《公羊》与《穀梁》二家主直阐义理,《左传》家主训诂考据,表现出两种经学上的需求与路径的分化。两种路径各有所长,但毕竟不能兼顾另外一种经典本身的需求。到了中晚唐,这种解经方法不能适应解经需求的矛盾日益暴露出来。特别是相对于新的时代政治、学术与文化需求,《春秋》学偏主一家的路径,就显现出滞后的一面,需要"振滞"。《春秋》学上的"振滞",从王元感首倡和刘知幾树起"疑古惑经"大旗,到刘敞、欧阳修等人重整《春秋》学,再到胡安国和朱熹总结理学化《春秋》学,是经学变古的一个极重要方面。相对于其他经学领域而言,《春秋》学的振滞变古,与史学关系最密切。经学上突破注疏传统而融合义理与考证两大路径的解经路径,天然的是一种史学理论路径。

刘敞、欧阳修、胡安国和朱熹等人一旦突破了《春秋》学的传统解经路径,就为史学提供了新的理论示范与方法论依据。在中晚唐之前,经学的历史考证遵循严格的家法、师法界限,其征引历史文献体系也受到严格限制。经学上的历史考证在这种情况下,很难产生自由考证,由此也影响到史学基本只能在不触碰经学界限的前提下进行研究。《春秋》学在宋代彻底打破了家法、师法界限,"四书"代"五经"甚至颠覆了经学历史考证的引证体系。这就从理论上为史学解脱了思想与方法束缚。在宋代的政治、经济与社会背景中,这一史学理论上的解放,就在历史考证的兴起等方面起到了重要作用。

《春秋》学振滞变古的过程中,不仅出现了解经路径的变化,也出现了价值取向的转变。宋朝所处的民族政治局势,宋儒所面对的经济、文化与社会形势,都促使经学发生了政治功利转向。《春秋》在一定程度上来说,本来就是一部政治史,自然成为这种转向的先锋。汉代《公羊》学要通过"大一统"和"三统"说,为当时的政治变革提供合法性依据,而宋代《春秋》学则面临着为宋争正统、立功业的现实政治需求。从孙复开始,宋代《春秋》学就明显趋向于对现实政治问题的关注。宋朝承五代之弊而有重整社会秩序的需求。有与其他政权进行政治与军事斗争的需求,有在政治军事失利形势下,论证统治合法性的需求。凡此种种,皆使得《春秋》学特重以"尊王""攘夷""正统"与"正名"等义理来服务现实政治,通过经史途径来探讨新政治形势下的时代危机应对方案。

《春秋》学在这一政治与社会背景中形成了极高的思想地位。而在宋代的文治中,文人的主导地位又从政治领域扩展和延伸到了文化领域。在文化艺术领域,本来是业余爱好者的文人士大夫,逐步掌握了话语权,用以经学义理为根基的文人意趣掌控了文化艺术的理论领域。虽然其艺术实践上的价值争议颇大,但在理论上却几乎完全压倒了缺乏话语权的职业艺术家。这种情况,自然使得文化艺术史的新探索受到直接或间接的经学影响。"文人画"观念的倡导者欧阳修与苏轼等人,本身是经学家,对《春秋》学有深入研究,他们的文化艺术观念带有经学痕迹,会或多或少、或隐或现地影响文化艺术史。而像朱长文这样名重当时的文化大家与文化史家,本身也有深厚的经学根基与经学取向。朱长文师事孙复,"于《春秋》尤勤"[①],著有《春秋通志》,诗云:"泰山先生久冥寞,世把《春秋》束高阁。腐儒退隐三十年,独玩遗经思笔削。"[②]显示出其对《春秋》的尊崇和以《春秋》为指导修史笔削的意愿,还培养出胡安国这样的《春秋》学大家。其文化艺术史著述,自然会受到《春秋》学的一定影响。《墨池编》与《琴史》,多述及《春秋》经传,《墨池编》述及《春秋》有十八处,《琴史》述及《春秋》也有五处,反映出《春秋》在文化史视域中的重要地位和朱长文这样的文化史家对《春秋》的重视。

第三节　史学的社会化发展趋向

文艺复兴带来的史学近代化,不仅作为一种学术形态,在观念与方法方面有重大表现,作为一种文化形态,也突出表现在其社会化发展趋向方面。商品经济与印刷技术推动了市民社会的兴起,虽然中国的市民数量较

---

① 〔清〕朱彝尊:《经义考》卷一百八十一《春秋》引《春秋通志朱长文自序》。
② 〔宋〕朱长文:《乐圃余稿》卷一《春秋终讲伏蒙知府谏议临视学舍燕劳诸生谨成小诗叙谢》,文渊阁《四库全书》本。

欧洲为少，但他们起到了类似的社会作用，都在中世纪体制以外为新思想提供了新的经济供给与社会支持。在欧洲，市民的经济能力与文化需求促进了人文主义兴起和宗教改革。在中国，儒家对佛道进行吸收从而具有了一些宗教的功能性特征。理学不但通过心性修养而变得有类似宗教之处，也通过孔庙祭祀的发展成为"国家宗教"[①]，从而在三教相争中取得社会竞争的优势，成为中国形式的"宗教改革"。在这样的背景下，曾经为少数精英掌握的中西史学，随着时代学术一道体现出社会化发展趋势。在欧洲，史学随着知识一起冲破僧侣和贵族的垄断，开始走向社会；在中国，史学一方面随着教育和科举发展而扩大影响，另一方面也从庙堂和士林愈益走向江湖。

一、知识垄断的突破

文艺复兴的欧洲和宋代的中国，在突破贵族和神学集团对知识垄断的过程中，也表现出史学社会化发展的趋向。

第一，文艺复兴时期教育领域的变化是史学近代化的重要推动力量，也是重要表现，宋代中国也出现了类似现象，突出表现为书院的兴起。文艺复兴时期大学中源自古罗马的人文学科与自然学科冲击经院哲学，从而带来社会知识结构的改变，又有具有世俗功利特征的大量新兴大学诞生。这一教育领域的革新不仅从宽泛意义上促进了人文主义的发展，也为史学摆脱中世纪的僧侣垄断与神学取向而转向近代化提供了重要保证。宋代书院的兴起也起到了类似作用，推动了以复兴孔孟之道为己任的理学与相关史学的社会化。首先，书院是理学与史学的重要传播阵地，为学者提供了综合性社会保障。宋代书院大为发展，北宋实有书院百所左右，[②]南宋发展至442所，是唐、五代与北宋书院数量总和的三倍多。[③] 其中，南宋又远较北宋发达，新建书院299所，超过北宋新建71所的四倍。[④] 这与理学的发展态势相一致，也可略见书院与理学关系的密切。宋代书院多由理学大师创建或延聘其讲学。从宋初的孙复、石介创建讲学泰山书院，到周敦颐创濂溪书堂结合书院与理学，[⑤]再到南宋的朱熹、陆九渊与吕祖谦等人

[①] 黄进兴：《优入圣域：权力、信仰与正当性》，中华书局2010年版，第2页。
[②] 邓洪波：《中国书院史》，第61页。
[③] 邓洪波：《中国书院史》，第110页。
[④] 白新良：《中国古代书院发展史》，天津大学出版社1995年版，第4~26页。
[⑤] 李国钧等：《中国书院史》，湖南教育出版社1994年版，第14页。

在书院传学论道,都使得理学与书院互动发展。宋代书院虽然从未完全中断与科举的关系,①但更作为理学"传道不替"②的根据地而存在,以"讲求经旨,明理躬行为本"③,而不同于继承传统的官学。甚至在政府禁朱熹"伪学"期间,朱熹仍与其弟子在书院讲授理学。"不同地域的理学学派的产生,正是理学与书院结合的产物。"④宋代理学家注重史学在理学中的作用,书院讲学中自然也有大量史学内容。⑤ 其次,宋代书院也与雕版印书结合。"纸的普遍使用和印刷术的发明,是促使五代宋元史学发展的两个重要因素"⑥,印刷术的普及尤为重要。书院发展受到印刷术的促进作用⑦,也自行刊刻了大量理学与史学书籍⑧,有利于理学和史学的社会化发展⑨。此外,宋代科举的发展和书院以外的教育发展,也促进了史学的社会化发展趋向。

第二,文艺复兴时期欧洲史学社会化形式大为发展,宋代中国也是如此,使得史学扩大了传播范围,走向社会大众。文艺复兴时期的欧洲,史学不仅随整体学术文化一道在印刷术推动下而得到普及,更重要的是,以通俗史学形式更加广泛地产生社会影响。十四行诗经彼特拉克和莎士比亚(William Shakespeare)的发展成为重要文学样式,也成为重要的通俗史学形式。彼特拉克名义上以《阿非利加》成为桂冠诗人,可见其史诗的社会影响力。莎士比亚在十四行诗以外还创作了不少历史剧,如《亨利六世》《理查三世》《理查二世》和《约翰王》等。这使得史学进一步以通俗化形式走向社会深层。

宋代不仅出现了印刷术推动的史学作品普及,也出现了比欧洲更引人注目的通俗史学形式。民间"讲史"是其突出代表,学界已有较深入研究。"讲史"作为两宋"说话"的重要家数,深入广大城市乃至乡村,使得史学的

---

① 吴桂翎:《宋代历史教育研究》,第107~113页。
② 〔清〕黄宗羲原著、〔清〕全祖望补修:《宋元学案·卷首·宋元儒学案序录》,第13页。
③ 〔宋〕吕祖谦:《东莱集》别集卷五《丽泽书院乾道五年规约》,文渊阁《四库全书》本。
④ 肖永明:《儒学·书院·社会——社会文化史视野中的书院》,商务印书馆2012年版,第171页。
⑤ 吴桂翎:《宋代历史教育研究》,第107~113页。
⑥ 邹贤俊主编:《中国古代史学史纲》,华中师范大学出版社1989年版,人民出版社2016年版,第244页。
⑦ 季啸风主编:《中国书院辞典·(季羡林)序言》,浙江教育出版社1996年版,第1页。
⑧ 〔清〕叶德辉:《书林清话·卷三》,中华书局1957年版,第74页。
⑨ 张孟伦先生指出雕版印书"实在给士人撰修史书提供了极大的方便"。参见张孟伦:《中国史学史》下册,甘肃人民出版社1986年版,第135~37页。

影响范围由此超出了统治阶层与文人阶层。"讲史"带有一定的系统性,关注本朝史事,有重要社会影响力,①并且带有商业性特征②,成为中国古代史学社会化过程中承前启后的关键环节③。此外,宋代历史题材杂剧与咏史诗词,也有一定的促进史学社会化的作用。

二、"体验论"的衔接

欧洲文艺复兴同时也通过复兴"体验论"的知识论与修炼方式而接通传统与现代并扩大社会影响,史学是这一时代风气中的重要组成部分。宋代对先秦体验论的复兴比欧洲更为明显,在史学中所起到的作用也更加突出。"体验论"不仅作为一种知识论,也作为一种修炼方式,在文艺复兴与宋代理学中成为复兴古代传统的重要通道。"体验论"因为与宗教神学的相似性与相关性,而成为在宗教神学社会环境中走向现代实证史学的重要过渡环节,是一条承上启下的史学现代化理路,但一直没有引起史学理论界的重视。如前所述,文艺复兴时期的人文主义者无法弥合上帝信仰与古典异教徒哲学家崇拜之间的鸿沟,神秘哲学(occult philosophy)往往成为新柏拉图主义类型的融合古典哲学与基督教原则的黏合剂。有学者注意到文艺复兴思想与炼金术(Hermetic)传统有密切关系。费奇诺(Marsilio Ficino)和布鲁诺(Giordano Bruno)等人都是如此。而这种神秘化的文艺复兴传统,则为笛卡儿哲学与真正的科学扫平了道路。④ 实际上,神秘哲学只是文艺复兴体验论表现的一种形式。带有神秘特征的体验论是文艺复兴史学探索的重要途径,也是走向实证史学过程中的一个现象,根源于古希腊。

在雅斯贝斯所谓公元前 800 年到 200 年的"轴心时代"(Axial time),"理性和理性地阐明的经验发起一场斗争"⑤。从知识论的角度而言,世界各大文明普遍突破了神学氛围而以"理性论"和与理性相关的"经验论"为主要知识来源。但作为学界的这一基本印象,实际上,如果深入轴心时代的思想,则清晰可见在"理性论"和"经验论"之外,"体验论"作为一种知识

---

① 瞿林东:《史学与大众文化》,《史学史研究》1994 年第 2 期。
② 李小树:《宋代商业性讲史的兴起与通俗史学的发展》,《史学月刊》2000 年第 1 期。
③ 邓锐:《宋元讲史平话在史学史中的研究价值》,《江淮论坛》2008 年第 4 期。
④ France A. Yates, *Giordano Bruno and the Hermetic tradition*, London: Routledge and Kegan Paul, 1964, p.432.
⑤ [德]卡尔·雅斯贝斯:《历史的起源与目标》,第 9 页。

来源的重要性。"体验论"强调通过既非理性又非感官知觉的内心体验而获取知识,向外体验宇宙,向内体验内心,从而在冥冥中究天人之际。在"轴心突破"(Axial break through)之前,"体验论"与神学结合紧密,到了中世纪又进入基督教,给人以仅属于宗教的感觉。但在轴心时代,毕达哥拉斯及其学派成为理性的"体验论"的代表,深刻影响了柏拉图等古典哲人以(Pythagoras)至于文艺复兴文化。毕达哥拉斯天人合一的"小宇宙"论、以数为万物之源论和以音乐美学沟通天人的观点都无法从理性推出,也无法从感官经验获得,因具有强烈的体验论特征而在开辟西方科学与哲学的同时被神化,他本人也因这种神秘性而被考证出"阿波罗之子"的出身。① 在把他当成人的那部分古希腊罗马人那里,毕达哥拉斯也极为重要。被文艺复兴看成重要效仿对象的西塞罗(Marcus Tullius Cicero)就指出过罗马文化受到毕达哥拉斯学说浸润。② 文艺复兴时代,人文主义不仅经由从柏拉图到西塞罗的古典思想而受到毕达哥拉斯影响,在艺术中也因为重新发现和应用古罗马透视法而像他那样把数学和美学结合在一起。即使是传统印象中纯智的从柏拉图(Plato)到亚里士多德(Aristotle)的古希腊哲学也被晚近哲学研究发掘出包含"静观"(contemplation)等内容的"灵性修炼"(d'exercices spirituels)性质。③ 作为人文主义者的重要精神资源,其在文艺复兴中的作用可想而知。当时的新柏拉图主义正是借由这种体验论路径弥合上帝信仰与对古典学者的"异教徒"信仰,从而产生社会影响。

17世纪科学革命之后诞生的实证史学关注理性论和理性相关的"经验论"知识,因为无法观察和逻辑推演内心体验,而忽视了从毕达哥拉斯直到文艺复兴的体验论,这造成了实证史学对文艺复兴文化与史学认识的缺失。一个基本的事实是,文艺复兴时代的大师在走向科学与实证学术的同时也都是虔诚的基督教徒,体验论从来都是他们重要的知识来源,只是这种体验与宗教的关系较中世纪或为薄弱而偏向与理性或者非正统意义上的神秘哲学联系。从现代实证眼光看来,彼特拉克史学方法中最引人注目的一点在于文献考证学(philology)的研究方式。彼特拉克希望通过文献

---

① Thomas Taylor, *Iamblichus' Life of Pythagoras*, London: J. M. Watkins, 1818, pp. 2-6.
② Cicero, *Tuscluanarum Disputationum*, trans. by J. E. King, Cambridge, Mass.: Harvard University Press, 1927, p. 329.
③ [法]皮埃尔·阿多:《古代哲学的智慧》,张宪译,上海译文出版社2012年版,第6~7页。

考证而获得具有权威性的真实记载，①这一史学特征因其实证特点而受到现代史学注意。而彼特拉克史学的体验论特征则不受重视。彼特拉克阐明自己将未来声誉寄希望于《阿非利加》(Africa)和《名人传》(De viris illustribus)的作品《秘密》(Secretum)，是一部内省式(introspective)的对话录。在奥古斯丁(Augustinus)和方济各(Franciscus)的历史穿越对话中，彼特拉克在文献考证之外以类似理学"心传"的方式，获得对古代人物甚至历史的内在体验，他甚至以方济各之口说出："我所关心的是被许多有同样遭遇的名人所包围的安慰。"②从而指明通过心灵沟通的方式向古罗马时代伟人求得解决人文主义新精神与基督教矛盾的历史研究旨趣。并且这种探索也显现出自我精神修炼的意味。《阿非利加》和《名人传》可以被看作是彼特拉克史学的两翼。前者更纯粹地通过《秘密》中那种"心传"方式探求古人精神，这种史学方法实际上辗转延续直至19世纪兰克的"领悟"与狄尔泰的"移情"；后者在反映古人生平时则带有一些更实证的文献考证，这在受他影响的薄伽丘身上更为明显。从实证史学的眼光来看，《名人传》因为对当时史学形式的吸收③而更接近史学，而《阿非利加》偏属文学。但彼特拉克把这两部作品都看作是对古人的研究与赞扬，并且前者的社会影响更大。彼特拉克把文献考证与内心体验都当成研究历史的方法，在人文主义者中具有一定代表性。整体而言，文艺复兴开辟了通向实证研究的道路，而体验论则在其中起到过渡作用。在千年基督教传统下，与宗教具有一致性的体验论道路更易为人接受，也可以通过更能激发情感的文学性方式呈现历史体悟，典型如彼特拉克史诗和莎士比亚历史剧，都以此为史学的社会化做出重大贡献。逮至20世纪实证史学完全确立，体验论在科学语境中被挤压至宗教领域，而其在史学近代化中的作用鲜被提及。

宋代史学近代化过程中的体验论比文艺复兴更明显。如前所述，新柏拉图主义式的反传统做法没有宋代理学彻底。程朱理学以"心传"为合法性论证，将体验论上升为孔孟之道的终极知识论而加以"复兴"，使得宋代理学与相应的义理化史学的体验论特质突显。儒学本自兼体验论与理性

---

① Kohl, B. and Petrarch. Petrarch's Prefaces to De viris illustribus, *History and Theory*, 1974, 13 (2), pp. 132–144.
② [意]彼特拉克:《秘密》，方匡国译，广西师范大学出版社2008年版，第127页。
③ Ronald G. Witt, *The Rebirth Of The Ro As Models Of Character · De viris illustribus*, see Victoria Kirkham and Armando Maggi, Petrarch: A Critical Guide to the Complete Works, Cbicago and London: The University of Chicago Press. 2009, pp. 103–111.

论和经验论而有之,在现代实证史学看来,前者显现为接近宗教而后者显现为接近哲学,学者以"religiophilosophy"界定儒学①和以"人文主义与宗教之间"形容儒家传统②,便是其表征。中国轴心时代的"哲学突破",清除了以往礼乐文化中的"巫"的成分,而使"心"成为沟通天人的中介。③ 这种体验论固然以道家之"心斋"④"坐忘"⑤等为代表,但儒家也有重要表现。孔子有"克己复礼为仁"的伦理修养论,而谓"吾与史巫同涂而殊归"⑥,已表明类似史、巫之体验论特征,又兼"礼"与"敬"不可分,"敬"为一种"无对象性"的心态,⑦说明从礼到仁的伦理修养具有身心体验的修炼特性。郭店、上博公布出土文献中"仁"字多上半部为"身"或"人",下半部为"心",也可说明此点。孟子更发挥了"尽心""养气"的心性内省论,成为程朱理学接引的对象。从体验论特质而言,程朱理学确实对先秦"孔孟之道"有所接续,沿着以心性为核心的体验论路径发展而来,并以此促进了自身的社会化。

　　简而言之,理学通过体验论路径建构"身心修炼"的"性命"之学,涵盖经史。这种学术形态带有"宗教性"而有利于在与佛、道竞争时扩大社会影响。首先,在三教相争中,发挥体验论的理学通过类似宗教的心性建构与身心修炼促进自身社会化。宋代儒家面临的社会认同压力,一则在于五代乱世对儒家义理的摧毁,一则在于佛、道二家的竞争。儒家重建经过五代洗礼的社会信仰时,不得不对已近飘摇的汉唐经学做出调整,而其调整过程中则有意无意地受到佛、道的影响。特别是在禅宗"顿悟"之教与道家"内丹"修炼大行其道的社会背景中,建立起儒家自身的心性之学就成为社会竞争的重要方式。儒家"心性"之学不仅是一种知识,更是一种带有"身心修炼"特性的"功夫论",从而具有特殊的实践性而可发挥宗教功能。但需要注意的是,体验论并非仅存在于宗教神学中,理学确实有一个儒家内

---

① Tu Wei-ming, humanity and Self-Cultivation. Boston: Cheng and Tsui company, 1998, p. 78.
② 彭国翔:《儒家传统:宗教与人文主义之间》,北京大学出版社 2007 年版,第 9～10 页。
③ 余英时:《轴心突破与礼乐传统》,《二十一世纪》2000 年 4 月号。
④ 《庄子·人间世》,见《庄子集释》,郭庆藩撰,王孝鱼点校,中华书局 1961 年版,第 147 页。
⑤ 《庄子·大宗师》,见《庄子集释》,第 284 页。
⑥ 《马王堆帛书·要》,见张政烺:《马王堆帛书〈周易〉经传校读》,中华书局 2008 年版,第 159 页。
⑦ 吾妻重二《居敬前史》揭示"敬"的特性,转引自藤井伦明:《日本研究理学功夫论之概况》,杨儒宾、祝平次编:《儒学的气论与工夫论》,华东师范大学出版社 2008 年版,第 221 页。

部的体验论传统可接续，因此也不能把理学的体验论特征仅仅看成是受佛、道影响而来。欧阳修的"六一风神"出自其性情修养，这种修养与其《春秋》学、《易》学等方面的修养密不可分，[1]而与宗教熏陶关系不大。再加上中国古代医学具有整体观，将人的身心视为一体，注重其修养，使得古人基本都持身心整体或身心一元论。近年新发现的朱熹"复远祖墓"时期的几封书信，即反映了朱熹的此类明确认识。朱熹在一封信中云："渠在此不听人说，背后偷写文字，劳力过甚，"在另一封信中谓："某两年疾病三好两恶，近日愈觉血气衰耗，易得疾痛。"[2]可见，朱熹也以身心为一整体，结合其读书法观之，其重身心体验的认识特征十分明显。朱熹的《敬斋箴》主"动静无违，表里交正"[3]的功夫论，有其宗教与伦理之外的意蕴[4]，正是体验论本身的体现。当代学者注意到儒学因体验论尤其是其修炼用途带来的实践性而显现出宗教性质，但从前述中西轴心时代古代学术流变而言，体验论作为一种重要的知识论与修炼方式，原本不局限于宗教范围，只是在近代因科学主义的兴起才被挤压至宗教领域。也有学者注意到以宗教性概括的局限，故以不局限于宗教之"神秘经验"论儒学传统[5]或聚焦理学功夫论[6]。从早期中西学术的历史情境而言，体验论本为一种贯通知识论与修炼方式、内心与自然的学术形态，在毕达哥拉斯学派与儒、道二家皆可见。中世纪的基督教笼罩和汉唐经学的神学化使得早期体验论异化，而在中西复兴古代传统的浪潮中，体验论因为与古代传统的内在联系、与中世纪神学的相似性，而成为向现代学术形态过渡的重要桥梁。宋儒建构起的心性说与功夫论，虽受佛、道影响，但至少其心传"孔孟之道"并非空穴来风。

其次，理学将传统经史之学一并纳入体验论范围内，使体验论成为经史之学的内在属性，从而在心性论与功夫论社会化的过程中也扩大了经史之学的社会影响。即使是宋代理学中被认为最具理性特征的朱熹，也将经史之学视作体验论范围。他认为"圣人之言，即圣人之心；圣人之心，即天

---

[1] 马茂军：《庐陵学与六一风神》，《东南大学学报（哲学社会科学版）》2004年第4期。
[2] 朱熹信自宋人刘应李《新编事文类聚翰墨全书》中辑出，国家图书馆藏明初简阳刻本，壬集之二《人伦门·文类·家书》，第2～5页，转引自尹波：《新发现朱熹书信发覆》，《文学遗产》2019年第3期。
[3] 〔宋〕朱熹：《晦庵先生朱文公文集》卷八十五《敬斋箴》，《朱子全书》第二十四册。
[4] 焦德明：《朱子的〈敬斋箴〉》，《中国哲学史》2019年第2期。
[5] 陈来：《中国近世思想史》，商务印书馆2003年版，第307～337页。
[6] 杨儒宾：《理学家与悟——从冥契主义的观点探讨》，见刘述主编：《中国思潮与外来文化：第三届国际汉学会议论文集（思想组）》，台湾"中央研究院"中国文哲所2002年。

下之理"①,因而视经书为"圣书"②,强调"读书以观圣贤之意;因圣贤之意,以观自然之理"③。缘于这样的"圣书意识",朱熹的读书法颇具体验论特征,强调"学者读书,须要敛身正坐,缓视微吟,虚心涵泳,切己省察"④。因而有学者指出其是"身心修炼的功夫"⑤。朱熹也将史学纳入这一读书法的范围,教人如何读史,只是要求"先经后史"⑥。这使得儒家经史之学不仅具有"道问学"的性质,也具有了能够与宗教相抗衡的"尊德性"的性质,从而有利于史学的社会化。

再者,体验论形成了作为理学根基的历史知识而成为理学传播扩展时的重要特征。体验论追求超越时间的永恒性价值,并不重视历史,儒、释、道皆如此。就对历史的重视而言,在宋代理学中,朱熹胜过谢良佐,谢良佐胜过陆九渊。可见,越是偏向体验论的"心性",越是不重视历史。但在复兴古代传统时,体验论又成为理学的重要根基。一方面,如前所述,程朱理学的道统论以"心传"方式接续孔孟之道,从而以体验论的方式在历史上建立起了以心性为标志的理学的合法性依据;另一方面,理学家多有体验论特质的历史著述,从而建构起一种可以阐发义理、论证理学的历史知识形式。邵雍在《观物篇》中发挥"穷理尽性以至于命"的《易》道,以内省的方式观照天人之际,正反映了《皇极经世书》的历史写作方式。从实证史学角度而言,其考证与叙述颇成问题。但从其"物理之学"的角度来说,这种历史写作正因为内心与自然的贯通性体验,反而可以达到"治乱与废兴,著见于方策。吾能一贯之,皆如身所历"⑦的超实证作用,有类似于彼特拉克之与古人沟通。此书不能作为实证史学佳作,但在发展理学、扩大义理化史学社会影响方面起到了重要的开创作用。胡宏《皇王大纪》采其编年,不重实证之史事而重体验之功夫,云:"万物各得其养以成,不见其事而见其功夫,是之谓神。"⑧金履祥《通鉴前编》采邵、胡之例,虽对史事考证有所强化,但仍重视观察历史人物由内而外的"气象"。两宋体验论特质史著不断,其实

---

① 〔宋〕黎靖德编:《朱子语类》卷一百二十《朱子十七·训门人八》。
② 陈立胜:《朱子读书法——诠释与诠释之外》,见李明辉编:《儒家经典诠释方法》,喜马拉雅研究发展基金会 2003 年版。
③ 〔宋〕黎靖德编:《朱子语类》卷十《学四·读书法上》。
④ 〔宋〕黎靖德编:《朱子语类》卷十一《学五·读书法下》。
⑤ 彭国翔:《儒家传统:宗教与人文主义之间》,第 55 页。
⑥ 〔宋〕黎靖德编:《朱子语类》卷十一《学五·读书法下》。
⑦ 〔宋〕邵雍:《邵雍集》卷十三《皇极经世一元吟》,中华书局 2010 年版,第 392 页。
⑧ 〔宋〕胡宏:《皇王大纪》卷七十九《三王纪·赧王》,文渊阁《四库全书》本。

证史学价值不大,却是理学建构与社会化的重要史学形式。

三、《春秋》学的影响

宋代史学在当时商品经济发展、市民阶层兴起和社会平民化转向的背景下,呈现出一定的社会化发展趋向。在学校与科举制发展、书院教育兴起、士族没落、文治发达、雕版印刷术推广和书籍商品化进步等历史趋势中,贵族阶层对知识的垄断被完全打破。通过学校、书院教育和书籍的商品流通等渠道,知识空前规模地流向平民阶层。出现"都城内外,自有文武两学。宗学、京学、县学之外,其余乡校、家塾、舍馆、书会,每一里巷须一二所,弦诵之声,往往相闻"[①]。在这个过程中,《春秋》学作为重要知识也得到了普及。作为重要史学理论的《春秋》学知识的普及,扩大了其史学影响,也促进了史学的发展。从传世话本来看,宋代的讲史人时常引用《春秋》经传,反映出《春秋》学在史学社会化过程中所起到的一些作用。

在宋代史学从传统形态中抽绎出新因素并社会化的过程中,"体验论"的知识论与相关学术形态起到了重要的衔接与过渡作用,《春秋》学在其中也有一定的影响。宋代经学呈现出义理化的发展趋向,到南宋时,以"四书"取代了"五经"的地位。"四书"之学的"心性"特征要比"五经"强烈很多,为理学之"心传孔孟之道"提供了合法性依据,也为理学建立心性之学提供了经典依据。"心性"之学的发展,本身就带来了体验论在经学形态中地位的上升。正是因为可以通过身心体验来获致圣人之道,所以,程颢才得以在千四百年后,"得不传之学于遗经",而开理学门径。在这一背景中,包括《春秋》学在内的经史典籍,都被心性之学作为重要资源加以重新审视和发挥,而体验论既是其重新审视的一个标准,也是其改造发挥的一种方式。以此言之,"五经"当中最重要的资源是《易》学,因为其哲学思辨性质便于做心性讨论。而《春秋》也为带有心性特征的义理化经学的体验论审视与发挥给予了重要资源。心性之学对传统经史的体验论审视与改造,既有义理上的直接阐发,又有一定的考证上的探索,《春秋》学在其间都有影响。一方面,《春秋》大义对理学家而言本身就具有身心体验特征,"《春秋》对他们(宋代理学家)而言,不仅是孔子表达褒贬大义的典籍,而且是每一位读经者,都必须将自身的生命投置在当时历史情境中,借以练习做出最

---

① 〔宋〕耐得翁:《都城纪胜·三教外地》,清《武林掌故丛编》本。

好的价值选择"①。朱熹的读书法对身心状态和体验的强调,正是为了真正体验《春秋》等经典中的大义。另一方面,《春秋》的史学形式和义理本身,也是理学的体验论史学著述的重要资源和依据。

邵雍的《皇极经世书》、胡宏的《皇王大纪》和金履祥的《通鉴前编》,均采用编年体来做体验论的史学探索,又受到《春秋》学影响。邵雍在《皇极经世》中称:"昊天之四府者,春夏秋冬之谓也,阴阳升降于其间矣;圣人之四府者,《易》《书》《诗》《春秋》之谓也,礼乐污隆于其间矣。……《易》为生民之府,《书》为长民之府,《诗》为收民之府,《春秋》为藏民之府。"②这是从天人一系、天人一理的理学视角出发,究天人之际,确立了《易》《书》《诗》《春秋》在人类社会中的根本性地位。邵雍的《皇极经世书》正是要通过历史考察的形式来呈现天人之理。这一考察形式,与《春秋》的编年体有一定联系,又把《春秋》作为重要的呈现对象。

胡宏史学的一个重要特点就是推崇《春秋》。③《皇王大纪》不仅采用编年体,更以"皇王"为题,在宋代经学风气中,有《春秋》尊王之义。胡宏认为,"孔子作《春秋》,鉴观前代,贤可与则以天下为官,嫡可与则以天下为家,此万世无弊之法也"④。所以,《皇王大纪》把《春秋》义法作为历史判断与历史评价的基本标准,史论多引述《春秋》。也正是因为胡宏修史既要贯穿理学思维,又试图效仿《春秋》,所以才使得其《皇王大纪》不能在史学视域尤其是实证史学视域中成为一部优秀史学作品。一则因为理学、《易》学之形而上思辨重贯通而轻考辨,二则因为《春秋》义法本非明白晓畅的史法。但胡宏不以一般典型史著为标准,反而追求《春秋》那种义理化的修史方式,谓:"圣人据事实、本天道而作《春秋》,固非众人之所识也。"⑤胡宏显然以"本天道"为修史基点,其"据事实"主要在于铺陈史事而缺乏甄辨,显现出为阐明义理而刻意记事的义理化倾向。在胡宏看来,这正是孔子作《春秋》的史法,可见其受《春秋》影响之深。

金履祥的《通鉴前编》,也有类似特点,既采用编年体,又多引《春秋》来进行历史判断和历史评价。在此之外,《通鉴前编》具有比《皇极经世书》和

---

① 刘德明:《父子君臣——春秋三传与宋代理学家对蒯聩、卫辄评论之比较》,《汉学研究》(台北)2017年第1期。
② 〔宋〕邵雍:《皇极经世书》卷十一《观物篇五十三》,文渊阁《四库全书》本。
③ 曹宇峰:《胡宏史学思想初探》,《重庆社会科学》2006年第10期。
④ 〔宋〕胡宏:《皇王大纪》卷九《三王纪》,文渊阁《四库全书》本。
⑤ 〔宋〕胡宏:《皇王大纪》卷三十二《三王纪》。

第七章　中西比较视域中宋代史学的新因素与《春秋》学在其中的作用

《皇王大纪》更为明确的史学意识,这种史学意识又自觉以《春秋》为指导,其《序》云:

> 朱子曰:古史之体可见者,《书》《春秋》而已。《春秋》编年通纪以见事之先后,《书》则每事别纪以具事之始末。意者当时史官既以编年纪事至于大事,则又采合而别记之,若二典所记,上下百有余年。而《武城》《金縢》诸篇,或更数月,或历数年,其间岂无异事?盖必已具于编年之史而今不复见矣!履祥按《竹书纪年》载三代以来事迹,然诡诞不经,今亦不可尽见。《史记》年表起周共和庚申之岁,以上则无纪焉。历世浸远其事,往往杂见于他书,靡适折中。邵子《皇极经世》独纪尧以来,起甲辰为编年。历胡氏《皇王大纪》亦纪甲辰以下之年。广汉张氏因《经世》之年,颇附之以事。顾胡过于详,而张失之简。今本之以子史,传纪附之以经,翼之以诸家之论,且考其系年之故,解其辞事,辨其疑误,如东莱吕氏《大事记》而不敢尽仿其例。起帝尧元载,止周威烈王二十三年,接于《资治通鉴》,名曰《通鉴前编》。①

由此可见,《通鉴前编》的体裁、体例,是金履祥在做出史学考察之后的选择结果。在"古史之体可见者"中,金履祥用《春秋》之编年体,因为他认为"编年纪事至于大事"是更具有根本性的史体。从历史记述的角度而言,《春秋》记事之体比《尚书》记言之体更适合保存历史事件与风貌,这是合乎史学逻辑的判断。既择定编年史体,金履祥又从理学化的历史记事的完整性角度考察诸史,推崇邵雍《皇极经世书》的完整纪年;又从会通经史典籍加以考辨的角度出发,肯定吕祖谦的《大事记》。金履祥广检群史,认为《竹书纪年》"诡诞不经",《史记》记事不全,胡宏《皇王大纪》过详,张栻《经世纪年》过简,因此著《通鉴前编》以接《资治通鉴》,由此形成贯通古今的完整历史记述。从史学角度而言,金履祥的史学论断颇有值得商榷之处,但反映出了一种贯通古今与重视历史考证的深邃史学意识,而《春秋》是金履祥史学观念的重要理论指导和修史标准。

总之,文艺复兴欧洲和宋代中国的史学不仅在观念与方法方面有相类表现,也都在教育和通俗领域的社会化方面有重大发展,还通过复兴古代的体验论,而实现了社会化与史学形态的过渡,表现出一种东西方"文艺复

---

① 〔宋〕金履祥:《通鉴前编序》,《仁山集》卷三,文渊阁《四库全书》本。

兴"时代的社会与文化一致性。在宋代史学产生新因素的过程中,《春秋》学起到了重要作用。

20世纪尤其是70年代左右,后现代主义兴起,历史的一致性理念陷于崩塌,连续性理念也备受冲击。经过19世纪的历史哲学与20世纪的"小叙事""间断性研究"的洗礼,当代史学理应在多元化发展方向中生发出新的一致性思路。这种局部比较研究中所揭示的中西一致性与史学的连续性或可有所贡献。更重要的是,这种比较可以加深对中国史学的认识。"后殖民主义"揭示出很长时间内非西方世界的"去殖民化",是以殖民者的心态和角度来反殖民化。德里达(Jacques Derrida)和福柯(Michel Foucault)等人倾向于把包括中国在内的非西方地区的近代文化看成是西方霸权影响的结果,非西方区域也往往比较认可此类观点。学术文化史内在一致性理路的发现,可以跳出西方视域探索中国文明的中心化研究与中西史学的内在理路。经由比较可以看到,在与西方史学发生接触之前,宋代史学产生了与文艺复兴时期欧洲相类的史学近世化的新因素,且时间上早于欧洲,实为中国史学原生性的近代化阶段。因此,中国史学的近代化在一定程度上来说,是学术内在理路而并非西方霸权影响。应当考虑跳出西方视域,反对"西方中心论",把中国史学的近代化看成是一个史学在近代化发展中受到西方冲击,而加速并改变了外部形态的一个过程,而非全盘西化的结果。基于此,或可在中西史学一致性的基础上,探讨建立起一种兼具中国特点与原生普遍性的中国史学话语体系。从这一角度出发,梳理宋代史学新因素的表现与动因,自然不能忽视《春秋》学为代表的经学因素的作用。

结　　语

　　《春秋》学与宋代史学的关系，从一定程度上说，是传统经史关系的一个缩影，又是宋代史学特点形成的重要内因。宋代既是传统史学的鼎盛时期，又是《春秋》学的兴盛时期。通过探究宋代史学与《春秋》学的关系，不仅可以帮助我们认识经学对传统史学的深刻影响，更有助于我们全面认识宋代史学特征形成的内在动因，还可以通过探究史学对《春秋》学的影响来理解宋代的《春秋》学。

　　第一，《春秋》学与宋代史学的关系，在一定程度上反映了古代的经史关系。作为古代社会最高指导思想的经学，对包括史学在内的传统学术有着根本性影响。经学作为传统社会思想指导原则，成为史学从历史编纂到史学批评的至高标准，传统史家不仅在有意无意中用经学思想指导自身的修史实践，更力图使自身的历史编纂从体裁、体例到内在思想的各个方面向经学靠拢。历史上，从王通到章学诚关于"六经皆史"的论述，实际上点明了"六经"作为"经"与作为"史"的两个维度。因为持"六经皆史"观念的学者阐发"六经"史学特性的前提，在于承认"六经"为经，实质上就是承认"六经"的思想是发明天人之道的至明之理。至于"六经皆史"观念所阐发的"六经"史学特性，一是指"六经"的史料价值与实证特性。从王通到章学诚，都肯定全部或部分"六经"是记言记事之作，实际上就肯定了经书作为历史记载的特性。二是指"六经"与史一样切于实务，关乎人事。章学诚说："三代学术，知有史而不知有经，切人事也。"[1]这就肯定了经书在其产生初期与史一样是关注人事的记录。三是在撰述编纂方面对史书发挥了示范作用。从王通到章学诚，历代学者提出不少历史著作在史体方面受经书启发的意见，典型的表述如章学诚评价《史记》开创纪传体所说"迁书体圆用神，多得《尚书》之遗"[2]。从"六经皆史"的传统命题出发，可以认为，经学之于传统史学，有三个方面的指引作用。其一，经学以礼法等级为本质特征的思想，被力图探明历史兴衰之理的史学视作万世不易之道，成为

---

[1]〔清〕章学诚：《文史通义校注》卷二《内篇二·原道中》。
[2]〔清〕章学诚：《文史通义校注》卷一《内篇一·书教下》。

史家在自身历史撰述中竞相加以表达的思想内涵。其二,经学促使史学力图在记事的过程中达到因事而明理、因事而致用的效果。其三,经书本身的体裁、体例也对后世史学产生了启发性影响。《春秋》学因其亦经亦史的特性,对史学产生的影响更加突出。在《春秋》学与史学交相辉映的宋代,这种影响尤其明显。

第二,《春秋》学对《春秋》经学与史学特性的阐发,是宋代史学特点形成的思想促因与牵引力量。中国古代无"哲学"概念,但有发挥其类似思想指导功能的对应物,主要为经学。《春秋》亦经亦史的性质,使得《春秋》学成为沟通经学与哲学的最重要桥梁,类似"史学理论",因而对宋代史学形成了深层影响。其一,宋代《春秋》学兴盛,促进了编年体撰述的振兴。一方面,《春秋》经传的编年体裁对宋代史学起到了示范作用,史家在探讨《春秋》经义的同时,也注意研究《春秋》经传的编年体裁,充分认识到了编年体有利于反映历史变化过程的优点。更重要的一方面,宋代《春秋》学阐发《春秋》编年纪事之法所蕴含的思想,促使史家对《春秋》的体裁予以模仿。以司马光、王益之等人为代表的史家纷纷指出编年体相较于纪传体的优点,并希望用编年体来寄寓尊王与正统大义。其二,宋代经史之学注重探讨《春秋》褒贬义例,史家自觉以《春秋》大义为思想指导,并效仿《春秋》的褒贬笔法,力图在历史撰述中贯穿义理。尹洙、欧阳修等人不仅总结《春秋》褒贬之法,并且将自己的认识运用于修史实践。其三,宋代经史之学充分发掘了《春秋》的史学特性,并对其加以推崇,将《春秋》经传视为史家极则,并且注重以《春秋》经传为标准进行史学批评。曾巩、叶适等人把《春秋》经传奉为历史撰述的最高典范,并根据《春秋》经传的思想和撰述规则来评价历代史书与史家。其四,宋儒好言正统,将正统论的起源追溯至《春秋》,并且重视用《公羊传》所提出的"大一统"功业标准来言说正闰,希望以此激励赵宋统治集团实现政治理想。在《春秋》正统论的影响下,宋代史学也往往表现出"大一统即正统"的正统观念。宋代的大史学家,如欧阳修、司马光和朱熹,都一改前人往往根据道德来论说正闰的做法,而注重用大一统的功业标准评价历史正闰。总之,宋代史学在史学思想和历史观念方面的很多现象与特征,都可以从《春秋》学的影响中找到相应的原因。包括宋代以史学蒙求类读物和讲史平话为代表的通俗史学,也都直接或间接通过正统史学而受到《春秋》学影响。

第三,宋代的史学也对《春秋》学产生了重要影响。其一,从中晚唐疑古惑经之风初起,直到宋代经学变古,《春秋》学一直是经学怀疑思潮的最重要经学发源地与阵地,史学精神在其中起到了一定作用。其二,《春秋》本身的历史记述性质,使得对其进行理解和阐发要经由一定的历史考证,尤其是《左传》在《春秋》学史上的重大影响,使得《春秋》学不得不重视史学。到了宋代,因为对注疏之学的突破,相对于家法、师法和神学化经学尤其是谶纬神学,更加理性化的新经学兴起,《春秋》的史学性质也由此更受到重视。《春秋》学上的以史疑经开辟了新的解经路径,《春秋》学上的以史解经引起了诸多在《春秋》学史上石破天惊的经学新见解,《春秋》学上的以史证经,也帮助宋代的具有义理化发展倾向的经学确立了新的《春秋》义理。在经学走向理学化的过程中,史学也以《春秋》学为重要中介,对理学的致用起到了重要作用。

从中西比较的角度来看,宋代史学在历史观、史学方法和社会化发展趋向等方面出现了一些具有近世化特征的新因素,这其中《春秋》学发挥了一些类似哲学与史学理论的重要作用。据此而论,中国史学在宋代出现了原生性的具有近世化特征的阶段,在时间上早于欧洲史学的近代转型。因之,就史学而言,中国史学的发展有其内在理路,通过对以《春秋》学与史学关系为代表的经、史关系的探讨,有助于寻找传统史学的具有普遍性的历史资源,从而为建立中国史学话语体系提供依据。

主要参考文献

一、历史文献

《周易》,《十三经注疏》本,中华书局1980年影印版。
《尚书》,《十三经注疏》本,中华书局1980年影印版。
《诗经》,《十三经注疏》本,中华书局1980年影印版。
《礼记》,《十三经注疏》本,中华书局1980年影印版。
《春秋左传》,《十三经注疏》本,中华书局1980年影印版。
《春秋公羊传》,《十三经注疏》本,中华书局1980年影印版。
《春秋穀梁传》,《十三经注疏》本,中华书局1980年影印版。
《论语》,诸子集成本,中华书局1954年版。
〔汉〕董仲舒:《春秋繁露》,《丛书集成》本,中华书局1991年影印本。
〔汉〕董仲舒:《春秋繁露》苏舆义证本,钟哲点校,中华书局1992年版。
〔汉〕司马迁:《史记》,中华书局1982年第2版。
〔汉〕班固:《汉书》,中华书局1962年版。
〔晋〕杜预集解:《春秋经传集解》,上海古籍出版社1988年新1版。
〔晋〕陈寿:《三国志》,中华书局1959年版。
〔南朝宋〕范晔:《后汉书》,中华书局1973年第2版。
〔南朝梁〕刘勰:《文心雕龙译注》,周振甫译注,江苏教育出版社2006年修订本。
〔北魏〕崔鸿:《十六国春秋》,文渊阁《四库全书》本。
〔汉〕何休注、〔唐〕徐彦疏:《春秋公羊传注疏》,上海古籍出版社1990年版。
〔唐〕魏徵等:《隋书》,中华书局1973年版。
〔唐〕房玄龄等:《晋书》,中华书局1974年版。
〔唐〕吴兢:《贞观政要》,上海古籍出版社1978年版。
〔唐〕陆淳:《春秋集传纂例》,《丛书集成》本。
〔唐〕陆淳:《春秋集传微旨》,文渊阁《四库全书》本。

〔唐〕陆淳:《春秋集传辨疑》,《丛书集成》本,中华书局1985年新1版。

〔唐〕刘知幾撰、〔清〕浦起龙释:《史通通释》,上海古籍出版社1978年版。

〔唐〕韩愈:《韩昌黎文集校注》,马永昶校注,上海古籍出版社1986年版。

〔唐〕韦续:《墨薮》,文渊阁《四库全书》本。

〔唐〕许敬宗编:《文馆词林》,《日藏弘仁本文馆词林笺证》,中华书局2001年版。

〔唐〕令狐德棻等:《周书》,中华书局1971年版。

〔唐〕杜佑撰、王文锦等点校:《通典》,中华书局1982年版。

〔唐〕皇甫枚:《三水小牍》,中华书局1958年版。

〔唐〕皇甫湜:《皇甫持正文集》,文渊阁《四库全书》本。

〔后晋〕刘昫等:《旧唐书》,中华书局1975年版。

〔宋〕薛居正等:《旧五代史》,中华书局1976年版。

〔宋〕王溥:《唐会要》,上海古籍出版社1991年版。

〔宋〕王溥:《五代会要》,中华书局1985年版。

〔宋〕孙复:《春秋尊王发微》,文渊阁《四库全书》本。

〔宋〕孙复:《孙明复小集》,文渊阁《四库全书》本。

〔宋〕石介:《徂徕石先生文集》,陈植锷点校,中华书局1984年版。

〔宋〕王晳:《春秋皇纲论》,文渊阁《四库全书》本。

〔宋〕王钦若等:《册府元龟》,中华书局1989年影印版。

〔宋〕孙甫:《唐史论断》,中华书局1985年版。

〔宋〕尹洙:《五代春秋》,中华书局1985年版。

〔宋〕范仲淹:《范文正公集》,《四部丛刊》景明翻元刊本。

〔宋〕欧阳修、宋祁:《新唐书》,中华书局1975年版。

〔宋〕欧阳修撰、徐无党注:《新五代史》,中华书局1974年版。

〔宋〕欧阳修:《欧阳修全集》,李逸安点校,中华书局2001年版。

〔宋〕王安石:《临川先生文集》,中华书局1959年版。

〔宋〕刘敞:《公是集》,文渊阁《四库全书》本。

〔宋〕刘敞:《春秋权衡》,文渊阁《四库全书》本。

〔宋〕刘敞:《公是先生弟子记》,黄曙辉点校,华东师范大学出版社2010年版。

〔宋〕邵雍:《皇极经世书》,文渊阁《四库全书》本。

〔宋〕吕夏卿:《唐书直笔》,文渊阁《四库全书》本。

〔宋〕司马光:《资治通鉴》,中华书局1956年版。

〔宋〕司马光:《司马温公文集》,《丛书集成初编》本,中华书局1985年版。

〔宋〕司马光:《稽古录》,北京师范大学出版社1988年版。

〔宋〕司马光:《传家集》,文渊阁《四库全书》本。

〔宋〕司马光:《司马温公集编年笺注》,李之亮笺注,巴蜀书社2009年版。

〔宋〕曾巩:《曾巩集》,中华书局1984年版。

〔宋〕曾巩:《元丰类稿》,《四部丛刊初编》本,商务印书馆1936年版。

〔宋〕孙觉:《春秋经解》,文渊阁《四库全书》本。

〔宋〕刘恕:《资治通鉴外纪》,上海书店1989年版。

〔宋〕程颐、程颢:《二程集》,王孝鱼点校,中华书局1981年版。

〔宋〕朱长文:《乐圃余稿》,文渊阁《四库全书》本。

〔宋〕朱长文:《琴史》,文渊阁《四库全书》本。

〔宋〕苏轼:《苏轼文集》,孙凡礼点校,中华书局1986年版。

〔宋〕苏辙:《春秋集解》,《丛书集成初编》本,中华书局1985年版。

〔宋〕苏辙:《苏辙集》,陈宏天、高秀芳校点,中华书局1990年版。

〔宋〕苏辙:《古史》,文渊阁《四库全书》本。

〔宋〕范祖禹:《唐鉴》,上海古籍出版社1984年影印版。

〔宋〕吕大临:《考古图后记》,见陈俊民辑校《蓝田吕氏遗著辑校·文集佚存》,中华书局1993年版。

〔宋〕米芾:《宝晋英光集》,文渊阁《四库全书》本。

〔宋〕赵鹏飞:《春秋经筌》,文渊阁《四库全书》本。

〔宋〕吴仁杰:《两汉刊误补遗》,文渊阁《四库全书》本。

〔宋〕邓椿:《画继》,湖南美术出版社2000年版。

〔宋〕李焘:《续资治通鉴长编》,中华书局2004年第2版。

〔宋〕王益之:《西汉年纪》,《丛书集成初编》本,第3723—3730册,中华书局1985年版。

〔宋〕王当:《春秋列国诸臣传》,文渊阁《四库全书》本。

〔宋〕吴缜:《新唐书纠缪》,《四部丛刊初编》本,中华书局1975年新

1版。

〔宋〕程俱:《麟台故事》,《十万卷楼丛书》本。

〔宋〕胡宏:《皇王大纪》,文渊阁《四库全书》本。

〔宋〕胡宏:《知言》,文渊阁《四库全书》本。

〔宋〕胡宏:《五峰集》,文渊阁《四库全书》本。

〔宋〕郑樵:《通志》,中华书局1987年影印本。

〔宋〕郑樵:《六经奥论》,文渊阁《四库全书》本。

〔宋〕赵明诚:《金石录》,刘晓东、崔燕南点校,齐鲁书社2009年版。

〔宋〕晁公武撰、孙猛校证:《郡斋读书志校证》,上海古籍出版社1990年版。

〔宋〕胡安国:《春秋传》,巴蜀书社1989年影印本。

〔宋〕胡寅:《崇正辩 斐然集》,容肇祖点校,中华书局1993年版。

〔宋〕崔子方:《春秋经解》,文渊阁《四库全书》本。

〔宋〕崔子方:《春秋本例》,文渊阁《四库全书》本。

〔宋〕洪迈:《容斋随笔》,中华书局2005年版。

〔宋〕胡寅:《读史管见》,文渊阁《四库全书》本。

〔宋〕胡寅:《斐然集》,文渊阁《四库全书》本。

〔宋〕朱熹:《四书章句集注》,中华书局1983年版。

〔宋〕朱熹:《朱子全书》,朱杰人、严佐之、刘永翔主编,上海古籍出版社、安徽教育出版社2002年版。

〔宋〕黎靖德编:《朱子语类》,王星贤点校,中华书局1986年版。

〔宋〕张栻:《张南轩先生文集》,华东师范大学出版社2010年版。

〔宋〕张大亨:《春秋通训》,文渊阁《四库全书》本。

〔宋〕吕祖谦:《吕祖谦全集》,浙江古籍出版社2008年。

〔宋〕吕祖谦:《左氏博议》,文渊阁《四库全书》本。

〔宋〕吕祖谦:《左氏传说》,文渊阁《四库全书》本。

〔宋〕吕祖谦:《左氏传续说》,文渊阁《四库全书》本。

〔宋〕吕祖谦:《十七史详节》,上海古籍出版社2008年版。

〔宋〕叶适:《习学记言》,上海古籍出版社1992年影印本。

〔宋〕叶适:《叶适集》,中华书局1961年版。

〔宋〕高似孙:《史略》,《古逸丛书》景宋本。

〔宋〕吴曾:《能改斋漫录》,上海古籍出版社1979年版。

〔宋〕李心传:《建炎以来系年要录》,《丛书集成初编》本。

〔宋〕马令:《南唐书》,文渊阁《四库全书》本。

〔宋〕陆游:《南唐书》,文渊阁《四库全书》本。

〔宋〕陆游:《陆游集》,中华书局1976年版。

〔宋〕陆游:《老学庵笔记》,中华书局1979年版。

〔宋〕袁枢:《通鉴纪事本末》,中华书局1964年版。

〔宋〕萧常:《续后汉书》,文渊阁《四库全书》本。

〔宋〕李焘:《续资治通鉴长编》,中华书局2004年第2版。

〔宋〕程公说:《春秋分纪》,文渊阁《四库全书》本。

〔宋〕李琪:《春秋王霸列国世纪编》,文渊阁《四库全书》本。

〔宋〕陈振孙:《直斋书录解题》,中华书局1985年新1版。

〔宋〕王称:《东都事略》,文海出版社1966年版。

〔宋〕陈均:《九朝编年备要》,文渊阁《四库全书》本。

〔宋〕周必大:《文忠集》,文渊阁《四库全书》本。

〔宋〕魏了翁:《经外杂钞》,文渊阁《四库全书》本。

〔宋〕徐度:《却扫篇》,文渊阁《四库全书》本。

〔宋〕吕大圭:《春秋或问》,文渊阁《四库全书》本。

〔宋〕王应麟著、〔清〕翁元圻等注:《困学纪闻(全校本)》,栾保群等校点,上海古籍出版社2008年版。

〔宋〕王应麟:《玉海》,江苏广陵古籍刻印社1985年版。

〔宋〕耐得翁:《都城纪胜》,清《武林掌故丛编》本。

〔宋〕马端临:《文献通考》,上海师范大学古籍研究所、华东师范大学古籍研究所点校,中华书局2011年版。

〔宋〕金履祥:《通鉴前编序》,文渊阁《四库全书》本。

〔宋〕陈淳:《北溪大全集》,清钞本。

〔宋〕陈亮:《陈亮集》,邓广铭点校,中华书局1987年增订本。

《宋大诏令集》,中华书局1962年版。

《新编五代史平话》,南宋末年麻沙刊本。

《大宋宣和遗事》,黎烈文标点,商务印书馆1925年版。

《大唐三藏取经诗话》,商务印书馆1925年版。

《七国春秋平话》,中国古典文学出版社1955年版。

《前汉书平话》,上海古典文学出版社1955年版。

《古本小说集成·武王伐纣书》,上海古籍出版社1991年版。
《古本小说集成·三国志平话》,上海古籍出版社1991年版。
《古本小说集成·秦并六国平话》,上海古籍出版社1994年版。
《宋元平话集》,丁锡根点校,上海古籍出版社1990年版。
《宋元小说家话本集》,程毅中辑注,齐鲁书社2000年版。
〔明〕洪楩:《清平山堂话本》,岳麓书社2014年版。
〔元〕许有壬:《至正集》,文渊阁《四库全书》本。
〔元〕脱脱等:《宋史》,中华书局1985年新1版。
〔明〕王夫之:《船山全书》,岳麓书社1996年版。
〔清〕黄宗羲原著、〔清〕全祖望补修:《宋元学案》,陈金生、梁运华点校,中华书局1986年版。
〔清〕朱彝尊:《曝书亭集》,《四部丛刊初编》本。
〔清〕朱彝尊:《经义考》,许维萍等点校,林庆彰等编审,台北"中央研究院"文哲研究所筹备处1997年版。
〔清〕赵翼:《廿二史劄记校证》,王树民校证,中华书局1984年版。
〔清〕钱大昕:《十驾斋养新录》,江苏古籍出版社2000年版。
〔清〕钱大昕:《廿二史考异》,上海古籍出版社2004年版。
〔清〕王鸣盛:《十七史商榷》,黄曙辉点校,上海书店出版社2005年版。
〔清〕章学诚:《文史通义》,上海古籍出版社1993年版。
〔清〕永瑢等:《四库全书总目》,中华书局1965年版。
〔清〕秦缃业等:《续资治通鉴长编补拾》,上海古籍出版社2006年版。
〔清〕戴震:《戴震集》,上海古籍出版社1980年版。
〔清〕戴望:《颜氏学记》,中华书局1958年版。
〔清〕顾炎武著、黄汝成集释:《日知录集释(全校本)》,上海古籍出版社2006年版。
〔清〕孙诒让:《墨子间诂》,上海书店出版社1986年版。
〔清〕皮锡瑞著、周予同注释:《经学历史》,中华书局2004年新1版。
〔清〕皮锡瑞:《经学通论》,中华书局1954年版。
康有为:《康有为学术著作选》,楼宇烈整理,中华书局1988年版。
梁启超:《中国历史研究法》,东方出版社1996年版。

二、今人研究专著

白寿彝主编:《中国史学史》(六卷本),上海人民出版社2006年版。

白寿彝:《白寿彝史学论集》,北京师范大学出版社1994年版。

白寿彝:《中国史学史》,上海人民出版社1986年版。

白寿彝:《中国史学史》,北京师范大学出版社2000年版。

白寿彝:《中国史学史论集》,中华书局1999年版。

白寿彝主编:《史学概论》,宁夏人民出版社1983年版。

刘咸炘:《刘咸炘学术论集》,黄曙辉编校,广西师范大学出版社2007年版。

叶德辉:《书林清话》,中华书局1957年版。

侯外庐主编:《中国思想通史》第四卷,人民出版社1959年版。

侯外庐、邱汉生、张岂之主编:《宋明理学史》,人民出版社1984年版。

牟润孙:《注史斋丛稿》,中华书局1987年版。

钱锺书:《管锥编》,中华书局1979年版。

刘文英:《中国古代时空观念的产生和发展》,上海人民出版社1980年版。

任继愈主编:《中国佛教史》,中国社会科学出版社1981年版。

张煦侯:《通鉴学(修订本)》,安徽教育出版社1981年版。

陈元晖等编著:《中国古代的书院制度》,上海教育出版社1981年版。

李泽厚:《中国古代思想史论》,人民出版社1985年版。

施孝峰主编:《〈三字经〉古本集成》,辽海出版社2008年版。

杨伯峻:《春秋左传注》,中华书局1990年第2版。

张孟伦:《中国史学史》下册,甘肃人民出版社1986年版。

宋鼎宗:《春秋宋学发微》,台北文史哲出版社1986年增订再版。

赵光贤:《古史考辨》,北京师范大学出版社1987年版。

邹贤俊主编:《中国古代史学史纲》,华中师范大学出版社1989年版。

赵俊:《〈史通〉理论体系研究》,辽宁大学出版社1990年版。

吴怀祺:《宋代史学思想史》,黄山书社1992年版。

吴怀祺主编:《中国史学思想通史》(十卷本),黄山书社2002—2005年版。

吴怀祺:《易学与史学》,大展出版社有限公司2004年版。

吴怀祺:《史学理论与史学史研究》,福建人民出版社2006年版。

吴怀祺主编:《中国史学思想通论》,福建人民出版社2011年版。

许凌云:《儒学与中国史学》,山东大学出版社1992年版。

张希清：《中国科举考试制度》，吴宗国审定，新华出版社1993年版。

冯天瑜：《中华元典精神》，上海人民出版社1994年版。

蒙文通：《经史抉原》，巴蜀书社1995年版。

蒙文通：《中国史学史》，上海人民出版社2006年版。

宋衍申主编：《中国史学史纲要》，东北师范大学出版社1996年版。

邓广铭：《邓广铭治史丛稿》，北京大学出版社1997年版。

王树民：《中国史学史纲要》，中华书局1997年版。

王葆玹：《今古文经学新论》，中国社会科学出版社1997年版。

萧相恺：《宋元小说史》，浙江古籍出版社1997年版。

程毅中：《宋元小说研究》，江苏古籍出版社1998年版。

程毅中：《宋元话本》，中华书局2003年版。

陈其泰：《史学与民族精神》，学苑出版社1999年版。

金毓黻：《中国史学史》，商务印书馆1999年版。

饶宗颐：《中国史学上之正统论》，上海远东出版社1996年版。

朱瑞熙：《中国政治制度通史》第六卷，白钢主编，人民出版社1996年版。

周予同：《中国经学史讲义》，上海文艺出版社1999年版。

周予同原著、朱维铮编校：《经学和经学史》，上海人民出版社2012年第2版。

周振甫：《文心雕龙今译》，中华书局2013年版。

朱维铮：《中国经学史十讲》，复旦大学出版社2002年版。

朱维铮编：《周予同经学史论著选集》，上海人民出版社1983年版。

朱维铮：《朱维铮史学史论集》，复旦大学出版社2015年版。

马宗霍：《中国经学史》，上海书店1984年影印版。

朱杰勤：《中国古代史学史》，河南人民出版社1980年版。

仓修良、魏得良：《中国古代史学史简编》，黑龙江人民出版社1983年版。

刘节：《中国史学史稿》，中州古籍出版社1982年版。

陶懋炳：《中国古代史学史略》，湖南人民出版社1987年版。

尹达主编：《中国史学发展史》，中州古籍出版社1985年版。

沈玉成、刘宁：《春秋左传学史稿》，江苏古籍出版社1992年版。

陈雯怡：《由官学到书院：从制度与理念的互动看宋代教育的演变》，

(台湾)联经出版事业股份有限公司1993年版。

顾吉辰:《宋代佛教史稿》,中州古籍出版社1993年版。

李国钧等:《中国书院史》,湖南教育出版社1994年版。

李新达:《中国科举制度史》,(台湾)文津出版社1995年版。

白新良:《中国古代书院发展史》,天津大学出版社1995年版。

陈来:《古代宗教与伦理:儒家思想的根源》,生活·读书·新知三联书店1996年版。

陈来:《中国近世思想史》,商务印书馆2003年版。

陈来:《宋明理学(第二版)》,华东师范大学出版社2004年版。

季啸风主编:《中国书院辞典》,浙江教育出版社1996年版。

张君和编:《张舜徽学术论著选》,华中师范大学出版社1997年版。

瞿林东:《中国史学史纲》,北京出版社1999年版。

瞿林东:《中国古代史学批评纵横(增订本)》,重庆出版社2016年版。

牛润珍:《汉至初唐史官制度的演变》,河北教育出版社1999年版。

宿白:《唐宋时期的雕版印刷》,文物出版社1999年版。

汤勤福:《朱熹的史学思想》,齐鲁书社2000年版。

赵生群:《〈春秋〉经传研究》,上海古籍出版社2000年版。

葛兆光:《中国思想史》,复旦大学出版社2000年版。

方彦寿:《朱熹书院与门人考》,华东师范大学出版社2000年版。

吴雁南等主编:《中国经学史》,福建人民出版社2001年版。

傅玉璋:《中国古代史学史》,安徽大学出版社2008年版。

洪湛侯:《诗经学史》,中华书局2002年版。

许凌云:《经史因缘》,齐鲁书社2002年版。

王昕:《话本小说的历史与叙事》,中华书局2002年版。

漆侠:《宋学的发展和演变》,河北人民出版社2002年版。

汪文学:《正统论:发现东方政治智慧》,陕西人民出版社2002年版。

刘叶秋:《历代笔记概述》,北京出版社2003年版。

李传印:《魏晋南北朝时期史学与政治的关系》,华中科技大学出版社2004年版。

何根海、汪高鑫:《中国古代史学思想史》,合肥工业大学出版社2004年版。

赵伯雄:《春秋学史》,山东教育出版社2004年版。

戴维:《春秋学史》,湖南教育出版社2004年版。

孙以楷主编,李仁群等著:《道家与中国哲学》,人民出版社2004年版。

蒋维乔:《中国佛教史》,上海古籍出版社2004年版。

刘家和:《史学 经学与思想:在世界史背景下对于中国古代历史文化的思考》,北京师范大学出版社2005年版。

汪高鑫:《中国史学思想通论·经史关系论卷》,福建人民出版社2011年版。

汪高鑫:《董仲舒与汉代历史思想研究》,商务印书馆2012年版。

汪高鑫:《中国经史关系史》,黄山书社2017年版。

张高评:《春秋书法与左传学史》,上海古籍出版社2005年版。

张高评:《春秋书法与左传史笔》,(台北)里仁书局2011年版。

高小康:《中国古代叙事观念与意识形态》,北京大学出版社2005年版。

周文玖:《史学史导论》,学苑出版社2006年版。

邓洪波:《中国书院史》,东方出版中心2006年版。

《中华大典·历史典》,上海古籍出版社2006年版。

邓小南:《祖宗之法:北宋前期政治述略》,生活·读书·新知三联书店2006年版。

王庆华:《话本小说文体研究》,华东师范大学出版社2006年版。

王国维:《王国维文集》,中国文史出版社2007年版。

彭国翔:《儒家传统:宗教与人文主义之间》,北京大学出版社2007年版。

罗炳良:《南宋史学史》,人民出版社2008年版。

余英时:《朱熹的历史世界:宋代士大夫政治文化的研究》,三联书店2004年版。

余英时:《论天人之际:中国古代思想起源试探》,中华书局2014年版。

鲁迅:《中国小说史略》,上海古籍出版社2006年版。

杨新勋:《宋代疑经研究》,中华书局2007年版。

李小树:《秦汉魏晋南北朝史学史稿》,中国人民大学出版社2007年版。

燕永成:《南宋史学研究》,甘肃人民出版社2007年版。

王盛恩:《宋代官方史学研究》,人民出版社2008年版。

李建军:《宋代〈春秋〉学与宋型文化》,中国社会科学出版社2008年版。

杨天保:《金陵王学研究——王安石早期学术思想的历史考察(1021—1067)》,上海人民出版社2008年版。

周远斌:《儒家伦理与〈春秋〉叙事》,齐鲁书社2008年版。

王盛恩:《宋代官方史学研究》,人民出版社2008年版。

张政烺:《马王堆帛书〈周易〉经传校读》,中华书局2008年版。

王曾瑜:《宋朝阶级结构(增订版)》,中国人民大学出版社2010年版。

张越主编:《中国史学史资料汇编》,北京师范大学出版社2009年版。

金中枢:《宋代的学术和制度研究》,稻乡出版社2009年版。

李宗侗:《中国史学史》,中华书局2010年版。

姜广辉主编:《中国经学思想史》第三卷上,中国社会科学出版社2010年版。

黄进兴:《优入圣域:权力、信仰与正当性》,中华书局2010年版。

边家珍:《经学传统与中国古代学术文化形态》,人民出版社2010年版。

乔治忠:《中国史学史》,中国人民大学出版社2011年版。

张广智主编、李勇著:《西方史学通史》第四卷《近代时期(上)》,复旦大学出版社2011年版。

胡士莹:《话本小说概论》,商务印书馆2011年版。

谢贵安:《中国史学史》,武汉大学出版社2012年版。

肖永明:《儒学·书院·社会——社会文化史视野中的书院》,商务印书馆2012年版。

杨翼骧:《增订中国史学史资料编年·先秦至隋唐五代卷》,商务印书馆2013年版。

李峰:《北宋史学思想流变研究》,人民出版社2013年版。

刘相雨:《宋元话本学术档案》,武汉大学出版社2014年版。

孙旭红:《居今与志古:宋代〈春秋〉学研究》,中国社会科学出版社2014年版。

向世陵主编,向世陵著:《宋代经学哲学研究·基本理论卷》,上海科学技术文献出版社2015年版。

向世陵主编,高会霞、杨泽著:《宋代经学哲学研究·儒学复兴卷》,上海科学技术文献出版社2015年版。

向世陵主编,王心竹、吴亚楠著:《宋代经学哲学研究·理学体贴卷》,上海科学技术文献出版社2015年版。

单良:《〈左氏春秋〉叙事的礼乐文化阐释》,中国社会科学出版社2015年版。

谢保成:《增订中国史学史·中唐至清中期(上)》,商务印书馆2016年版。

陈功甫、卫聚贤、陆懋德、董允辉:《中国史学史未刊讲义四种》,王传编校,上海古籍出版社2016年版。

吴桂翎:《宋代历史教育研究》,人民出版社2016年版。

王晴佳、李隆国:《外国史学史》,北京大学出版社2017年版。

曹刚华:《宋代佛教史籍研究》,华东师范大学出版社2005年版。

魏承思:《中国佛教文化论稿》,上海人民出版社2015年版。

陈垣:《中国佛教史籍概论》,中华书局1962年版。

顾吉辰:《宋代佛教史稿》,中州古籍出版社1993年版。

钟焓:《重释内亚史——以研究方法论的检视为中心》,社会科学出版社2017年版。

朱希祖:《中国史学通论》,江西教育出版社2018年版。

雷家骥:《中国古代史学观念史》,北京师范大学出版社2018年版。

方东美:《中国哲学之精神及其发展》,匡钊译,中州古籍出版社2009年版。

《中国史学史》编写组:《中国史学史》,高等教育出版社2019年版。

[美]刘子健:《两宋史研究汇编》:(台湾)联经出版社1987年版。

[英]爱德华·霍烈特·卡尔:《历史是什么》,吴存柱译,商务印书馆1981年版。

[意]贝奈戴托·克罗齐:《历史学的理论和实际》,[英]道格拉斯·安斯利英译,傅任敢译,商务印书馆1986年版。

[日]堺屋太一:《知识价值革命》,黄晓勇等译,生活·读书·新知三联书店1987年版。

[法]列维-斯特劳斯:《野性的思维》,李幼蒸译,商务印书馆1987年版。

[美]J.W.汤普森:《历史著作史》,谢德风译,商务印书馆1988年版。

［德］卡尔·雅斯贝斯:《历史的起源与目标》,魏楚雄、俞新天译,华夏出版社1989年版。

［英］柯林武德:《历史的观念》,何兆武、张文杰译,商务印书馆1997年版。

［美］田浩:《功利主义儒家——陈亮对朱熹的挑战》,姜长苏译,江苏人民出版社1997年版。

［美］田浩:《朱熹的思维世界》,陕西师范大学出版社2002年版。

［日］斯波义信:《宋代商业史研究》,稻乡出版社1997年版。

［美］唐纳德·R·凯利:《多面的历史:从希罗多德到赫尔德的历史探询》,陈恒、宋立宏译,三联书店2003年版。

［德］汉斯-格奥尔格·伽达默尔:《真理与方法——哲学诠释学的基本特征》下卷,洪汉鼎译,上海译文出版社1999年版。

［美］包弼德:《斯文:唐宋思想的转型》,刘宁译,江苏人民出版社2001年版。

［日］本田成之:《中国经学史》,孙俍工译,上海书店出版社2001年版。

［日］镰田茂雄:《简明中国佛教史》,郑彭年译,上海译文出版社1986年版。

［美］凯利:《多面的历史:从希罗多德到赫尔德的历史》,陈恒、宋立宏译,生活·读书·新知三联书店2003年版。

［意］尼科洛·马基雅维利:《论李维》,冯克利译,上海人民出版社2005年版。

［意］彼特拉克:《秘密》,方匡国译,广西师范大学出版社2008年版。

［英］狄金森:《希腊的生活观》,彭基相译,华东师范大学出版社2006年版。

［英］彼得·伯克:《意大利文艺复兴时期的文化与社会》,刘君译,东方出版社2007年版。

［英］彼得·伯克:《文化史的风景》,丰华琴、刘艳译,北京大学出版社2013年版。

［英］彼得·伯克:《文艺复兴(第2版)》,梁赤民译,北京大学出版社2013年版。

［加］马歇尔·麦克卢汉:《理解媒介——论人的延伸》,何道宽译,商务印书馆2007年版。

［日］内藤湖南：《中国史学史》，马彪译，上海古籍出版社 2008 年版。

［德］海德格尔：《存在与时间（修订译本）》，陈嘉映、王节庆译，生活·读书·新知三联书店 1999 年版。

［英］昆廷·斯金纳：《近代政治思想的基础》，奚瑞森、亚方译，商务印书馆 2002 年版。

［美］汉斯·凯尔纳：《语言和历史描写——曲解故事》，韩震、吴玉军等译，大象出版社、北京出版社 2010 年版。

［英］麦克斯·缪勒：《宗教的起源与发展》，金泽、陈观胜译，上海人民出版社 2010 年版。

［韩］朴炳奭：《中国古代朝代更迭——易姓革命的思想、正当化以及正当性研究》，同济大学出版社 2011 年版。

［法］皮埃尔·阿多：《古代哲学的智慧》，张宪译，上海译文出版社 2012 年版。

［美］芮德菲尔德：《农民社会与文化：人类学对文明的一种诠释》，王莹译，中国社会科学出版社 2013 年版。

［美］伍安祖、王晴佳：《世鉴：中国传统史学》，孙卫国、秦丽译，中国人民大学出版社 2014 年版。

［新西兰］史蒂文·罗杰·费希尔：《阅读的历史》，李瑞林等译，商务印书馆 2015 年版。

Joseph Needham, *Science and Civilization in China*, Vol. III, Cambridge: Cambridge University Press, 1959.

France A. Yates, *Giordano Bruno and the Hermetic tradition*, London: Routledge and Kegan Paul, 1964.

Peter Burke, *The Renaissance Sense of the Past*. London: Edward Arnold Press, 1969.

Georg Simmel, *The Problems of Philosophy of History: An Epistemological Essay*, trans. and ed. G. Oakes, New York, Free Press, 1977.

Robert S. Gottfried, *The Black Death: Natural and Human Disaster in Medieval Europe*, New York: The Free Press, 1983.

John B. Henderson, The Development and Decline of Chinese Cosmology, Columbia University Press, 1984.

Jacques Le Goff, *The Medieval Imagination*, translated by Arthur

Goldhammer, The University of Chicago Press, 1988.

Tu Wei-ming, *humanity and Self-Cultivation*. Boston: Cheng and Tsui company, 1998.

Peter K. Bol, *Neo-Confucianism in History*, The Harvard University Asia Center, 2008.

Kenneth F, Kipe, *The Cambridge Historical Diction of Disease*, London: Cambridge University Press, 2003.

Paulr. Goldin, Confucianism (Ancient Philosophies), University of California Press, 2011.

Barry C. Keenan, Neo-Confucian Self-Cultivation, University of Hawai'i Press, 2011.

John E. Boodin, *A Realistic Universe: An Introd. to Metaphysics*, Nabu Press, 2013.

Dean Hammer, *Roman Political Thought From Cicero to Augustine*, Cambridge University Press, 2014.

三、今人研究论文

傅振伦:《中国史学概要》,《青年文化》创刊号,中国文化服务出版社1947年版。

启功:《戾家考——谈绘画史上的一个问题》,《文物》1963年第4期。

黄彰健:《理学的定义、范围及其理论结构》,《大陆杂志》第50卷,1975年第1期。

白寿彝:《中国历史的年代:一百七十万年的三千六百年》,《北京师范大学学报》1978年第6期。

钱穆:《经学与史学》,杜维运、黄进兴编:《中国史学史论文选集》,台北华世出版社1979年版。

钱穆:《中国儒学与文化传统》,《中国现代学术经典·钱宾四卷》,河北教育出版社1999年版。

钱穆:《朱子新学案》下册《朱子之诗学》,巴蜀书社1986年版。

卢锺锋:《论胡安国及其〈春秋〉传》,《中国史研究》1982年第2期。

许道勋:《论经史关系的演变》,《复旦学报(社会科学版)》1983年第2期。

冯友兰:《略论道学的特点、名称和形式》,中国哲学史学会编:《论宋明理学》,浙江人民出版社1983年版。

傅振伦:《宋代的金石学》,《史学月刊》1983年第1期。

崔文印:《宋代的金石学》,《史学史研究》1983年第2期。

吴怀祺:《郑樵的史学思想》,《史学史研究》1983年第2期。

吴怀祺:《历史观、历史思维与安邦兴邦》,《史学史研究》2007年第2期。

吴怀祺:《忧患意识与史学思想》,《天津社会科学》2008年第2期。

金景芳:《经学与史学》,《历史研究》1984年第1期。

瞿林东:《古代史家怎样对待史书体裁》,《安徽史学》1984年第4期。

瞿林东:《史学与大众文化》,《史学史研究》1994年第2期。

瞿林东:《两宋史学批评的成就》,《河北学刊》1999年第2期。

刘家和:《史学与经学》,《北京师范大学学报(社会科学版)》1985年第3期。

刘家和:《论历史理性在古代中国的发生》,《史学理论研究》2003年第2期。

林校生:《〈资治通鉴〉与编年体》,刘乃和、宋衍申主编:《〈资治通鉴〉丛论》,河南人民出版社1985年版。

李才栋:《书院的起源于宋代书院的发展》,《华东师范大学学报(教育科学版)》1985年第3期。

施丁:《司马光史论的特点》,《史学史研究》1986年第3期。

施丁:《论司马光的史学思想》,《文史哲》1988年第6期。

邓广铭:《宋朝的家法和北宋的政治改革运动》,《中华文史论丛》1986年3辑。

邓广铭:《略谈宋学》,《宋史研究论文集(一九八四年年会编刊)》,浙江人民出版社1987年版。

邓广铭:《北宋儒学家们的觉醒(未刊稿)》,《邓广铭全集》第七卷,河北教育出版社2005年版。

吕绍刚:《何休公羊"三科九旨"浅忆》,《人文杂志》1986年第2期。

王东:《正统论与中国古代史学》,《学术界》1987年第5期。

王东:《宋代史学与〈春秋〉经学——兼论宋代史学的理学化趋势》,《河北学刊》1988年第6期。

王东:《论经史关系的演变及其影响》,《学术界》1989年第1期。

张惠芬:《论宋代的精舍与书院》,《华东师范大学学报(教育科学版)》1987年第1期。

何敦铧:《郑樵史学思想及其对史学的贡献》,《史学月刊》1987年第3期。

余英时:《道统与政统之间——中国知识分子的原始形态》,《士与中国文化》,上海人民出版社1987年版。

余英时:《轴心突破与礼乐传统》,《二十一世纪》2000年4月号。

余英时:《试说科举在中国史上的功能与意义》,余英时:《中国文化史通释》,生活·读书·新知三联书店2011年版。

刘子健:《略论宋代地方官学和私学的消长》《两宋史研究汇编》,(台湾)联经出版社1987年版。

刘子健:《宋末所谓道统的成立》,《两宋史研究汇编》。

叶建华:《朱熹的史学思想》,《孔子研究》1989年第3期。

叶建华:《论朱熹对孔子〈春秋〉的认识和评价》,《孔子研究》1994年第4期。

浦江清:《谈〈京本通俗小说〉》,见《浦江清文录》,人民文学出版社1989年版。

赵俊:《两汉史学批评述论》,《中国社会科学院研究生院学报》1989年第5期。

赵俊:《魏晋南北朝史学批评述论》,《中国社会科学院研究生院学报》1990年第3期。

赵俊:《先秦史学批评述论》,《中国社会科学院研究生院学报》1991年第4期。

赵俊:《先秦史学批评述论》,《中国社会科学院研究生院学报》1991年第4期。

赵俊:《中唐的天人关系论》,《中国社会科学院研究生院学报》1998年第2期。

赵俊:《〈史通〉理论体系的结构和逻辑》,《中国社会科学院研究生院学报》2005年第5期。

陈其泰:《春秋经传——先秦史学的中坚》,《史学史研究》1987年第4期。

陈其泰:《儒家公羊学派夷夏观及其影响》,《史学集刊》2008年第3期。

杨向奎:《宋代理学家的〈春秋〉学》,《史学史研究》1989年第1期。

贾贵荣:《〈春秋〉经与北宋史学》,《中国史研究》1990年第1期。

吴德义:《论孙复思想的贡献及其时代意义》,《晋阳学刊》1990年第4期。

汪高鑫:《试论朱熹史学思想的积极因索》,《安徽教育学院学报》1991年第1期。

汪高鑫:《朱熹正统论述评》,《安徽教育学院学报》1992年第3期。

汪高鑫:《朱熹的史论和史学评论》,《安徽史学》1994年第4期。

汪高鑫:《朱熹和史学》,《史学史研究》1998年第3期。

汪高鑫:《司马迁"成一家之言"新论》,《安徽大学学报（哲学社会科学版）》2000年第3期。

汪高鑫:《汉代公羊学的大一统思想》,《安徽大学学报（哲学社会科学版）》2006年第5期。

汪高鑫:《论汉代公羊学的夷夏之辨》,《南开学报（哲学社会科学版）》2006年第1期。

汪高鑫:《经史尊卑论三题》,《史学史研究》2007年第2期。

汪高鑫:《宋明时期的经学与史学》,《淮北煤炭师范学院学报（哲学社会科学版）》2007年第4期。

汪高鑫:《汉唐时期的经学与史学》,《湛江师范学院学报》2008年第1期。

汪高鑫:《〈史记〉的历史文化认同意识》,《史学理论研究》2008年第3期。

汪高鑫:《论中国古代的经学与史学》,《宁夏社会科学》2009年第1期。

汪高鑫:《传统历史编纂学的"求真"理念》,《学习与探索》2009年第2期。

汪高鑫:《五德终始说与汉代史学的正统观念》,《安徽史学》2007年第6期。

谢保成:《中唐〈春秋〉学对史学发展的影响》,《社会科学研究》1991年第3期。

姜广辉:《宋代道学定名缘起》,《中国哲学》1992年第15辑。

姜广辉:《论宋明理学与经学的关系》,《湖南大学学报(社会科学版)》2004年第5期。

姜广辉:《"宋学"、"理学"与"理学化经学"》,《哲学研究》2007年第9期。

王晓清:《宋元史学的正统之辨》,《中州学刊》1994年第6期。

刘连开:《理学和两宋史学的趋向》,《史学史研究》1995年第1期。

刘连开:《宋代史学义理化的表现及其实质》,《广西大学学报(哲学社会科学版)》1997年第4期。

牛润珍:《曹魏官史与史官——读史札记三则》,《史学史研究》1995年第2期。

牛润珍:《十六国史官制度述论》,《齐鲁学刊》1998年第4期。

牛润珍:《北魏史官制度与国史纂修》,《史学史研究》2009年第2期。

章权才:《胡安国〈春秋传〉研究》,《学术研究》1995年第2期。

韩杰:《论欧阳修的"春秋学"》,《孔子研究》第二辑,1995年。

罗志田:《夷夏之辨的开放与封闭》,《中国文化》1996年第2期。

王记录、闫明恕:《正统论与欧阳修的史学思想》,《贵州社会科学》1996年第1期。

王记录:《朱熹史学思想若干问题辨析》,《历史文献研究》2016年第2期。

李传印:《略论宋明理学家的理想人格设计》,《江汉论坛》1997年第8期。

李传印:《史学在秦汉政治活动中的作用》,《青海社会科学》2002年第3期。

李传印:《汉晋之间史论的发展及其风格》,《史学史研究》2006年第4期。

李传印:《史学与政治关系的合理维度》,《华中科技大学学报(社会科学版)》2005年第6期。

李传印、邓锐:《史学传统的现代转换的必要性和实现途径》,《华中科技大学学报(社会科学版)》2007年第2期。

李传印、邓锐:《宋代"讲史"与史学的社会化》,《历史文献研究》第26辑,华中师范大学大学出版社2007年版。

李传印:《社会转型与史学的社会化》,《四川师范大学学报(社会科学版)》2016年第3期。

吴天墀:《北宋庆历社会危机述论》,《吴天墀文史存稿》,四川大学出版社1998年版。

姜建设:《夷夏之辨发生问题的历史考察》,《史学月刊》1998年第5期。

汪文学:《再论中国古代政治正统论》,《贵州文史丛刊》1998年第6期。

杨世文:《啖助学派通论》,《中国史研究》1996年第3期。

杨世文:《经学的转折:啖助赵匡陆淳的新春秋学》,《孔子研究》1996年第3期。

汤勤福:《朱熹治史价值论阐微》,《江海学刊》1998年第5期。

汤勤福:《朱熹史学思想在宋代史学上的地位》,《学术月刊》1999年第7期。

汤勤福:《义理史学发微》,《史学史研究》2009年第1期。

范立舟:《宋儒正统论之内容与特质》,《安徽师范大学学报(人文社会科学版)》1999年第2期。

胡克森:《论中国古代正统观的演变与中华民族融合之关系》,《史学理论研究》1999年第4期。

龚抗云:《论郑樵的史学思想》,《湖南大学学报(社会科学版)》1999年第2期。

晁岳佩:《〈春秋〉说例》,《古籍整理研究学刊》2000年第1期。

周德钧:《略论〈春秋〉对中国传统史学的影响》,《鄂州大学学报》2000年第1期。

庞天佑:《经学与汉代史学的关系》,《中州学刊》2000年第3期。

邹志峰:《宋代考据史学三题》,《史学史研究》2000年第3期。

李小树:《宋代商业性讲史的兴起与通俗史学的发展》,《史学月刊》2000年第1期。

张伟:《两宋正统史观的历史考察》,《宁波大学学报(人文科学版)》2000年第2期。

姚曼波:《孔子作"春秋"即"春秋传"说初证》,《文献》1994年第3期。

姚曼波:《"〈春秋〉笔削义法"新说——突破"春秋学"千年误区新探》,

《江西社会科学》2000年第10期。

姚曼波：《从〈左传〉〈国语〉考孔子"笔削"〈春秋〉义法——突破"春秋学"千年误区新探之二》，《社会科学战线》2001年第1期。

陈寅恪：《论韩愈》，《金明馆丛稿初编》，读书·生活·新知三联书店2001年版。

陈寅恪：《陈垣〈明季滇黔佛教考〉序》，《金明馆丛稿二编》，读书·生活·新知三联书店2001年版。

萧永明：《朱熹史学观三题》，《史学史研究》2001年第2期。

刘连开：《再论欧阳修的正统论》，《史学史研究》2001年第4期。

漆侠：《朱熹与史学》，《历史教学问题》2002年第1期。

王旭东：《郑樵史学思想探析》，《史学理论研究》2002年第2期。

杨朝亮：《宋初"三先生"学术思想考论》，《齐鲁学刊》2002年第1期。

李建：《论司马光〈通鉴〉史论的内容特点》，《齐鲁学刊》2002年第2期。

何俊：《胡安国理学与史学相融及其影响》，《哲学研究》2002年第4期。

曾建林：《宋初经学的转型与欧阳修经学的特点》，《浙江大学学报（人文社会科学版）》2002年第2期。

杨儒宾：《理学家与悟——从冥契主义的观点探讨》，刘述主编：《中国思潮与外来文化：第三届国际汉学会议论文集（思想组）》，台湾"中央研究院"文哲所2002年。

王盛恩：《孙甫史学发微》，《史学史研究》2003年第3期。

陈立胜：《朱子读书法——诠释与诠释之外》，李明辉编：《儒家经典诠释方法》，喜马拉雅研究发展基金会2003年版。

钱茂伟：《范型嬗变的宋代史学》，张其凡、范立舟主编：《宋代历史文化研究（续编）》，人民出版社2003年版。

葛兆光：《宋代"中国"意识的凸显——关于近世民族主义思想的一个远源》，《文史哲》2004年第1期。

李绣玲：《论〈春秋〉笔法与大义——以〈左传〉经解为据》，《玄奘人文学报》（台湾）2004年第3期。

鲍永军：《论永嘉事功学派的史学思想》，《史学史研究》2003年第2期。

赵伯雄：《朱熹〈春秋〉学考述》，《孔子研究》2003年第1期。

杨新勋：《北宋〈春秋〉学的主要特点》，《中州学刊》2003年第2期。

杨新勋：《王安石〈春秋〉"断烂朝报"说辨正》，《中国典籍与文化》2004年第2期。

罗炳良：《从宋代义理化史学到清代实证性史学的转变》，《史学月刊》2003年第2期。

罗炳良：《从宋代考据史学到清代实证史学的发展》，张其凡、范立舟主编：《宋代历史文化研究（续编）》，人民出版社2003年版。

罗炳良：《史学"求真"内涵的演变与历史编纂学的发展》，《学习与探索》2009年第2期。

吕昕娱：《试论〈春秋〉对中国传统史学的影响》，《赤峰教育学院学报》2003年第1期。

顾永新：《欧阳修编纂史书之义例及其史料学意义》，《文史哲》2003年第5期。

黄德昌：《儒家与夷夏之辨》，《四川大学学报（哲学社会科学版）》2003年第4期。

孙昊、李静：《王通与经学更新》，《江淮论坛》2003年第3期。

宋馥香、王海燕：《论欧阳修〈新五代史〉的编纂特点》，《吉林师范大学学报（人文社会科学版）》2004年第1期。

宋馥香：《论北宋的唐史编纂和政治诉求》，《史学理论研究》2006年第3期。

宋馥香、石晓明：《〈春秋〉对北宋历史编纂之影响探微》，《东北师大学报》2006年第1期。

马茂军：《庐陵学与六一风神》，《东南大学学报（哲学社会科学版）》2004年第4期。

郭文佳：《宋代的疑经思潮与〈春秋〉学的地位》，《中州学刊》2004年第1期。

黄开国：《公羊学的大一统》，《人文杂志》2004年第1期。

黄开国：《公羊学的历史哲学》，《孔子研究》2005年第6期。

许殿才：《"夷夏之辨"与大一统思想》，《河北学刊》2005年第3期。

许殿才：《古代史学的"求真"与"致用"传统》，《史学史研究》2008年第2期。

罗军凤：《朱熹说〈春秋〉》，《史学史研究》2005 年第 3 期。

邓志峰：《义法史学与中唐新史学运动》，《复旦学报（社会科学版）》2004 年第 6 期。

黄觉弘：《啖赵〈春秋〉学派略论》，《江西教育学院学报》2005 年第 2 期。

金鑫、曹家齐：《说欧阳修的正统论思想》，《史学史研究》2005 年第 2 期。

董恩林：《试论历史正统观的起源与内涵》，《史学理论研究》2005 年第 2 期。

葛焕礼：《论啖助、赵匡和陆淳〈春秋〉学的学术转型意义》，《文史哲》2005 年第 5 期。

葛焕礼：《论苏辙〈春秋〉学的特点》，《孔子研究》2005 年第 6 期。

葛焕礼：《崔子方的〈春秋〉学》，《山东大学学报（哲学社会科学版）》2006 年第 4 期。

高日晖：《汉、宋〈春秋〉学与政治的关系》，《大连大学学报》2006 年第 1 期。

葛志毅：《〈春秋〉义例的形成及其影响》，《中华文化论坛》2006 年第 2 期。

耿天勤：《〈左传〉与中国古代史学的优良传统》，《山东师范大学学报（人文社会科学版）》2006 年第 3 期。

王基伦：《〈春秋〉笔法的诠释与接受》，《国文学报》（台湾）第 39 期，2006 年 6 月。

李建军：《王通〈春秋〉学考述》，《西华大学学报（哲学社会科学版）》2006 年第 3 期。

李州良：《史迁笔法：寓论断于序事》，《求是学刊》2006 年第 4 期。

金生杨：《理学与宋代巴蜀〈春秋〉学》，《四川师范大学学报（社会科学版）》2006 年第 5 期。

金生杨：《论苏轼的〈春秋〉学》，《西华大学学报（哲学社会科学版）》2006 年第 5 期。

江湄：《从"大一统"到"正统"论——论唐宋文化转型中的历史观嬗变》，《史学理论研究》2006 年第 4 期。

江湄：《以"公天下"大义正"家天下"之法——论中唐〈春秋〉学的"王

道"论述及其时代意义》,《中国哲学史》2006年第4期。

江湄:《北宋诸家〈春秋〉学的"王道"论述及其论辩关系》,《哲学研究》2007年第7期。

江湄:《怎样认识10至13世纪中华世界的分裂与再统一》,《史学月刊》2019年第6期。

周文玖:《刘知幾史学批评的特点》,《史学史研究》2007年第2期。

刘宗棠、王公山:《论南宋胡氏〈春秋〉学理论"先进性"》,《唐都学刊》2007年第2期。

龙小军:《略谈〈春秋〉与〈资治通鉴〉的相承关系》,《内蒙古农业大学学报(社会科学版)》2007年第1期。

夏微:《宋代〈春秋〉学述论》,《西华大学学报(哲学社会科学版)》2007年第2期。

孙瑜:《〈唐鉴〉及其史学价值》,《山西大同大学学报(社会科学版)》2007年第2期。

丁亚杰:《方法论下的春秋观:朱子的春秋学》,《鹅湖学志》(台湾)第38期,2007年6月。

郭友亮:《宋代的疑古惑经与〈春秋〉学的地位》,《求索》2007年第12期。

胡文山、胡元楷:《司马光史观管窥》,《井冈山学院学报(哲学社会科学)》2007年第1期。

丁翌:《论春秋书法义例对欧阳修著史的影响》,《济宁学院学报》2007年第4期。

刘丽、张剑光:《关于〈新唐书〉的书法问题》,《史学史研究》2007年第2期。

刘丽、张剑光:《〈唐书直笔〉与〈新唐书〉的书法探究》,《郑州大学学报(哲学社会科学版)》2008年第1期。

蔡方鹿:《论汉学、宋学经典诠释之不同》,《哲学研究》2008年第1期。

刘凤琴:《经史关系略论》,《呼伦贝尔学院学报》2008年第2期。

张涛:《经学与汉代史学》,《南都学坛》2008年第1期。

邓锐:《宋元讲史平话在史学史中的研究价值》,《江淮论坛》2008年第4期。

邓锐:《〈春秋〉书法对宋代史书褒贬的影响》,《安徽史学》2009年第 6 期。

邓锐:《尹洙〈五代春秋〉对〈春秋〉书法的继承》,《淮北煤炭师范学院学报(哲学社会科学版)》2009 年第 12 期。

邓锐:《〈春秋〉笔法对欧阳修史学求真的影响》,《历史文献研究第 30 辑》,华东师范大学出版社 2011 年版。

邓锐:《宋代的〈春秋〉学与史学》,《学习与探索》2012 年第 8 期。

邓锐:《从"摒秦"论看董仲舒历史时间观的对立与统一》,《史学理论研究》2017 年第 3 期。

邓锐:《作为皇权思想的董仲舒历史哲学》,《长安大学学报(社会科学版)》2018 年第 4 期。

刘越峰:《孙复〈春秋〉学思想探源》,《南京师大学报(社会科学版)》2008 年第 6 期。

向燕南:《历史编纂之体的思考与传统史家的求真追求》,《学习与探索》2009 年第 2 期。

侯步云:《宋初"三先生"之孙复学术思想考论》,《四川师范大学学报(社会科学版)》2009 年第 3 期。

牟润孙:《两宋〈春秋〉学之主流》,见《注史斋丛稿》,中华书局 2009 年版。

王天顺:《宋代史学的政治功利主义与春秋宋学——蠡测宋代史学成就的另一面》,《学术月刊》2008 年第 11 期。

王天顺:《宋代史学的政治功利主义与春秋宋学》,《文史知识》2009 年第 1 期。

熊铁基:《论汉代新儒家》,《南都学坛(人文社会科学学报)》2006 年第 4 期。

姚文造:《论徽州学者的〈春秋〉学研究》,《淮阴师范学院学报(哲学社会科学版)》2007 年第 1 期。

曹宇峰:《胡宏史学思想初探》,《重庆社会科学》2006 年第 10 期。

曹宇峰:《胡安国史学思想刍议:以〈春秋传〉为中心》,《社会科学战线》2008 年第 4 期。

张强:《司马迁与〈春秋〉学之关系论》,《南京大学学报(哲学·人文科学·社会科学版)》2005 年第 4 期。

张高评:《苏辙〈春秋集解〉以史传经初探》,《南京大学文学院学报》

2007年第3期。

张高评:《〈春秋〉曲笔直书与〈左传〉属辞比事——以〈春秋〉书蔑、不手弑而书弑为例》,《高雄师大国文学报》(台湾)第19期,2014年1月。

张高评:《〈春秋〉曲笔书灭与〈左传〉属辞比事——以史传经与〈春秋〉书法》,《成大中文学报》(台湾)第45期,2014年6月。

张尚英:《宋代〈春秋〉学文献与宋代〈春秋〉学》,《求索》2007年第7期。

张尚英:《宋高宗与〈春秋〉学》,《史学月刊》2007年第12期。

张尚英:《试论刘敞〈春秋〉学的时代特色》,《史学集刊》2008年第1期。

王江武:《胡安国〈春秋传〉研究》,复旦大学2008年博士毕业论文。

赵友林:《〈春秋〉学中的"属辞比事"》,《聊城大学学报(社会科学版)》2008年第1期。

林庆彰:《中国经学史上的回归元典运动》,《中国文化》2009年第2期。

吴枫:《"两唐书"说略》,向燕南、李峰主编:《新旧唐书与新旧五代史研究》,中国大百科全书出版社2009年版。

张孟伦:《关于宋代重修〈唐书〉的问题》,《新旧唐书与新旧五代史研究》。

孙旭红:《北宋〈春秋〉学中的史学思想》,《天府新论》2010年第1期。

孙旭红:《经、史视域中的宋代〈春秋〉学》,《武汉科技大学学报(社会科学版)》2010年第1期。

孙旭红:《北宋〈春秋〉学与史学》,《南通大学学报(社会科学版)》2012年第3期。

宋德金:《评"征服王朝论"》,《社会科学战线》2010年第11期。

徐建勇:《胡安国〈春秋传〉的理学特征》,《史学月刊》2011年第5期。

赵有林:《〈春秋〉三传"注疏"中的属辞比事考》,北京大学《儒藏》编纂与研究中心编:《儒家典籍与思想研究》第三辑,北京大学出版社2011年版。

张焕玲:《宋代咏诗组诗研究》,陕西师范大学2011年文学博士学位论文。

罗筱玉:《〈新五代史平话〉成书探源》,《文学遗产》2012年第6期。

黄义杰:《郑樵诗学、春秋学对经学之影响》,《东吴中文线上学术论文》(台湾)第十七期,2012 年 3 月。

李峰:《论庆历之际的新春秋学及历史编纂》,《史学月刊》2013 年第 1 期。

李勇刚:《佛教对儒家道统观的影响——以韩愈和朱熹为中心》,《五台山研究》2013 年第 1 期。

戴冬梅:《浅谈欧阳修对诗作对考证与研究——以探究〈诗本义〉与〈六一诗话〉为例》,《安徽文学》2013 年第 1 期。

张越:《史学批评二题》,《学习与探索》2013 年第 4 期。

程蕾、施建雄:《宋代历史考证学的传承和衍变》,《人文杂志》2013 年第 4 期。

朱维铮:《史学史三题》,《朱维铮史学史论集》,复旦大学出版社 2015 年版。

王晴佳:《西方史学如何完成其近代转型?——四个方面的考察》,《北京大学学报(哲学社会科学版)》2016 年第 4 期。

刘德明:《父子君臣——春秋三传与宋代理学家对蒯聩、卫辄评论之比较》,(台湾)《汉学研究》2017 年第 1 期。

刘茜:《论苏洵的经史观及苏辙〈春秋集解〉的阐释特征》,《哲学研究》2017 年第 3 期。

刘茜:《苏洵文论中的权变思想及苏辙〈春秋集解〉的历史变易观》,《湖南社会科学》2018 年第 3 期。

尹邦志:《佛教对儒家道统思想的影响——以李翱〈复性书〉为例》,《四川师范大学学报(社会科学版)》2017 年第 4 期。

刘荣:《道德史观的强化——从〈资治通鉴〉到〈资治通鉴纲目〉》,《江南大学学报(人文社会科学版)》2017 年第 5 期。

张邦炜:《宋代"平民社会"论刍议——研习钱穆论著的一个读书报告》,《历史教学》2017 年第 16 期。

王灿:《北宋"正统""夷夏""中国"诸观念问题新探——以士大夫言论为中心》,《北京社会科学》2018 年第 2 期。

吴海兰:《新〈春秋〉学与中晚唐史学褒贬义例的运用》,《史学史研究》2018 年第 3 期。

陈雅莉:《唐中后期胡汉族群意识的动态演化与相关舆论的文本再

现》,《中央民族大学学报(哲学社会科学版)》2018年第4期。

曾亦:《经史之别:程颐与朱熹〈春秋〉学之歧异》,《社会科学辑刊》2019年第1期。

谢贵安:《义理下的史学:朱熹对〈史记〉的认识与评价》,《安徽史学》2019年第2期。

焦德明:《朱子的〈敬斋箴〉》,《中国哲学史》2019年第2期。

张立恩:《朱熹〈春秋〉观发微》,《中国社会科学报》2019年4月30日。

尹波:《新发现朱熹书信发覆》,《文学遗产》2019年第3期。

程永凯:《前理学时代天理观研究》,《海南大学学报(人文社会科学版)》2019年第3期。

张高评:《属辞比事与〈春秋〉宋学之创造性诠释》,《杭州师范大学学报(社会科学版)》2019年第3期。

李德锋:《论朱熹的史学表现极其影响》,《史学月刊》2019年第4期。

[美]史华慈:《儒家思想中的几个极点》,见[美]田浩:《宋代思想史论》,杨立华、吴艳红等译,社会科学文献出版社2003年版。

[英]彼得·伯克:《西方历史思想的十大特点》,王晴佳译,《史学理论研究》1997年第1期。

[日]藤井伦明:《日本研究理学功夫论之概况》,见杨儒宾、祝平次编:《儒学的气论与工夫论》,华东师范大学出版社2008年版。

John E. Boodin, *The Concept of Time*. The Journal of Philosophy, Psychology and Scientific and Scientific Methods. vol. 2, No. 14, (Jul. 6, 1905).

Theodore E. Mommsen, *Petrarch's Conception of the 'Dark Ages'*, *Speculum*, vol. 17, No. 2, 1942.

Gombrich, Ernst H., *Vasari' Lives and Cicero's Brutus'*, Journal of the Warburg and Courtauld Institutes, vol. 23, 1960.

Kohl, B. and Petrarch. *Petrarch's Prefaces to De viris illustribus*, History and Theory, vol. 13, 1974.

O. Pedersen, *The Decline and fall of the theorica Planetarum*, Studia Copernicana, vol. 16, 1978.

Mark L. Mcpherran, *Pyrrhonism's Arguments against Value. Philosophical Studies: An International Journal for Philosophy in the*

Analytic Tradition vol. 60, No. 1/2, Papers from the 1990 Pacific Division Meeting of the American Philosophical Association, 1990.

Hilde De Weerdt, *The Composition of Examination Standards: Daoxue and Southern Song Dynasty Examination Culture*, PH. D. Dissertation, Harvard University, 1998.

Thomas H. C. Lee, *New Directions in Northern Sung HistoricalThinking* (960 - 1126), see Q. Edward Wang, Georg G. Iggers, Turning Points in Historiography: A Cross - Cultural Perspective, The University of Rochester Press, 2002.

Eelco Runia, Presence. *History and Theory*, vol. 45, No. 1, (Feb., 2006).

Ronald G. Witt, *The Rebrith Of The Ro As Models Of Character · De viris illustribus*, see Victoria Kirkham and Armando Maggi, Petrarch: *A Critical Guide to the Complete Works*, Cbicago and London: The University of Chicago Press. 2009.